2019
最新版

▶ 法及司法解释新编系列 ◀

知识产权法及司法解释新编

含请示答复及指导案例

11

中国法制出版社
CHINA LEGAL PUBLISHING HOUSE

我国的立法体系

立法主体	立法权限
全国人民代表大会	修改宪法，制定、修改刑事、民事、国家机构的和其他的基本法律。
全国人民代表大会常务委员会	制定和修改除应当由全国人民代表大会制定的法律以外的其他法律；在全国人民代表大会闭会期间，对全国人民代表大会制定的法律进行部分补充和修改；解释法律。
国务院	根据宪法和法律，制定行政法规。
省、自治区、直辖市人民代表大会及其常务委员会	根据本行政区域的具体情况和实际需要，在不同宪法、法律、行政法规相抵触的前提下，制定地方性法规。
设区的市、自治州的人民代表大会及其常务委员会	在不同上位法相抵触的前提下，可对城乡建设与管理、环境保护、历史文化保护等事项制定地方性法规。
经济特区所在地的省、市的人民代表大会及其常务委员会	根据全国人民代表大会的授权决定，制定法规，在经济特区范围内实施。
民族自治地方的人民代表大会	依照当地民族的政治、经济和文化的特点，制定自治条例和单行条例，报批准后生效。 对法律和行政法规的规定作出变通的规定，但不得违背法律或者行政法规的基本原则，不得对宪法和民族区域自治法的规定以及其他有关法律、行政法规专门就民族自治地方所作的规定作出变通规定。
国务院各部、委员会、中国人民银行、审计署和具有行政管理职能的直属机构	根据法律和国务院的行政法规、决定、命令，在本部门的权限范围内，制定部门规章。
省、自治区、直辖市和设区的市、自治州的人民政府	根据法律、行政法规和本省、自治区、直辖市的地方性法规，制定地方政府规章。设区的市、自治州人民政府制定的地方政府规章限于城乡建设与管理、环境保护、历史文化保护等方面的事项。
中央军事委员会	根据宪法和法律制定军事法规，在武装力量内部实施。
中央军事委员会各总部、军兵种、军区、中国人民武装警察部队	根据法律和中央军事委员会的军事法规、决定、命令，在其权限范围内制定军事规章。
最高人民法院、最高人民检察院	司法解释

注：1. 法的效力等级：宪法＞法律＞行政法规＞地方性法规、部门规章、地方政府规章；地方性法规＞本级和下级地方政府的规章。（＞表示效力高于）

2. 司法解释：司法解释是最高人民法院对审判工作中具体应用法律问题和最高人民检察院对检察工作中具体应用法律问题所作的具有法律效力的解释，司法解释与被解释的有关法律规定一并作为人民法院或人民检察院处理案件的依据。

编辑说明

司法解释是我国重要的法律渊源和办案依据，是理解和适用实体法律不可或缺的补充。“法及司法解释新编”系列丛书立足读者的法律需求，精选12个日常法律领域，全面收录相关核心法律及司法解释，以期帮助读者准确理解法律的内涵和外延，真正做到知法、懂法、守法、用法。丛书独具以下四重价值：

1. **内容全面，文本权威。**

本丛书将各领域的核心法律作为“主法”，围绕“主法”全面收录相关法律法规及司法解释；收录文件均为经过清理修改的现行有效标准文本，以供读者全面掌握权威法律文件。

2. **关联请示答复，深入理解条文。**

本丛书将全国人民代表大会常务委员会法制工作委员会、最高人民法院、最高人民检察院等对具体法律问题请示的答复、批复、复函等，作为相应条文的脚注加以收录，使读者能够深入理解相应条款的内涵，并做到具体问题具体分析。

3. **精选指导案例，以案释法。**

本丛书收录各领域最高人民法院和最高人民检察院的指导案例，方便读者以案例为指导进一步掌握如何适用法律及司法解释。

4. **免费赠送“核心注释”电子版。**

扫描书后二维码，关注公众号后，即可免费获取本书“主法”各条的“核心注释”电子版，帮助读者学习理解各领域核心法律。

5. 动态增补再版修订内容和最新司法解释动态。

在公众号里免费获取再版图书修订部分内容及最新的司法解释动态，一次购买，终生受益，帮助读者及时更新法律知识。

编者希望本丛书能够成为读者运用法律维护权利和利益的利器，也欢迎广大读者反馈意见和建议。

中国法制出版社

2019年5月

目　录

---

* 本部分批复、答复、复函等已关联至主法具体条款，其具体内容见对应条款脚注，全书同。

一、著作权

1. 综合

二、专利

三、商标

四、其他

指导案例

中华人民共和国著作权法

（1990 年 9 月 7 日第七届全国人民代表大会常务委员会第十五次会议通过　根据 2001 年 10 月 27 日第九届全国人民代表大会常务委员会第二十四次会议《关于修改〈中华人民共和国著作权法〉的决定》第一次修正　根据 2010 年 2 月 26 日第十一届全国人民代表大会常务委员会第十三次会议《关于修改〈中华人民共和国著作权法〉的决定》第二次修正）

目　录

第一章　总　　则

第一条　立法宗旨*

为保护文学、艺术和科学作品作者的著作权，以及与著作权有关的权益，鼓励有益于社会主义精神文明、物质文明建设的作品的创作和传播，促进社会主义文化和科学事业的发展与繁荣，根据宪法制定本法。

---

* 条文主旨为编者所加，全书同。

第二条 适用范围

中国公民、法人或者其他组织的作品，不论是否发表，依照本法享有著作权。

外国人、无国籍人的作品根据其作者所属国或者经常居住地国同中国签订的协议或者共同参加的国际条约享有的著作权，受本法保护。

外国人、无国籍人的作品首先在中国境内出版的，依照本法享有著作权。

未与中国签订协议或者共同参加国际条约的国家的作者以及无国籍人的作品首次在中国参加的国际条约的成员国出版的，或者在成员国和非成员国同时出版的，受本法保护。

第三条 作品的范围[①]

本法所称的作品，包括以下列形式创作的文学、艺术和自然

---

① **《最高人民法院知识产权审判庭关于中国标准出版社与中国劳动出版社著作权侵权纠纷案的答复》**（1999年11月22日 ［1998］知他字第6号函）

北京市高级人民法院：

你院［1998］286号请示收悉。经研究，答复如下；

1. 推荐性国家标准，属于自愿采用的技术性规范，不具有法规性质。由于推荐性标准在制定过程中需要付出创造性劳动，具有创造性智力成果的属性，如果符合作品的其他条件，应当确认属于著作权法保护的范围。对这类标准，应当依据著作权法的相关规定予以保护。法院应当根据本案的实际情况，确认这类作品的著作权人，确认原告是否经过合法授权，最终确定原告的诉讼请求是否成立。

2. 国家标准化管理机关依法组织制订的强制性标准，是具有法规性质的技术性规范，由标准化管理机关依法发布并监督实施。为保证标准的正确发布实施，标准化管理部门依职权将强制性标准的出版权授予中国标准出版社，这既是一种出版资格的确认，排除了其他出版单位的出版资格；同时也应认定是出版经营权利的独占许可。其他出版单位违反法律、法规出版强制性标准，客观上损害了被许可人的民事权益。请你院与朝阳区法院依据民事诉讼法及其他法律的规定，并考虑办案的社会效果，多做工作，争取调解解决此案。

以上意见供参考。

科学、社会科学、工程技术等作品：

（一）文字作品；

（二）口述作品；

（三）音乐、戏剧、曲艺、舞蹈、杂技艺术作品；

（四）美术、建筑作品；

（五）摄影作品；

（六）电影作品和以类似摄制电影的方法创作的作品；

（七）工程设计图、产品设计图、地图、示意图等图形作品和模型作品；

（八）计算机软件；

（九）法律、行政法规规定的其他作品。

第四条 非法作品不受保护

著作权人行使著作权，不得违反宪法和法律，不得损害公共利益。国家对作品的出版、传播依法进行监督管理。

第五条 不适用本法保护的对象

本法不适用于：

（一）法律、法规，国家机关的决议、决定、命令和其他具有立法、行政、司法性质的文件，及其官方正式译文；

（二）时事新闻；

（三）历法、通用数表、通用表格和公式。

第六条 民间文艺作品的著作权保护

民间文学艺术作品的著作权保护办法由国务院另行规定。

第七条 著作权管理机构

国务院著作权行政管理部门主管全国的著作权管理工作；各

省、自治区、直辖市人民政府的著作权行政管理部门主管本行政区域的著作权管理工作。

第八条 著作权集体管理组织

著作权人和与著作权有关的权利人可以授权著作权集体管理组织行使著作权或者与著作权有关的权利。著作权集体管理组织被授权后，可以以自己的名义为著作权人和与著作权有关的权利人主张权利，并可以作为当事人进行涉及著作权或者与著作权有关的权利的诉讼、仲裁活动。

著作权集体管理组织是非营利性组织，其设立方式、权利义务、著作权许可使用费的收取和分配，以及对其监督和管理等由国务院另行规定。

第二章 著 作 权

第一节 著作权人及其权利

第九条 著作权人的范围

著作权人包括：

（一）作者；

（二）其他依照本法享有著作权的公民、法人或者其他组织。

第十条 著作权的内容

著作权包括下列人身权和财产权：

（一）发表权，即决定作品是否公之于众的权利；

（二）署名权，即表明作者身份，在作品上署名的权利；

（三）修改权，即修改或者授权他人修改作品的权利；

（四）保护作品完整权，即保护作品不受歪曲、篡改的权利；

（五）复制权，即以印刷、复印、拓印、录音、录像、翻录、翻拍等方式将作品制作一份或者多份的权利；

（六）发行权，即以出售或者赠与方式向公众提供作品的原件或者复制件的权利；

（七）出租权，即有偿许可他人临时使用电影作品和以类似摄制电影的方法创作的作品、计算机软件的权利，计算机软件不是出租的主要标的的除外；

（八）展览权，即公开陈列美术作品、摄影作品的原件或者复制件的权利；

（九）表演权，即公开表演作品，以及用各种手段公开播送作品的表演的权利；

（十）放映权，即通过放映机、幻灯机等技术设备公开再现美术、摄影、电影和以类似摄制电影的方法创作的作品等的权利；

（十一）广播权，即以无线方式公开广播或者传播作品，以有线传播或者转播的方式向公众传播广播的作品，以及通过扩音器或者其他传送符号、声音、图像的类似工具向公众传播广播的作品的权利；

（十二）信息网络传播权，即以有线或者无线方式向公众提供作品，使公众可以在其个人选定的时间和地点获得作品的权利；

（十三）摄制权，即以摄制电影或者以类似摄制电影的方法将作品固定在载体上的权利；

（十四）改编权，即改变作品，创作出具有独创性的新作品的权利；

（十五）翻译权，即将作品从一种语言文字转换成另一种语言文字的权利；

（十六）汇编权，即将作品或者作品的片段通过选择或者编排，汇集成新作品的权利；

（十七）应当由著作权人享有的其他权利。

著作权人可以许可他人行使前款第（五）项至第（十七）项规定的权利，并依照约定或者本法有关规定获得报酬。

著作权人可以全部或者部分转让本条第一款第（五）项至第（十七）项规定的权利，并依照约定或者本法有关规定获得报酬。

第二节 著作权归属

第十一条 著作权归属的一般原则

著作权属于作者，本法另有规定的除外。

创作作品的公民是作者。

由法人或者其他组织主持，代表法人或者其他组织意志创作，并由法人或者其他组织承担责任的作品，法人或者其他组织视为作者。

如无相反证明，在作品上署名的公民、法人或者其他组织为作者。

第十二条 演绎作品的著作权归属

改编、翻译、注释、整理已有作品而产生的作品，其著作权由改编、翻译、注释、整理人享有，但行使著作权时不得侵犯原作品的著作权。

第十三条 合作作品的著作权归属①

两人以上合作创作的作品，著作权由合作作者共同享有。没有参加创作的人，不能成为合作作者。

合作作品可以分割使用的，作者对各自创作的部分可以单独享有著作权，但行使著作权时不得侵犯合作作品整体的著作权。

第十四条 汇编作品的著作权归属

汇编若干作品、作品的片段或者不构成作品的数据或者其他材料，对其内容的选择或者编排体现独创性的作品，为汇编作品，其著作权由汇编人享有，但行使著作权时，不得侵犯原作品的著作权。

---

① **《最高人民法院关于刘国础诉叶毓山著作权一案的复函》**（1990年1月22日〔89〕民他字第56号）

四川省高级人民法院：

你院〔89〕川法民示字第8号《关于刘国础诉叶毓山著作权一案的请示报告》收悉。经研究，答复如下：

一、歌乐山烈士群雕，是倡议单位聘请叶毓山个人创作并由叶亲自参加和指导下制作完成的。刘国础仅在参加群雕制作过程中提过一些建议，与叶毓山又没有合作创作的约定，不能认定是群雕的共同创作人。

二、全国城市雕塑设计方案展览会只评选雕塑作品，不评选环境沙盘模型。因此，群雕作为雕塑作品所获得的纪念铜牌，只能归其作者叶毓山享有。

三、沙盘模型应由谁署名问题，与叶毓山无关，不属于本案审理的范围，可告知原告，如有争议，应另行起诉。

以上意见供参考。

《最高人民法院关于焦永琦诉付军凯、牡丹江电视台著作权纠纷案如何处理的复函》（1992年3月16日）

黑龙江省高级人民法院：

你院"关于焦永琦诉付军凯、牡丹江电视台著作权纠纷的请示报告"收悉。根据你院报告和案卷材料，以及有关部门鉴定结论，我们研究认为：

一、付军凯撰写的"八女投江"剧本是在看了焦永琦的"八女投江"剧本后写成的，且两个剧本存在多处雷同，故可认定付军凯有抄袭行为，付军凯应依法承担民事责任。

二、电视剧"血染冰河"剧本系他人与付军凯"另起炉灶"合作创作完成的，焦永琦未参与该剧本的创作，故对焦永琦提出的以合作作者身份署名的请求不予支持。

三、牧丹江电视台未经焦永琦同意，擅自将焦永琦的剧本交给他人修改，且违背了原答应使用该剧本的承诺，也应承担相应的民事责任。

以上意见，供参考。

第十五条 电影作品的著作权归属

电影作品和以类似摄制电影的方法创作的作品的著作权由制片者享有，但编剧、导演、摄影、作词、作曲等作者享有署名权，并有权按照与制片者签订的合同获得报酬。

电影作品和以类似摄制电影的方法创作的作品中的剧本、音乐等可以单独使用的作品的作者有权单独行使其著作权。

第十六条 职务作品的著作权归属

公民为完成法人或者其他组织工作任务所创作的作品是职务作品，除本条第二款的规定以外，著作权由作者享有，但法人或者其他组织有权在其业务范围内优先使用。作品完成两年内，未经单位同意，作者不得许可第三人以与单位使用的相同方式使用该作品。

有下列情形之一的职务作品，作者享有署名权，著作权的其他权利由法人或者其他组织享有，法人或者其他组织可以给予作者奖励：

（一）主要是利用法人或者其他组织的物质技术条件创作，并由法人或者其他组织承担责任的工程设计图、产品设计图、地图、计算机软件等职务作品；

（二）法律、行政法规规定或者合同约定著作权由法人或者其他组织享有的职务作品。

第十七条 委托作品的著作权归属

受委托创作的作品，著作权的归属由委托人和受托人通过合同约定。合同未作明确约定或者没有订立合同的，著作权属于受托人。

第十八条 美术作品著作权的归属

美术等作品原件所有权的转移，不视为作品著作权的转移，但美术作品原件的展览权由原件所有人享有。

第十九条 著作权的继受

著作权属于公民的，公民死亡后，其本法第十条第一款第（五）项至第（十七）项规定的权利在本法规定的保护期内，依照继承法的规定转移。

著作权属于法人或者其他组织的，法人或者其他组织变更、终止后，其本法第十条第一款第（五）项至第（十七）项规定的权利在本法规定的保护期内，由承受其权利义务的法人或者其他组织享有；没有承受其权利义务的法人或者其他组织的，由国家享有。

第三节 权利的保护期

第二十条 署名权、修改权、保护作品完整权的保护期

作者的署名权、修改权、保护作品完整权的保护期不受限制。

第二十一条 发表权、财产权的保护期

公民的作品，其发表权、本法第十条第一款第（五）项至第（十七）项规定的权利的保护期为作者终生及其死亡后五十年，截止于作者死亡后第五十年的12月31日；如果是合作作品，截止于最后死亡的作者死亡后第五十年的12月31日。

法人或者其他组织的作品、著作权（署名权除外）由法人或者其他组织享有的职务作品，其发表权、本法第十条第一款第（五）项至第（十七）项规定的权利的保护期为五十年，截止于作品首次发表后第五十年的12月31日，但作品自创作完成后五十年内未发表的，本法不再保护。

电影作品和以类似摄制电影的方法创作的作品、摄影作品，其发表权、本法第十条第一款第（五）项至第（十七）项规定的权利的保护期为五十年，截止于作品首次发表后第五十年的12月31日，但作品自创作完成后五十年内未发表的，本法不再保护。

第四节 权利的限制

第二十二条 合理使用[①]

在下列情况下使用作品，可以不经著作权人许可，不向其支付报酬，但应当指明作者姓名、作品名称，并且不得侵犯著作权人依照本法享有的其他权利：

---

① **《最高人民法院关于对山东省高级人民法院〈关于山东天笠广告有限责任公司与青岛海信通信有限公司侵犯著作权纠纷一案的请示报告〉的复函》**（2004年8月24日 ［2004］民三他字第5号）

山东省高级人民法院：

你院（2003）鲁民三终字第68号《关于山东天笠广告有限责任公司与青岛海信通信有限公司侵犯著作权纠纷一案的请示报告》收悉。经研究并征求国家版权局意见后，现就你院请示报告中所涉及的有关法律适用问题答复如下：

根据《中华人民共和国著作权法》第二十二条的规定，“对设置或者陈列在室外公共场所的艺术作品进行临摹、绘画、摄影、录像”，“可以不经著作权人许可，不向其支付报酬，但应当指明作者姓名、作品名称，并且不得侵犯著作权人依照本法享有的其他权利”。青岛海信通信有限公司对“五月的风”进行拍摄的行为，属于著作权法上述规定的对作品合理使用的范围。

《最高人民法院〈关于审理著作权民事纠纷案件适用法律若干问题的解释〉》第十八条，针对著作权法第二十二条第（十）项的规定作了司法解释，即对设置或者陈列在室外社会公众活动处所的雕塑、绘画、书法等艺术作品的临摹、绘画、摄影、录像人，可以对其成果以合理的方式和范围再行使用，不构成侵权。在此，对于“合理的方式和范围”，应包括以营利为目的的“再行使用”，这是制定该司法解释的本意。司法解释的这一规定既符合伯尔尼公约规定的合理使用的基本精神，也与世界大多数国家的立法例相吻合。根据上述司法解释的规定，你院审判委员会对此案的倾向性处理意见是正确的。

《最高人民法院关于自贡市公共交通总公司与自贡市五星广告灯饰公司侵犯著作权纠纷案的答复》（1996年12月17日 〔1995〕民他字第38号函）

四川省高级人民法院：

你院（95）川民他字第10号关于自贡市公共交通总公司诉自贡市五星广告灯饰公司侵犯著作权一案的请示报告收悉。经研究答复如下：

1. 自贡市公共交通总公司设计制作的“希望之光”大型灯组，是以线条、色彩、灯光等要素表达主题的作品，将其认定为具有独创性的作品是适当的。

2. 该作品是专门为参加灯会创作的，灯会结束后，该作品即被运回存放，不另在公共场所设置或陈列，因而不应将其认定为“设置或者陈列在公共场所的艺术作品”。

3. 自贡市五星广告灯饰公司未经作者许可，在自制的电视广告中使用“希望之光”美术作品，不属于著作权法第二十二条第一款第（十）项“合理使用”的范围，侵犯了自贡市公共交通总公司的著作权，应依照著作权法的有关规定承担相应的民事责任。

（一）为个人学习、研究或者欣赏，使用他人已经发表的作品；

（二）为介绍、评论某一作品或者说明某一问题，在作品中适当引用他人已经发表的作品；

（三）为报道时事新闻，在报纸、期刊、广播电台、电视台等媒体中不可避免地再现或者引用已经发表的作品；

（四）报纸、期刊、广播电台、电视台等媒体刊登或者播放其他报纸、期刊、广播电台、电视台等媒体已经发表的关于政治、经济、宗教问题的时事性文章，但作者声明不许刊登、播放的除外；

（五）报纸、期刊、广播电台、电视台等媒体刊登或者播放在公众集会上发表的讲话，但作者声明不许刊登、播放的除外；

（六）为学校课堂教学或者科学研究，翻译或者少量复制已经发表的作品，供教学或者科研人员使用，但不得出版发行；

（七）国家机关为执行公务在合理范围内使用已经发表的作品；

（八）图书馆、档案馆、纪念馆、博物馆、美术馆等为陈列或者保存版本的需要，复制本馆收藏的作品；

（九）免费表演已经发表的作品，该表演未向公众收取费用，也未向表演者支付报酬；

（十）对设置或者陈列在室外公共场所的艺术作品进行临摹、绘画、摄影、录像；

（十一）将中国公民、法人或者其他组织已经发表的以汉语言文字创作的作品翻译成少数民族语言文字作品在国内出版发行；

（十二）将已经发表的作品改成盲文出版。

前款规定适用于对出版者、表演者、录音录像制作者、广播电台、电视台的权利的限制。

第二十三条 特定教科书的法定许可

为实施九年制义务教育和国家教育规划而编写出版教科书，除作者事先声明不许使用的外，可以不经著作权人许可，在教科书中汇编已经发表的作品片段或者短小的文字作品、音乐作品或者单幅的美术作品、摄影作品，但应当按照规定支付报酬，指明作者姓名、作品名称，并且不得侵犯著作权人依照本法享有的其他权利。

前款规定适用于对出版者、表演者、录音录像制作者、广播电台、电视台的权利的限制。

第三章　著作权许可使用和转让合同

第二十四条　著作权许可使用合同

使用他人作品应当同著作权人订立许可使用合同，本法规定可以不经许可的除外。

许可使用合同包括下列主要内容：

（一）许可使用的权利种类；

（二）许可使用的权利是专有使用权或者非专有使用权；

（三）许可使用的地域范围、期间；

（四）付酬标准和办法；

（五）违约责任；

（六）双方认为需要约定的其他内容。

第二十五条　著作权转让合同

转让本法第十条第一款第（五）项至第（十七）项规定的权利，应当订立书面合同。

权利转让合同包括下列主要内容：

（一）作品的名称；

（二）转让的权利种类、地域范围；

（三）转让价金；

（四）交付转让价金的日期和方式；

（五）违约责任；

（六）双方认为需要约定的其他内容。

第二十六条　著作权的出质

以著作权出质的，由出质人和质权人向国务院著作权行政管理部门办理出质登记。

第二十七条　著作权许可使用和转让合同中未明确的权利

许可使用合同和转让合同中著作权人未明确许可、转让的权利，未经著作权人同意，另一方当事人不得行使。

第二十八条　著作权使用费的支付

使用作品的付酬标准可以由当事人约定，也可以按照国务院著作权行政管理部门会同有关部门制定的付酬标准支付报酬。当事人约定不明确的，按照国务院著作权行政管理部门会同有关部门制定的付酬标准支付报酬。

第二十九条　取得他人著作权使用权者的权利限制

出版者、表演者、录音录像制作者、广播电台、电视台等依照本法有关规定使用他人作品的，不得侵犯作者的署名权、修改权、保护作品完整权和获得报酬的权利。

第四章　出版、表演、录音录像、播放

第一节　图书、报刊的出版

第三十条　出版合同

图书出版者出版图书应当和著作权人订立出版合同，并支付报酬。

第三十一条 专有出版权

图书出版者对著作权人交付出版的作品，按照合同约定享有的专有出版权受法律保护，他人不得出版该作品。

第三十二条 出版者与著作权人的义务

著作权人应当按照合同约定期限交付作品。图书出版者应当按照合同约定的出版质量、期限出版图书。

图书出版者不按照合同约定期限出版，应当依照本法第五十四条的规定承担民事责任。

图书出版者重印、再版作品的，应当通知著作权人，并支付报酬。图书脱销后，图书出版者拒绝重印、再版的，著作权人有权终止合同。

第三十三条 报社、期刊社的权利和义务

著作权人向报社、期刊社投稿的，自稿件发出之日起十五日内未收到报社通知决定刊登的，或者自稿件发出之日起三十日内未收到期刊社通知决定刊登的，可以将同一作品向其他报社、期刊社投稿。双方另有约定的除外。

作品刊登后，除著作权人声明不得转载、摘编的外，其他报刊可以转载或者作为文摘、资料刊登，但应当按照规定向著作权人支付报酬。

第三十四条 图书出版者、报社、期刊社对作品的修改权

图书出版者经作者许可，可以对作品修改、删节。

报社、期刊社可以对作品作文字性修改、删节。对内容的修改，应当经作者许可。

第三十五条　出版演绎作品的义务

出版改编、翻译、注释、整理、汇编已有作品而产生的作品，应当取得改编、翻译、注释、整理、汇编作品的著作权人和原作品的著作权人许可，并支付报酬。

第三十六条　版式设计的专有使用权

出版者有权许可或者禁止他人使用其出版的图书、期刊的版式设计。

前款规定的权利的保护期为十年，截止于使用该版式设计的图书、期刊首次出版后第十年的12月31日。

第二节　表　　演

第三十七条　表演者的义务

使用他人作品演出，表演者（演员、演出单位）应当取得著作权人许可，并支付报酬。演出组织者组织演出，由该组织者取得著作权人许可，并支付报酬。

使用改编、翻译、注释、整理已有作品而产生的作品进行演出，应当取得改编、翻译、注释、整理作品的著作权人和原作品的著作权人许可，并支付报酬。

第三十八条　表演者的权利

表演者对其表演享有下列权利：

（一）表明表演者身份；

（二）保护表演形象不受歪曲；

（三）许可他人从现场直播和公开传送其现场表演，并获得报酬；

（四）许可他人录音录像，并获得报酬；

（五）许可他人复制、发行录有其表演的录音录像制品，并获得报酬；

（六）许可他人通过信息网络向公众传播其表演，并获得报酬。

被许可人以前款第（三）项至第（六）项规定的方式使用作品，还应当取得著作权人许可，并支付报酬。

第三十九条　表演者权的保护期

本法第三十八条第一款第（一）项、第（二）项规定的权利的保护期不受限制。

本法第三十八条第一款第（三）项至第（六）项规定的权利的保护期为五十年，截止于该表演发生后第五十年的12月31日。

第三节　录音录像

第四十条　录音录像制作者的义务

录音录像制作者使用他人作品制作录音录像制品，应当取得著作权人许可，并支付报酬。

录音录像制作者使用改编、翻译、注释、整理已有作品而产生的作品，应当取得改编、翻译、注释、整理作品的著作权人和原作品著作权人许可，并支付报酬。

录音制作者使用他人已经合法录制为录音制品的音乐作品制作录音制品，可以不经著作权人许可，但应当按照规定支付报酬；著作权人声明不许使用的不得使用。

第四十一条　录音录像制作者的义务

录音录像制作者制作录音录像制品，应当同表演者订立合同，并支付报酬。

第四十二条　录音录像制作者的权利

录音录像制作者对其制作的录音录像制品，享有许可他人复制、发行、出租、通过信息网络向公众传播并获得报酬的权利；权利的保护期为五十年，截止于该制品首次制作完成后第五十年的12月31日。

被许可人复制、发行、通过信息网络向公众传播录音录像制品，还应当取得著作权人、表演者许可，并支付报酬。

第四节　广播电台、电视台播放

第四十三条　广播电台、电视台对著作权人的义务

广播电台、电视台播放他人未发表的作品，应当取得著作权人许可，并支付报酬。

广播电台、电视台播放他人已发表的作品，可以不经著作权人许可，但应当支付报酬。

第四十四条　播放已经出版的录音制品时的义务

广播电台、电视台播放已经出版的录音制品，可以不经著作权人许可，但应当支付报酬。当事人另有约定的除外。具体办法由国务院规定。

第四十五条　广播电台、电视台的权利

广播电台、电视台有权禁止未经其许可的下列行为：

（一）将其播放的广播、电视转播；

（二）将其播放的广播、电视录制在音像载体上以及复制音像载体。

前款规定的权利的保护期为五十年，截止于该广播、电视首

次播放后第五十年的12月31日。

第四十六条 电视台播放他人电影作品的义务

电视台播放他人的电影作品和以类似摄制电影的方法创作的作品、录像制品，应当取得制片者或者录像制作者许可，并支付报酬；播放他人的录像制品，还应当取得著作权人许可，并支付报酬。

第五章 法律责任和执法措施

第四十七条 承担民事责任的侵权行为[①]

有下列侵权行为的，应当根据情况，承担停止侵害、消除影响、赔礼道歉、赔偿损失等民事责任：

（一）未经著作权人许可，发表其作品的；

---

① **《最高人民法院关于胡由之、郑乃章诉刘桢、卢碧亮著作权纠纷案的复函》**（1992年4月13日〔1991〕民他字第47号）

江西省高级人民法院：

你院赣法（民）发〔1991〕1号《关于胡由之、郑乃章诉刘桢、卢碧亮著作权纠纷案的请示》收悉。

根据你院报告及案卷材料，我们研究认为：由刘桢、胡由之、郑乃章三人署名，并请卢碧亮翻译成英文，向国际古陶瓷学术讨论会投稿的《镇窑结构及其特征的剖析》一文，是在原刘、胡、郑三人合作作品的基础上缩写而成的。此后，刘桢将该文中“技术秘密”的内容去掉，文字上稍加修改润色，以《景德镇窑及其构造特征》（以下简称“特征”）为题，请卢碧亮译成英文后发表在国外某杂志上，署名刘桢、卢碧亮。由于该文未署胡由之、郑乃章之名，侵犯了胡、郑二人的著作权，刘桢应承担民事责任。该文本应署名译者的卢碧亮却署名为作者，但由于该文署名方式主要系刘桢所为，卢碧亮对侵权无过错，可不承担民事责任。鉴于在诉讼中，刘桢已将“特征”的中文稿在国内有关杂志上以刘桢、胡由之、郑乃章三人的名义发表，并已向胡、郑二人赔礼道歉等情节，请审理时予以考虑。

此上意见，供参考。

（二）未经合作作者许可，将与他人合作创作的作品当作自己单独创作的作品发表的；

（三）没有参加创作，为谋取个人名利，在他人作品上署名的；

（四）歪曲、篡改他人作品的；

（五）剽窃他人作品的；

（六）未经著作权人许可，以展览、摄制电影和以类似摄制电影的方法使用作品，或者以改编、翻译、注释等方式使用作品的，本法另有规定的除外；

（七）使用他人作品，应当支付报酬而未支付的；

（八）未经电影作品和以类似摄制电影的方法创作的作品、计算机软件、录音录像制品的著作权人或者与著作权有关的权利人许可，出租其作品或者录音录像制品的，本法另有规定的除外；

（九）未经出版者许可，使用其出版的图书、期刊的版式设计的；

（十）未经表演者许可，从现场直播或者公开传送其现场表演，或者录制其表演的；

（十一）其他侵犯著作权以及与著作权有关的权益的行为。

第四十八条 承担民事责任、行政责任和刑事责任的侵权行为[①]

有下列侵权行为的，应当根据情况，承担停止侵害、消除影响、赔礼道歉、赔偿损失等民事责任；同时损害公共利益的，可以由著作权行政管理部门责令停止侵权行为，没收违法所得，没收、销毁侵权复制品，并可处以罚款；情节严重的，著作权行政管理部门还可以没收主要用于制作侵权复制品的材料、工具、设备等；构成犯罪的，依法追究刑事责任：

（一）未经著作权人许可，复制、发行、表演、放映、广播、汇编、通过信息网络向公众传播其作品的，本法另有规定的除外；

（二）出版他人享有专有出版权的图书的；

---

① **《最高人民法院、最高人民检察院关于办理侵犯著作权刑事案件中涉及录音录像制品有关问题的批复》**（2005年10月13日　法释〔2005〕12号）

各省、自治区、直辖市高级人民法院、人民检察院，解放军军事法院、军事检察院，新疆维吾尔自治区高级人民法院生产建设兵团分院、新疆生产建设兵团人民检察院：

《最高人民法院、最高人民检察院关于办理侵犯知识产权刑事案件具体应用法律若干问题的解释》发布以后，部分高级人民法院、省级人民检察院就关于办理侵犯著作权刑事案件中涉及录音录像制品的有关问题提出请示。经研究，批复如下：

以营利为目的，未经录音录像制作者许可，复制发行其制作的录音录像制品的行为，复制品的数量标准分别适用《最高人民法院、最高人民检察院关于办理侵犯知识产权刑事案件具体应用法律若干问题的解释》第五条第一款第（二）项、第二款第（二）项的规定。

未经录音录像制作者许可，通过信息网络传播其制作的录音录像制品的行为，应当视为刑法第二百一十七条第（三）项规定的“复制发行”。

此复

《最高人民法院关于范曾诉吴铎侵害著作权一案的复函》（1990年7月9日　[1989]民他字第20号）

北京市高级人民法院：

你院京高法字（1989）第295号“关于范曾诉吴铎侵害著作权一案的请示报告”收悉，经研究，我们同意你院倾向性意见，即吴铎将所临摹范曾的绘画作品署上自己的姓名，赠送他人，致其临摹作品在日本展览、并制成画册出售，吴铎的行为构成了对范曾著作权的侵害，应承担相应的民事责任。

此复

（三）未经表演者许可，复制、发行录有其表演的录音录像制品，或者通过信息网络向公众传播其表演的，本法另有规定的除外；

（四）未经录音录像制作者许可，复制、发行、通过信息网络向公众传播其制作的录音录像制品的，本法另有规定的除外；

（五）未经许可，播放或者复制广播、电视的，本法另有规定的除外；

（六）未经著作权人或者与著作权有关的权利人许可，故意避开或者破坏权利人为其作品、录音录像制品等采取的保护著作权或者与著作权有关的权利的技术措施的，法律、行政法规另有规定的除外；

（七）未经著作权人或者与著作权有关的权利人许可，故意删除或者改变作品、录音录像制品等的权利管理电子信息的，法律、行政法规另有规定的除外；

（八）制作、出售假冒他人署名的作品的。

第四十九条 赔偿标准

侵犯著作权或者与著作权有关的权利的，侵权人应当按照权利人的实际损失给予赔偿；实际损失难以计算的，可以按照侵权人的违法所得给予赔偿。赔偿数额还应当包括权利人为制止侵权行为所支付的合理开支。

权利人的实际损失或者侵权人的违法所得不能确定的，由人民法院根据侵权行为的情节，判决给予五十万元以下的赔偿。

第五十条 诉前禁止令

著作权人或者与著作权有关的权利人有证据证明他人正在实施或者即将实施侵犯其权利的行为，如不及时制止将会使其合法权益受到难以弥补的损害的，可以在起诉前向人民法院申请采取责令停止有关行为和财产保全的措施。

人民法院处理前款申请，适用《中华人民共和国民事诉讼法》第九十三条至第九十六条和第九十九条的规定。

第五十一条 诉前证据保全

为制止侵权行为，在证据可能灭失或者以后难以取得的情况下，著作权人或者与著作权有关的权利人可以在起诉前向人民法院申请保全证据。

人民法院接受申请后，必须在四十八小时内作出裁定；裁定采取保全措施的，应当立即开始执行。

人民法院可以责令申请人提供担保，申请人不提供担保的，驳回申请。

申请人在人民法院采取保全措施后十五日内不起诉的，人民法院应当解除保全措施。

第五十二条 人民法院对侵权行为的民事制裁

人民法院审理案件，对于侵犯著作权或者与著作权有关的权利的，可以没收违法所得、侵权复制品以及进行违法活动的财物。

第五十三条 有关复制品侵权的过错推定

复制品的出版者、制作者不能证明其出版、制作有合法授权的，复制品的发行者或者电影作品或者以类似摄制电影的方法创作的作品、计算机软件、录音录像制品的复制品的出租者不能证明其发行、出租的复制品有合法来源的，应当承担法律责任。

第五十四条 违约责任

当事人不履行合同义务或者履行合同义务不符合约定条件的，应当依照《中华人民共和国民法通则》、《中华人民共和国合同法》等有关法律规定承担民事责任。

第五十五条　著作权纠纷的解决

著作权纠纷可以调解，也可以根据当事人达成的书面仲裁协议或者著作权合同中的仲裁条款，向仲裁机构申请仲裁。

当事人没有书面仲裁协议，也没有在著作权合同中订立仲裁条款的，可以直接向人民法院起诉。

第五十六条　对行政处罚不服的救济

当事人对行政处罚不服的，可以自收到行政处罚决定书之日起三个月内向人民法院起诉，期满不起诉又不履行的，著作权行政管理部门可以申请人民法院执行。

第六章　附　　则

第五十七条　著作权与版权的关系

本法所称的著作权即版权。

第五十八条　出版的含义

本法第二条所称的出版，指作品的复制、发行。

第五十九条　计算机软件、信息网络传播权的保护

计算机软件、信息网络传播权的保护办法由国务院另行规定。

第六十条　追溯力

本法规定的著作权人和出版者、表演者、录音录像制作者、广播电台、电视台的权利，在本法施行之日尚未超过本法规定的保护期的，依照本法予以保护。

本法施行前发生的侵权或者违约行为，依照侵权或者违约行为发生时的有关规定和政策处理。

第六十一条　施行日期

本法自1991年6月1日起施行。

中华人民共和国专利法

（1984年3月12日第六届全国人民代表大会常务委员会第四次会议通过　根据1992年9月4日第七届全国人民代表大会常务委员会第二十七次会议《关于修改〈中华人民共和国专利法〉的决定》第一次修正　根据2000年8月25日第九届全国人民代表大会常务委员会第十七次会议《关于修改〈中华人民共和国专利法〉的决定》第二次修正　根据2008年12月27日第十一届全国人民代表大会常务委员会第六次会议《关于修改〈中华人民共和国专利法〉的决定》第三次修正）

目　　录

第一章　总　　则

第一条　立法目的

为了保护专利权人的合法权益，鼓励发明创造，推动发明创造的应用，提高创新能力，促进科学技术进步和经济社会发展，制定本法。

第二条　发明创造范围

本法所称的发明创造是指发明、实用新型和外观设计。

发明，是指对产品、方法或者其改进所提出的新的技术方案。

实用新型，是指对产品的形状、构造或者其结合所提出的适于实用的新的技术方案。

外观设计，是指对产品的形状、图案或者其结合以及色彩与形状、图案的结合所作出的富有美感并适于工业应用的新设计。

第三条　专利管理部门

国务院专利行政部门负责管理全国的专利工作；统一受理和审查专利申请，依法授予专利权。

省、自治区、直辖市人民政府管理专利工作的部门负责本行政区域内的专利管理工作。

第四条　保密处理

申请专利的发明创造涉及国家安全或者重大利益需要保密的，按照国家有关规定办理。

第五条　不授予专利权情形

对违反法律、社会公德或者妨害公共利益的发明创造，不授予专利权。

对违反法律、行政法规的规定获取或者利用遗传资源，并依赖该遗传资源完成的发明创造，不授予专利权。

第六条　职务发明

执行本单位的任务或者主要是利用本单位的物质技术条件所完成的发明创造为职务发明创造。职务发明创造申请专利的权利属于该单位；申请被批准后，该单位为专利权人。

非职务发明创造，申请专利的权利属于发明人或者设计人；申请被批准后，该发明人或者设计人为专利权人。

利用本单位的物质技术条件所完成的发明创造，单位与发明人或者设计人订有合同，对申请专利的权利和专利权的归属作出约定的，从其约定。

第七条 非职务专利申请对待

对发明人或者设计人的非职务发明创造专利申请，任何单位或者个人不得压制。

第八条 合作发明专利权归属

两个以上单位或者个人合作完成的发明创造、一个单位或者个人接受其他单位或者个人委托所完成的发明创造，除另有协议的以外，申请专利的权利属于完成或者共同完成的单位或者个人；申请被批准后，申请的单位或者个人为专利权人。

第九条 优先规定

同样的发明创造只能授予一项专利权。但是，同一申请人同日对同样的发明创造既申请实用新型专利又申请发明专利，先获得的实用新型专利权尚未终止，且申请人声明放弃该实用新型专利权的，可以授予发明专利权。

两个以上的申请人分别就同样的发明创造申请专利的，专利权授予最先申请的人。

第十条 申请权、专利权转让

专利申请权和专利权可以转让。

中国单位或者个人向外国人、外国企业或者外国其他组织转让专利申请权或者专利权的，应当依照有关法律、行政法规的规定办理手续。

转让专利申请权或者专利权的，当事人应当订立书面合同，并向国务院专利行政部门登记，由国务院专利行政部门予以公告。专利申请权或者专利权的转让自登记之日起生效。

第十一条 排他规定①

发明和实用新型专利权被授予后，除本法另有规定的以外，任何单位或者个人未经专利权人许可，都不得实施其专利，即不得为生产经营目的制造、使用、许诺销售、销售、进口其专利产品，或者使用其专利方法以及使用、许诺销售、销售、进口依照该专利方法直接获得的产品。

外观设计专利权被授予后，任何单位或者个人未经专利权人许可，都不得实施其专利，即不得为生产经营目的制造、许诺销售、销售、进口其外观设计专利产品。

第十二条 许可合同

任何单位或者个人实施他人专利的，应当与专利权人订立实施许可合同，向专利权人支付专利使用费。被许可人无权允许合同规定以外的任何单位或者个人实施该专利。

---

① **《最高人民法院关于朝阳兴诺公司按照建设部颁发的行业标准〈复合载体夯扩桩设计规程〉设计、施工而实施标准中专利的行为是否构成侵犯专利权问题的函》**（2008年7月8日 ［2008］民三他字第4号）

辽宁省高级人民法院：

你院《关于季强、刘辉与朝阳市兴诺建筑工程有限公司专利侵权纠纷一案的请示》（［2007］辽民四知终字第126号）收悉。经研究，答复如下：

鉴于目前我国标准制定机关尚未建立有关标准中专利信息的公开披露及使用制度的实际情况，专利权人参与了标准的制定或者经其同意，将专利纳入国家、行业或者地方标准的，视为专利权人许可他人在实施标准的同时实施该专利，他人的有关实施行为不属于专利法第十一条所规定的侵犯专利权的行为。专利权人可以要求实施人支付一定的使用费，但支付的数额应明显低于正常的许可使用费；专利权人承诺放弃专利使用费的，依其承诺处理。

对于你院所请示的案件，请你院在查明有关案件事实，特别是涉案专利是否已被纳入争议标准的基础上，按照上述原则依法作出处理。

此复。

第十三条 发明实施费用支付

发明专利申请公布后，申请人可以要求实施其发明的单位或者个人支付适当的费用。

第十四条 公益发明

国有企业事业单位的发明专利，对国家利益或者公共利益具有重大意义的，国务院有关主管部门和省、自治区、直辖市人民政府报经国务院批准，可以决定在批准的范围内推广应用，允许指定的单位实施，由实施单位按照国家规定向专利权人支付使用费。

第十五条 专利共有

专利申请权或者专利权的共有人对权利的行使有约定的，从其约定。没有约定的，共有人可以单独实施或者以普通许可方式许可他人实施该专利；许可他人实施该专利的，收取的使用费应当在共有人之间分配。

除前款规定的情形外，行使共有的专利申请权或者专利权应当取得全体共有人的同意。

第十六条 职务发明奖励

被授予专利权的单位应当对职务发明创造的发明人或者设计人给予奖励；发明创造专利实施后，根据其推广应用的范围和取得的经济效益，对发明人或者设计人给予合理的报酬。

第十七条 署名权

发明人或者设计人有权在专利文件中写明自己是发明人或者设计人。

专利权人有权在其专利产品或者该产品的包装上标明专利标识。

第十八条 涉外规定

在中国没有经常居所或者营业所的外国人、外国企业或者外国其他组织在中国申请专利的，依照其所属国同中国签订的协议或者共同参加的国际条约，或者依照互惠原则，根据本法办理。

第十九条 外国人或组织专利事务委托

在中国没有经常居所或者营业所的外国人、外国企业或者外国其他组织在中国申请专利和办理其他专利事务的，应当委托依法设立的专利代理机构办理。

中国单位或者个人在国内申请专利和办理其他专利事务的，可以委托依法设立的专利代理机构办理。

专利代理机构应当遵守法律、行政法规，按照被代理人的委托办理专利申请或者其他专利事务；对被代理人发明创造的内容，除专利申请已经公布或者公告的以外，负有保密责任。专利代理机构的具体管理办法由国务院规定。

第二十条 中国人涉外专利申请委托

任何单位或者个人将在中国完成的发明或者实用新型向外国申请专利的，应当事先报经国务院专利行政部门进行保密审查。保密审查的程序、期限等按照国务院的规定执行。

中国单位或者个人可以根据中华人民共和国参加的有关国际条约提出专利国际申请。申请人提出专利国际申请的，应当遵守前款规定。

国务院专利行政部门依照中华人民共和国参加的有关国际条约、本法和国务院有关规定处理专利国际申请。

对违反本条第一款规定向外国申请专利的发明或者实用新型，在中国申请专利的，不授予专利权。

第二十一条 专利审查要求

国务院专利行政部门及其专利复审委员会应当按照客观、公正、准确、及时的要求，依法处理有关专利的申请和请求。

国务院专利行政部门应当完整、准确、及时发布专利信息，定期出版专利公报。

在专利申请公布或者公告前，国务院专利行政部门的工作人员及有关人员对其内容负有保密责任。

第二章 授予专利权的条件

第二十二条 授予条件

授予专利权的发明和实用新型，应当具备新颖性、创造性和实用性。

新颖性，是指该发明或者实用新型不属于现有技术；也没有任何单位或者个人就同样的发明或者实用新型在申请日以前向国务院专利行政部门提出过申请，并记载在申请日以后公布的专利申请文件或者公告的专利文件中。

创造性，是指与现有技术相比，该发明具有突出的实质性特点和显著的进步，该实用新型具有实质性特点和进步。

实用性，是指该发明或者实用新型能够制造或者使用，并且能够产生积极效果。

本法所称现有技术，是指申请日以前在国内外为公众所知的技术。

第二十三条 外观设计专利权授予条件

授予专利权的外观设计，应当不属于现有设计；也没有任何单位或者个人就同样的外观设计在申请日以前向国务院专利行政部门提出过申请，并记载在申请日以后公告的专利文件中。

授予专利权的外观设计与现有设计或者现有设计特征的组合相比，应当具有明显区别。

授予专利权的外观设计不得与他人在申请日以前已经取得的合法权利相冲突。

本法所称现有设计，是指申请日以前在国内外为公众所知的设计。

第二十四条　新颖性保持特殊规定

申请专利的发明创造在申请日以前六个月内，有下列情形之一的，不丧失新颖性：

（一）在中国政府主办或者承认的国际展览会上首次展出的；

（二）在规定的学术会议或者技术会议上首次发表的；

（三）他人未经申请人同意而泄露其内容的。

第二十五条　不授予专利权情形

对下列各项，不授予专利权：

（一）科学发现；

（二）智力活动的规则和方法；

（三）疾病的诊断和治疗方法；

（四）动物和植物品种；

（五）用原子核变换方法获得的物质；

（六）对平面印刷品的图案、色彩或者二者的结合作出的主要起标识作用的设计。

对前款第（四）项所列产品的生产方法，可以依照本法规定授予专利权。

第三章　专利的申请

第二十六条　发明或实用新型专利申请文件

申请发明或者实用新型专利的，应当提交请求书、说明书及其摘要和权利要求书等文件。

请求书应当写明发明或者实用新型的名称，发明人的姓名，申请人姓名或者名称、地址，以及其他事项。

说明书应当对发明或者实用新型作出清楚、完整的说明，以所属技术领域的技术人员能够实现为准；必要的时候，应当有附图。摘要应当简要说明发明或者实用新型的技术要点。

权利要求书应当以说明书为依据，清楚、简要地限定要求专利保护的范围。

依赖遗传资源完成的发明创造，申请人应当在专利申请文件中说明该遗传资源的直接来源和原始来源；申请人无法说明原始来源的，应当陈述理由。

第二十七条　外观设计专利权申请文件

申请外观设计专利的，应当提交请求书、该外观设计的图片或者照片以及对该外观设计的简要说明等文件。

申请人提交的有关图片或者照片应当清楚地显示要求专利保护的产品的外观设计。

第二十八条　申请日确定

国务院专利行政部门收到专利申请文件之日为申请日。如果申请文件是邮寄的，以寄出的邮戳日为申请日。

第二十九条 申请优先权

申请人自发明或者实用新型在外国第一次提出专利申请之日起十二个月内，或者自外观设计在外国第一次提出专利申请之日起六个月内，又在中国就相同主题提出专利申请的，依照该外国同中国签订的协议或者共同参加的国际条约，或者依照相互承认优先权的原则，可以享有优先权。

申请人自发明或者实用新型在中国第一次提出专利申请之日起十二个月内，又向国务院专利行政部门就相同主题提出专利申请的，可以享有优先权。

第三十条 优先权书面声明

申请人要求优先权的，应当在申请的时候提出书面声明，并且在三个月内提交第一次提出的专利申请文件的副本；未提出书面声明或者逾期未提交专利申请文件副本的，视为未要求优先权。

第三十一条 专利数量确定[①]

一件发明或者实用新型专利申请应当限于一项发明或者实用新型。属于一个总的发明构思的两项以上的发明或者实用新型，可以作为一件申请提出。

一件外观设计专利申请应当限于一项外观设计。同一产品两项以上的相似外观设计，或者用于同一类别并且成套出售或者使用的产品的两项以上外观设计，可以作为一件申请提出。

---

① **《最高人民法院关于昆明制药集团股份有限公司与昆明龙津药业有限公司专利侵权纠纷一案的答复》**（2005年9月20日 ［2005］民三他字第10号）

云南省高级人民法院：

（转下页注）

第三十二条 申请撤回

申请人可以在被授予专利权之前随时撤回其专利申请。

(接上页注①)

你院云高法报（2005）68号《关于昆明制药集团股份有限公司与昆明龙津药业有限公司专利侵权纠纷上诉案》有关问题的请示收悉。经研究，答复如下：

一、根据《中华人民共和国专利法实施细则》第二十一条第一款规定，权利要求书应当有独立权利要求，也可以有从属权利要求。因此，一件申请的权利要求当中，应当至少有一项独立权利要求。在符合《中华人民共和国专利法》第三十一条第一款及《中华人民共和国专利法实施细则》第三十五条有关发明或者实用新型专利申请的单一性规定的情况下，即属于一个总的发明构思的两项以上发明或者实用新型作为一件专利申请时，权利要求书中可以有两项或者两项以上独立权利要求。其中，写在最前面的独立权利要求为第一独立权利要求，其他独立权利要求为并列独立权利要求。《审查指南》第二部分2.2.1（2）对属于一个总的发明构思的两项以上发明规定了六种权利要求的撰写方式，其中，“产品和专用于制造该产品的方法的独立权利要求”的组合即为撰写方式之一。因此，属于一个总的发明构思的两项以上发明或者实用新型专利，其权利要求书中可以有两项或者两项以上独立权利要求。

又根据《中华人民共和国专利法实施细则》第二十一条第二款和第三款规定，独立权利要求应当从整体上反映发明或者实用新型的技术方案，记载解决技术问题的必要技术特征。从属权利要求应当用附加的技术特征，对引用的权利要求进一步限定。因此，只有从属权利要求对所引用的权利要求有限定作用，而独立权利要求之间不具有相互限定的作用，应当按照各自的内容确定专利权的保护范围。

就本案来说，昆明制药集团股份有限公司拥有的“灯盏花素粉针剂及制备方法”发明专利，实质上是“灯盏花素粉针剂”产品和制造该产品的方法两个发明，二者属于一个总的发明构思，可以作为一件专利申请，其权利要求1记载的是“灯盏花素粉针剂”产品的技术方案，权利要求2记载的是制造该产品的方法的技术方案，二者均为独立权利要求，属于前述《审查指南》规定的“产品和专用于制造该产品的方法的独立权利要求组合”的撰写方式。由于权利要求1和权利要求2都是独立权利要求，应当按照各自的权利要求的内容确定专利权的保护范围，权利要求2对权力要求1不具有限定作用。故此，同意你院审判委员会的第二种处理意见。

二、有关本案产品涉及的检测问题，如果国家没有制定相关的检测标准，可以参照《中华人民共和国合同法》第六十二条第一款第（一）项的规定，按照本领域的惯常作法来进行检测。只要所采用的方法具有充分的科学依据，其检测结果一般可以作为定案的依据。至于本案中云南省分析测试中心所作的检测结果能否作为定案的依据，请你院根据上述原则，并结合案件的具体情况予以确定。

第三十三条 申请文件的修改

申请人可以对其专利申请文件进行修改，但是，对发明和实用新型专利申请文件的修改不得超出原说明书和权利要求书记载的范围，对外观设计专利申请文件的修改不得超出原图片或者照片表示的范围。

第四章 专利申请的审查和批准

第三十四条 审查公布

国务院专利行政部门收到发明专利申请后，经初步审查认为符合本法要求的，自申请日起满十八个月，即行公布。国务院专利行政部门可以根据申请人的请求早日公布其申请。

第三十五条 实质审查

发明专利申请自申请日起三年内，国务院专利行政部门可以根据申请人随时提出的请求，对其申请进行实质审查；申请人无正当理由逾期不请求实质审查的，该申请即被视为撤回。

国务院专利行政部门认为必要的时候，可以自行对发明专利申请进行实质审查。

第三十六条 实质审查资料提交

发明专利的申请人请求实质审查的时候，应当提交在申请日前与其发明有关的参考资料。

发明专利已经在外国提出过申请的，国务院专利行政部门可以要求申请人在指定期限内提交该国为审查其申请进行检索的资料或者审查结果的资料；无正当理由逾期不提交的，该申请即被视为撤回。

第三十七条 申请不符规定的处理

国务院专利行政部门对发明专利申请进行实质审查后，认为不符合本法规定的，应当通知申请人，要求其在指定的期限内陈述意见，或者对其申请进行修改；无正当理由逾期不答复的，该申请即被视为撤回。

第三十八条 驳回申请情形

发明专利申请经申请人陈述意见或者进行修改后，国务院专利行政部门仍然认为不符合本法规定的，应当予以驳回。

第三十九条 发明专利权的授予

发明专利申请经实质审查没有发现驳回理由的，由国务院专利行政部门作出授予发明专利权的决定，发给发明专利证书，同时予以登记和公告。发明专利权自公告之日起生效。

第四十条 实用新型和外观设计专利权的授予①

实用新型和外观设计专利申请经初步审查没有发现驳回理由的，由国务院专利行政部门作出授予实用新型专利权或者外观设

① **《最高人民法院研究室关于兰州某研究所与兰州某有限责任公司专利权侵权纠纷一案如何适用法律问题的答复》**（2011 年 6 月 29 日　法研〔2011〕88 号）

甘肃省高级人民法院：

你院甘高法〔2011〕99 号《关于审理兰州某研究所与兰州某有限责任公司因专利侵权纠纷上诉一案中有关法律问题的请示报告》收悉。经研究，答复如下：

根据《中华人民共和国专利法》第十一条、第四十条的规定，起诉实用新型专利权侵权应以专利权被依法授予为前提，而实用新型专利权自公告之日起生效，因此在专利申请日到公告日之间，实用新型专利权并未产生，在此期间发生的实施与该实用新型专利申请相同技术方案的行为，不构成专利权侵权，由此引发的纠纷应适用相关法律规定处理。

此复。

计专利权的决定，发给相应的专利证书，同时予以登记和公告。实用新型专利权和外观设计专利权自公告之日起生效。

第四十一条　专利申请复审

国务院专利行政部门设立专利复审委员会。专利申请人对国务院专利行政部门驳回申请的决定不服的，可以自收到通知之日起三个月内，向专利复审委员会请求复审。专利复审委员会复审后，作出决定，并通知专利申请人。

专利申请人对专利复审委员会的复审决定不服的，可以自收到通知之日起三个月内向人民法院起诉。

第五章　专利权的期限、终止和无效

第四十二条　专利权期限

发明专利权的期限为二十年，实用新型专利权和外观设计专利权的期限为十年，均自申请日起计算。

第四十三条　年费缴纳

专利权人应当自被授予专利权的当年开始缴纳年费。

第四十四条　专利权提前终止情形

有下列情形之一的，专利权在期限届满前终止：

（一）没有按照规定缴纳年费的；

（二）专利权人以书面声明放弃其专利权的。

专利权在期限届满前终止的，由国务院专利行政部门登记和公告。

第四十五条　专利权授予异议

自国务院专利行政部门公告授予专利权之日起，任何单位或者个人认为该专利权的授予不符合本法有关规定的，可以请求专利复审委员会宣告该专利权无效。

第四十六条　异议审查

专利复审委员会对宣告专利权无效的请求应当及时审查和作出决定，并通知请求人和专利权人。宣告专利权无效的决定，由国务院专利行政部门登记和公告。

对专利复审委员会宣告专利权无效或者维持专利权的决定不服的，可以自收到通知之日起三个月内向人民法院起诉。人民法院应当通知无效宣告请求程序的对方当事人作为第三人参加诉讼。

第四十七条　专利权宣告无效的效力和处理

宣告无效的专利权视为自始即不存在。

宣告专利权无效的决定，对在宣告专利权无效前人民法院作出并已执行的专利侵权的判决、调解书，已经履行或者强制执行的专利侵权纠纷处理决定，以及已经履行的专利实施许可合同和专利权转让合同，不具有追溯力。但是因专利权人的恶意给他人造成的损失，应当给予赔偿。

依照前款规定不返还专利侵权赔偿金、专利使用费、专利权转让费，明显违反公平原则的，应当全部或者部分返还。

第六章　专利实施的强制许可

第四十八条　对具备实施条件单位的强制许可

有下列情形之一的，国务院专利行政部门根据具备实施条件的单位或者个人的申请，可以给予实施发明专利或者实用新型专利的强制许可：

（一）专利权人自专利权被授予之日起满三年，且自提出专利申请之日起满四年，无正当理由未实施或者未充分实施其专利的；

（二）专利权人行使专利权的行为被依法认定为垄断行为，为消除或者减少该行为对竞争产生的不利影响的。

第四十九条 公益性强制许可

在国家出现紧急状态或者非常情况时，或者为了公共利益的目的，国务院专利行政部门可以给予实施发明专利或者实用新型专利的强制许可。

第五十条 药品专利的强制许可

为了公共健康目的，对取得专利权的药品，国务院专利行政部门可以给予制造并将其出口到符合中华人民共和国参加的有关国际条约规定的国家或者地区的强制许可。

第五十一条 重大意义专利实施的强制许可

一项取得专利权的发明或者实用新型比前已经取得专利权的发明或者实用新型具有显著经济意义的重大技术进步，其实施又有赖于前一发明或者实用新型的实施的，国务院专利行政部门根据后一专利权人的申请，可以给予实施前一发明或者实用新型的强制许可。

在依照前款规定给予实施强制许可的情形下，国务院专利行政部门根据前一专利权人的申请，也可以给予实施后一发明或者实用新型的强制许可。

第五十二条 半导体技术强制许可

强制许可涉及的发明创造为半导体技术的，其实施限于公共利益的目的和本法第四十八条第（二）项规定的情形。

第五十三条　强制许可的市场范围

除依照本法第四十八条第（二）项、第五十条规定给予的强制许可外，强制许可的实施应当主要为了供应国内市场。

第五十四条　申请强制许可的证明提交

依照本法第四十八条第（一）项、第五十一条规定申请强制许可的单位或者个人应当提供证据，证明其以合理的条件请求专利权人许可其实施专利，但未能在合理的时间内获得许可。

第五十五条　强制许可的通知及公告

国务院专利行政部门作出的给予实施强制许可的决定，应当及时通知专利权人，并予以登记和公告。

给予实施强制许可的决定，应当根据强制许可的理由规定实施的范围和时间。强制许可的理由消除并不再发生时，国务院专利行政部门应当根据专利权人的请求，经审查后作出终止实施强制许可的决定。

第五十六条　独占实施权的排除

取得实施强制许可的单位或者个人不享有独占的实施权，并且无权允许他人实施。

第五十七条　费用支付

取得实施强制许可的单位或者个人应当付给专利权人合理的使用费，或者依照中华人民共和国参加的有关国际条约的规定处理使用费问题。付给使用费的，其数额由双方协商；双方不能达成协议的，由国务院专利行政部门裁决。

第五十八条 起诉情形

专利权人对国务院专利行政部门关于实施强制许可的决定不服的，专利权人和取得实施强制许可的单位或者个人对国务院专利行政部门关于实施强制许可的使用费的裁决不服的，可以自收到通知之日起三个月内向人民法院起诉。

第七章 专利权的保护

第五十九条 保护范围①

发明或者实用新型专利权的保护范围以其权利要求的内容为准，说明书及附图可以用于解释权利要求的内容。

外观设计专利权的保护范围以表示在图片或者照片中的该产品的外观设计为准，简要说明可以用于解释图片或者照片所表示的该产品的外观设计。

---

① **《最高人民法院关于广东省高级人民法院请示阳江虹阳食品工业有限公司与叶冠东专利侵权纠纷案的答复》**（2007年6月20日 〔2006〕民三他字第19号）

广东省高级人民法院：

你院粤高法〔2006〕380号《关于阳江虹阳食品工业有限公司与叶冠东专利侵权纠纷一案如何适用法律的请示》收悉。经研究，答复如下：

根据《中华人民共和国专利法》第五十六条第一款的规定，发明或者实用新型专利权的保护范围以其权利要求的内容为准，说明书及附图可以用于解释权利要求。对于权利要求记载的技术特征，应当首先以说明书及附图为依据进行解释。权利要求书等有关表述歧义，不能直接得出具体、确定、惟一的解释的，应当依据所属领域的技术人员通过阅读权利要求书和说明书及附图，对实现要求保护的技术方案得出具体、确定、惟一的解释，以达到确定该专利保护范围的目的。本案所涉及技术方案中的滤网的位置，所属领域技术人员通过阅读权利要求书和说明书及附图后综合判断，应当可以得出滤网只能在桶体底部胶质出口之上的理解。至于本案被控侵权产品是否落入专利保护范围，请你院经依法审判自行认定。

此复

（转下页注）

第六十条　纠纷解决

未经专利权人许可，实施其专利，即侵犯其专利权，引起纠纷的，由当事人协商解决；不愿协商或者协商不成的，专利权人或者利害关系人可以向人民法院起诉，也可以请求管理专利工作的

（接上页注①）

《最高人民法院关于在专利侵权诉讼中能否直接裁判涉案专利属于从属专利或者重复授权专利问题的复函》（2004 年 12 月 6 日　［2004］民三他字第 9 号）

云南省高级人民法院：

你院云高法报［2004］91 号《关于人民法院能否直接裁判无独立请求权的第三人的专利为从属专利等问题的请示》收悉。经研究，根据所涉及案件的具体情况，答复如下：

人民法院审理专利侵权纠纷案件时，无须在判决中直接认定当事人拥有或者实施的专利是否属于某项专利的从属专利，也不宜认定是否属于重复授权专利。但是，根据专利法规定的先申请原则，应当依法保护申请在先的专利。不论被控侵权物是否具有专利，只要原告的专利是在先申请的，则应根据被控侵权物的技术特征是否完全覆盖原告的专利权保护范围，判定被告是否构成专利侵权。在进行技术对比判定时，应当以申请在先的原告专利的权利要求记载的全部必要技术特征与被控侵权物的相应技术特征进行对比。被控侵权物包含了权利要求记载的全部技术特征的，或者被控侵权物的个别或某些技术特征虽然与权利要求记载的相应技术特征不相同，但依据等同原则属于与权利要求记载的技术特征相等同的技术特征的，人民法院应当认定被控侵权物落入专利权保护范围，被告构成专利侵权。

此复

《最高人民法院对"处理专利侵权纠纷可否认定部分侵权"问题的答复》（2004 年 7 月 26 日　［2004］行他字第 8 号）

辽宁省高级人民法院：

你院［2004］辽行终字第 3 号《关于处理专利侵权纠纷可否认定部分侵权的请示报告》收悉。经研究，答复如下：

判断专利侵权通常适用"全面覆盖"原则，即被控侵权产品要具有专利独立权利要求记载的全部必要技术特征，方能认定侵权成立，不存在部分侵权的问题。就本案来说，权利要求 1 记载的是粉镀锌的方法，权利要求 2 记载的是粉镀锌装置，两者均为独立权利要求，当被控侵权的方法具有权利要求 1 记载的全部必要技术特征时，即构成对该方法专利权的侵犯；当被控侵权的方法和装置同时具有权利要求 1 和权利要求 2 记载的全部必要技术特征时，既构成对该专利的方法专利权的侵犯，也构成对该专利的产品专利权的侵犯。

此复

部门处理。管理专利工作的部门处理时，认定侵权行为成立的，可以责令侵权人立即停止侵权行为，当事人不服的，可以自收到处理通知之日起十五日内依照《中华人民共和国行政诉讼法》向人民法院起诉；侵权人期满不起诉又不停止侵权行为的，管理专利工作的部门可以申请人民法院强制执行。进行处理的管理专利工作的部门应当事人的请求，可以就侵犯专利权的赔偿数额进行调解；调解不成的，当事人可以依照《中华人民共和国民事诉讼法》向人民法院起诉。

第六十一条 纠纷证据①

专利侵权纠纷涉及新产品制造方法的发明专利的，制造同样产品的单位或者个人应当提供其产品制造方法不同于专利方法的证明。

专利侵权纠纷涉及实用新型专利或者外观设计专利的，人民法院或者管理专利工作的部门可以要求专利权人或者利害关系人出具由国务院专利行政部门对相关实用新型或者外观设计进行检

---

① **《最高人民法院关于对出具检索报告是否为提起实用新型专利侵权诉讼的条件的请示的答复》**（2001年11月13日 〔2001〕民三函字第2号）

北京市高级人民法院：

你院京高法〔2001〕279号《关于出具检索报告是否提起实用新型专利侵权诉讼条件的请示》收悉。经研究，答复如下：

最高人民法院《关于审理专利纠纷案件适用法律问题的若干规定》第八条第一款规定："提起侵犯实用新型专利权诉讼的原告，应当在起诉时出具由国务院专利行政部门作出的检索报告。"该司法解释是根据《专利法》第五十七条第二款的规定作出的，主要针对在专利侵权诉讼中因被告提出宣告专利权无效导致中止诉讼问题而采取的措施。因此，检索报告，只是作为实用新型专利权有效性的初步证据，并非出具检索报告是原告提起实用新型专利侵权诉讼的条件。该司法解释所称"应当"，意在强调从严执行这项制度，以防过于宽松而使之失去意义。凡符合《民事诉讼法》第一百零八条规定的起诉条件的案件，人民法院均应当立案受理。但对于原告坚持不出具检索报告，且被告在答辩期间内提出宣告该项实用新型专利权无效的请求，如无其他可以不中止诉讼的情形，人民法院应当中止诉讼。

同意你院请示中的第二种意见。

索、分析和评价后作出的专利权评价报告，作为审理、处理专利侵权纠纷的证据。

第六十二条 不构成侵权的证明

在专利侵权纠纷中，被控侵权人有证据证明其实施的技术或者设计属于现有技术或者现有设计的，不构成侵犯专利权。

第六十三条 假冒他人专利的处罚

假冒专利的，除依法承担民事责任外，由管理专利工作的部门责令改正并予公告，没收违法所得，可以并处违法所得四倍以下的罚款；没有违法所得的，可以处二十万元以下的罚款；构成犯罪的，依法追究刑事责任。

第六十四条 调查手段

管理专利工作的部门根据已经取得的证据，对涉嫌假冒专利行为进行查处时，可以询问有关当事人，调查与涉嫌违法行为有关的情况；对当事人涉嫌违法行为的场所实施现场检查；查阅、复制与涉嫌违法行为有关的合同、发票、账簿以及其他有关资料；检查与涉嫌违法行为有关的产品，对有证据证明是假冒专利的产品，可以查封或者扣押。

管理专利工作的部门依法行使前款规定的职权时，当事人应当予以协助、配合，不得拒绝、阻挠。

第六十五条 侵权赔偿数额确定

侵犯专利权的赔偿数额按照权利人因被侵权所受到的实际损失确定；实际损失难以确定的，可以按照侵权人因侵权所获得的利益确定。权利人的损失或者侵权人获得的利益难以确定的，参照该专利许可使用费的倍数合理确定。赔偿数额还应当包括权利人为制止侵权行为所支付的合理开支。

权利人的损失、侵权人获得的利益和专利许可使用费均难以确定的，人民法院可以根据专利权的类型、侵权行为的性质和情节等因素，确定给予一万元以上一百万元以下的赔偿。

第六十六条 诉前禁令

专利权人或者利害关系人有证据证明他人正在实施或者即将实施侵犯专利权的行为，如不及时制止将会使其合法权益受到难以弥补的损害的，可以在起诉前向人民法院申请采取责令停止有关行为的措施。

申请人提出申请时，应当提供担保；不提供担保的，驳回申请。

人民法院应当自接受申请之时起四十八小时内作出裁定；有特殊情况需要延长的，可以延长四十八小时。裁定责令停止有关行为的，应当立即执行。当事人对裁定不服的，可以申请复议一次；复议期间不停止裁定的执行。

申请人自人民法院采取责令停止有关行为的措施之日起十五日内不起诉的，人民法院应当解除该措施。

申请有错误的，申请人应当赔偿被申请人因停止有关行为所遭受的损失。

第六十七条 证据保全

为了制止专利侵权行为，在证据可能灭失或者以后难以取得的情况下，专利权人或者利害关系人可以在起诉前向人民法院申请保全证据。

人民法院采取保全措施，可以责令申请人提供担保；申请人不提供担保的，驳回申请。

人民法院应当自接受申请之时起四十八小时内作出裁定；裁定采取保全措施的，应当立即执行。

申请人自人民法院采取保全措施之日起十五日内不起诉的，人民法院应当解除该措施。

第六十八条 诉讼时效

侵犯专利权的诉讼时效为二年，自专利权人或者利害关系人得知或者应当得知侵权行为之日起计算。

发明专利申请公布后至专利权授予前使用该发明未支付适当使用费的，专利权人要求支付使用费的诉讼时效为二年，自专利权人得知或者应当得知他人使用其发明之日起计算，但是，专利权人于专利权授予之日前即已得知或者应当得知的，自专利权授予之日起计算。

第六十九条 专利侵权例外规定

有下列情形之一的，不视为侵犯专利权：

（一）专利产品或者依照专利方法直接获得的产品，由专利权人或者经其许可的单位、个人售出后，使用、许诺销售、销售、进口该产品的；

（二）在专利申请日前已经制造相同产品、使用相同方法或者已经作好制造、使用的必要准备，并且仅在原有范围内继续制造、使用的；

（三）临时通过中国领陆、领水、领空的外国运输工具，依照其所属国同中国签订的协议或者共同参加的国际条约，或者依照互惠原则，为运输工具自身需要而在其装置和设备中使用有关专利的；

（四）专为科学研究和实验而使用有关专利的；

（五）为提供行政审批所需要的信息，制造、使用、进口专利药品或者专利医疗器械的，以及专门为其制造、进口专利药品或者专利医疗器械的。

第七十条 赔偿责任的免除

为生产经营目的使用、许诺销售或者销售不知道是未经专利权人许可而制造并售出的专利侵权产品，能证明该产品合法来源的，不承担赔偿责任。

第七十一条 泄露国家秘密的处罚

违反本法第二十条规定向外国申请专利，泄露国家秘密的，由所在单位或者上级主管机关给予行政处分；构成犯罪的，依法追究刑事责任。

第七十二条 侵权行政处分

侵夺发明人或者设计人的非职务发明创造专利申请权和本法规定的其他权益的，由所在单位或者上级主管机关给予行政处分。

第七十三条 主管部门推荐专利产品的禁止及处罚

管理专利工作的部门不得参与向社会推荐专利产品等经营活动。

管理专利工作的部门违反前款规定的，由其上级机关或者监察机关责令改正，消除影响，有违法收入的予以没收；情节严重的，对直接负责的主管人员和其他直接责任人员依法给予行政处分。

第七十四条 渎职处罚

从事专利管理工作的国家机关工作人员以及其他有关国家机关工作人员玩忽职守、滥用职权、徇私舞弊，构成犯罪的，依法追究刑事责任；尚不构成犯罪的，依法给予行政处分。

第八章　附　　则

第七十五条　手续费用缴纳

向国务院专利行政部门申请专利和办理其他手续，应当按照规定缴纳费用。

第七十六条　施行日期

本法自 1985 年 4 月 1 日起施行。

中华人民共和国商标法

（1982 年 8 月 23 日第五届全国人民代表大会常务委员会第二十四次会议通过　根据 1993 年 2 月 22 日第七届全国人民代表大会常务委员会第三十次会议《关于修改〈中华人民共和国商标法〉的决定》第一次修正　根据 2001 年 10 月 27 日第九届全国人民代表大会常务委员会第二十四次会议《关于修改〈中华人民共和国商标法〉的决定》第二次修正　根据 2013 年 8 月 30 日第十二届全国人民代表大会常务委员会第四次会议《关于修改〈中华人民共和国商标法〉的决定》第三次修正　根据 2019 年 4 月 23 日第十三届全国人民代表大会常务委员会第十次会议《关于修改〈中华人民共和国建筑法〉等八部法律的决定》第四次修正）

目　录

第一章　总　　则

第一条　立法宗旨

为了加强商标管理，保护商标专用权，促使生产、经营者保证商品和服务质量，维护商标信誉，以保障消费者和生产、经营者的利益，促进社会主义市场经济的发展，特制定本法。

第二条　行政主管部门

国务院工商行政管理部门商标局主管全国商标注册和管理的工作。

国务院工商行政管理部门设立商标评审委员会，负责处理商标争议事宜。

第三条　注册商标及其分类与保护

经商标局核准注册的商标为注册商标，包括商品商标、服务商标和集体商标、证明商标；商标注册人享有商标专用权，受法律保护。

本法所称集体商标，是指以团体、协会或者其他组织名义注册，供该组织成员在商事活动中使用，以表明使用者在该组织中的成员资格的标志。

本法所称证明商标，是指由对某种商品或者服务具有监督能力的组织所控制，而由该组织以外的单位或者个人使用于其商品或者服务，用以证明该商品或者服务的原产地、原料、制造方法、质量或者其他特定品质的标志。

集体商标、证明商标注册和管理的特殊事项，由国务院工商行政管理部门规定。

第四条 商标注册申请

自然人、法人或者其他组织在生产经营活动中，对其商品或者服务需要取得商标专用权的，应当向商标局申请商标注册。不以使用为目的的恶意商标注册申请，应当予以驳回。

本法有关商品商标的规定，适用于服务商标。

第五条 注册商标共有

两个以上的自然人、法人或者其他组织可以共同向商标局申请注册同一商标，共同享有和行使该商标专用权。

第六条 商标强制注册

法律、行政法规规定必须使用注册商标的商品，必须申请商标注册，未经核准注册的，不得在市场销售。

第七条 诚实信用原则和商品质量

申请注册和使用商标，应当遵循诚实信用原则。

商标使用人应当对其使用商标的商品质量负责。各级工商行政管理部门应当通过商标管理，制止欺骗消费者的行为。

第八条 商标的构成要素

任何能够将自然人、法人或者其他组织的商品与他人的商品区别开的标志，包括文字、图形、字母、数字、三维标志、颜色组合和声音等，以及上述要素的组合，均可以作为商标申请注册。

第九条 申请注册的商标应具备的条件

申请注册的商标，应当有显著特征，便于识别，并不得与他人在先取得的合法权利相冲突。

商标注册人有权标明“注册商标”或者注册标记。

第十条 禁止作为商标使用的标志①

下列标志不得作为商标使用：

（一）同中华人民共和国的国家名称、国旗、国徽、国歌、军旗、军徽、军歌、勋章等相同或者近似的，以及同中央国家机关

---

① **《最高人民法院对〈辽宁省高级人民法院关于大连金州酒业有限公司与大连市金州区白酒厂商标侵权纠纷一案的请示〉的答复》**（2005年8月10日［2005］民三他字第6号）

辽宁省高级人民法院：

你院〔2004〕辽民四知终字第176号《关于大连金州酒业有限公司与大连市金州区白酒厂商标侵权纠纷一案的请示》收悉。经研究，答复如下：

注册商标含有地名的，商标专用权人不得禁止地名所在区域的其他经营者为表明地理来源等正当用途而在商品名称中使用该地名。但是，除各自使用的地名文字相同外，如果商品名称与使用特殊的字体、形状等外观的注册商标构成相同或者近似，或者注册商标使用的地名除具有地域含义外，还具有使相关公众与注册商标的商品来源必然联系起来的其他含义（即第二含义），则不在此限。

请你院依据有关商标的法律、行政法规和司法解释的规定，并结合上述意见，根据案件事实，认清请示案件中的被诉行为是否构成侵权。 （转下页注）

的名称、标志、所在地特定地点的名称或者标志性建筑物的名称、图形相同的；

（二）同外国的国家名称、国旗、国徽、军旗等相同或者近似的，但经该国政府同意的除外；

（三）同政府间国际组织的名称、旗帜、徽记等相同或者近似

（接上页注①）

《最高人民法院关于对南京金兰湾房地产开发公司与南京利源物业发展有限公司侵犯商标专用权纠纷一案请示的答复》（2004年2月2日　［2003］民三他字第10号）

江苏省高级人民法院：

你院〔2003〕苏民三审监字第008号《关于南京利源物业发展有限公司与南京金兰湾房地产开发公司商标侵权纠纷一案的请示报告》收悉。经研究，答复如下：

根据《中华人民共和国商标法》第五十二条第（一）项、《中华人民共和国商标法实施条例》第三条、第四十九条的规定，以地名作为文字商标进行注册的，商标专用权人有权禁止他人将与该地名相同的文字作为商标或者商品名称等商业标识在相同或者类似商品上使用来表示商品的来源；但无权禁止他人在相同或者类似商品上正当使用该地名来表示商品与产地、地理位置等之间的联系（地理标志作为商标注册的另论）。能否准确把握上述界限，是正确认定涉及地名的文字商标专用权的权利范围，依法保护商标专用权并合理维护正当的公众利益的关键。

我们认为应当注意以下问题：一、使用人使用地名的目的和方式。使用地名的方式往往表现出使用目的。使用人使用地名的方式是公众惯常理解的表示商品产地、地理位置等方式的，应当认为属于正当使用地名。二、商标和地名的知名度。所使用的文字，如果其作为商标知名度高，则一般情况下，相关公众混淆、误认的可能性较大；如果其作为地名知名度高，则相关公众对其出处的混淆、误认的可能性会较小。三、相关商品或服务的分类情况。商品或服务的分类情况，往往决定了是否需要指示其地理位置。房地产销售中指示房地产的地理位置，一般应当认为是基于说明该商品的自然属性的需要。四、相关公众在选择此类商品或服务时的注意程度。根据相关公众选择此类商品或服务时的一般注意程度，审查确认是否会因这种使用而对该商品或服务的来源混淆、误认。五、地名使用的具体环境、情形。在房地产广告上为突出地理位置的优越而突出使用地名与在一般商品上、一般商品的广告上为突出商品的产地而突出使用地名往往给予公众的注意程度不同，产生的效果也有所差别。

你院请示中涉及的是否构成侵权的问题，请你院在查明事实的基础上，根据有关法律和司法解释的规定并结合上述意见自行决定。

此复

的，但经该组织同意或者不易误导公众的除外；

（四）与表明实施控制、予以保证的官方标志、检验印记相同或者近似的，但经授权的除外；

（五）同“红十字”、“红新月”的名称、标志相同或者近似的；

（六）带有民族歧视性的；

（七）带有欺骗性，容易使公众对商品的质量等特点或者产地产生误认的；

（八）有害于社会主义道德风尚或者有其他不良影响的。

县级以上行政区划的地名或者公众知晓的外国地名，不得作为商标。但是，地名具有其他含义或者作为集体商标、证明商标组成部分的除外；已经注册的使用地名的商标继续有效。

第十一条 不得作为商标注册的标志

下列标志不得作为商标注册：

（一）仅有本商品的通用名称、图形、型号的；

（二）仅直接表示商品的质量、主要原料、功能、用途、重量、数量及其他特点的；

（三）其他缺乏显著特征的。

前款所列标志经过使用取得显著特征，并便于识别的，可以作为商标注册。

第十二条 三维标志申请注册商标的限制条件

以三维标志申请注册商标的，仅由商品自身的性质产生的形状、为获得技术效果而需有的商品形状或者使商品具有实质性价值的形状，不得注册。

第十三条 驰名商标的保护①

为相关公众所熟知的商标，持有人认为其权利受到侵害时，可以依照本法规定请求驰名商标保护。

就相同或者类似商品申请注册的商标是复制、摹仿或者翻译他人未在中国注册的驰名商标，容易导致混淆的，不予注册并禁止使用。

---

① **《最高人民法院关于对杭州张小泉剪刀厂与上海张小泉刀剪总店、上海张小泉刀剪制造有限公司商标侵权及不正当竞争纠纷一案有关适用法律问题的函》**（2003年11月4日 ［2003］民三他字第1号）

上海市高级人民法院：

你院《关于杭州张小泉剪刀厂与上海张小泉刀剪总店、上海张小泉刀剪制造有限公司商标侵权及不正当竞争纠纷一案的请示报告》收悉。经研究，对请示中涉及的法律适用问题答复如下：

一、同意你院关于应当依法受理本案的意见。

二、同意你院关于在先取得企业名称权的权利人有权正当使用自己的企业名称，不构成侵犯在后注册商标专用权行为的意见。企业名称权和商标专用权各自有其权利范围，均受法律保护。企业名称经核准登记以后，权利人享有在不侵犯他人合法权益的基础上使用企业名称进行民事活动、在相同行政区划范围内阻止他人登记同一名称、禁止他人假冒企业名称等民事权利。考虑到本案纠纷发生的历史情况和行政法规、规章允许企业使用简化名称以及字号的情况，上海张小泉刀剪总店过去在产品上使用“张小泉”或者“上海张小泉”字样的行为不宜认定侵犯杭州张小泉剪刀厂的合法权益。今后上海张小泉刀剪总店应当在商品、服务上规范使用其经核准登记的企业名称。

三、使用与他人在先注册并驰名的商标文字相同的文字作为企业名称或者名称中部分文字，该企业所属行业（或者经营特点）又与注册商标核定使用的商品或者服务相同或者有紧密联系，客观上可能产生淡化他人驰名商标，损害商标注册人的合法权益的，人民法院应当根据当事人的请求对这类行为予以制止。从你院请示报告中所陈述的查明事实看，本案上海张小泉刀剪总店成立在先且其字号的知名度较高，上海张小泉刀剪制造有限公司系上海张小泉刀剪总店与他人合资设立，且“张小泉”文字无论作为字号还是商标，其品牌知名度和声誉的产生都是有长期的历史原因。因此，请你院根据本案存在的上述事实以及本案被告是否存在其他不正当竞争行为等全案情况，对上海张小泉刀剪制造有限公司使用“张小泉”文字是否构成侵权或者不正当竞争及赔偿等问题，依法自行裁决。

以上意见供参考。

就不相同或者不相类似商品申请注册的商标是复制、摹仿或者翻译他人已经在中国注册的驰名商标，误导公众，致使该驰名商标注册人的利益可能受到损害的，不予注册并禁止使用。

第十四条 驰名商标的认定

驰名商标应当根据当事人的请求，作为处理涉及商标案件需要认定的事实进行认定。认定驰名商标应当考虑下列因素：

（一）相关公众对该商标的知晓程度；

（二）该商标使用的持续时间；

（三）该商标的任何宣传工作的持续时间、程度和地理范围；

（四）该商标作为驰名商标受保护的记录；

（五）该商标驰名的其他因素。

在商标注册审查、工商行政管理部门查处商标违法案件过程中，当事人依照本法第十三条规定主张权利的，商标局根据审查、处理案件的需要，可以对商标驰名情况作出认定。

在商标争议处理过程中，当事人依照本法第十三条规定主张权利的，商标评审委员会根据处理案件的需要，可以对商标驰名情况作出认定。

在商标民事、行政案件审理过程中，当事人依照本法第十三条规定主张权利的，最高人民法院指定的人民法院根据审理案件的需要，可以对商标驰名情况作出认定。

生产、经营者不得将“驰名商标”字样用于商品、商品包装或者容器上，或者用于广告宣传、展览以及其他商业活动中。

第十五条 恶意注册他人商标

未经授权，代理人或者代表人以自己的名义将被代理人或者被代表人的商标进行注册，被代理人或者被代表人提出异议的，不予注册并禁止使用。

就同一种商品或者类似商品申请注册的商标与他人在先使用的未注册商标相同或者近似，申请人与该他人具有前款规定以外的合同、业务往来关系或者其他关系而明知该他人商标存在，该他人提出异议的，不予注册。

第十六条 地理标志

商标中有商品的地理标志，而该商品并非来源于该标志所标示的地区，误导公众的，不予注册并禁止使用；但是，已经善意取得注册的继续有效。

前款所称地理标志，是指标示某商品来源于某地区，该商品的特定质量、信誉或者其他特征，主要由该地区的自然因素或者人文因素所决定的标志。

第十七条 外国人在中国申请商标注册

外国人或者外国企业在中国申请商标注册的，应当按其所属国和中华人民共和国签订的协议或者共同参加的国际条约办理，或者按对等原则办理。

第十八条 商标代理机构

申请商标注册或者办理其他商标事宜，可以自行办理，也可以委托依法设立的商标代理机构办理。

外国人或者外国企业在中国申请商标注册和办理其他商标事宜的，应当委托依法设立的商标代理机构办理。

第十九条 商标代理机构的行为规范

商标代理机构应当遵循诚实信用原则，遵守法律、行政法规，按照被代理人的委托办理商标注册申请或者其他商标事宜；对在代理过程中知悉的被代理人的商业秘密，负有保密义务。

委托人申请注册的商标可能存在本法规定不得注册情形的，商标代理机构应当明确告知委托人。

商标代理机构知道或者应当知道委托人申请注册的商标属于本法第四条、第十五条和第三十二条规定情形的，不得接受其委托。

商标代理机构除对其代理服务申请商标注册外，不得申请注册其他商标。

第二十条 商标代理行业组织对会员的管理

商标代理行业组织应当按照章程规定，严格执行吸纳会员的条件，对违反行业自律规范的会员实行惩戒。商标代理行业组织对其吸纳的会员和对会员的惩戒情况，应当及时向社会公布。

第二十一条 商标国际注册

商标国际注册遵循中华人民共和国缔结或者参加的有关国际条约确立的制度，具体办法由国务院规定。

第二章 商标注册的申请

第二十二条 商标注册申请的提出

商标注册申请人应当按规定的商品分类表填报使用商标的商品类别和商品名称，提出注册申请。

商标注册申请人可以通过一份申请就多个类别的商品申请注册同一商标。

商标注册申请等有关文件，可以以书面方式或者数据电文方式提出。

第二十三条 注册申请的另行提出

注册商标需要在核定使用范围之外的商品上取得商标专用权的，应当另行提出注册申请。

第二十四条 注册申请的重新提出

注册商标需要改变其标志的，应当重新提出注册申请。

第二十五条 优先权及其手续

商标注册申请人自其商标在外国第一次提出商标注册申请之日起六个月内，又在中国就相同商品以同一商标提出商标注册申请的，依照该外国同中国签订的协议或者共同参加的国际条约，或者按照相互承认优先权的原则，可以享有优先权。

依照前款要求优先权的，应当在提出商标注册申请的时候提出书面声明，并且在三个月内提交第一次提出的商标注册申请文件的副本；未提出书面声明或者逾期未提交商标注册申请文件副本的，视为未要求优先权。

第二十六条 国际展览会中的临时保护

商标在中国政府主办的或者承认的国际展览会展出的商品上首次使用的，自该商品展出之日起六个月内，该商标的注册申请人可以享有优先权。

依照前款要求优先权的，应当在提出商标注册申请的时候提出书面声明，并且在三个月内提交展出其商品的展览会名称、在展出商品上使用该商标的证据、展出日期等证明文件；未提出书面声明或者逾期未提交证明文件的，视为未要求优先权。

第二十七条 申报事项和材料的真实、准确、完整

为申请商标注册所申报的事项和所提供的材料应当真实、准确、完整。

第三章 商标注册的审查和核准

第二十八条 初步审定并公告

对申请注册的商标，商标局应当自收到商标注册申请文件之日起九个月内审查完毕，符合本法有关规定的，予以初步审定公告。

第二十九条 商标注册申请内容的说明和修正

在审查过程中，商标局认为商标注册申请内容需要说明或者修正的，可以要求申请人做出说明或者修正。申请人未做出说明或者修正的，不影响商标局做出审查决定。

第三十条 商标注册申请的驳回

申请注册的商标，凡不符合本法有关规定或者同他人在同一种商品或者类似商品上已经注册的或者初步审定的商标相同或者近似的，由商标局驳回申请，不予公告。

第三十一条 申请在先原则

两个或者两个以上的商标注册申请人，在同一种商品或者类似商品上，以相同或者近似的商标申请注册的，初步审定并公告申请在先的商标；同一天申请的，初步审定并公告使用在先的商标，驳回其他人的申请，不予公告。

第三十二条 在先权利与恶意抢注

申请商标注册不得损害他人现有的在先权利，也不得以不正当手段抢先注册他人已经使用并有一定影响的商标。

第三十三条 商标异议和核准注册

对初步审定公告的商标，自公告之日起三个月内，在先权利人、利害关系人认为违反本法第十三条第二款和第三款、第十五条、第十六条第一款、第三十条、第三十一条、第三十二条规定的，或者任何人认为违反本法第四条、第十条、第十一条、第十二条、第十九条第四款规定的，可以向商标局提出异议。公告期满无异议的，予以核准注册，发给商标注册证，并予公告。

第三十四条 驳回商标申请的处理

对驳回申请、不予公告的商标，商标局应当书面通知商标注册申请人。商标注册申请人不服的，可以自收到通知之日起十五日内向商标评审委员会申请复审。商标评审委员会应当自收到申请之日起九个月内做出决定，并书面通知申请人。有特殊情况需要延长的，经国务院工商行政管理部门批准，可以延长三个月。当事人对商标评审委员会的决定不服的，可以自收到通知之日起三十日内向人民法院起诉。

第三十五条 商标异议的处理

对初步审定公告的商标提出异议的，商标局应当听取异议人和被异议人陈述事实和理由，经调查核实后，自公告期满之日起十二个月内做出是否准予注册的决定，并书面通知异议人和被异议人。有特殊情况需要延长的，经国务院工商行政管理部门批准，可以延长六个月。

商标局做出准予注册决定的，发给商标注册证，并予公告。异议人不服的，可以依照本法第四十四条、第四十五条的规定向商标评审委员会请求宣告该注册商标无效。

商标局做出不予注册决定，被异议人不服的，可以自收到通知之日起十五日内向商标评审委员会申请复审。商标评审委员会应当自收到申请之日起十二个月内做出复审决定，并书面通知异议人和被异议人。有特殊情况需要延长的，经国务院工商行政管理部门批准，可以延长六个月。被异议人对商标评审委员会的决定不服的，可以自收到通知之日起三十日内向人民法院起诉。人民法院应当通知异议人作为第三人参加诉讼。

商标评审委员会在依照前款规定进行复审的过程中，所涉及的在先权利的确定必须以人民法院正在审理或者行政机关正在处理的另一案件的结果为依据的，可以中止审查。中止原因消除后，应当恢复审查程序。

第三十六条　有关决定的生效及效力

法定期限届满，当事人对商标局做出的驳回申请决定、不予注册决定不申请复审或者对商标评审委员会做出的复审决定不向人民法院起诉的，驳回申请决定、不予注册决定或者复审决定生效。

经审查异议不成立而准予注册的商标，商标注册申请人取得商标专用权的时间自初步审定公告三个月期满之日起计算。自该商标公告期满之日起至准予注册决定做出前，对他人在同一种或者类似商品上使用与该商标相同或者近似的标志的行为不具有追溯力；但是，因该使用人的恶意给商标注册人造成的损失，应当给予赔偿。

第三十七条　及时审查原则

对商标注册申请和商标复审申请应当及时进行审查。

第三十八条 商标申请文件或注册文件错误的更正

商标注册申请人或者注册人发现商标申请文件或者注册文件有明显错误的，可以申请更正。商标局依法在其职权范围内作出更正，并通知当事人。

前款所称更正错误不涉及商标申请文件或者注册文件的实质性内容。

第四章 注册商标的续展、变更、转让和使用许可

第三十九条 注册商标的有效期限

注册商标的有效期为十年，自核准注册之日起计算。

第四十条 续展手续的办理

注册商标有效期满，需要继续使用的，商标注册人应当在期满前十二个月内按照规定办理续展手续；在此期间未能办理的，可以给予六个月的宽展期。每次续展注册的有效期为十年，自该商标上一届有效期满次日起计算。期满未办理续展手续的，注销其注册商标。

商标局应当对续展注册的商标予以公告。

第四十一条 注册商标的变更

注册商标需要变更注册人的名义、地址或者其他注册事项的，应当提出变更申请。

第四十二条 注册商标的转让

转让注册商标的，转让人和受让人应当签订转让协议，并共

同向商标局提出申请。受让人应当保证使用该注册商标的商品质量。

转让注册商标的，商标注册人对其在同一种商品上注册的近似的商标，或者在类似商品上注册的相同或者近似的商标，应当一并转让。

对容易导致混淆或者有其他不良影响的转让，商标局不予核准，书面通知申请人并说明理由。

转让注册商标经核准后，予以公告。受让人自公告之日起享有商标专用权。

第四十三条 注册商标的使用许可①

商标注册人可以通过签订商标使用许可合同，许可他人使用其注册商标。许可人应当监督被许可人使用其注册商标的商品质量。被许可人应当保证使用该注册商标的商品质量。

经许可使用他人注册商标的，必须在使用该注册商标的商品上标明被许可人的名称和商品产地。

许可他人使用其注册商标的，许可人应当将其商标使用许可报商标局备案，由商标局公告。商标使用许可未经备案不得对抗善意第三人。

---

① **《最高人民法院关于商标侵权纠纷中注册商标排他使用许可合同的被许可人是否有权单独提起诉讼问题的函》**（2002年9月10日 ［2002］民三他字第3号）

上海市高级人民法院：

你院《关于商标侵权纠纷中注册商标排他使用人应如何依法行使诉权的请示》收悉。经研究，答复如下：

注册商标排他使用许可合同的被许可人与商标注册人可以提起共同诉讼，在商标注册人不起诉的情况下，可以自行向人民法院提起诉讼。商标注册人不起诉包括商标注册人明示放弃起诉的情形，也包括注册商标排他使用许可合同的被许可人有证据证明其已告知商标注册人或者商标注册人已知道有侵犯商标专用权行为发生而仍不起诉的情形。

此复

第五章 注册商标的无效宣告

第四十四条 注册不当商标的处理

已经注册的商标，违反本法第四条、第十条、第十一条、第十二条、第十九条第四款规定的，或者是以欺骗手段或者其他不正当手段取得注册的，由商标局宣告该注册商标无效；其他单位或者个人可以请求商标评审委员会宣告该注册商标无效。

商标局做出宣告注册商标无效的决定，应当书面通知当事人。当事人对商标局的决定不服的，可以自收到通知之日起十五日内向商标评审委员会申请复审。商标评审委员会应当自收到申请之日起九个月内做出决定，并书面通知当事人。有特殊情况需要延长的，经国务院工商行政管理部门批准，可以延长三个月。当事人对商标评审委员会的决定不服的，可以自收到通知之日起三十日内向人民法院起诉。

其他单位或者个人请求商标评审委员会宣告注册商标无效的，商标评审委员会收到申请后，应当书面通知有关当事人，并限期提出答辩。商标评审委员会应当自收到申请之日起九个月内做出维持注册商标或者宣告注册商标无效的裁定，并书面通知当事人。有特殊情况需要延长的，经国务院工商行政管理部门批准，可以延长三个月。当事人对商标评审委员会的裁定不服的，可以自收到通知之日起三十日内向人民法院起诉。人民法院应当通知商标裁定程序的对方当事人作为第三人参加诉讼。

第四十五条 对与他人在先权利相冲突的注册商标的处理

已经注册的商标，违反本法第十三条第二款和第三款、第十五条、第十六条第一款、第三十条、第三十一条、第三十二条规定的，自商标注册之日起五年内，在先权利人或者利害关系人可以请求商标评审委员会宣告该注册商标无效。对恶意注册的，驰名商标所有人不受五年的时间限制。

商标评审委员会收到宣告注册商标无效的申请后，应当书面通知有关当事人，并限期提出答辩。商标评审委员会应当自收到申请之日起十二个月内做出维持注册商标或者宣告注册商标无效的裁定，并书面通知当事人。有特殊情况需要延长的，经国务院工商行政管理部门批准，可以延长六个月。当事人对商标评审委员会的裁定不服的，可以自收到通知之日起三十日内向人民法院起诉。人民法院应当通知商标裁定程序的对方当事人作为第三人参加诉讼。

商标评审委员会在依照前款规定对无效宣告请求进行审查的过程中，所涉及的在先权利的确定必须以人民法院正在审理或者行政机关正在处理的另一案件的结果为依据的，可以中止审查。中止原因消除后，应当恢复审查程序。

第四十六条 有关宣告注册商标无效或维持的决定、裁定生效

法定期限届满，当事人对商标局宣告注册商标无效的决定不申请复审或者对商标评审委员会的复审决定、维持注册商标或者宣告注册商标无效的裁定不向人民法院起诉的，商标局的决定或者商标评审委员会的复审决定、裁定生效。

第四十七条 宣告注册商标无效的法律效力

依照本法第四十四条、第四十五条的规定宣告无效的注册商标，由商标局予以公告，该注册商标专用权视为自始即不存在。

宣告注册商标无效的决定或者裁定，对宣告无效前人民法院做出并已执行的商标侵权案件的判决、裁定、调解书和工商行政管理部门做出并已执行的商标侵权案件的处理决定以及已经履行的商标转让或者使用许可合同不具有追溯力。但是，因商标注册

人的恶意给他人造成的损失，应当给予赔偿。

依照前款规定不返还商标侵权赔偿金、商标转让费、商标使用费，明显违反公平原则的，应当全部或者部分返还。

第六章 商标使用的管理

第四十八条 商标的使用

本法所称商标的使用，是指将商标用于商品、商品包装或者容器以及商品交易文书上，或者将商标用于广告宣传、展览以及其他商业活动中，用于识别商品来源的行为。

第四十九条 违法使用注册商标

商标注册人在使用注册商标的过程中，自行改变注册商标、注册人名义、地址或者其他注册事项的，由地方工商行政管理部门责令限期改正；期满不改正的，由商标局撤销其注册商标。

注册商标成为其核定使用的商品的通用名称或者没有正当理由连续三年不使用的，任何单位或者个人可以向商标局申请撤销该注册商标。商标局应当自收到申请之日起九个月内做出决定。有特殊情况需要延长的，经国务院工商行政管理部门批准，可以延长三个月。

第五十条 对被撤销、宣告无效或者注销的商标的管理

注册商标被撤销、被宣告无效或者期满不再续展的，自撤销、宣告无效或者注销之日起一年内，商标局对与该商标相同或者近似的商标注册申请，不予核准。

第五十一条 对强制注册商标的管理

违反本法第六条规定的，由地方工商行政管理部门责令限期申请注册，违法经营额五万元以上的，可以处违法经营额百分之

二十以下的罚款，没有违法经营额或者违法经营额不足五万元的，可以处一万元以下的罚款。

第五十二条 对未注册商标的管理

将未注册商标冒充注册商标使用的，或者使用未注册商标违反本法第十条规定的，由地方工商行政管理部门予以制止，限期改正，并可以予以通报，违法经营额五万元以上的，可以处违法经营额百分之二十以下的罚款，没有违法经营额或者违法经营额不足五万元的，可以处一万元以下的罚款。

第五十三条 违法使用驰名商标的责任

违反本法第十四条第五款规定的，由地方工商行政管理部门责令改正，处十万元罚款。

第五十四条 对撤销或不予撤销注册商标决定的复审

对商标局撤销或者不予撤销注册商标的决定，当事人不服的，可以自收到通知之日起十五日内向商标评审委员会申请复审。商标评审委员会应当自收到申请之日起九个月内做出决定，并书面通知当事人。有特殊情况需要延长的，经国务院工商行政管理部门批准，可以延长三个月。当事人对商标评审委员会的决定不服的，可以自收到通知之日起三十日内向人民法院起诉。

第五十五条 撤销注册商标决定的生效

法定期限届满，当事人对商标局做出的撤销注册商标的决定不申请复审或者对商标评审委员会做出的复审决定不向人民法院起诉的，撤销注册商标的决定、复审决定生效。

被撤销的注册商标，由商标局予以公告，该注册商标专用权自公告之日起终止。

第七章　注册商标专用权的保护

第五十六条　注册商标专用权的保护范围

注册商标的专用权，以核准注册的商标和核定使用的商品为限。

第五十七条　商标侵权行为①

有下列行为之一的，均属侵犯注册商标专用权：

（一）未经商标注册人的许可，在同一种商品上使用与其注册商标相同的商标的；

---

①《最高人民法院关于对TCL集团公司在产品促销活动中使用与汉都公司注册商标相近的“千禧龙”文字是否构成商标侵权请示的批复》（2003年7月31日［2003］民三他字第4号）

江苏省高级人民法院：

你院（2003）苏民三终字第025号《关于对TCL集团公司在产品促销活动中使用与汉都公司“千禧龙QIANXILONG”文字商标相近的“千禧龙”文字是否构成侵犯汉都公司商标权问题的请示》收悉。经研究，答复如下：

判断在产品促销活动中使用与他人注册商标相同或者相近似的文字是否侵犯商标专用权，应当以这种使用行为是否容易造成相关公众对商品和服务的来源产生混淆，是否借用他人注册商标的信誉为自己谋取不正当利益，或者是否对注册商标专用权造成其他损害为标准进行。

由于在产品促销活动中使用与他人注册商标相同或者相近似的文字，不同于在商品和服务中直接使用他人注册商标，因此，在认定是否造成“混淆”、“借用”、“损害”等事实时，应当特别注意：

一、要考虑注册商标的知名度与显著性。商标的显著性，即能够起到区别作用的特性的强弱，是商标侵权判断中确定商标专用权权利范围以及确认是否构成侵权的重要因素之一。知名度高显著性强的商标，被“混淆”、“借用”的可能性就大，而知名度低显著性弱的商标，被“混淆”、“借用”的可能性就小。

二、要对产品促销活动中使用他人商标的具体情形进行分析，如行为人是否将他人商标作为自己的商标或者自己的商品名称使用，是否在使用他人商标的方式、时间等方面容易使相关公众混淆商品或者服务的来源，或者误认商品、服务的提供者存在特殊的关系等。

你院请示中涉及的侵权认定问题，应当在查明事实的基础上，根据法律和司法解释的规定并结合上述意见进行处理。

此复。

（二）未经商标注册人的许可，在同一种商品上使用与其注册商标近似的商标，或者在类似商品上使用与其注册商标相同或者近似的商标，容易导致混淆的；

（三）销售侵犯注册商标专用权的商品的；

（四）伪造、擅自制造他人注册商标标识或者销售伪造、擅自制造的注册商标标识的；

（五）未经商标注册人同意，更换其注册商标并将该更换商标的商品又投入市场的；

（六）故意为侵犯他人商标专用权行为提供便利条件，帮助他人实施侵犯商标专用权行为的；

（七）给他人的注册商标专用权造成其他损害的。

第五十八条 不正当竞争

将他人注册商标、未注册的驰名商标作为企业名称中的字号使用，误导公众，构成不正当竞争行为的，依照《中华人民共和国反不正当竞争法》处理。

第五十九条 注册商标专用权行使限制

注册商标中含有的本商品的通用名称、图形、型号，或者直接表示商品的质量、主要原料、功能、用途、重量、数量及其他特点，或者含有的地名，注册商标专用权人无权禁止他人正当使用。

三维标志注册商标中含有的商品自身的性质产生的形状、为获得技术效果而需有的商品形状或者使商品具有实质性价值的形状，注册商标专用权人无权禁止他人正当使用。

商标注册人申请商标注册前，他人已经在同一种商品或者类似商品上先于商标注册人使用与注册商标相同或者近似并有一定影响的商标的，注册商标专用权人无权禁止该使用人在原使用范围内继续使用该商标，但可以要求其附加适当区别标识。

第六十条 侵犯注册商标专用权的责任①

有本法第五十七条所列侵犯注册商标专用权行为之一，引起纠纷的，由当事人协商解决；不愿协商或者协商不成的，商标注册人或者利害关系人可以向人民法院起诉，也可以请求工商行政管理部门处理。

工商行政管理部门处理时，认定侵权行为成立的，责令立即停止侵权行为，没收、销毁侵权商品和主要用于制造侵权商品、伪造注册商标标识的工具，违法经营额五万元以上的，可以处违法经营额五倍以下的罚款，没有违法经营额或者违法经营额不足五万元的，可以处二十五万元以下的罚款。对五年内实施两次以上商标侵权行为或者有其他严重情节的，应当从重处罚。销售不知道是侵犯注册商标专用权的商品，能证明该商品是自己合法取得并说明提供者的，由工商行政管理部门责令停止销售。

对侵犯商标专用权的赔偿数额的争议，当事人可以请求进行处理的工商行政管理部门调解，也可以依照《中华人民共和国民事诉讼法》向人民法院起诉。经工商行政管理部门调解，当事人未达成协议或者调解书生效后不履行的，当事人可以依照《中华人民共和国民事诉讼法》向人民法院起诉。

---

① **《最高人民法院关于产品侵权案件的受害人能否以产品的商标所有人为被告提起民事诉讼的批复》**（2002年7月11日　法释〔2002〕22号）

北京市高级人民法院：

你院京高法［2001］271号《关于荆其廉、张新荣等诉美国通用汽车公司、美国通用汽车海外公司损害赔偿案诉讼主体确立问题处理结果的请示报告》收悉。经研究，我们认为，任何将自己的姓名、名称、商标或者可资识别的其他标识体现在产品上，表示其为产品制造者的企业或个人，均属于《中华人民共和国民法通则》第一百二十二条规定的"产品制造者"和《中华人民共和国产品质量法》规定的"生产者"。本案中美国通用汽车公司为事故车的商标所有人，根据受害人的起诉和本案的实际情况，本案以通用汽车公司、通用汽车海外公司、通用汽车巴西公司为被告并无不当。

第六十一条 对侵犯注册商标专用权的处理

对侵犯注册商标专用权的行为，工商行政管理部门有权依法查处；涉嫌犯罪的，应当及时移送司法机关依法处理。

第六十二条 商标侵权行为的查处

县级以上工商行政管理部门根据已经取得的违法嫌疑证据或者举报，对涉嫌侵犯他人注册商标专用权的行为进行查处时，可以行使下列职权：

（一）询问有关当事人，调查与侵犯他人注册商标专用权有关的情况；

（二）查阅、复制当事人与侵权活动有关的合同、发票、账簿以及其他有关资料；

（三）对当事人涉嫌从事侵犯他人注册商标专用权活动的场所实施现场检查；

（四）检查与侵权活动有关的物品；对有证据证明是侵犯他人注册商标专用权的物品，可以查封或者扣押。

工商行政管理部门依法行使前款规定的职权时，当事人应当予以协助、配合，不得拒绝、阻挠。

在查处商标侵权案件过程中，对商标权属存在争议或者权利人同时向人民法院提起商标侵权诉讼的，工商行政管理部门可以中止案件的查处。中止原因消除后，应当恢复或者终结案件查处程序。

第六十三条 侵犯商标专用权的赔偿数额的确定

侵犯商标专用权的赔偿数额，按照权利人因被侵权所受到的实际损失确定；实际损失难以确定的，可以按照侵权人因侵权所获得的利益确定；权利人的损失或者侵权人获得的利益难以确定的，参照该商标许可使用费的倍数合理确定。对恶意侵犯商标专用权，情节严重的，可以在按照上述方法确定数额的一倍以上五倍以下确定赔偿数额。赔偿数额应当包括权利人为制止侵权行为所支付的合理开支。

人民法院为确定赔偿数额，在权利人已经尽力举证，而与侵权行为相关的账簿、资料主要由侵权人掌握的情况下，可以责令侵权人提供与侵权行为相关的账簿、资料；侵权人不提供或者提供虚假的账簿、资料的，人民法院可以参考权利人的主张和提供的证据判定赔偿数额。

权利人因被侵权所受到的实际损失、侵权人因侵权所获得的利益、注册商标许可使用费难以确定的，由人民法院根据侵权行为的情节判决给予五百万元以下的赔偿。

人民法院审理商标纠纷案件，应权利人请求，对属于假冒注册商标的商品，除特殊情况外，责令销毁；对主要用于制造假冒注册商标的商品的材料、工具，责令销毁，且不予补偿；或者在特殊情况下，责令禁止前述材料、工具进入商业渠道，且不予补偿。

假冒注册商标的商品不得在仅去除假冒注册商标后进入商业渠道。

第六十四条 商标侵权纠纷中的免责情形

注册商标专用权人请求赔偿，被控侵权人以注册商标专用权人未使用注册商标提出抗辩的，人民法院可以要求注册商标专用权人提供此前三年内实际使用该注册商标的证据。注册商标专用权人不能证明此前三年内实际使用过该注册商标，也不能证明因侵权行为受到其他损失的，被控侵权人不承担赔偿责任。

销售不知道是侵犯注册商标专用权的商品，能证明该商品是自己合法取得并说明提供者的，不承担赔偿责任。

第六十五条 诉前临时保护措施

商标注册人或者利害关系人有证据证明他人正在实施或者即将实施侵犯其注册商标专用权的行为，如不及时制止将会使其合法权益受到难以弥补的损害的，可以依法在起诉前向人民法院申请采取责令停止有关行为和财产保全的措施。

第六十六条 诉前证据保全

为制止侵权行为，在证据可能灭失或者以后难以取得的情况下，商标注册人或者利害关系人可以依法在起诉前向人民法院申请保全证据。

第六十七条 刑事责任①

未经商标注册人许可，在同一种商品上使用与其注册商标相

---

① **《最高人民法院刑事审判第二庭关于集体商标是否属于我国刑法的保护范围问题的复函》**（2009年4月10日 ［2009］刑二函字第28号）

公安部经济犯罪侦查局：

贵局公经知产（2009）29号《关于就一起涉嫌假冒注册商标案征求意见的函》收悉。经研究，答复如下：

一、我国《商标法》第三条规定："经商标局核准注册的商标为注册商标，包括商品商标、服务商标和集体商标、证明商标；商标注册人享有商标专用权，受法律保护。"因此，刑法第二百一十三条至二百一十五条所规定的"注册商标"应当涵盖"集体商标"。

二、商标标识中注明了自己的注册商标的同时，又使用了他人注册为集体商标的地理名称，可以认定为刑法规定的"相同的商标"。根据贵局提供的材料，山西省清徐县溢美源醋业有限公司在其生产的食用醋的商标上用大号字体在显著位置上清晰地标明"镇江香（陈）醋"，说明其已经使用了与江苏省镇江市醋业协会所注册的"镇江香（陈）醋"集体商标相同的商标。而且，山西省清徐县溢美源醋业有限公司还在其商标标识上注明了江苏省镇江市丹阳市某香醋厂的厂名厂址和QS标志，也说明其实施假冒注册"镇江香（陈）醋"集体商标的行为。

综上，山西省清徐县溢美源醋业有限公司的行为涉嫌触犯刑法第第二百一十三条至二百一十五条的规定。

以上意见，供参考。

同的商标，构成犯罪的，除赔偿被侵权人的损失外，依法追究刑事责任。

伪造、擅自制造他人注册商标标识或者销售伪造、擅自制造的注册商标标识，构成犯罪的，除赔偿被侵权人的损失外，依法追究刑事责任。

销售明知是假冒注册商标的商品，构成犯罪的，除赔偿被侵权人的损失外，依法追究刑事责任。

第六十八条 商标代理机构的法律责任

商标代理机构有下列行为之一的，由工商行政管理部门责令限期改正，给予警告，处一万元以上十万元以下的罚款；对直接负责的主管人员和其他直接责任人员给予警告，处五千元以上五万元以下的罚款；构成犯罪的，依法追究刑事责任：

（一）办理商标事宜过程中，伪造、变造或者使用伪造、变造的法律文件、印章、签名的；

（二）以诋毁其他商标代理机构等手段招徕商标代理业务或者以其他不正当手段扰乱商标代理市场秩序的；

（三）违反本法第四条、第十九条第三款和第四款规定的。

商标代理机构有前款规定行为的，由工商行政管理部门记入信用档案；情节严重的，商标局、商标评审委员会并可以决定停止受理其办理商标代理业务，予以公告。

商标代理机构违反诚实信用原则，侵害委托人合法利益的，应当依法承担民事责任，并由商标代理行业组织按照章程规定予以惩戒。

对恶意申请商标注册的，根据情节给予警告、罚款等行政处罚；对恶意提起商标诉讼的，由人民法院依法给予处罚。

第六十九条 商标监管机构及其人员的行为要求

从事商标注册、管理和复审工作的国家机关工作人员必须秉公执法，廉洁自律，忠于职守，文明服务。

商标局、商标评审委员会以及从事商标注册、管理和复审工作的国家机关工作人员不得从事商标代理业务和商品生产经营活动。

第七十条 工商行政管理部门的内部监督

工商行政管理部门应当建立健全内部监督制度，对负责商标注册、管理和复审工作的国家机关工作人员执行法律、行政法规和遵守纪律的情况，进行监督检查。

第七十一条 相关工作人员的法律责任

从事商标注册、管理和复审工作的国家机关工作人员玩忽职守、滥用职权、徇私舞弊，违法办理商标注册、管理和复审事项，收受当事人财物，牟取不正当利益，构成犯罪的，依法追究刑事责任；尚不构成犯罪的，依法给予处分。

第八章 附 则

第七十二条 商标规费

申请商标注册和办理其他商标事宜的，应当缴纳费用，具体收费标准另定。

第七十三条 时间效力

本法自 1983 年 3 月 1 日起施行。1963 年 4 月 10 日国务院公布的《商标管理条例》同时废止；其他有关商标管理的规定，凡与本法抵触的，同时失效。

本法施行前已经注册的商标继续有效。

一、著作权

1. 综　合

中华人民共和国著作权法实施条例

(2002年8月2日中华人民共和国国务院令第359号公布　根据2011年1月8日《国务院关于废止和修改部分行政法规的决定》第一次修订　根据2013年1月30日《国务院关于修改〈中华人民共和国著作权法实施条例〉的决定》第二次修订)

第一条　根据《中华人民共和国著作权法》(以下简称著作权法),制定本条例。

第二条　著作权法所称作品,是指文学、艺术和科学领域内具有独创性并能以某种有形形式复制的智力成果。

第三条　著作权法所称创作,是指直接产生文学、艺术和科学作品的智力活动。

为他人创作进行组织工作,提供咨询意见、物质条件,或者进行其他辅助工作,均不视为创作。

第四条　著作权法和本条例中下列作品的含义:

(一)文字作品,是指小说、诗词、散文、论文等以文字形式表现的作品;

(二)口述作品,是指即兴的演说、授课、法庭辩论等以口头语言形式表现的作品；

（三）音乐作品，是指歌曲、交响乐等能够演唱或者演奏的带词或者不带词的作品；

（四）戏剧作品，是指话剧、歌剧、地方戏等供舞台演出的作品；

（五）曲艺作品，是指相声、快书、大鼓、评书等以说唱为主要形式表演的作品；

（六）舞蹈作品，是指通过连续的动作、姿势、表情等表现思想情感的作品；

（七）杂技艺术作品，是指杂技、魔术、马戏等通过形体动作和技巧表现的作品；

（八）美术作品，是指绘画、书法、雕塑等以线条、色彩或者其他方式构成的有审美意义的平面或者立体的造型艺术作品；

（九）建筑作品，是指以建筑物或者构筑物形式表现的有审美意义的作品；

（十）摄影作品，是指借助器械在感光材料或者其他介质上记录客观物体形象的艺术作品；

（十一）电影作品和以类似摄制电影的方法创作的作品，是指摄制在一定介质上，由一系列有伴音或者无伴音的画面组成，并且借助适当装置放映或者以其他方式传播的作品；

（十二）图形作品，是指为施工、生产绘制的工程设计图、产品设计图，以及反映地理现象、说明事物原理或者结构的地图、示意图等作品；

（十三）模型作品，是指为展示、试验或者观测等用途，根据物体的形状和结构，按照一定比例制成的立体作品。

第五条 著作权法和本条例中下列用语的含义：

（一）时事新闻，是指通过报纸、期刊、广播电台、电视台等媒体报道的单纯事实消息；

（二）录音制品，是指任何对表演的声音和其他声音的录制品；

（三）录像制品，是指电影作品和以类似摄制电影的方法创作的作品以外的任何有伴音或者无伴音的连续相关形象、图像的录制品；

（四）录音制作者，是指录音制品的首次制作人；

（五）录像制作者，是指录像制品的首次制作人；

（六）表演者，是指演员、演出单位或者其他表演文学、艺术作品的人。

第六条 著作权自作品创作完成之日起产生。

第七条 著作权法第二条第三款规定的首先在中国境内出版的外国人、无国籍人的作品，其著作权自首次出版之日起受保护。

第八条 外国人、无国籍人的作品在中国境外首先出版后，30日内在中国境内出版的，视为该作品同时在中国境内出版。

第九条 合作作品不可以分割使用的，其著作权由各合作作者共同享有，通过协商一致行使；不能协商一致，又无正当理由的，任何一方不得阻止他方行使除转让以外的其他权利，但是所得收益应当合理分配给所有合作作者。

第十条 著作权人许可他人将其作品摄制成电影作品和以类似摄制电影的方法创作的作品的，视为已同意对其作品进行必要的改动，但是这种改动不得歪曲篡改原作品。

第十一条 著作权法第十六条第一款关于职务作品的规定中的“工作任务”，是指公民在该法人或者该组织中应当履行的职责。

著作权法第十六条第二款关于职务作品的规定中的“物质技术条件”，是指该法人或者该组织为公民完成创作专门提供的资金、设备或者资料。

第十二条 职务作品完成两年内，经单位同意，作者许可第三人以与单位使用的相同方式使用作品所获报酬，由作者与单位按约定的比例分配。

作品完成两年的期限，自作者向单位交付作品之日起计算。

第十三条 作者身份不明的作品，由作品原件的所有人行使除署名权以外的著作权。作者身份确定后，由作者或者其继承人行使著作权。

第十四条 合作作者之一死亡后，其对合作作品享有的著作权法第十条第一款第五项至第十七项规定的权利无人继承又无人受遗赠的，由其他合作作者享有。

第十五条 作者死亡后，其著作权中的署名权、修改权和保护作品完整权由作者的继承人或者受遗赠人保护。

著作权无人继承又无人受遗赠的，其署名权、修改权和保护作品完整权由著作权行政管理部门保护。

第十六条 国家享有著作权的作品的使用，由国务院著作权行政管理部门管理。

第十七条 作者生前未发表的作品，如果作者未明确表示不发表，作者死亡后50年内，其发表权可由继承人或者受遗赠人行使；没有继承人又无人受遗赠的，由作品原件的所有人行使。

第十八条 作者身份不明的作品，其著作权法第十条第一款第五项至第十七项规定的权利的保护期截止于作品首次发表后第50年的12月31日。作者身份确定后，适用著作权法第二十一条的规定。

第十九条 使用他人作品的，应当指明作者姓名、作品名称；但是，当事人另有约定或者由于作品使用方式的特性无法指明的除外。

第二十条 著作权法所称已经发表的作品，是指著作权人自行或者许可他人公之于众的作品。

第二十一条 依照著作权法有关规定，使用可以不经著作权人许可的已经发表的作品的，不得影响该作品的正常使用，也不得不合理地损害著作权人的合法利益。

第二十二条 依照著作权法第二十三条、第三十三条第二款、第四十条第三款的规定使用作品的付酬标准，由国务院著作权行政管理部门会同国务院价格主管部门制定、公布。

第二十三条 使用他人作品应当同著作权人订立许可使用合同，许可使用的权利是专有使用权的，应当采取书面形式，但是报社、期刊社刊登作品除外。

第二十四条 著作权法第二十四条规定的专有使用权的内容由合同约定，合同没有约定或者约定不明的，视为被许可人有权排除包括著作权人在内的任何人以同样的方式使用作品；除合同另有约定外，被许可人许可第三人行使同一权利，必须取得著作权人的许可。

第二十五条 与著作权人订立专有许可使用合同、转让合同的，可以向著作权行政管理部门备案。

第二十六条 著作权法和本条例所称与著作权有关的权益，是指出版者对其出版的图书和期刊的版式设计享有的权利，表演者对其表演享有的权利，录音录像制作者对其制作的录音录像制品享有的权利，广播电台、电视台对其播放的广播、电视节目享有的权利。

第二十七条 出版者、表演者、录音录像制作者、广播电台、电视台行使权利，不得损害被使用作品和原作品著作权人的权利。

第二十八条 图书出版合同中约定图书出版者享有专有出版权但没有明确其具体内容的，视为图书出版者享有在合同有效期限内和在合同约定的地域范围内以同种文字的原版、修订版出版图书的专有权利。

第二十九条 著作权人寄给图书出版者的两份订单在6个月内未能得到履行，视为著作权法第三十二条所称图书脱销。

第三十条 著作权人依照著作权法第三十三条第二款声明不得转载、摘编其作品的，应当在报纸、期刊刊登该作品时附带声明。

第三十一条 著作权人依照著作权法第四十条第三款声明不得对其作品制作录音制品的，应当在该作品合法录制为录音制品时声明。

第三十二条 依照著作权法第二十三条、第三十三条第二款、第四十条第三款的规定，使用他人作品的，应当自使用该作品之日起2个月内向著作权人支付报酬。

第三十三条 外国人、无国籍人在中国境内的表演，受著作权法保护。

外国人、无国籍人根据中国参加的国际条约对其表演享有的权利，受著作权法保护。

第三十四条 外国人、无国籍人在中国境内制作、发行的录音制品，受著作权法保护。

外国人、无国籍人根据中国参加的国际条约对其制作、发行的录音制品享有的权利，受著作权法保护。

第三十五条 外国的广播电台、电视台根据中国参加的国际条约对其播放的广播、电视节目享有的权利，受著作权法保护。

第三十六条 有著作权法第四十八条所列侵权行为，同时损害社会公共利益，非法经营额5万元以上的，著作权行政管理部门可处非法经营额1倍以上5倍以下的罚款；没有非法经营额或者非法经营额5万元以下的，著作权行政管理部门根据情节轻重，可处25万元以下的罚款。

第三十七条 有著作权法第四十八条所列侵权行为，同时损害社会公共利益的，由地方人民政府著作权行政管理部门负责查处。

国务院著作权行政管理部门可以查处在全国有重大影响的侵

权行为。

第三十八条 本条例自2002年9月15日起施行。1991年5月24日国务院批准、1991年5月30日国家版权局发布的《中华人民共和国著作权法实施条例》同时废止。

著作权集体管理条例

（2004年12月28日中华人民共和国国务院令第429号公布 根据2011年1月8日《国务院关于废止和修改部分行政法规的决定》第一次修订 根据2013年12月7日《国务院关于修改部分行政法规的决定》第二次修订）

第一章 总 则

第一条 为了规范著作权集体管理活动，便于著作权人和与著作权有关的权利人（以下简称权利人）行使权利和使用者使用作品，根据《中华人民共和国著作权法》（以下简称著作权法）制定本条例。

第二条 本条例所称著作权集体管理，是指著作权集体管理组织经权利人授权，集中行使权利人的有关权利并以自己的名义进行的下列活动：

（一）与使用者订立著作权或者与著作权有关的权利许可使用合同（以下简称许可使用合同）；

（二）向使用者收取使用费；

（三）向权利人转付使用费；

（四）进行涉及著作权或者与著作权有关的权利的诉讼、仲裁等。

第三条 本条例所称著作权集体管理组织，是指为权利人的利益依法设立，根据权利人授权、对权利人的著作权或者与著作权有关的权利进行集体管理的社会团体。

著作权集体管理组织应当依照有关社会团体登记管理的行政法规和本条例的规定进行登记并开展活动。

第四条 著作权法规定的表演权、放映权、广播权、出租权、信息网络传播权、复制权等权利人自己难以有效行使的权利，可以由著作权集体管理组织进行集体管理。

第五条 国务院著作权管理部门主管全国的著作权集体管理工作。

第六条 除依照本条例规定设立的著作权集体管理组织外，任何组织和个人不得从事著作权集体管理活动。

第二章 著作权集体管理组织的设立

第七条 依法享有著作权或者与著作权有关的权利的中国公民、法人或者其他组织，可以发起设立著作权集体管理组织。

设立著作权集体管理组织，应当具备下列条件：

（一）发起设立著作权集体管理组织的权利人不少于50人；

（二）不与已经依法登记的著作权集体管理组织的业务范围交叉、重合；

（三）能在全国范围代表相关权利人的利益；

（四）有著作权集体管理组织的章程草案、使用费收取标准草案和向权利人转付使用费的办法（以下简称使用费转付办法）草案。

第八条 著作权集体管理组织章程应当载明下列事项：

（一）名称、住所；

（二）设立宗旨；

（三）业务范围；

（四）组织机构及其职权；

（五）会员大会的最低人数；

（六）理事会的职责及理事会负责人的条件和产生、罢免的程序；

（七）管理费提取、使用办法；

（八）会员加入、退出著作权集体管理组织的条件、程序；

（九）章程的修改程序；

（十）著作权集体管理组织终止的条件、程序和终止后资产的处理。

第九条 申请设立著作权集体管理组织，应当向国务院著作权管理部门提交证明符合本条例第七条规定的条件的材料。国务院著作权管理部门应当自收到材料之日起60日内，作出批准或者不予批准的决定。批准的，发给著作权集体管理许可证；不予批准的，应当说明理由。

第十条 申请人应当自国务院著作权管理部门发给著作权集体管理许可证之日起30日内，依照有关社会团体登记管理的行政法规到国务院民政部门办理登记手续。

第十一条 依法登记的著作权集体管理组织，应当自国务院民政部门发给登记证书之日起30日内，将其登记证书副本报国务院著作权管理部门备案；国务院著作权管理部门应当将报备的登记证书副本以及著作权集体管理组织章程、使用费收取标准、使用费转付办法予以公告。

第十二条 著作权集体管理组织设立分支机构，应当经国务院著作权管理部门批准，并依照有关社会团体登记管理的行政法规到国务院民政部门办理登记手续。经依法登记的，应当将分支机构的登记证书副本报国务院著作权管理部门备案，由国务院著作权管理部门予以公告。

第十三条 著作权集体管理组织应当根据下列因素制定使用费收取标准：

（一）使用作品、录音录像制品等的时间、方式和地域范围；

（二）权利的种类；

（三）订立许可使用合同和收取使用费工作的繁简程度。

第十四条 著作权集体管理组织应当根据权利人的作品或者录音录像制品等使用情况制定使用费转付办法。

第十五条 著作权集体管理组织修改章程，应当依法经国务院民政部门核准后，由国务院著作权管理部门予以公告。

第十六条 著作权集体管理组织被依法撤销登记的，自被撤销登记之日起不得再进行著作权集体管理业务活动。

第三章 著作权集体管理组织的机构

第十七条 著作权集体管理组织会员大会（以下简称会员大会）为著作权集体管理组织的权力机构。

会员大会由理事会依照本条例规定负责召集。理事会应当于会员大会召开60日以前将会议的时间、地点和拟审议事项予以公告；出席会员大会的会员，应当于会议召开30日以前报名。报名出席会员大会的会员少于章程规定的最低人数时，理事会应当将会员大会报名情况予以公告，会员可以于会议召开5日以前补充报名，并由全部报名出席会员大会的会员举行会员大会。

会员大会行使下列职权：

（一）制定和修改章程；

（二）制定和修改使用费收取标准；

（三）制定和修改使用费转付办法；

（四）选举和罢免理事；

（五）审议批准理事会的工作报告和财务报告；

（六）制定内部管理制度；

（七）决定使用费转付方案和著作权集体管理组织提取管理费的比例；

（八）决定其他重大事项。

会员大会每年召开一次；经10%以上会员或者理事会提议，可以召开临时会员大会。会员大会作出决定，应当经出席会议的会员过半数表决通过。

第十八条 著作权集体管理组织设立理事会，对会员大会负责，执行会员大会决定。理事会成员不得少于9人。

理事会任期为4年，任期届满应当进行换届选举。因特殊情况可以提前或者延期换届，但是换届延期不得超过1年。

第四章 著作权集体管理活动

第十九条 权利人可以与著作权集体管理组织以书面形式订立著作权集体管理合同，授权该组织对其依法享有的著作权或者与著作权有关的权利进行管理。权利人符合章程规定加入条件的，著作权集体管理组织应当与其订立著作权集体管理合同，不得拒绝。

权利人与著作权集体管理组织订立著作权集体管理合同并按照章程规定履行相应手续后，即成为该著作权集体管理组织的会员。

第二十条 权利人与著作权集体管理组织订立著作权集体管理合同后，不得在合同约定期限内自己行使或者许可他人行使合同约定的由著作权集体管理组织行使的权利。

第二十一条 权利人可以依照章程规定的程序，退出著作权集体管理组织，终止著作权集体管理合同。但是，著作权集体管理组织已经与他人订立许可使用合同的，该合同在期限届满前继续有效；该合同有效期内，权利人有权获得相应的使用费并可以查阅有关业务材料。

第二十二条 外国人、无国籍人可以通过与中国的著作权集体管理组织订立相互代表协议的境外同类组织，授权中国的著作权集体管理组织管理其依法在中国境内享有的著作权或者与著作权有关的权利。

前款所称相互代表协议，是指中国的著作权集体管理组织与境外的同类组织相互授权对方在其所在国家或者地区进行集体管理活动的协议。

著作权集体管理组织与境外同类组织订立的相互代表协议应当报国务院著作权管理部门备案，由国务院著作权管理部门予以公告。

第二十三条 著作权集体管理组织许可他人使用其管理的作品、录音录像制品等，应当与使用者以书面形式订立许可使用合同。

著作权集体管理组织不得与使用者订立专有许可使用合同。

使用者以合理的条件要求与著作权集体管理组织订立许可使用合同，著作权集体管理组织不得拒绝。

许可使用合同的期限不得超过2年；合同期限届满可以续订。

第二十四条 著作权集体管理组织应当建立权利信息查询系统，供权利人和使用者查询。权利信息查询系统应当包括著作权集体管理组织管理的权利种类和作品、录音录像制品等的名称、权利人姓名或者名称、授权管理的期限。

权利人和使用者对著作权集体管理组织管理的权利的信息进行咨询时，该组织应当予以答复。

第二十五条 除著作权法第二十三条、第三十三条第二款、第四十条第三款、第四十三条第二款和第四十四条规定应当支付的使用费外，著作权集体管理组织应当根据国务院著作权管理部门公告的使用费收取标准，与使用者约定收取使用费的具体数额。

第二十六条 两个或者两个以上著作权集体管理组织就同一使用方式向同一使用者收取使用费，可以事先协商确定由其中一个著作权集体管理组织统一收取。统一收取的使用费在有关著作权集体管理组织之间经协商分配。

第二十七条 使用者向著作权集体管理组织支付使用费时，应当提供其使用的作品、录音录像制品等的名称、权利人姓名或者名称和使用的方式、数量、时间等有关使用情况；许可使用合同另有约定的除外。

使用者提供的有关使用情况涉及该使用者商业秘密的，著作权集体管理组织负有保密义务。

第二十八条 著作权集体管理组织可以从收取的使用费中提取一定比例作为管理费，用于维持其正常的业务活动。

著作权集体管理组织提取管理费的比例应当随着使用费收入的增加而逐步降低。

第二十九条 著作权集体管理组织收取的使用费，在提取管理费后，应当全部转付给权利人，不得挪作他用。

著作权集体管理组织转付使用费，应当编制使用费转付记录。使用费转付记录应当载明使用费总额、管理费数额、权利人姓名或者名称、作品或者录音录像制品等的名称、有关使用情况、向各权利人转付使用费的具体数额等事项，并应当保存10年以上。

第五章 对著作权集体管理组织的监督

第三十条 著作权集体管理组织应当依法建立财务、会计制度和资产管理制度，并按照国家有关规定设置会计账簿。

第三十一条 著作权集体管理组织的资产使用和财务管理受国务院著作权管理部门和民政部门的监督。

著作权集体管理组织应当在每个会计年度结束时制作财务会计报告，委托会计师事务所依法进行审计，并公布审计结果。

第三十二条 著作权集体管理组织应当对下列事项进行记录，供权利人和使用者查阅：

（一）作品许可使用情况；

（二）使用费收取和转付情况；

（三）管理费提取和使用情况。

权利人有权查阅、复制著作权集体管理组织的财务报告、工作报告和其他业务材料；著作权集体管理组织应当提供便利。

第三十三条 权利人认为著作权集体管理组织有下列情形之一的，可以向国务院著作权管理部门检举：

（一）权利人符合章程规定的加入条件要求加入著作权集体管理组织，或者会员依照章程规定的程序要求退出著作权集体管理组织，著作权集体管理组织拒绝的；

（二）著作权集体管理组织不按照规定收取、转付使用费，或者不按照规定提取、使用管理费的；

（三）权利人要求查阅本条例第三十二条规定的记录、业务材料，著作权集体管理组织拒绝提供的。

第三十四条 使用者认为著作权集体管理组织有下列情形之一的，可以向国务院著作权管理部门检举：

（一）著作权集体管理组织违反本条例第二十三条规定拒绝与使用者订立许可使用合同的；

（二）著作权集体管理组织未根据公告的使用费收取标准约定收取使用费的具体数额的；

（三）使用者要求查阅本条例第三十二条规定的记录，著作权集体管理组织拒绝提供的。

第三十五条 权利人和使用者以外的公民、法人或者其他组织认为著作权集体管理组织有违反本条例规定的行为的，可以向国务院著作权管理部门举报。

第三十六条 国务院著作权管理部门应当自接到检举、举报之日起60日内对检举、举报事项进行调查并依法处理。

第三十七条 国务院著作权管理部门可以采取下列方式对著作权集体管理组织进行监督，并应当对监督活动作出记录：

（一）检查著作权集体管理组织的业务活动是否符合本条例及其章程的规定；

（二）核查著作权集体管理组织的会计账簿、年度预算和决算报告及其他有关业务材料；

（三）派员列席著作权集体管理组织的会员大会、理事会等重要会议。

第三十八条 著作权集体管理组织应当依法接受国务院民政部门和其他有关部门的监督。

第六章 法律责任

第三十九条 著作权集体管理组织有下列情形之一的，由国务院著作权管理部门责令限期改正：

（一）违反本条例第二十二条规定，未将与境外同类组织订立的相互代表协议报国务院著作权管理部门备案的；

（二）违反本条例第二十四条规定，未建立权利信息查询系统的；

（三）未根据公告的使用费收取标准约定收取使用费的具体数额的。

著作权集体管理组织超出业务范围管理权利人的权利的，由国务院著作权管理部门责令限期改正，其与使用者订立的许可使用合同无效；给权利人、使用者造成损害的，依法承担民事责任。

第四十条 著作权集体管理组织有下列情形之一的，由国务院院著作权管理部门责令限期改正；逾期不改正的，责令会员大会或者理事会根据本条例规定的权限罢免或者解聘直接负责的主管人员：

（一）违反本条例第十九条规定拒绝与权利人订立著作权集体管理合同的，或者违反本条例第二十一条的规定拒绝会员退出该组织的要求的；

（二）违反本条例第二十三条规定，拒绝与使用者订立许可使用合同的；

（三）违反本条例第二十八条规定提取管理费的；

（四）违反本条例第二十九条规定转付使用费的；

（五）拒绝提供或者提供虚假的会计账簿、年度预算和决算报告或者其他有关业务材料的。

第四十一条　著作权集体管理组织自国务院民政部门发给登记证书之日起超过6个月无正当理由未开展著作权集体管理活动，或者连续中止著作权集体管理活动6个月以上的，由国务院著作权管理部门吊销其著作权集体管理许可证，并由国务院民政部门撤销登记。

第四十二条　著作权集体管理组织从事营利性经营活动的，由工商行政管理部门依法予以取缔，没收违法所得；构成犯罪的，依法追究刑事责任。

第四十三条　违反本条例第二十七条的规定，使用者能够提供有关使用情况而拒绝提供，或者在提供有关使用情况时弄虚作假的，由国务院著作权管理部门责令改正；著作权集体管理组织可以中止许可使用合同。

第四十四条　擅自设立著作权集体管理组织或者分支机构，或者擅自从事著作权集体管理活动的，由国务院著作权管理部门或者民政部门依照职责分工予以取缔，没收违法所得；构成犯罪的，依法追究刑事责任。

第四十五条 依照本条例规定从事著作权集体管理组织审批和监督工作的国家行政机关工作人员玩忽职守、滥用职权、徇私舞弊，构成犯罪的，依法追究刑事责任；尚不构成犯罪的，依法给予行政处分。

第七章 附 则

第四十六条 本条例施行前已经设立的著作权集体管理组织，应当自本条例生效之日起3个月内，将其章程、使用费收取标准、使用费转付办法及其他有关材料报国务院著作权管理部门审核，并将其与境外同类组织订立的相互代表协议报国务院著作权管理部门备案。

第四十七条 依照著作权法第二十三条、第三十三条第二款、第四十条第三款的规定使用他人作品，未能依照《中华人民共和国著作权法实施条例》第三十二条的规定向权利人支付使用费的，应当将使用费连同邮资以及使用作品的有关情况送交管理相关权利的著作权集体管理组织，由该著作权集体管理组织将使用费转付给权利人。

负责转付使用费的著作权集体管理组织应当建立作品使用情况查询系统，供权利人、使用者查询。

负责转付使用费的著作权集体管理组织可以从其收到的使用费中提取管理费，管理费按照会员大会决定的该集体管理组织管理费的比例减半提取。除管理费外，该著作权集体管理组织不得从其收到的使用费中提取其他任何费用。

第四十八条 本条例自2005年3月1日起施行。

著作权行政处罚实施办法

（2009 年 5 月 7 日国家版权局令第 6 号公布　自 2009 年 6 月 15 日起施行）

第一章　总　　则

第一条　为规范著作权行政管理部门的行政处罚行为，保护公民、法人和其他组织的合法权益，根据《中华人民共和国行政处罚法》（以下称行政处罚法）、《中华人民共和国著作权法》（以下称著作权法）和其他有关法律、行政法规，制定本办法。

第二条　国家版权局以及地方人民政府享有著作权行政执法权的有关部门（以下称著作权行政管理部门），在法定职权范围内就本办法列举的违法行为实施行政处罚。法律、法规另有规定的，从其规定。

第三条　本办法所称的违法行为是指：

（一）著作权法第四十七条列举的侵权行为，同时损害公共利益的；

（二）《计算机软件保护条例》第二十四条列举的侵权行为，同时损害公共利益的；

（三）《信息网络传播权保护条例》第十八条列举的侵权行为，同时损害公共利益的；第十九条、第二十五条列举的侵权行为；

（四）《著作权集体管理条例》第四十一条、第四十四条规定的应予行政处罚的行为；

（五）其他有关著作权法律、法规、规章规定的应给予行政处罚的违法行为。

第四条 对本办法列举的违法行为，著作权行政管理部门可以依法责令停止侵权行为，并给予下列行政处罚：

（一）警告；

（二）罚款；

（三）没收违法所得；

（四）没收侵权制品；

（五）没收安装存储侵权制品的设备；

（六）没收主要用于制作侵权制品的材料、工具、设备等；

（七）法律、法规、规章规定的其他行政处罚。

第二章 管辖和适用

第五条 本办法列举的违法行为，由侵权行为实施地、侵权结果发生地、侵权制品储藏地或者依法查封扣押地的著作权行政管理部门负责查处。法律、行政法规另有规定的除外。

侵犯信息网络传播权的违法行为由侵权人住所地、实施侵权行为的网络服务器等设备所在地或侵权网站备案登记地的著作权行政管理部门负责查处。

第六条 国家版权局可以查处在全国有重大影响的违法行为，以及认为应当由其查处的其他违法行为。地方著作权行政管理部门负责查处本辖区发生的违法行为。

第七条 两个以上地方著作权行政管理部门对同一违法行为均有管辖权时，由先立案的著作权行政管理部门负责查处该违法行为。

地方著作权行政管理部门因管辖权发生争议或者管辖不明时，由争议双方协商解决；协商不成的，报请共同的上一级著作权行政管理部门指定管辖；其共同的上一级著作权行政管理部门也可以直接指定管辖。

上级著作权行政管理部门在必要时，可以处理下级著作权行政管理部门管辖的有重大影响的案件，也可以将自己管辖的案件交由下级著作权行政管理部门处理；下级著作权行政管理部门认为其管辖的案件案情重大、复杂，需要由上级著作权行政管理部门处理的，可以报请上一级著作权行政管理部门处理。

第八条 著作权行政管理部门发现查处的违法行为，根据我国刑法规定涉嫌构成犯罪的，应当由该著作权行政管理部门依照国务院《行政执法机关移送涉嫌犯罪案件的规定》将案件移送司法部门处理。

第九条 著作权行政管理部门对违法行为予以行政处罚的时效为两年，从违法行为发生之日起计算。违法行为有连续或者继续状态的，从行为终了之日起计算。侵权制品仍在发行或仍在向公众进行传播的，视为违法行为仍在继续。

违法行为在两年内未被发现的，不再给予行政处罚。法律另有规定的除外。

第三章 处罚程序

第十条 除行政处罚法规定适用简易程序的情况外，著作权行政处罚适用行政处罚法规定的一般程序。

第十一条 著作权行政管理部门适用一般程序查处违法行为，应当立案。

对本办法列举的违法行为，著作权行政管理部门可以自行决定立案查处，或者根据有关部门移送的材料决定立案查处，也可以根据被侵权人、利害关系人或者其他知情人的投诉或者举报决定立案查处。

第十二条 投诉人就本办法列举的违法行为申请立案查处的，应当提交申请书、权利证明、被侵权作品（或者制品）以及其他证据。

申请书应当说明当事人的姓名（或者名称）、地址以及申请查处所根据的主要事实、理由。

投诉人委托代理人代为申请的，应当由代理人出示委托书。

第十三条 著作权行政管理部门应当在收到所有投诉材料之日起十五日内，决定是否受理并通知投诉人。不予受理的，应当书面告知理由。

第十四条 立案时应当填写立案审批表，同时附上相关材料，包括投诉或者举报材料、上级著作权行政管理部门交办或者有关部门移送案件的有关材料、执法人员的检查报告等，由本部门负责人批准，指定两名以上办案人员负责调查处理。

办案人员与案件有利害关系的，应当自行回避；没有回避的，当事人可以申请其回避。办案人员的回避，由本部门负责人批准。负责人的回避，由本级人民政府批准。

第十五条 执法人员在执法过程中，发现违法行为正在实施，情况紧急来不及立案的，可以采取下列措施：

（一）对违法行为予以制止或者纠正；

（二）对涉嫌侵权制品、安装存储涉嫌侵权制品的设备和主要用于违法行为的材料、工具、设备等依法先行登记保存；

（三）收集、调取其他有关证据。

执法人员应当及时将有关情况和材料报所在著作权行政管理部门，并于发现情况之日起七日内办理立案手续。

第十六条 立案后，办案人员应当及时进行调查，并要求法定举证责任人在著作权行政管理部门指定的期限内举证。

办案人员取证时可以采取下列手段收集、调取有关证据：

（一）查阅、复制与涉嫌违法行为有关的文件档案、账簿和其他书面材料；

（二）对涉嫌侵权制品进行抽样取证；

（三）对涉嫌侵权制品、安装存储涉嫌侵权制品的设备、涉嫌侵权的网站网页、涉嫌侵权的网站服务器和主要用于违法行为的材料、工具、设备等依法先行登记保存。

第十七条 办案人员在执法中应当向当事人或者有关人员出示由国家版权局或者地方人民政府制发的行政执法证件。

第十八条 办案时收集的证据包括：

（一）书证；

（二）物证；

（三）证人证言；

（四）视听资料；

（五）当事人陈述；

（六）鉴定结论；

（七）检查、勘验笔录。

第十九条 当事人提供的涉及著作权的底稿、原件、合法出版物、作品登记证书、著作权合同登记证书、认证机构出具的证明、取得权利的合同，以及当事人自行或者委托他人以订购、现场交易等方式购买侵权复制品而取得的实物、发票等，可以作为证据。

第二十条 办案人员抽样取证、先行登记保存有关证据，应当有当事人在场。对有关物品应当当场制作清单一式两份，由办案人员和当事人签名、盖章后，分别交由当事人和办案人员所在著作权行政管理部门保存。当事人不在场或者拒绝签名、盖章的，由现场两名以上办案人员注明情况。

第二十一条 办案人员先行登记保存有关证据，应当经本部门负责人批准，并向当事人交付证据先行登记保存通知书。当事人或者有关人员在证据保存期间不得转移、损毁有关证据。

先行登记保存的证据，应当加封著作权行政管理部门先行登记保存封条，由当事人就地保存。先行登记保存的证据确需移至他处的，可以移至适当的场所保存。情况紧急来不及办理本条规定的手续时，办案人员可以先行采取措施，事后及时补办手续。

第二十二条 对先行登记保存的证据，应当在交付证据先行登记保存通知书后七日内作出下列处理决定：

（一）需要鉴定的，送交鉴定；

（二）违法事实成立，应当予以没收的，依照法定程序予以没收；

（三）应当移送有关部门处理的，将案件连同证据移送有关部门处理；

（四）违法事实不成立，或者依法不应予以没收的，解除登记保存措施；

（五）其他有关法定措施。

第二十三条 著作权行政管理部门在查处案件过程中，委托其他著作权行政管理部门代为调查的，须出具委托书。受委托的著作权行政管理部门应当积极予以协助。

第二十四条 对查处案件中的专业性问题，著作权行政管理部门可以委托专门机构或者聘请专业人员进行鉴定。

第二十五条 调查终结后，办案人员应当提交案件调查报告，说明有关行为是否违法，提出处理意见及有关事实、理由和依据，并附上全部证据材料。

第二十六条 著作权行政管理部门拟作出行政处罚决定的，应当由本部门负责人签发行政处罚事先告知书，告知当事人拟作出行政处罚决定的事实、理由和依据，并告知当事人依法享有的陈述权、申辩权和其他权利。

行政处罚事先告知书应当由著作权行政管理部门直接送达当事人，当事人应当在送达回执上签名、盖章。当事人拒绝签收的，由送达人员注明情况，把送达文书留在受送达人住所，并报告本部门负责人。著作权行政管理部门也可以采取邮寄送达方式告知当事人。无法找到当事人时，可以以公告形式告知。

第二十七条 当事人要求陈述、申辩的，应当在被告知后七日内，或者自发布公告之日起三十日内，向著作权行政管理部门提出陈述、申辩意见以及相应的事实、理由和证据。当事人在此期间未行使陈述权、申辩权的，视为放弃权利。

采取直接送达方式告知的，以当事人签收之日为被告知日期；采取邮寄送达方式告知的，以回执上注明的收件日期为被告知日期。

第二十八条 办案人员应当充分听取当事人的陈述、申辩意见，对当事人提出的事实、理由和证据进行复核，并提交复核报告。

著作权行政管理部门不得因当事人申辩加重处罚。

第二十九条 著作权行政管理部门负责人应当对案件调查报告及复核报告进行审查，并根据审查结果分别作出下列处理决定：

（一）确属应当予以行政处罚的违法行为的，根据侵权人的过错程度、侵权时间长短、侵权范围大小及损害后果等情节，予以行政处罚；

（二）违法行为轻微并及时纠正，没有造成危害后果的，不予行政处罚；

（三）违法事实不成立的，不予行政处罚；

（四）违法行为涉嫌构成犯罪的，移送司法部门处理。

对情节复杂或者重大的违法行为给予较重的行政处罚，由著作权行政管理部门负责人集体讨论决定。

第三十条 著作权行政管理部门作出罚款决定时，罚款数额应当依照《中华人民共和国著作权法实施条例》第三十六条、《计算机软件保护条例》第二十四条的规定和《信息网络传播权保护条例》第十八条、第十九条的规定确定。

第三十一条 违法行为情节严重的，著作权行政管理部门可以没收主要用于制作侵权制品的材料、工具、设备等。

具有下列情形之一的，属于前款所称“情节严重”：

（一）违法所得数额（即获利数额）二千五百元以上的；

（二）非法经营数额在一万五千元以上的；

（三）经营侵权制品在二百五十册（张或份）以上的；

（四）因侵犯著作权曾经被追究法律责任，又侵犯著作权的；

（五）造成其他重大影响或者严重后果的。

第三十二条 对当事人的同一违法行为，其他行政机关已经予以罚款的，著作权行政管理部门不得再予罚款，但仍可以视具体情况予以本办法第四条所规定的其他种类的行政处罚。

第三十三条 著作权行政管理部门作出较大数额罚款决定或者法律、行政法规规定应当听证的其他行政处罚决定前，应当告知当事人有要求举行听证的权利。

前款所称“较大数额罚款”，是指对个人处以两万元以上、对单位处以十万元以上的罚款。地方性法规、规章对听证要求另有规定的，依照地方性法规、规章办理。

第三十四条 当事人要求听证的，著作权行政管理部门应当依照行政处罚法第四十二条规定的程序组织听证。当事人不承担组织听证的费用。

第三十五条 著作权行政管理部门决定予以行政处罚的，应当制作行政处罚决定书。

著作权行政管理部门认为违法行为轻微，决定不予行政处罚的，应当制作不予行政处罚通知书，说明不予行政处罚的事实、理由和依据，并送达当事人；违法事实不成立的，应当制作调查结果通知书，并送达当事人。

著作权行政管理部门决定移送司法部门处理的案件，应当制作涉嫌犯罪案件移送书，并连同有关材料和证据及时移送有管辖权的司法部门。

第三十六条 行政处罚决定书应当由著作权行政管理部门在宣告后当场交付当事人。当事人不在场的，应当在七日内送达当事人。

第三十七条 当事人对国家版权局的行政处罚不服的，可以向国家版权局申请行政复议；当事人对地方著作权行政管理部门的行政处罚不服的，可以向该部门的本级人民政府或者其上一级著作权行政管理部门申请行政复议。

当事人对行政处罚或者行政复议决定不服的，可以依法提起行政诉讼。

第四章 执行程序

第三十八条 当事人收到行政处罚决定书后，应当在行政处罚决定书规定的期限内予以履行。

当事人申请行政复议或者提起行政诉讼的，行政处罚不停止执行。法律另有规定的除外。

第三十九条 没收的侵权制品应当销毁，或者经被侵权人同意后以其他适当方式处理。

销毁侵权制品时，著作权行政管理部门应当指派两名以上执法人员监督销毁过程，核查销毁结果，并制作销毁记录。

对没收的主要用于制作侵权制品的材料、工具、设备等，著作权行政管理部门应当依法公开拍卖或者依照国家有关规定处理。

第四十条 上级著作权行政管理部门作出的行政处罚决定，可以委托下级著作权行政管理部门代为执行。代为执行的下级著作权行政管理部门，应当将执行结果报告该上级著作权行政管理部门。

第五章 附 则

第四十一条 本办法所称的侵权制品包括侵权复制品和假冒他人署名的作品。

第四十二条 著作权行政管理部门应当按照国家统计法规建立著作权行政处罚统计制度，每年向上一级著作权行政管理部门提交著作权行政处罚统计报告。

第四十三条 行政处罚决定或者复议决定执行完毕后，著作权行政管理部门应当及时将案件材料立卷归档。

立卷归档的材料主要包括：行政处罚决定书、立案审批表、案件调查报告、复核报告、复议决定书、听证笔录、听证报告、证据材料、财物处理单据以及其他有关材料。

第四十四条 本办法涉及的有关法律文书，应当参照国家版权局确定的有关文书格式制作。

第四十五条 本办法自2009年6月15日起施行。国家版权局2003年9月1日发布的《著作权行政处罚实施办法》同时废止，本办法施行前发布的其他有关规定与本办法相抵触的，依照本办法执行。

最高人民法院关于审理著作权民事纠纷案件适用法律若干问题的解释

（2002年10月12日最高人民法院审判委员会第1246次会议通过　2002年10月12日最高人民法院公告公布　自2002年10月15日起施行　法释〔2002〕31号）

为了正确审理著作权民事纠纷案件，根据《中华人民共和国民法通则》、《中华人民共和国合同法》、《中华人民共和国著作权法》、《中华人民共和国民事诉讼法》等法律的规定，就适用法律若干问题解释如下：

第一条 人民法院受理以下著作权民事纠纷案件：

（一）著作权及与著作权有关权益权属、侵权、合同纠纷案件；

（二）申请诉前停止侵犯著作权、与著作权有关权益行为，申请诉前财产保全、诉前证据保全案件；

（三）其他著作权、与著作权有关权益纠纷案件。

第二条 著作权民事纠纷案件，由中级以上人民法院管辖。

各高级人民法院根据本辖区的实际情况，可以确定若干基层人民法院管辖第一审著作权民事纠纷案件。

第三条 对著作权行政管理部门查处的侵犯著作权行为，当事人向人民法院提起诉讼追究该行为人民事责任的，人民法院应当受理。

人民法院审理已经过著作权行政管理部门处理的侵犯著作权行为的民事纠纷案件，应当对案件事实进行全面审查。

第四条 因侵犯著作权行为提起的民事诉讼，由著作权法第四十六条、第四十七条所规定侵权行为的实施地、侵权复制品储藏地或者查封扣押地、被告住所地人民法院管辖。

前款规定的侵权复制品储藏地，是指大量或者经营性储存、隐匿侵权复制品所在地；查封扣押地，是指海关、版权、工商等行政机关依法查封、扣押侵权复制品所在地。

第五条 对涉及不同侵权行为实施地的多个被告提起的共同诉讼，原告可以选择其中一个被告的侵权行为实施地人民法院管辖；仅对其中某一被告提起的诉讼，该被告侵权行为实施地的人民法院有管辖权。

第六条 依法成立的著作权集体管理组织，根据著作权人的书面授权，以自己的名义提起诉讼，人民法院应当受理。

第七条 当事人提供的涉及著作权的底稿、原件、合法出版物、著作权登记证书、认证机构出具的证明、取得权利的合同等，可以作为证据。

在作品或者制品上署名的自然人、法人或者其他组织视为著作权、与著作权有关权益的权利人，但有相反证明的除外。

第八条 当事人自行或者委托他人以定购、现场交易等方式购买侵权复制品而取得的实物、发票等，可以作为证据。

公证人员在未向涉嫌侵权的一方当事人表明身份的情况下，如实对另一方当事人按照前款规定的方式取得的证据和取证过程出具的公证书，应当作为证据使用，但有相反证据的除外。

第九条 著作权法第十条第（一）项规定的“公之于众”，是指著作权人自行或者经著作权人许可将作品向不特定的人公开，但不以公众知晓为构成条件。

第十条 著作权法第十五条第二款所指的作品，著作权人是自然人的，其保护期适用著作权法第二十一条第一款的规定；著作权人是法人或其他组织的，其保护期适用著作权法第二十一条第二款的规定。

第十一条 因作品署名顺序发生的纠纷，人民法院按照下列原则处理：有约定的按约定确定署名顺序；没有约定的，可以按照创作作品付出的劳动、作品排列、作者姓氏笔划等确定署名顺序。

第十二条 按照著作权法第十七条规定委托作品著作权属于受托人的情形，委托人在约定的使用范围内享有使用作品的权利；双方没有约定使用作品范围的，委托人可以在委托创作的特定目的范围内免费使用该作品。

第十三条 除著作权法第十一条第三款规定的情形外，由他人执笔，本人审阅定稿并以本人名义发表的报告、讲话等作品，著作权归报告人或者讲话人享有。著作权人可以支付执笔人适当的报酬。

第十四条 当事人合意以特定人物经历为题材完成的自传体作品，当事人对著作权权属有约定的，依其约定；没有约定的，著作权归该特定人物享有，执笔人或整理人对作品完成付出劳动的，著作权人可以向其支付适当的报酬。

第十五条 由不同作者就同一题材创作的作品，作品的表达系独立完成并且有创作性的，应当认定作者各自享有独立著作权。

第十六条 通过大众传播媒介传播的单纯事实消息属于著作权法第五条第（二）项规定的时事新闻。传播报道他人采编的时事新闻，应当注明出处。

第十七条 著作权法第三十二条第二款规定的转载，是指报纸、期刊登载其他报刊已发表作品的行为。转载未注明被转载作品的作者和最初登载的报刊出处的，应当承担消除影响、赔礼道歉等民事责任。

第十八条 著作权法第二十二条第（十）项规定的室外公共场所的艺术作品，是指设置或者陈列在室外社会公众活动处所的雕塑、绘画、书法等艺术作品。

对前款规定艺术作品的临摹、绘画、摄影、录像人，可以对其成果以合理的方式和范围再行使用，不构成侵权。

第十九条 出版者、制作者应当对其出版、制作有合法授权承担举证责任，发行者、出租者应当对其发行或者出租的复制品有合法来源承担举证责任。举证不能的，依据著作权法第四十六条、第四十七条的相应规定承担法律责任。

第二十条 出版物侵犯他人著作权的，出版者应当根据其过错、侵权程度及损害后果等承担民事赔偿责任。

出版者对其出版行为的授权、稿件来源和署名、所编辑出版物的内容等未尽到合理注意义务的，依据著作权法第四十八条的规定，承担赔偿责任。

出版者尽了合理注意义务，著作权人也无证据证明出版者应当知道其出版涉及侵权的，依据民法通则第一百一十七条第一款的规定，出版者承担停止侵权、返还其侵权所得利润的民事责任。

出版者所尽合理注意义务情况，由出版者承担举证责任。

第二十一条 计算机软件用户未经许可或者超过许可范围商业使用计算机软件的，依据著作权法第四十七条第（一）项、《计算机软件保护条例》第二十四条第（一）项的规定承担民事责任。

第二十二条 著作权转让合同未采取书面形式的，人民法院依据合同法第三十六条、第三十七条的规定审查合同是否成立。

第二十三条 出版者将著作权人交付出版的作品丢失、毁损致使出版合同不能履行的，依据著作权法第五十三条、民法通则第一百一十七条以及合同法第一百二十二条的规定追究出版者的民事责任。

第二十四条 权利人的实际损失，可以根据权利人因侵权所造成复制品发行减少量或者侵权复制品销售量与权利人发行该复制品单位利润乘积计算。发行减少量难以确定的，按照侵权复制品市场销售量确定。

第二十五条 权利人的实际损失或者侵权人的违法所得无法确定的，人民法院根据当事人的请求或者依职权适用著作权法第四十八条第二款的规定确定赔偿数额。

人民法院在确定赔偿数额时，应当考虑作品类型、合理使用费、侵权行为性质、后果等情节综合确定。

当事人按照本条第一款的规定就赔偿数额达成协议的，应当准许。

第二十六条 著作权法第四十八条第一款规定的制止侵权行为所支付的合理开支，包括权利人或者委托代理人对侵权行为进行调查、取证的合理费用。

人民法院根据当事人的诉讼请求和具体案情，可以将符合国家有关部门规定的律师费用计算在赔偿范围内。

第二十七条 在著作权法修改决定施行前发生的侵犯著作权行为起诉的案件，人民法院于该决定施行后作出判决的，可以参照适用著作权法第四十八条的规定。

第二十八条 侵犯著作权的诉讼时效为两年，自著作权人知道或者应当知道侵权行为之日起计算。权利人超过两年起诉的，如果侵权行为在起诉时仍在持续，在该著作权保护期内，人民法院应当判决被告停止侵权行为；侵权损害赔偿数额应当自权利人向人民法院起诉之日起向前推算两年计算。

第二十九条 对著作权法第四十七条规定的侵权行为，人民法院根据当事人的请求除追究行为人民事责任外，还可以依据民法通则第一百三十四条第三款的规定给予民事制裁，罚款数额可以参照《中华人民共和国著作权法实施条例》的有关规定确定。

著作权行政管理部门对相同的侵权行为已经给予行政处罚的，人民法院不再予以民事制裁。

第三十条 对2001年10月27日前发生的侵犯著作权行为，当事人于2001年10月27日后向人民法院提出申请采取责令停止侵权行为或者证据保全措施的，适用著作权法第四十九条、第五十条的规定。

人民法院采取诉前措施，参照《最高人民法院关于诉前停止侵犯注册商标专用权行为和保全证据适用法律问题的解释》的规定办理。

第三十一条 除本解释另行规定外，2001年10月27日以后人民法院受理的著作权民事纠纷案件，涉及2001年10月27日前发生的民事行为的，适用修改前著作权法的规定；涉及该日期以后发生的民事行为的，适用修改后著作权法的规定；涉及该日期前发生，持续到该日期后的民事行为的，适用修改后著作权法的规定。

第三十二条 以前的有关规定与本解释不一致的，以本解释为准。

2. 计算机软件及网络著作权

中华人民共和国网络安全法

（2016年11月7日第十二届全国人民代表大会常务委员会第二十四次会议通过　2016年11月7日中华人民共和国主席令第53号公布　自2017年6月1日起施行）

目　录

第一章　总　　则

第一条　为了保障网络安全，维护网络空间主权和国家安全、社会公共利益，保护公民、法人和其他组织的合法权益，促进经济社会信息化健康发展，制定本法。

第二条 在中华人民共和国境内建设、运营、维护和使用网络，以及网络安全的监督管理，适用本法。

第三条 国家坚持网络安全与信息化发展并重，遵循积极利用、科学发展、依法管理、确保安全的方针，推进网络基础设施建设和互联互通，鼓励网络技术创新和应用，支持培养网络安全人才，建立健全网络安全保障体系，提高网络安全保护能力。

第四条 国家制定并不断完善网络安全战略，明确保障网络安全的基本要求和主要目标，提出重点领域的网络安全政策、工作任务和措施。

第五条 国家采取措施，监测、防御、处置来源于中华人民共和国境内外的网络安全风险和威胁，保护关键信息基础设施免受攻击、侵入、干扰和破坏，依法惩治网络违法犯罪活动，维护网络空间安全和秩序。

第六条 国家倡导诚实守信、健康文明的网络行为，推动传播社会主义核心价值观，采取措施提高全社会的网络安全意识和水平，形成全社会共同参与促进网络安全的良好环境。

第七条 国家积极开展网络空间治理、网络技术研发和标准制定、打击网络违法犯罪等方面的国际交流与合作，推动构建和平、安全、开放、合作的网络空间，建立多边、民主、透明的网络治理体系。

第八条 国家网信部门负责统筹协调网络安全工作和相关监督管理工作。国务院电信主管部门、公安部门和其他有关机关依照本法和有关法律、行政法规的规定，在各自职责范围内负责网络安全保护和监督管理工作。

县级以上地方人民政府有关部门的网络安全保护和监督管理职责，按照国家有关规定确定。

第九条 网络运营者开展经营和服务活动，必须遵守法律、行政法规，尊重社会公德，遵守商业道德，诚实信用，履行网络安全保护义务，接受政府和社会的监督，承担社会责任。

第十条 建设、运营网络或者通过网络提供服务，应当依照法律、行政法规的规定和国家标准的强制性要求，采取技术措施和其他必要措施，保障网络安全、稳定运行，有效应对网络安全事件，防范网络违法犯罪活动，维护网络数据的完整性、保密性和可用性。

第十一条 网络相关行业组织按照章程，加强行业自律，制定网络安全行为规范，指导会员加强网络安全保护，提高网络安全保护水平，促进行业健康发展。

第十二条 国家保护公民、法人和其他组织依法使用网络的权利，促进网络接入普及，提升网络服务水平，为社会提供安全、便利的网络服务，保障网络信息依法有序自由流动。

任何个人和组织使用网络应当遵守宪法法律，遵守公共秩序，尊重社会公德，不得危害网络安全，不得利用网络从事危害国家安全、荣誉和利益，煽动颠覆国家政权、推翻社会主义制度，煽动分裂国家、破坏国家统一，宣扬恐怖主义、极端主义，宣扬民族仇恨、民族歧视，传播暴力、淫秽色情信息，编造、传播虚假信息扰乱经济秩序和社会秩序，以及侵害他人名誉、隐私、知识产权和其他合法权益等活动。

第十三条 国家支持研究开发有利于未成年人健康成长的网络产品和服务，依法惩治利用网络从事危害未成年人身心健康的活动，为未成年人提供安全、健康的网络环境。

第十四条 任何个人和组织有权对危害网络安全的行为向网信、电信、公安等部门举报。收到举报的部门应当及时依法作出处理；不属于本部门职责的，应当及时移送有权处理的部门。

有关部门应当对举报人的相关信息予以保密，保护举报人的合法权益。

第二章　网络安全支持与促进

第十五条　国家建立和完善网络安全标准体系。国务院标准化行政主管部门和国务院其他有关部门根据各自的职责，组织制定并适时修订有关网络安全管理以及网络产品、服务和运行安全的国家标准、行业标准。

国家支持企业、研究机构、高等学校、网络相关行业组织参与网络安全国家标准、行业标准的制定。

第十六条　国务院和省、自治区、直辖市人民政府应当统筹规划，加大投入，扶持重点网络安全技术产业和项目，支持网络安全技术的研究开发和应用，推广安全可信的网络产品和服务，保护网络技术知识产权，支持企业、研究机构和高等学校等参与国家网络安全技术创新项目。

第十七条　国家推进网络安全社会化服务体系建设，鼓励有关企业、机构开展网络安全认证、检测和风险评估等安全服务。

第十八条　国家鼓励开发网络数据安全保护和利用技术，促进公共数据资源开放，推动技术创新和经济社会发展。

国家支持创新网络安全管理方式，运用网络新技术，提升网络安全保护水平。

第十九条　各级人民政府及其有关部门应当组织开展经常性的网络安全宣传教育，并指导、督促有关单位做好网络安全宣传教育工作。

大众传播媒介应当有针对性地面向社会进行网络安全宣传教育。

第二十条　国家支持企业和高等学校、职业学校等教育培训机构开展网络安全相关教育与培训，采取多种方式培养网络安全人才，促进网络安全人才交流。

第三章 网络运行安全

第一节 一般规定

第二十一条 国家实行网络安全等级保护制度。网络运营者应当按照网络安全等级保护制度的要求，履行下列安全保护义务，保障网络免受干扰、破坏或者未经授权的访问，防止网络数据泄露或者被窃取、篡改：

（一）制定内部安全管理制度和操作规程，确定网络安全负责人，落实网络安全保护责任；

（二）采取防范计算机病毒和网络攻击、网络侵入等危害网络安全行为的技术措施；

（三）采取监测、记录网络运行状态、网络安全事件的技术措施，并按照规定留存相关的网络日志不少于六个月；

（四）采取数据分类、重要数据备份和加密等措施；

（五）法律、行政法规规定的其他义务。

第二十二条 网络产品、服务应当符合相关国家标准的强制性要求。网络产品、服务的提供者不得设置恶意程序；发现其网络产品、服务存在安全缺陷、漏洞等风险时，应当立即采取补救措施，按照规定及时告知用户并向有关主管部门报告。

网络产品、服务的提供者应当为其产品、服务持续提供安全维护；在规定或者当事人约定的期限内，不得终止提供安全维护。

网络产品、服务具有收集用户信息功能的，其提供者应当向用户明示并取得同意；涉及用户个人信息的，还应当遵守本法和有关法律、行政法规关于个人信息保护的规定。

第二十三条 网络关键设备和网络安全专用产品应当按照相关国家标准的强制性要求，由具备资格的机构安全认证合格或者安全检测符合要求后，方可销售或者提供。国家网信部门会同国务院有关部门制定、公布网络关键设备和网络安全专用产品目录，并推动安全认证和安全检测结果互认，避免重复认证、检测。

第二十四条 网络运营者为用户办理网络接入、域名注册服务，办理固定电话、移动电话等入网手续，或者为用户提供信息发布、即时通讯等服务，在与用户签订协议或者确认提供服务时，应当要求用户提供真实身份信息。用户不提供真实身份信息的，网络运营者不得为其提供相关服务。

国家实施网络可信身份战略，支持研究开发安全、方便的电子身份认证技术，推动不同电子身份认证之间的互认。

第二十五条 网络运营者应当制定网络安全事件应急预案，及时处置系统漏洞、计算机病毒、网络攻击、网络侵入等安全风险；在发生危害网络安全的事件时，立即启动应急预案，采取相应的补救措施，并按照规定向有关主管部门报告。

第二十六条 开展网络安全认证、检测、风险评估等活动，向社会发布系统漏洞、计算机病毒、网络攻击、网络侵入等网络安全信息，应当遵守国家有关规定。

第二十七条 任何个人和组织不得从事非法侵入他人网络、干扰他人网络正常功能、窃取网络数据等危害网络安全的活动；不得提供专门用于从事侵入网络、干扰网络正常功能及防护措施、窃取网络数据等危害网络安全活动的程序、工具；明知他人从事危害网络安全的活动的，不得为其提供技术支持、广告推广、支付结算等帮助。

第二十八条 网络运营者应当为公安机关、国家安全机关依法维护国家安全和侦查犯罪的活动提供技术支持和协助。

第二十九条 国家支持网络运营者之间在网络安全信息收集、分析、通报和应急处置等方面进行合作，提高网络运营者的安全保障能力。

有关行业组织建立健全本行业的网络安全保护规范和协作机制，加强对网络安全风险的分析评估，定期向会员进行风险警示，支持、协助会员应对网络安全风险。

第三十条 网信部门和有关部门在履行网络安全保护职责中获取的信息，只能用于维护网络安全的需要，不得用于其他用途。

第二节 关键信息基础设施的运行安全

第三十一条 国家对公共通信和信息服务、能源、交通、水利、金融、公共服务、电子政务等重要行业和领域，以及其他一旦遭到破坏、丧失功能或者数据泄露，可能严重危害国家安全、国计民生、公共利益的关键信息基础设施，在网络安全等级保护制度的基础上，实行重点保护。关键信息基础设施的具体范围和安全保护办法由国务院制定。

国家鼓励关键信息基础设施以外的网络运营者自愿参与关键信息基础设施保护体系。

第三十二条 按照国务院规定的职责分工，负责关键信息基础设施安全保护工作的部门分别编制并组织实施本行业、本领域的关键信息基础设施安全规划，指导和监督关键信息基础设施运行安全保护工作。

第三十三条 建设关键信息基础设施应当确保其具有支持业务稳定、持续运行的性能，并保证安全技术措施同步规划、同步建设、同步使用。

第三十四条 除本法第二十一条的规定外，关键信息基础设施的运营者还应当履行下列安全保护义务：

（一）设置专门安全管理机构和安全管理负责人，并对该负责人和关键岗位的人员进行安全背景审查；

（二）定期对从业人员进行网络安全教育、技术培训和技能考核；

（三）对重要系统和数据库进行容灾备份；

（四）制定网络安全事件应急预案，并定期进行演练；

（五）法律、行政法规规定的其他义务。

第三十五条 关键信息基础设施的运营者采购网络产品和服务，可能影响国家安全的，应当通过国家网信部门会同国务院有关部门组织的国家安全审查。

第三十六条 关键信息基础设施的运营者采购网络产品和服务，应当按照规定与提供者签订安全保密协议，明确安全和保密义务与责任。

第三十七条 关键信息基础设施的运营者在中华人民共和国境内运营中收集和产生的个人信息和重要数据应当在境内存储。因业务需要，确需向境外提供的，应当按照国家网信部门会同国务院有关部门制定的办法进行安全评估；法律、行政法规另有规定的，依照其规定。

第三十八条 关键信息基础设施的运营者应当自行或者委托网络安全服务机构对其网络的安全性和可能存在的风险每年至少进行一次检测评估，并将检测评估情况和改进措施报送相关负责关键信息基础设施安全保护工作的部门。

第三十九条 国家网信部门应当统筹协调有关部门对关键信息基础设施的安全保护采取下列措施：

（一）对关键信息基础设施的安全风险进行抽查检测，提出改进措施，必要时可以委托网络安全服务机构对网络存在的安全风险进行检测评估；

（二）定期组织关键信息基础设施的运营者进行网络安全应急演练，提高应对网络安全事件的水平和协同配合能力；

（三）促进有关部门、关键信息基础设施的运营者以及有关研究机构、网络安全服务机构等之间的网络安全信息共享；

（四）对网络安全事件的应急处置与网络功能的恢复等，提供技术支持和协助。

第四章　网络信息安全

第四十条　网络运营者应当对其收集的用户信息严格保密，并建立健全用户信息保护制度。

第四十一条　网络运营者收集、使用个人信息，应当遵循合法、正当、必要的原则，公开收集、使用规则，明示收集、使用信息的目的、方式和范围，并经被收集者同意。

网络运营者不得收集与其提供的服务无关的个人信息，不得违反法律、行政法规的规定和双方的约定收集、使用个人信息，并应当依照法律、行政法规的规定和与用户的约定，处理其保存的个人信息。

第四十二条　网络运营者不得泄露、篡改、毁损其收集的个人信息；未经被收集者同意，不得向他人提供个人信息。但是，经过处理无法识别特定个人且不能复原的除外。

网络运营者应当采取技术措施和其他必要措施，确保其收集的个人信息安全，防止信息泄露、毁损、丢失。在发生或者可能发生个人信息泄露、毁损、丢失的情况时，应当立即采取补救措施，按照规定及时告知用户并向有关主管部门报告。

第四十三条　个人发现网络运营者违反法律、行政法规的规定或者双方的约定收集、使用其个人信息的，有权要求网络运营者删除其个人信息；发现网络运营者收集、存储的其个人信息有错误的，有权要求网络运营者予以更正。网络运营者应当采取措施予以删除或者更正。

第四十四条　任何个人和组织不得窃取或者以其他非法方式获取个人信息，不得非法出售或者非法向他人提供个人信息。

第四十五条　依法负有网络安全监督管理职责的部门及其工作人员，必须对在履行职责中知悉的个人信息、隐私和商业秘密严格保密，不得泄露、出售或者非法向他人提供。

第四十六条 任何个人和组织应当对其使用网络的行为负责，不得设立用于实施诈骗，传授犯罪方法，制作或者销售违禁物品、管制物品等违法犯罪活动的网站、通讯群组，不得利用网络发布涉及实施诈骗，制作或者销售违禁物品、管制物品以及其他违法犯罪活动的信息。

第四十七条 网络运营者应当加强对其用户发布的信息的管理，发现法律、行政法规禁止发布或者传输的信息的，应当立即停止传输该信息，采取消除等处置措施，防止信息扩散，保存有关记录，并向有关主管部门报告。

第四十八条 任何个人和组织发送的电子信息、提供的应用软件，不得设置恶意程序，不得含有法律、行政法规禁止发布或者传输的信息。

电子信息发送服务提供者和应用软件下载服务提供者，应当履行安全管理义务，知道其用户有前款规定行为的，应当停止提供服务，采取消除等处置措施，保存有关记录，并向有关主管部门报告。

第四十九条 网络运营者应当建立网络信息安全投诉、举报制度，公布投诉、举报方式等信息，及时受理并处理有关网络信息安全的投诉和举报。

网络运营者对网信部门和有关部门依法实施的监督检查，应当予以配合。

第五十条 国家网信部门和有关部门依法履行网络信息安全监督管理职责，发现法律、行政法规禁止发布或者传输的信息的，应当要求网络运营者停止传输，采取消除等处置措施，保存有关记录；对来源于中华人民共和国境外的上述信息，应当通知有关机构采取技术措施和其他必要措施阻断传播。

第五章 监测预警与应急处置

第五十一条 国家建立网络安全监测预警和信息通报制度。国家网信部门应当统筹协调有关部门加强网络安全信息收集、分析和通报工作，按照规定统一发布网络安全监测预警信息。

第五十二条 负责关键信息基础设施安全保护工作的部门，应当建立健全本行业、本领域的网络安全监测预警和信息通报制度，并按照规定报送网络安全监测预警信息。

第五十三条 国家网信部门协调有关部门建立健全网络安全风险评估和应急工作机制，制定网络安全事件应急预案，并定期组织演练。

负责关键信息基础设施安全保护工作的部门应当制定本行业、本领域的网络安全事件应急预案，并定期组织演练。

网络安全事件应急预案应当按照事件发生后的危害程度、影响范围等因素对网络安全事件进行分级，并规定相应的应急处置措施。

第五十四条 网络安全事件发生的风险增大时，省级以上人民政府有关部门应当按照规定的权限和程序，并根据网络安全风险的特点和可能造成的危害，采取下列措施：

（一）要求有关部门、机构和人员及时收集、报告有关信息，加强对网络安全风险的监测；

（二）组织有关部门、机构和专业人员，对网络安全风险信息进行分析评估，预测事件发生的可能性、影响范围和危害程度；

（三）向社会发布网络安全风险预警，发布避免、减轻危害的措施。

第五十五条 发生网络安全事件，应当立即启动网络安全事件应急预案，对网络安全事件进行调查和评估，要求网络运营者采取技术措施和其他必要措施，消除安全隐患，防止危害扩大，并及时向社会发布与公众有关的警示信息。

第五十六条 省级以上人民政府有关部门在履行网络安全监督管理职责中，发现网络存在较大安全风险或者发生安全事件的，可以按照规定的权限和程序对该网络的运营者的法定代表人或者主要负责人进行约谈。网络运营者应当按照要求采取措施，进行整改，消除隐患。

第五十七条 因网络安全事件，发生突发事件或者生产安全事故的，应当依照《中华人民共和国突发事件应对法》、《中华人民共和国安全生产法》等有关法律、行政法规的规定处置。

第五十八条 因维护国家安全和社会公共秩序，处置重大突发社会安全事件的需要，经国务院决定或者批准，可以在特定区域对网络通信采取限制等临时措施。

第六章 法律责任

第五十九条 网络运营者不履行本法第二十一条、第二十五条规定的网络安全保护义务的，由有关主管部门责令改正，给予警告；拒不改正或者导致危害网络安全等后果的，处一万元以上十万元以下罚款，对直接负责的主管人员处五千元以上五万元以下罚款。

关键信息基础设施的运营者不履行本法第三十三条、第三十四条、第三十六条、第三十八条规定的网络安全保护义务的，由有关主管部门责令改正，给予警告；拒不改正或者导致危害网络安全等后果的，处十万元以上一百万元以下罚款，对直接负责的主管人员处一万元以上十万元以下罚款。

第六十条 违反本法第二十二条第一款、第二款和第四十八条第一款规定，有下列行为之一的，由有关主管部门责令改正，给予警告；拒不改正或者导致危害网络安全等后果的，处五万元以上五十万元以下罚款，对直接负责的主管人员处一万元以上十万元以下罚款：

（一）设置恶意程序的；

（二）对其产品、服务存在的安全缺陷、漏洞等风险未立即采取补救措施，或者未按照规定及时告知用户并向有关主管部门报告的；

（三）擅自终止为其产品、服务提供安全维护的。

第六十一条 网络运营者违反本法第二十四条第一款规定，未要求用户提供真实身份信息，或者对不提供真实身份信息的用户提供相关服务的，由有关主管部门责令改正；拒不改正或者情节严重的，处五万元以上五十万元以下罚款，并可以由有关主管部门责令暂停相关业务、停业整顿、关闭网站、吊销相关业务许可证或者吊销营业执照，对直接负责的主管人员和其他直接责任人员处一万元以上十万元以下罚款。

第六十二条 违反本法第二十六条规定，开展网络安全认证、检测、风险评估等活动，或者向社会发布系统漏洞、计算机病毒、网络攻击、网络侵入等网络安全信息的，由有关主管部门责令改正，给予警告；拒不改正或者情节严重的，处一万元以上十万元以下罚款，并可以由有关主管部门责令暂停相关业务、停业整顿、关闭网站、吊销相关业务许可证或者吊销营业执照，对直接负责的主管人员和其他直接责任人员处五千元以上五万元以下罚款。

第六十三条 违反本法第二十七条规定，从事危害网络安全的活动，或者提供专门用于从事危害网络安全活动的程序、工具，或者为他人从事危害网络安全的活动提供技术支持、广告推广、支付结算等帮助，尚不构成犯罪的，由公安机关没收违法所得，处五日以下拘留，可以并处五万元以上五十万元以下罚款；情节较重的，处五日以上十五日以下拘留，可以并处十万元以上一百万元以下罚款。

单位有前款行为的，由公安机关没收违法所得，处十万元以上一百万元以下罚款，并对直接负责的主管人员和其他直接责任人员依照前款规定处罚。

违反本法第二十七条规定，受到治安管理处罚的人员，五年内不得从事网络安全管理和网络运营关键岗位的工作；受到刑事处罚的人员，终身不得从事网络安全管理和网络运营关键岗位的工作。

第六十四条 网络运营者、网络产品或者服务的提供者违反本法第二十二条第三款、第四十一条至第四十三条规定，侵害个人信息依法得到保护的权利的，由有关主管部门责令改正，可以根据情节单处或者并处警告、没收违法所得、处违法所得一倍以上十倍以下罚款，没有违法所得的，处一百万元以下罚款，对直接负责的主管人员和其他直接责任人员处一万元以上十万元以下罚款；情节严重的，并可以责令暂停相关业务、停业整顿、关闭网站、吊销相关业务许可证或者吊销营业执照。

违反本法第四十四条规定，窃取或者以其他非法方式获取、非法出售或者非法向他人提供个人信息，尚不构成犯罪的，由公安机关没收违法所得，并处违法所得一倍以上十倍以下罚款，没有违法所得的，处一百万元以下罚款。

第六十五条 关键信息基础设施的运营者违反本法第三十五条规定，使用未经安全审查或者安全审查未通过的网络产品或者服务的，由有关主管部门责令停止使用，处采购金额一倍以上十倍以下罚款；对直接负责的主管人员和其他直接责任人员处一万元以上十万元以下罚款。

第六十六条 关键信息基础设施的运营者违反本法第三十七条规定，在境外存储网络数据，或者向境外提供网络数据的，由有关主管部门责令改正，给予警告，没收违法所得，处五万元以上五十万元以下罚款，并可以责令暂停相关业务、停业整顿、关闭网站、吊销相关业务许可证或者吊销营业执照；对直接负责的主管人员和其他直接责任人员处一万元以上十万元以下罚款。

第六十七条 违反本法第四十六条规定，设立用于实施违法犯罪活动的网站、通讯群组，或者利用网络发布涉及实施违法犯罪活动的信息，尚不构成犯罪的，由公安机关处五日以下拘留，可以并处一万元以上十万元以下罚款；情节较重的，处五日以上十五日以下拘留，可以并处五万元以上五十万元以下罚款。关闭用于实施违法犯罪活动的网站、通讯群组。

单位有前款行为的，由公安机关处十万元以上五十万元以下罚款，并对直接负责的主管人员和其他直接责任人员依照前款规定处罚。

第六十八条 网络运营者违反本法第四十七条规定，对法律、行政法规禁止发布或者传输的信息未停止传输、采取消除等处置措施、保存有关记录的，由有关主管部门责令改正，给予警告，没收违法所得；拒不改正或者情节严重的，处十万元以上五十万元以下罚款，并可以责令暂停相关业务、停业整顿、关闭网站、吊销相关业务许可证或者吊销营业执照，对直接负责的主管人员和其他直接责任人员处一万元以上十万元以下罚款。

电子信息发送服务提供者、应用软件下载服务提供者，不履行本法第四十八条第二款规定的安全管理义务的，依照前款规定处罚。

第六十九条 网络运营者违反本法规定，有下列行为之一的，由有关主管部门责令改正；拒不改正或者情节严重的，处五万元以上五十万元以下罚款，对直接负责的主管人员和其他直接责任人员，处一万元以上十万元以下罚款：

（一）不按照有关部门的要求对法律、行政法规禁止发布或者传输的信息，采取停止传输、消除等处置措施的；

（二）拒绝、阻碍有关部门依法实施的监督检查的；

（三）拒不向公安机关、国家安全机关提供技术支持和协助的。

第七十条 发布或者传输本法第十二条第二款和其他法律、行政法规禁止发布或者传输的信息的，依照有关法律、行政法规的规定处罚。

第七十一条 有本法规定的违法行为的，依照有关法律、行政法规的规定记入信用档案，并予以公示。

第七十二条 国家机关政务网络的运营者不履行本法规定的网络安全保护义务的，由其上级机关或者有关机关责令改正；对直接负责的主管人员和其他直接责任人员依法给予处分。

第七十三条 网信部门和有关部门违反本法第三十条规定，将在履行网络安全保护职责中获取的信息用于其他用途的，对直接负责的主管人员和其他直接责任人员依法给予处分。

网信部门和有关部门的工作人员玩忽职守、滥用职权、徇私舞弊，尚不构成犯罪的，依法给予处分。

第七十四条 违反本法规定，给他人造成损害的，依法承担民事责任。

违反本法规定，构成违反治安管理行为的，依法给予治安管理处罚；构成犯罪的，依法追究刑事责任。

第七十五条 境外的机构、组织、个人从事攻击、侵入、干扰、破坏等危害中华人民共和国的关键信息基础设施的活动，造成严重后果的，依法追究法律责任；国务院公安部门和有关部门并可以决定对该机构、组织、个人采取冻结财产或者其他必要的制裁措施。

第七章　附　则

第七十六条 本法下列用语的含义：

（一）网络，是指由计算机或者其他信息终端及相关设备组成的按照一定的规则和程序对信息进行收集、存储、传输、交换、处理的系统。

（二）网络安全，是指通过采取必要措施，防范对网络的攻击、侵入、干扰、破坏和非法使用以及意外事故，使网络处于稳定可靠运行的状态，以及保障网络数据的完整性、保密性、可用性的能力。

（三）网络运营者，是指网络的所有者、管理者和网络服务提供者。

（四）网络数据，是指通过网络收集、存储、传输、处理和产生的各种电子数据。

（五）个人信息，是指以电子或者其他方式记录的能够单独或者与其他信息结合识别自然人个人身份的各种信息，包括但不限于自然人的姓名、出生日期、身份证件号码、个人生物识别信息、住址、电话号码等。

第七十七条 存储、处理涉及国家秘密信息的网络的运行安全保护，除应当遵守本法外，还应当遵守保密法律、行政法规的规定。

第七十八条 军事网络的安全保护，由中央军事委员会另行规定。

第七十九条 本法自2017年6月1日起施行。

全国人民代表大会常务委员会关于维护互联网安全的决定

（2000年12月28日第九届全国人民代表大会常务委员会第十九次会议通过　根据2009年8月27日第十一届全国人民代表大会常务委员会第十次会议《关于修改部分法律的决定》修正）

我国的互联网，在国家大力倡导和积极推动下，在经济建设和各项事业中得到日益广泛的应用，使人们的生产、工作、学习和生活方式已经开始并将继续发生深刻的变化，对于加快我国国民经济、科学技术的发展和社会服务信息化进程具有重要作用。同时，如何保障互联网的运行安全和信息安全问题已经引起全社会的普遍关注。为了兴利除弊，促进我国互联网的健康发展，维护国家安全和社会公共利益，保护个人、法人和其他组织的合法权益，特作如下决定：

一、为了保障互联网的运行安全，对有下列行为之一，构成犯罪的，依照刑法有关规定追究刑事责任：

（一）侵入国家事务、国防建设、尖端科学技术领域的计算机信息系统；

（二）故意制作、传播计算机病毒等破坏性程序，攻击计算机系统及通信网络，致使计算机系统及通信网络遭受损害；

（三）违反国家规定，擅自中断计算机网络或者通信服务，造成计算机网络或者通信系统不能正常运行。

二、为了维护国家安全和社会稳定，对有下列行为之一，构成犯罪的，依照刑法有关规定追究刑事责任：

（一）利用互联网造谣、诽谤或者发表、传播其他有害信息，煽动颠覆国家政权、推翻社会主义制度，或者煽动分裂国家、破坏国家统一；

（二）通过互联网窃取、泄露国家秘密、情报或者军事秘密；

（三）利用互联网煽动民族仇恨、民族歧视，破坏民族团结；

（四）利用互联网组织邪教组织、联络邪教组织成员，破坏国家法律、行政法规实施。

三、为了维护社会主义市场经济秩序和社会管理秩序，对有下列行为之一，构成犯罪的，依照刑法有关规定追究刑事责任：

（一）利用互联网销售伪劣产品或者对商品、服务作虚假宣传；

（二）利用互联网损害他人商业信誉和商品声誉；

（三）利用互联网侵犯他人知识产权；

（四）利用互联网编造并传播影响证券、期货交易或者其他扰乱金融秩序的虚假信息；

（五）在互联网上建立淫秽网站、网页，提供淫秽站点链接服务，或者传播淫秽书刊、影片、音像、图片。

四、为了保护个人、法人和其他组织的人身、财产等合法权利，对有下列行为之一，构成犯罪的，依照刑法有关规定追究刑事责任：

（一）利用互联网侮辱他人或者捏造事实诽谤他人；

（二）非法截获、篡改、删除他人电子邮件或者其他数据资料，侵犯公民通信自由和通信秘密；

（三）利用互联网进行盗窃、诈骗、敲诈勒索。

五、利用互联网实施本决定第一条、第二条、第三条、第四条所列行为以外的其他行为，构成犯罪的，依照刑法有关规定追究刑事责任。

六、利用互联网实施违法行为，违反社会治安管理，尚不构成犯罪的，由公安机关依照《治安管理处罚法》予以处罚；违反其他法律、行政法规，尚不构成犯罪的，由有关行政管理部门依法给予行政处罚；对直接负责的主管人员和其他直接责任人员，依法给予行政处分或者纪律处分。

利用互联网侵犯他人合法权益，构成民事侵权的，依法承担民事责任。

七、各级人民政府及有关部门要采取积极措施，在促进互联网的应用和网络技术的普及过程中，重视和支持对网络安全技术的研究和开发，增强网络的安全防护能力。有关主管部门要加强对互联网的运行安全和信息安全的宣传教育，依法实施有效的监督管理，防范和制止利用互联网进行的各种违法活动，为互联网的健康发展创造良好的社会环境。从事互联网业务的单位要依法开展活动，发现互联网上出现违法犯罪行为和有害信息时，要采取措施，停止传输有害信息，并及时向有关机关报告。任何单位和个人在利用互联网时，都要遵纪守法，抵制各种违法犯罪行为和有害信息。人民法院、人民检察院、公安机关、国家安全机关要各司其职，密切配合，依法严厉打击利用互联网实施的各种犯罪活动。要动员全社会的力量，依靠全社会的共同努力，保障互联网的运行安全与信息安全，促进社会主义精神文明和物质文明建设。

信息网络传播权保护条例

（2006年5月18日中华人民共和国国务院令第468号公布　根据2013年1月30日《国务院关于修改〈信息网络传播权保护条例〉的决定》修订）

第一条　为保护著作权人、表演者、录音录像制作者（以下统称权利人）的信息网络传播权，鼓励有益于社会主义精神文明、物质文明建设的作品的创作和传播，根据《中华人民共和国著作权法》（以下简称著作权法），制定本条例。

第二条　权利人享有的信息网络传播权受著作权法和本条例保护。除法律、行政法规另有规定的外，任何组织或者个人将他人的作品、表演、录音录像制品通过信息网络向公众提供，应当取得权利人许可，并支付报酬。

第三条　依法禁止提供的作品、表演、录音录像制品，不受本条例保护。

权利人行使信息网络传播权，不得违反宪法和法律、行政法规，不得损害公共利益。

第四条 为了保护信息网络传播权，权利人可以采取技术措施。

任何组织或者个人不得故意避开或者破坏技术措施，不得故意制造、进口或者向公众提供主要用于避开或者破坏技术措施的装置或者部件，不得故意为他人避开或者破坏技术措施提供技术服务。但是，法律、行政法规规定可以避开的除外。

第五条 未经权利人许可，任何组织或者个人不得进行下列行为：

（一）故意删除或者改变通过信息网络向公众提供的作品、表演、录音录像制品的权利管理电子信息，但由于技术上的原因无法避免删除或者改变的除外；

（二）通过信息网络向公众提供明知或者应知未经权利人许可被删除或者改变权利管理电子信息的作品、表演、录音录像制品。

第六条 通过信息网络提供他人作品，属于下列情形的，可以不经著作权人许可，不向其支付报酬：

（一）为介绍、评论某一作品或者说明某一问题，在向公众提供的作品中适当引用已经发表的作品；

（二）为报道时事新闻，在向公众提供的作品中不可避免地再现或者引用已经发表的作品；

（三）为学校课堂教学或者科学研究，向少数教学、科研人员提供少量已经发表的作品；

（四）国家机关为执行公务，在合理范围内向公众提供已经发表的作品；

（五）将中国公民、法人或者其他组织已经发表的、以汉语言文字创作的作品翻译成的少数民族语言文字作品，向中国境内少数民族提供；

（六）不以营利为目的，以盲人能够感知的独特方式向盲人提供已经发表的文字作品；

（七）向公众提供在信息网络上已经发表的关于政治、经济问题的时事性文章；

（八）向公众提供在公众集会上发表的讲话。

第七条 图书馆、档案馆、纪念馆、博物馆、美术馆等可以不经著作权人许可，通过信息网络向本馆馆舍内服务对象提供本馆收藏的合法出版的数字作品和依法为陈列或者保存版本的需要以数字化形式复制的作品，不向其支付报酬，但不得直接或者间接获得经济利益。当事人另有约定的除外。

前款规定的为陈列或者保存版本需要以数字化形式复制的作品，应当是已经损毁或者濒临损毁、丢失或者失窃，或者其存储格式已经过时，并且在市场上无法购买或者只能以明显高于标定的价格购买的作品。

第八条 为通过信息网络实施九年制义务教育或者国家教育规划，可以不经著作权人许可，使用其已经发表作品的片断或者短小的文字作品、音乐作品或者单幅的美术作品、摄影作品制作课件，由制作课件或者依法取得课件的远程教育机构通过信息网络向注册学生提供，但应当向著作权人支付报酬。

第九条 为扶助贫困，通过信息网络向农村地区的公众免费提供中国公民、法人或者其他组织已经发表的种植养殖、防病治病、防灾减灾等与扶助贫困有关的作品和适应基本文化需求的作品，网络服务提供者应当在提供前公告拟提供的作品及其作者、拟支付报酬的标准。自公告之日起30日内，著作权人不同意提供的，网络服务提供者不得提供其作品；自公告之日起满30日，著作权人没有异议的，网络服务提供者可以提供其作品，并按照公告的标准向著作权人支付报酬。网络服务提供者提供著作权人的作品后，著作权人不同意提供的，网络服务提供者应当立即删除著作权人的作品，并按照公告的标准向著作权人支付提供作品期间的报酬。

依照前款规定提供作品的，不得直接或者间接获得经济利益。

第十条 依照本条例规定不经著作权人许可、通过信息网络向公众提供其作品的，还应当遵守下列规定：

（一）除本条例第六条第一项至第六项、第七条规定的情形外，不得提供作者事先声明不许提供的作品；

（二）指明作品的名称和作者的姓名（名称）；

（三）依照本条例规定支付报酬；

（四）采取技术措施，防止本条例第七条、第八条、第九条规定的服务对象以外的其他人获得著作权人的作品，并防止本条例第七条规定的服务对象的复制行为对著作权人利益造成实质性损害；

（五）不得侵犯著作权人依法享有的其他权利。

第十一条 通过信息网络提供他人表演、录音录像制品的，应当遵守本条例第六条至第十条的规定。

第十二条 属于下列情形的，可以避开技术措施，但不得向他人提供避开技术措施的技术、装置或者部件，不得侵犯权利人依法享有的其他权利：

（一）为学校课堂教学或者科学研究，通过信息网络向少数教学、科研人员提供已经发表的作品、表演、录音录像制品，而该作品、表演、录音录像制品只能通过信息网络获取；

（二）不以营利为目的，通过信息网络以盲人能够感知的独特方式向盲人提供已经发表的文字作品，而该作品只能通过信息网络获取；

（三）国家机关依照行政、司法程序执行公务；

（四）在信息网络上对计算机及其系统或者网络的安全性能进行测试。

第十三条 著作权行政管理部门为了查处侵犯信息网络传播权的行为，可以要求网络服务提供者提供涉嫌侵权的服务对象的姓名（名称）、联系方式、网络地址等资料。

第十四条 对提供信息存储空间或者提供搜索、链接服务的网络服务提供者，权利人认为其服务所涉及的作品、表演、录音录像制品，侵犯自己的信息网络传播权或者被删除、改变了自己的权利管理电子信息的，可以向该网络服务提供者提交书面通知，要求网络服务提供者删除该作品、表演、录音录像制品，或者断开与该作品、表演、录音录像制品的链接。通知书应当包含下列内容：

（一）权利人的姓名（名称）、联系方式和地址；

（二）要求删除或者断开链接的侵权作品、表演、录音录像制品的名称和网络地址；

（三）构成侵权的初步证明材料。

权利人应当对通知书的真实性负责。

第十五条 网络服务提供者接到权利人的通知书后，应当立即删除涉嫌侵权的作品、表演、录音录像制品，或者断开与涉嫌侵权的作品、表演、录音录像制品的链接，并同时将通知书转送提供作品、表演、录音录像制品的服务对象；服务对象网络地址不明、无法转送的，应当将通知书的内容同时在信息网络上公告。

第十六条 服务对象接到网络服务提供者转送的通知书后，认为其提供的作品、表演、录音录像制品未侵犯他人权利的，可以向网络服务提供者提交书面说明，要求恢复被删除的作品、表演、录音录像制品，或者恢复与被断开的作品、表演、录音录像制品的链接。书面说明应当包含下列内容：

（一）服务对象的姓名（名称）、联系方式和地址；

（二）要求恢复的作品、表演、录音录像制品的名称和网络地址；

（三）不构成侵权的初步证明材料。

服务对象应当对书面说明的真实性负责。

第十七条 网络服务提供者接到服务对象的书面说明后，应当立即恢复被删除的作品、表演、录音录像制品，或者可以恢复与被断开的作品、表演、录音录像制品的链接，同时将服务对象的书面说明转送权利人。权利人不得再通知网络服务提供者删除该作品、表演、录音录像制品，或者断开与该作品、表演、录音录像制品的链接。

第十八条 违反本条例规定，有下列侵权行为之一的，根据情况承担停止侵害、消除影响、赔礼道歉、赔偿损失等民事责任；同时损害公共利益的，可以由著作权行政管理部门责令停止侵权行为，没收违法所得，非法经营额5万元以上的，可处非法经营额1倍以上5倍以下的罚款；没有非法经营额或者非法经营额5万元以下的，根据情节轻重，可处25万元以下的罚款；情节严重的，著作权行政管理部门可以没收主要用于提供网络服务的计算机等设备；构成犯罪的，依法追究刑事责任：

（一）通过信息网络擅自向公众提供他人的作品、表演、录音录像制品的；

（二）故意避开或者破坏技术措施的；

（三）故意删除或者改变通过信息网络向公众提供的作品、表演、录音录像制品的权利管理电子信息，或者通过信息网络向公众提供明知或者应知未经权利人许可而被删除或者改变权利管理电子信息的作品、表演、录音录像制品的；

（四）为扶助贫困通过信息网络向农村地区提供作品、表演、录音录像制品超过规定范围，或者未按照公告的标准支付报酬，或者在权利人不同意提供其作品、表演、录音录像制品后未立即删除的；

（五）通过信息网络提供他人的作品、表演、录音录像制品，未指明作品、表演、录音录像制品的名称或者作者、表演者、录音录像制作者的姓名（名称），或者未支付报酬，或者未依照本条例规定采取技术措施防止服务对象以外的其他人获得他人的作品、表演、录音录像制品，或者未防止服务对象的复制行为对权利人利益造成实质性损害的。

第十九条 违反本条例规定，有下列行为之一的，由著作权行政管理部门予以警告，没收违法所得，没收主要用于避开、破坏技术措施的装置或者部件；情节严重的，可以没收主要用于提供网络服务的计算机等设备；非法经营额5万元以上的，可处非法经营额1倍以上5倍以下的罚款；没有非法经营额或者非法经营额5万元以下的，根据情节轻重，可处25万元以下的罚款；构成犯罪的，依法追究刑事责任：

（一）故意制造、进口或者向他人提供主要用于避开、破坏技术措施的装置或者部件，或者故意为他人避开或者破坏技术措施提供技术服务的；

（二）通过信息网络提供他人的作品、表演、录音录像制品，获得经济利益的；

（三）为扶助贫困通过信息网络向农村地区提供作品、表演、录音录像制品，未在提供前公告作品、表演、录音录像制品的名称和作者、表演者、录音录像制作者的姓名（名称）以及报酬标准的。

第二十条 网络服务提供者根据服务对象的指令提供网络自动接入服务，或者对服务对象提供的作品、表演、录音录像制品提供自动传输服务，并具备下列条件的，不承担赔偿责任：

（一）未选择并且未改变所传输的作品、表演、录音录像制品；

（二）向指定的服务对象提供该作品、表演、录音录像制品，并防止指定的服务对象以外的其他人获得。

第二十一条 网络服务提供者为提高网络传输效率，自动存储从其他网络服务提供者获得的作品、表演、录音录像制品，根据技术安排自动向服务对象提供，并具备下列条件的，不承担赔偿责任：

（一）未改变自动存储的作品、表演、录音录像制品；

（二）不影响提供作品、表演、录音录像制品的原网络服务提供者掌握服务对象获取该作品、表演、录音录像制品的情况；

（三）在原网络服务提供者修改、删除或者屏蔽该作品、表演、录音录像制品时，根据技术安排自动予以修改、删除或者屏蔽。

第二十二条 网络服务提供者为服务对象提供信息存储空间，供服务对象通过信息网络向公众提供作品、表演、录音录像制品，并具备下列条件的，不承担赔偿责任：

（一）明确标示该信息存储空间是为服务对象所提供，并公开网络服务提供者的名称、联系人、网络地址；

（二）未改变服务对象所提供的作品、表演、录音录像制品；

（三）不知道也没有合理的理由应当知道服务对象提供的作品、表演、录音录像制品侵权；

（四）未从服务对象提供作品、表演、录音录像制品中直接获得经济利益；

（五）在接到权利人的通知书后，根据本条例规定删除权利人认为侵权的作品、表演、录音录像制品。

第二十三条 网络服务提供者为服务对象提供搜索或者链接服务，在接到权利人的通知书后，根据本条例规定断开与侵权的作品、表演、录音录像制品的链接的，不承担赔偿责任；但是，明知或者应知所链接的作品、表演、录音录像制品侵权的，应当承担共同侵权责任。

第二十四条 因权利人的通知导致网络服务提供者错误删除作品、表演、录音录像制品，或者错误断开与作品、表演、录音录像制品的链接，给服务对象造成损失的，权利人应当承担赔偿责任。

第二十五条 网络服务提供者无正当理由拒绝提供或者拖延提供涉嫌侵权的服务对象的姓名（名称）、联系方式、网络地址等资料的，由著作权行政管理部门予以警告；情节严重的，没收主要用于提供网络服务的计算机等设备。

第二十六条 本条例下列用语的含义：

信息网络传播权，是指以有线或者无线方式向公众提供作品、表演或者录音录像制品，使公众可以在其个人选定的时间和地点获得作品、表演或者录音录像制品的权利。

技术措施，是指用于防止、限制未经权利人许可浏览、欣赏作品、表演、录音录像制品的或者通过信息网络向公众提供作品、表演、录音录像制品的有效技术、装置或者部件。

权利管理电子信息，是指说明作品及其作者、表演及其表演者、录音录像制品及其制作者的信息，作品、表演、录音录像制品权利人的信息和使用条件的信息，以及表示上述信息的数字或者代码。

第二十七条 本条例自2006年7月1日起施行。

计算机软件保护条例

（2001年12月20日中华人民共和国国务院令第339号公布 根据2011年1月8日《国务院关于废止和修改部分行政法规的决定》第一次修订 根据2013年1月30日《国务院关于修改〈计算机软件保护条例〉的决定》第二次修订）

第一章 总 则

第一条 为了保护计算机软件著作权人的权益，调整计算机软件在开发、传播和使用中发生的利益关系，鼓励计算机软件的开发与应用，促进软件产业和国民经济信息化的发展，根据《中华人民共和国著作权法》，制定本条例。

第二条 本条例所称计算机软件（以下简称软件），是指计算机程序及其有关文档。

第三条 本条例下列用语的含义：

（一）计算机程序，是指为了得到某种结果而可以由计算机等具有信息处理能力的装置执行的代码化指令序列，或者可以被自动转换成代码化指令序列的符号化指令序列或者符号化语句序列。同一计算机程序的源程序和目标程序为同一作品。

（二）文档，是指用来描述程序的内容、组成、设计、功能规格、开发情况、测试结果及使用方法的文字资料和图表等，如程序设计说明书、流程图、用户手册等。

（三）软件开发者，是指实际组织开发、直接进行开发，并对开发完成的软件承担责任的法人或者其他组织；或者依靠自己具有的条件独立完成软件开发，并对软件承担责任的自然人。

（四）软件著作权人，是指依照本条例的规定，对软件享有著作权的自然人、法人或者其他组织。

第四条 受本条例保护的软件必须由开发者独立开发，并已固定在某种有形物体上。

第五条 中国公民、法人或者其他组织对其所开发的软件，不论是否发表，依照本条例享有著作权。

外国人、无国籍人的软件首先在中国境内发行的，依照本条例享有著作权。

外国人、无国籍人的软件，依照其开发者所属国或者经常居住地国同中国签订的协议或者依照中国参加的国际条约享有的著作权，受本条例保护。

第六条 本条例对软件著作权的保护不延及开发软件所用的思想、处理过程、操作方法或者数学概念等。

第七条 软件著作权人可以向国务院著作权行政管理部门认定的软件登记机构办理登记。软件登记机构发放的登记证明文件是登记事项的初步证明。

办理软件登记应当缴纳费用。软件登记的收费标准由国务院著作权行政管理部门会同国务院价格主管部门规定。

第二章　软件著作权

第八条　软件著作权人享有下列各项权利：

（一）发表权，即决定软件是否公之于众的权利；

（二）署名权，即表明开发者身份，在软件上署名的权利；

（三）修改权，即对软件进行增补、删节，或者改变指令、语句顺序的权利；

（四）复制权，即将软件制作一份或者多份的权利；

（五）发行权，即以出售或者赠与方式向公众提供软件的原件或者复制件的权利；

（六）出租权，即有偿许可他人临时使用软件的权利，但是软件不是出租的主要标的的除外；

（七）信息网络传播权，即以有线或者无线方式向公众提供软件，使公众可以在其个人选定的时间和地点获得软件的权利；

（八）翻译权，即将原软件从一种自然语言文字转换成另一种自然语言文字的权利；

（九）应当由软件著作权人享有的其他权利。

软件著作权人可以许可他人行使其软件著作权，并有权获得报酬。

软件著作权人可以全部或者部分转让其软件著作权，并有权获得报酬。

第九条　软件著作权属于软件开发者，本条例另有规定的除外。

如无相反证明，在软件上署名的自然人、法人或者其他组织为开发者。

第十条 由两个以上的自然人、法人或者其他组织合作开发的软件，其著作权的归属由合作开发者签订书面合同约定。无书面合同或者合同未作明确约定，合作开发的软件可以分割使用的，开发者对各自开发的部分可以单独享有著作权；但是，行使著作权时，不得扩展到合作开发的软件整体的著作权。合作开发的软件不能分割使用的，其著作权由各合作开发者共同享有，通过协商一致行使；不能协商一致，又无正当理由的，任何一方不得阻止他方行使除转让权以外的其他权利，但是所得收益应当合理分配给所有合作开发者。

第十一条 接受他人委托开发的软件，其著作权的归属由委托人与受托人签订书面合同约定；无书面合同或者合同未作明确约定的，其著作权由受托人享有。

第十二条 由国家机关下达任务开发的软件，著作权的归属与行使由项目任务书或者合同规定；项目任务书或者合同中未作明确规定的，软件著作权由接受任务的法人或者其他组织享有。

第十三条 自然人在法人或者其他组织中任职期间所开发的软件有下列情形之一的，该软件著作权由该法人或者其他组织享有，该法人或者其他组织可以对开发软件的自然人进行奖励：

（一）针对本职工作中明确指定的开发目标所开发的软件；

（二）开发的软件是从事本职工作活动所预见的结果或者自然的结果；

（三）主要使用了法人或者其他组织的资金、专用设备、未公开的专门信息等物质技术条件所开发并由法人或者其他组织承担责任的软件。

第十四条 软件著作权自软件开发完成之日起产生。

自然人的软件著作权，保护期为自然人终生及其死亡后50年，截止于自然人死亡后第50年的12月31日；软件是合作开发的，截止于最后死亡的自然人死亡后第50年的12月31日。

法人或者其他组织的软件著作权，保护期为50年，截止于软件首次发表后第50年的12月31日，但软件自开发完成之日起50年内未发表的，本条例不再保护。

第十五条 软件著作权属于自然人的，该自然人死亡后，在软件著作权的保护期内，软件著作权的继承人可以依照《中华人民共和国继承法》的有关规定，继承本条例第八条规定的除署名权以外的其他权利。

软件著作权属于法人或者其他组织的，法人或者其他组织变更、终止后，其著作权在本条例规定的保护期内由承受其权利义务的法人或者其他组织享有；没有承受其权利义务的法人或者其他组织的，由国家享有。

第十六条 软件的合法复制品所有人享有下列权利：

（一）根据使用的需要把该软件装入计算机等具有信息处理能力的装置内；

（二）为了防止复制品损坏而制作备份复制品。这些备份复制品不得通过任何方式提供给他人使用，并在所有人丧失该合法复制品的所有权时，负责将备份复制品销毁；

（三）为了把该软件用于实际的计算机应用环境或者改进其功能、性能而进行必要的修改；但是，除合同另有约定外，未经该软件著作权人许可，不得向任何第三方提供修改后的软件。

第十七条 为了学习和研究软件内含的设计思想和原理，通过安装、显示、传输或者存储软件等方式使用软件的，可以不经软件著作权人许可，不向其支付报酬。

第三章 软件著作权的许可使用和转让

第十八条 许可他人行使软件著作权的，应当订立许可使用合同。

许可使用合同中软件著作权人未明确许可的权利，被许可人不得行使。

第十九条 许可他人专有行使软件著作权的，当事人应当订立书面合同。

没有订立书面合同或者合同中未明确约定为专有许可的，被许可行使的权利应当视为非专有权利。

第二十条 转让软件著作权的，当事人应当订立书面合同。

第二十一条 订立许可他人专有行使软件著作权的许可合同，或者订立转让软件著作权合同，可以向国务院著作权行政管理部门认定的软件登记机构登记。

第二十二条 中国公民、法人或者其他组织向外国人许可或者转让软件著作权的，应当遵守《中华人民共和国技术进出口管理条例》的有关规定。

第四章 法律责任

第二十三条 除《中华人民共和国著作权法》或者本条例另有规定外，有下列侵权行为的，应当根据情况，承担停止侵害、消除影响、赔礼道歉、赔偿损失等民事责任：

（一）未经软件著作权人许可，发表或者登记其软件的；

（二）将他人软件作为自己的软件发表或者登记的；

（三）未经合作者许可，将与他人合作开发的软件作为自己单独完成的软件发表或者登记的；

（四）在他人软件上署名或者更改他人软件上的署名的；

（五）未经软件著作权人许可，修改、翻译其软件的；

（六）其他侵犯软件著作权的行为。

第二十四条 除《中华人民共和国著作权法》、本条例或者其他法律、行政法规另有规定外，未经软件著作权人许可，有下列侵权行为的，应当根据情况，承担停止侵害、消除影响、赔礼道歉、赔偿损失等民事责任；同时损害社会公共利益的，由著作权行政管理部门责令停止侵权行为，没收违法所得，没收、销毁侵权复制品，可以并处罚款；情节严重的，著作权行政管理部门并可以没收主要用于制作侵权复制品的材料、工具、设备等；触犯刑律的，依照刑法关于侵犯著作权罪、销售侵权复制品罪的规定，依法追究刑事责任：

（一）复制或者部分复制著作权人的软件的；

（二）向公众发行、出租、通过信息网络传播著作权人的软件的；

（三）故意避开或者破坏著作权人为保护其软件著作权而采取的技术措施的；

（四）故意删除或者改变软件权利管理电子信息的；

（五）转让或者许可他人行使著作权人的软件著作权的。

有前款第一项或者第二项行为的，可以并处每件100元或者货值金额1倍以上5倍以下的罚款；有前款第三项、第四项或者第五项行为的，可以并处20万元以下的罚款。

第二十五条 侵犯软件著作权的赔偿数额，依照《中华人民共和国著作权法》第四十九条的规定确定。

第二十六条 软件著作权人有证据证明他人正在实施或者即将实施侵犯其权利的行为，如不及时制止，将会使其合法权益受到难以弥补的损害的，可以依照《中华人民共和国著作权法》第五十条的规定，在提起诉讼前向人民法院申请采取责令停止有关行为和财产保全的措施。

第二十七条 为了制止侵权行为，在证据可能灭失或者以后难以取得的情况下，软件著作权人可以依照《中华人民共和国著作权法》第五十一条的规定，在提起诉讼前向人民法院申请保全证据。

第二十八条 软件复制品的出版者、制作者不能证明其出版、制作有合法授权的，或者软件复制品的发行者、出租者不能证明其发行、出租的复制品有合法来源的，应当承担法律责任。

第二十九条 软件开发者开发的软件，由于可供选用的表达方式有限而与已经存在的软件相似的，不构成对已经存在的软件的著作权的侵犯。

第三十条 软件的复制品持有人不知道也没有合理理由应当知道该软件是侵权复制品的，不承担赔偿责任；但是，应当停止使用、销毁该侵权复制品。如果停止使用并销毁该侵权复制品将给复制品使用人造成重大损失的，复制品使用人可以在向软件著作权人支付合理费用后继续使用。

第三十一条 软件著作权侵权纠纷可以调解。

软件著作权合同纠纷可以依据合同中的仲裁条款或者事后达成的书面仲裁协议，向仲裁机构申请仲裁。

当事人没有在合同中订立仲裁条款，事后又没有书面仲裁协议的，可以直接向人民法院提起诉讼。

第五章 附 则

第三十二条 本条例施行前发生的侵权行为，依照侵权行为发生时的国家有关规定处理。

第三十三条 本条例自2002年1月1日起施行。1991年6月4日国务院发布的《计算机软件保护条例》同时废止。

互联网著作权行政保护办法

（2005年4月29日国家版权局、信息产业部令2005年第5号公布　自2005年5月30日起施行）

第一条　为了加强互联网信息服务活动中信息网络传播权的行政保护，规范行政执法行为，根据《中华人民共和国著作权法》及有关法律、行政法规，制定本办法。

第二条　本办法适用于互联网信息服务活动中根据互联网内容提供者的指令，通过互联网自动提供作品、录音录像制品等内容的上载、存储、链接或搜索等功能，且对存储或传输的内容不进行任何编辑、修改或选择的行为。

互联网信息服务活动中直接提供互联网内容的行为，适用著作权法。

本办法所称“互联网内容提供者”是指在互联网上发布相关内容的上网用户。

第三条　各级著作权行政管理部门依照法律、行政法规和本办法对互联网信息服务活动中的信息网络传播权实施行政保护。国务院信息产业主管部门和各省、自治区、直辖市电信管理机构依法配合相关工作。

第四条　著作权行政管理部门对侵犯互联网信息服务活动中的信息网络传播权的行为实施行政处罚，适用《著作权行政处罚实施办法》。

侵犯互联网信息服务活动中的信息网络传播权的行为由侵权行为实施地的著作权行政管理部门管辖。侵权行为实施地包括提供本办法第二条所列的互联网信息服务活动的服务器等设备所在地。

第五条 著作权人发现互联网传播的内容侵犯其著作权，向互联网信息服务提供者或者其委托的其他机构（以下统称“互联网信息服务提供者”）发出通知后，互联网信息服务提供者应当立即采取措施移除相关内容，并保留著作权人的通知6个月。

第六条 互联网信息服务提供者收到著作权人的通知后，应当记录提供的信息内容及其发布的时间、互联网地址或者域名。互联网接入服务提供者应当记录互联网内容提供者的接入时间、用户账号、互联网地址或者域名、主叫电话号码等信息。

前款所称记录应当保存60日，并在著作权行政管理部门查询时予以提供。

第七条 互联网信息服务提供者根据著作权人的通知移除相关内容的，互联网内容提供者可以向互联网信息服务提供者和著作权人一并发出说明被移除内容不侵犯著作权的反通知。反通知发出后，互联网信息服务提供者即可恢复被移除的内容，且对该恢复行为不承担行政法律责任。

第八条 著作权人的通知应当包含以下内容：

（一）涉嫌侵权内容所侵犯的著作权权属证明；

（二）明确的身份证明、住址、联系方式；

（三）涉嫌侵权内容在信息网络上的位置；

（四）侵犯著作权的相关证据；

（五）通知内容的真实性声明。

第九条 互联网内容提供者的反通知应当包含以下内容：

（一）明确的身份证明、住址、联系方式；

（二）被移除内容的合法性证明；

（三）被移除内容在互联网上的位置；

（四）反通知内容的真实性声明。

第十条 著作权人的通知和互联网内容提供者的反通知应当采取书面形式。

著作权人的通知和互联网内容提供者的反通知不具备本办法第八条、第九条所规定内容的，视为未发出。

第十一条 互联网信息服务提供者明知互联网内容提供者通过互联网实施侵犯他人著作权的行为，或者虽不明知，但接到著作权人通知后未采取措施移除相关内容，同时损害社会公共利益的，著作权行政管理部门可以根据《中华人民共和国著作权法》第四十七条的规定责令停止侵权行为，并给予下列行政处罚：

（一）没收违法所得；

（二）处以非法经营额3倍以下的罚款；非法经营额难以计算的，可以处10万元以下的罚款。

第十二条 没有证据表明互联网信息服务提供者明知侵权事实存在的，或者互联网信息服务提供者接到著作权人通知后，采取措施移除相关内容的，不承担行政法律责任。

第十三条 著作权行政管理部门在查处侵犯互联网信息服务活动中的信息网络传播权案件时，可以按照《著作权行政处罚实施办法》第十二条规定要求著作权人提交必备材料，以及向互联网信息服务提供者发出的通知和该互联网信息服务提供者未采取措施移除相关内容的证明。

第十四条 互联网信息服务提供者有本办法第十一条规定的情形，且经著作权行政管理部门依法认定专门从事盗版活动，或有其他严重情节的，国务院信息产业主管部门或者省、自治区、直辖市电信管理机构依据相关法律、行政法规的规定处理；互联网接入服务提供者应当依据国务院信息产业主管部门或者省、自治区、直辖市电信管理机构的通知，配合实施相应的处理措施。

第十五条 互联网信息服务提供者未履行本办法第六条规定的义务，由国务院信息产业主管部门或者省、自治区、直辖市电信管理机构予以警告，可以并处3万元以下罚款。

第十六条 著作权行政管理部门在查处侵犯互联网信息服务

活动中的信息网络传播权案件过程中，发现互联网信息服务提供者的行为涉嫌构成犯罪的，应当依照国务院《行政执法机关移送涉嫌犯罪案件的规定》将案件移送司法部门，依法追究刑事责任。

第十七条 表演者、录音录像制作者等与著作权有关的权利人通过互联网向公众传播其表演或者录音录像制品的权利的行政保护适用本办法。

第十八条 本办法由国家版权局和信息产业部负责解释。

第十九条 本办法自2005年5月30日起施行。

网络出版服务管理规定

（2016年2月4日国家新闻出版广电总局、工业和信息化部令第5号公布 自2016年3月10日起施行）

第一章 总 则

第一条 为了规范网络出版服务秩序，促进网络出版服务业健康有序发展，根据《出版管理条例》、《互联网信息服务管理办法》及相关法律法规，制定本规定。

第二条 在中华人民共和国境内从事网络出版服务，适用本规定。

本规定所称网络出版服务，是指通过信息网络向公众提供网络出版物。

本规定所称网络出版物，是指通过信息网络向公众提供的，具有编辑、制作、加工等出版特征的数字化作品，范围主要包括：

（一）文学、艺术、科学等领域内具有知识性、思想性的文字、图片、地图、游戏、动漫、音视频读物等原创数字化作品；

（二）与已出版的图书、报纸、期刊、音像制品、电子出版物等内容相一致的数字化作品；

（三）将上述作品通过选择、编排、汇集等方式形成的网络文献数据库等数字化作品；

（四）国家新闻出版广电总局认定的其他类型的数字化作品。

网络出版服务的具体业务分类另行制定。

第三条 从事网络出版服务，应当遵守宪法和有关法律、法规，坚持为人民服务、为社会主义服务的方向，坚持社会主义先进文化的前进方向，弘扬社会主义核心价值观，传播和积累一切有益于提高民族素质、推动经济发展、促进社会进步的思想道德、科学技术和文化知识，满足人民群众日益增长的精神文化需要。

第四条 国家新闻出版广电总局作为网络出版服务的行业主管部门，负责全国网络出版服务的前置审批和监督管理工作。工业和信息化部作为互联网行业主管部门，依据职责对全国网络出版服务实施相应的监督管理。

地方人民政府各级出版行政主管部门和各省级电信主管部门依据各自职责对本行政区域内网络出版服务及接入服务实施相应的监督管理工作并做好配合工作。

第五条 出版行政主管部门根据已经取得的违法嫌疑证据或者举报，对涉嫌违法从事网络出版服务的行为进行查处时，可以检查与涉嫌违法行为有关的物品和经营场所；对有证据证明是与违法行为有关的物品，可以查封或者扣押。

第六条 国家鼓励图书、音像、电子、报纸、期刊出版单位从事网络出版服务，加快与新媒体的融合发展。

国家鼓励组建网络出版服务行业协会，按照章程，在出版行政主管部门的指导下制定行业自律规范，倡导网络文明，传播健康有益内容，抵制不良有害内容。

第二章　网络出版服务许可

第七条　从事网络出版服务，必须依法经过出版行政主管部门批准，取得《网络出版服务许可证》。

第八条　图书、音像、电子、报纸、期刊出版单位从事网络出版服务，应当具备以下条件：

（一）有确定的从事网络出版业务的网站域名、智能终端应用程序等出版平台；

（二）有确定的网络出版服务范围；

（三）有从事网络出版服务所需的必要的技术设备，相关服务器和存储设备必须存放在中华人民共和国境内。

第九条　其他单位从事网络出版服务，除第八条所列条件外，还应当具备以下条件：

（一）有确定的、不与其他出版单位相重复的，从事网络出版服务主体的名称及章程；

（二）有符合国家规定的法定代表人和主要负责人，法定代表人必须是在境内长久居住的具有完全行为能力的中国公民，法定代表人和主要负责人至少1人应当具有中级以上出版专业技术人员职业资格；

（三）除法定代表人和主要负责人外，有适应网络出版服务范围需要的8名以上具有国家新闻出版广电总局认可的出版及相关专业技术职业资格的专职编辑出版人员，其中具有中级以上职业资格的人员不得少于3名；

（四）有从事网络出版服务所需的内容审校制度；

（五）有固定的工作场所；

（六）法律、行政法规和国家新闻出版广电总局规定的其他条件。

第十条 中外合资经营、中外合作经营和外资经营的单位不得从事网络出版服务。

网络出版服务单位与境内中外合资经营、中外合作经营、外资经营企业或境外组织及个人进行网络出版服务业务的项目合作，应当事前报国家新闻出版广电总局审批。

第十一条 申请从事网络出版服务，应当向所在地省、自治区、直辖市出版行政主管部门提出申请，经审核同意后，报国家新闻出版广电总局审批。国家新闻出版广电总局应当自受理申请之日起60日内，作出批准或者不予批准的决定。不批准的，应当说明理由。

第十二条 从事网络出版服务的申报材料，应该包括下列内容：

（一）《网络出版服务许可证申请表》；

（二）单位章程及资本来源性质证明；

（三）网络出版服务可行性分析报告，包括资金使用、产品规划、技术条件、设备配备、机构设置、人员配备、市场分析、风险评估、版权保护措施等；

（四）法定代表人和主要负责人的简历、住址、身份证明文件；

（五）编辑出版等相关专业技术人员的国家认可的职业资格证明和主要从业经历及培训证明；

（六）工作场所使用证明；

（七）网站域名注册证明、相关服务器存放在中华人民共和国境内的承诺。

本规定第八条所列单位从事网络出版服务的，仅提交前款（一）、（六）、（七）项规定的材料。

第十三条 设立网络出版服务单位的申请者应自收到批准决定之日起30日内办理注册登记手续：

(一) 持批准文件到所在地省、自治区、直辖市出版行政主管部门领取并填写《网络出版服务许可登记表》；

(二) 省、自治区、直辖市出版行政主管部门对《网络出版服务许可登记表》审核无误后，在10日内向申请者发放《网络出版服务许可证》；

(三)《网络出版服务许可登记表》一式三份，由申请者和省、自治区、直辖市出版行政主管部门各存一份，另一份由省、自治区、直辖市出版行政主管部门在15日内报送国家新闻出版广电总局备案。

第十四条 《网络出版服务许可证》有效期为5年。有效期届满，需继续从事网络出版服务活动的，应于有效期届满60日前按本规定第十一条的程序提出申请。出版行政主管部门应当在该许可有效期届满前作出是否准予延续的决定。批准的，换发《网络出版服务许可证》。

第十五条 网络出版服务经批准后，申请者应持批准文件、《网络出版服务许可证》到所在地省、自治区、直辖市电信主管部门办理相关手续。

第十六条 网络出版服务单位变更《网络出版服务许可证》许可登记事项、资本结构，合并或者分立，设立分支机构的，应依据本规定第十一条办理审批手续，并应持批准文件到所在地省、自治区、直辖市电信主管部门办理相关手续。

第十七条 网络出版服务单位中止网络出版服务的，应当向所在地省、自治区、直辖市出版行政主管部门备案，并说明理由和期限；网络出版服务单位中止网络出版服务不得超过180日。

网络出版服务单位终止网络出版服务的，应当自终止网络出版服务之日起30日内，向所在地省、自治区、直辖市出版行政主管部门办理注销手续后到省、自治区、直辖市电信主管部门办理相关手续。省、自治区、直辖市出版行政主管部门将相关信息报国家新闻出版广电总局备案。

第十八条 网络出版服务单位自登记之日起满 180 日未开展网络出版服务的，由原登记的出版行政主管部门注销登记，并报国家新闻出版广电总局备案。同时，通报相关省、自治区、直辖市电信主管部门。

因不可抗力或者其他正当理由发生上述所列情形的，网络出版服务单位可以向原登记的出版行政主管部门申请延期。

第十九条 网络出版服务单位应当在其网站首页上标明出版行政主管部门核发的《网络出版服务许可证》编号。

互联网相关服务提供者在为网络出版服务单位提供人工干预搜索排名、广告、推广等服务时，应当查验服务对象的《网络出版服务许可证》及业务范围。

第二十条 网络出版服务单位应当按照批准的业务范围从事网络出版服务，不得超出批准的业务范围从事网络出版服务。

第二十一条 网络出版服务单位不得转借、出租、出卖《网络出版服务许可证》或以任何形式转让网络出版服务许可。

网络出版服务单位允许其他网络信息服务提供者以其名义提供网络出版服务，属于前款所称禁止行为。

第二十二条 网络出版服务单位实行特殊管理股制度，具体办法由国家新闻出版广电总局另行制定。

第三章 网络出版服务管理

第二十三条 网络出版服务单位实行编辑责任制度，保障网络出版物内容合法。

网络出版服务单位实行出版物内容审核责任制度、责任编辑制度、责任校对制度等管理制度，保障网络出版物出版质量。

在网络上出版其他出版单位已在境内合法出版的作品且不改

变原出版物内容的，须在网络出版物的相应页面显著标明原出版单位名称以及书号、刊号、网络出版物号或者网址信息。

第二十四条 网络出版物不得含有以下内容：

（一）反对宪法确定的基本原则的；

（二）危害国家统一、主权和领土完整的；

（三）泄露国家秘密、危害国家安全或者损害国家荣誉和利益的；

（四）煽动民族仇恨、民族歧视，破坏民族团结，或者侵害民族风俗、习惯的；

（五）宣扬邪教、迷信的；

（六）散布谣言，扰乱社会秩序，破坏社会稳定的；

（七）宣扬淫秽、色情、赌博、暴力或者教唆犯罪的；

（八）侮辱或者诽谤他人，侵害他人合法权益的；

（九）危害社会公德或者民族优秀文化传统的；

（十）有法律、行政法规和国家规定禁止的其他内容的。

第二十五条 为保护未成年人合法权益，网络出版物不得含有诱发未成年人模仿违反社会公德和违法犯罪行为的内容，不得含有恐怖、残酷等妨害未成年人身心健康的内容，不得含有披露未成年人个人隐私的内容。

第二十六条 网络出版服务单位出版涉及国家安全、社会安定等方面重大选题的内容，应当按照国家新闻出版广电总局有关重大选题备案管理的规定办理备案手续。未经备案的重大选题内容，不得出版。

第二十七条 网络游戏上网出版前，必须向所在地省、自治区、直辖市出版行政主管部门提出申请，经审核同意后，报国家新闻出版广电总局审批。

第二十八条 网络出版物的内容不真实或不公正，致使公民、法人或者其他组织合法权益受到侵害的，相关网络出版服务单位应当停止侵权，公开更正，消除影响，并依法承担其他民事责任。

第二十九条 国家对网络出版物实行标识管理，具体办法由国家新闻出版广电总局另行制定。

第三十条 网络出版物必须符合国家的有关规定和标准要求，保证出版物质量。

网络出版物使用语言文字，必须符合国家法律规定和有关标准规范。

第三十一条 网络出版服务单位应当按照国家有关规定或技术标准，配备应用必要的设备和系统，建立健全各项管理制度，保障信息安全、内容合法，并为出版行政主管部门依法履行监督管理职责提供技术支持。

第三十二条 网络出版服务单位在网络上提供境外出版物，应当取得著作权合法授权。其中，出版境外著作权人授权的网络游戏，须按本规定第二十七条办理审批手续。

第三十三条 网络出版服务单位发现其出版的网络出版物含有本规定第二十四条、第二十五条所列内容的，应当立即删除，保存有关记录，并向所在地县级以上出版行政主管部门报告。

第三十四条 网络出版服务单位应记录所出版作品的内容及其时间、网址或者域名，记录应当保存60日，并在国家有关部门依法查询时，予以提供。

第三十五条 网络出版服务单位须遵守国家统计规定，依法向出版行政主管部门报送统计资料。

第四章 监督管理

第三十六条 网络出版服务的监督管理实行属地管理原则。

各地出版行政主管部门应当加强对本行政区域内的网络出版服务单位及其出版活动的日常监督管理，履行下列职责：

（一）对网络出版服务单位进行行业监管，对网络出版服务单位违反本规定的情况进行查处并报告上级出版行政主管部门；

（二）对网络出版服务进行监管，对违反本规定的行为进行查处并报告上级出版行政主管部门；

（三）对网络出版物内容和质量进行监管，定期组织内容审读和质量检查，并将结果向上级出版行政主管部门报告；

（四）对网络出版从业人员进行管理，定期组织岗位、业务培训和考核；

（五）配合上级出版行政主管部门、协调相关部门、指导下级出版行政主管部门开展工作。

第三十七条 出版行政主管部门应当加强监管队伍和机构建设，采取必要的技术手段对网络出版服务进行管理。出版行政主管部门依法履行监督检查等执法职责时，网络出版服务单位应当予以配合，不得拒绝、阻挠。

各省、自治区、直辖市出版行政主管部门应当定期将本行政区域内的网络出版服务监督管理情况向国家新闻出版广电总局提交书面报告。

第三十八条 网络出版服务单位实行年度核验制度，年度核验每年进行一次。省、自治区、直辖市出版行政主管部门负责对本行政区域内的网络出版服务单位实施年度核验并将有关情况报国家新闻出版广电总局备案。年度核验内容包括网络出版服务单位的设立条件、登记项目、出版经营情况、出版质量、遵守法律规范、内部管理情况等。

第三十九条 年度核验按照以下程序进行：

（一）网络出版服务单位提交年度自检报告，内容包括：本年度政策法律执行情况，奖惩情况，网站出版、管理、运营绩效情况，网络出版物目录，对年度核验期内的违法违规行为的整改情况，编辑出版人员培训管理情况等；并填写由国家新闻出版广电总局统一印制的《网络出版服务年度核验登记表》，与年度自检报告一并报所在地省、自治区、直辖市出版行政主管部门；

（二）省、自治区、直辖市出版行政主管部门对本行政区域内的网络出版服务单位的设立条件、登记项目、开展业务及执行法规等情况进行全面审核，并在收到网络出版服务单位的年度自检报告和《网络出版服务年度核验登记表》等年度核验材料的45日内完成全面审核查验工作。对符合年度核验要求的网络出版服务单位予以登记，并在其《网络出版服务许可证》上加盖年度核验章；

（三）省、自治区、直辖市出版行政主管部门应于完成全面审核查验工作的15日内将年度核验情况及有关书面材料报国家新闻出版广电总局备案。

第四十条 有下列情形之一的，暂缓年度核验：

（一）正在停业整顿的；

（二）违反出版法规规章，应予处罚的；

（三）未按要求执行出版行政主管部门相关管理规定的；

（四）内部管理混乱，无正当理由未开展实质性网络出版服务活动的；

（五）存在侵犯著作权等其他违法嫌疑需要进一步核查的。

暂缓年度核验的期限由省、自治区、直辖市出版行政主管部门确定，报国家新闻出版广电总局备案，最长不得超过180日。暂缓年度核验期间，须停止网络出版服务。

暂缓核验期满，按本规定重新办理年度核验手续。

第四十一条 已经不具备本规定第八条、第九条规定条件的，责令限期改正；逾期仍未改正的，不予通过年度核验，由国家新闻出版广电总局撤销《网络出版服务许可证》，所在地省、自治区、直辖市出版行政主管部门注销登记，并通知当地电信主管部门依法处理。

第四十二条 省、自治区、直辖市出版行政主管部门可根据实际情况，对本行政区域内的年度核验事项进行调整，相关情况报国家新闻出版广电总局备案。

第四十三条 省、自治区、直辖市出版行政主管部门可以向社会公布年度核验结果。

第四十四条 从事网络出版服务的编辑出版等相关专业技术人员及其负责人应当符合国家关于编辑出版等相关专业技术人员职业资格管理的有关规定。

网络出版服务单位的法定代表人或主要负责人应按照有关规定参加出版行政主管部门组织的岗位培训，并取得国家新闻出版广电总局统一印制的《岗位培训合格证书》。未按规定参加岗位培训或培训后未取得《岗位培训合格证书》的，不得继续担任法定代表人或主要负责人。

第五章 保障与奖励

第四十五条 国家制定有关政策，保障、促进网络出版服务业的发展与繁荣。鼓励宣传科学真理、传播先进文化、倡导科学精神、塑造美好心灵、弘扬社会正气等有助于形成先进网络文化的网络出版服务，推动健康文化、优秀文化产品的数字化、网络化传播。

网络出版服务单位依法从事网络出版服务，任何组织和个人不得干扰、阻止和破坏。

第四十六条 国家支持、鼓励下列优秀的、重点的网络出版物的出版：

（一）对阐述、传播宪法确定的基本原则有重大作用的；

（二）对弘扬社会主义核心价值观，进行爱国主义、集体主义、社会主义和民族团结教育以及弘扬社会公德、职业道德、家庭美德、个人品德有重要意义的；

（三）对弘扬民族优秀文化，促进国际文化交流有重大作用的；

（四）具有自主知识产权和优秀文化内涵的；

（五）对推进文化创新，及时反映国内外新的科学文化成果有重大贡献的；

（六）对促进公共文化服务有重大作用的；

（七）专门以未成年人为对象、内容健康的或者其他有利于未成年人健康成长的；

（八）其他具有重要思想价值、科学价值或者文化艺术价值的。

第四十七条 对为发展、繁荣网络出版服务业作出重要贡献的单位和个人，按照国家有关规定给予奖励。

第四十八条 国家保护网络出版物著作权人的合法权益。网络出版服务单位应当遵守《中华人民共和国著作权法》、《信息网络传播权保护条例》、《计算机软件保护条例》等著作权法律法规。

第四十九条 对非法干扰、阻止和破坏网络出版物出版的行为，出版行政主管部门及其他有关部门，应当及时采取措施，予以制止。

第六章 法律责任

第五十条 网络出版服务单位违反本规定的，出版行政主管部门可以采取下列行政措施：

（一）下达警示通知书；

（二）通报批评、责令改正；

（三）责令公开检讨；

（四）责令删除违法内容。

警示通知书由国家新闻出版广电总局制定统一格式，由出版行政主管部门下达给相关网络出版服务单位。

本条所列的行政措施可以并用。

第五十一条 未经批准，擅自从事网络出版服务，或者擅自上网出版网络游戏（含境外著作权人授权的网络游戏），根据《出版管理条例》第六十一条、《互联网信息服务管理办法》第十九条的规定，由出版行政主管部门、工商行政管理部门依照法定职权予以取缔，并由所在地省级电信主管部门依据有关部门的通知，按照《互联网信息服务管理办法》第十九条的规定给予责令关闭网站等处罚；已经触犯刑法的，依法追究刑事责任；尚不够刑事处罚的，删除全部相关网络出版物，没收违法所得和从事违法出版活动的主要设备、专用工具，违法经营额1万元以上的，并处违法经营额5倍以上10倍以下的罚款；违法经营额不足1万元的，可以处5万元以下的罚款；侵犯他人合法权益的，依法承担民事责任。

第五十二条 出版、传播含有本规定第二十四条、第二十五条禁止内容的网络出版物的，根据《出版管理条例》第六十二条、《互联网信息服务管理办法》第二十条的规定，由出版行政主管部门责令删除相关内容并限期改正，没收违法所得，违法经营额1万元以上的，并处违法经营额5倍以上10倍以下罚款；违法经营额不足1万元的，可以处5万元以下罚款；情节严重的，责令限期停业整顿或者由国家新闻出版广电总局吊销《网络出版服务许可证》，由电信主管部门依据出版行政主管部门的通知吊销其电信业务经营许可或者责令关闭网站；构成犯罪的，依法追究刑事责任。

为从事本条第一款行为的网络出版服务单位提供人工干预搜索排名、广告、推广等相关服务的，由出版行政主管部门责令其停止提供相关服务。

第五十三条 违反本规定第二十一条的，根据《出版管理条例》第六十六条的规定，由出版行政主管部门责令停止违法行为，给予警告，没收违法所得，违法经营额1万元以上的，并处违法经营额5倍以上10倍以下的罚款；违法经营额不足1万元的，可以处5万元以下的罚款；情节严重的，责令限期停业整顿或者由国家新闻出版广电总局吊销《网络出版服务许可证》。

第五十四条 有下列行为之一的，根据《出版管理条例》第六十七条的规定，由出版行政主管部门责令改正，给予警告；情节严重的，责令限期停业整顿或者由国家新闻出版广电总局吊销《网络出版服务许可证》：

（一）网络出版服务单位变更《网络出版服务许可证》登记事项、资本结构，超出批准的服务范围从事网络出版服务，合并或者分立，设立分支机构，未依据本规定办理审批手续的；

（二）网络出版服务单位未按规定出版涉及重大选题出版物的；

（三）网络出版服务单位擅自中止网络出版服务超过180日的；

（四）网络出版物质量不符合有关规定和标准的。

第五十五条 违反本规定第三十四条的，根据《互联网信息服务管理办法》第二十一条的规定，由省级电信主管部门责令改正；情节严重的，责令停业整顿或者暂时关闭网站。

第五十六条 网络出版服务单位未依法向出版行政主管部门报送统计资料的，依据《新闻出版统计管理办法》处罚。

第五十七条 网络出版服务单位违反本规定第二章规定，以欺骗或者贿赂等不正当手段取得许可的，由国家新闻出版广电总局撤销其相应许可。

第五十八条 有下列行为之一的，由出版行政主管部门责令改正，予以警告，并处3万元以下罚款：

（一）违反本规定第十条，擅自与境内外中外合资经营、中外合作经营和外资经营的企业进行涉及网络出版服务业务的合作的；

（二）违反本规定第十九条，未标明有关许可信息或者未核验有关网站的《网络出版服务许可证》的；

（三）违反本规定第二十三条，未按规定实行编辑责任制度等管理制度的；

（四）违反本规定第三十一条，未按规定或标准配备应用有关系统、设备或未健全有关管理制度的；

（五）未按本规定要求参加年度核验的；

（六）违反本规定第四十四条，网络出版服务单位的法定代表人或主要负责人未取得《岗位培训合格证书》的；

（七）违反出版行政主管部门关于网络出版其他管理规定的。

第五十九条 网络出版服务单位违反本规定被处以吊销许可证行政处罚的，其法定代表人或者主要负责人自许可证被吊销之日起10年内不得担任网络出版服务单位的法定代表人或者主要负责人。

从事网络出版服务的编辑出版等相关专业技术人员及其负责人违反本规定，情节严重的，由原发证机关吊销其资格证书。

第七章 附 则

第六十条 本规定所称出版物内容审核责任制度、责任编辑制度、责任校对制度等管理制度，参照《图书质量保障体系》的有关规定执行。

第六十一条 本规定自2016年3月10日起施行。原国家新闻出版总署、信息产业部2002年6月27日颁布的《互联网出版管理暂行规定》同时废止。

计算机软件著作权登记办法

（2002 年 2 月 20 日国家版权局令第 1 号发布　自发布之日起施行）

第一章　总　　则

第一条　为贯彻《计算机软件保护条例》（以下简称《条例》）制定本办法。

第二条　为促进我国软件产业发展，增强我国信息产业的创新能力和竞争能力，国家著作权行政管理部门鼓励软件登记，并对登记的软件予以重点保护。

第三条　本办法适用于软件著作权登记、软件著作权专有许可合同和转让合同登记。

第四条　软件著作权登记申请人应当是该软件的著作权人以及通过继承、受让或者承受软件著作权的自然人、法人或者其他组织。

软件著作权合同登记的申请人，应当是软件著作权专有许可合同或者转让合同的当事人。

第五条　申请人或者申请人之一为外国人、无国籍人的，适用本办法。

第六条　国家版权局主管全国软件著作权登记管理工作。

国家版权局认定中国版权保护中心为软件登记机构。

经国家版权局批准，中国版权保护中心可以在地方设立软件登记办事机构。

第二章 登记申请

第七条 申请登记的软件应是独立开发的，或者经原著作权人许可对原有软件修改后形成的在功能或者性能方面有重要改进的软件。

第八条 合作开发的软件进行著作权登记的，可以由全体著作权人协商确定一名著作权人作为代表办理。著作权人协商不一致的，任何著作权人均可在不损害其他著作权人利益的前提下申请登记，但应当注明其他著作权人。

第九条 申请软件著作权登记的，应当向中国版权保护中心提交以下材料：

（一）按要求填写的软件著作权登记申请表；

（二）软件的鉴别材料；

（三）相关的证明文件。

第十条 软件的鉴别材料包括程序和文档的鉴别材料。

程序和文档的鉴别材料应当由源程序和任何一种文档前、后各连续30页组成。整个程序和文档不到60页的，应当提交整个源程序和文档。除特定情况外，程序每页不少于50行，文档每页不少于30行。

第十一条 申请软件著作权登记的，应当提交以下主要证明文件：

（一）自然人、法人或者其他组织的身份证明；

（二）有著作权归属书面合同或者项目任务书的，应当提交合同或者项目任务书；

（三）经原软件著作权人许可，在原有软件上开发的软件，应当提交原著作权人的许可证明；

（四）权利继承人、受让人或者承受人，提交权利继承、受让或者承受的证明。

第十二条 申请软件著作权登记的，可以选择以下方式之一对鉴别材料作例外交存：

（一）源程序的前、后各连续的30页，其中的机密部分用黑色宽斜线覆盖，但覆盖部分不得超过交存源程序的50%；

（二）源程序连续的前10页，加上源程序的任何部分的连续的50页；

（三）目标程序的前、后各连续的30页，加上源程序的任何部分的连续的20页。

文档作例外交存的，参照前款规定处理。

第十三条 软件著作权登记时，申请人可以申请将源程序、文档或者样品进行封存。除申请人或者司法机关外，任何人不得启封。

第十四条 软件著作权转让合同或者专有许可合同当事人可以向中国版权保护中心申请合同登记。申请合同登记时，应当提交以下材料：

（一）按要求填写的合同登记表；

（二）合同复印件；

（三）申请人身份证明。

第十五条 申请人在登记申请批准之前，可以随时请求撤回申请。

第十六条 软件著作权登记人或者合同登记人可以对已经登记的事项作变更或者补充。申请登记变更或者补充时，申请人应当提交以下材料：

（一）按照要求填写的变更或者补充申请表；

（二）登记证书或者证明的复印件；

（三）有关变更或者补充的材料。

第十七条 登记申请应当使用中国版权保护中心制定的统一

表格，并由申请人盖章（签名）。

申请表格应当使用中文填写。提交的各种证件和证明文件是外文的，应当附中文译本。

申请登记的文件应当使用国际标准A4型297mm×210mm（长×宽）纸张。

第十八条 申请文件可以直接递交或者挂号邮寄。申请人提交有关申请文件时，应当注明申请人、软件的名称，有受理号或登记号的，应当注明受理号或登记号。

第三章 审查和批准

第十九条 对于本办法第九条和第十四条所指的申请，以收到符合本办法第二章规定的材料之日为受理日，并书面通知申请人。

第二十条 中国版权保护中心应当自受理日起60日内审查完成所受理的申请，申请符合《条例》和本办法规定的，予以登记，发给相应的登记证书，并予以公告。

第二十一条 有下列情况之一的，不予登记并书面通知申请人：

（一）表格内容填写不完整、不规范，且未在指定期限内补正的；

（二）提交的鉴别材料不是《条例》规定的软件程序和文档的；

（三）申请文件中出现的软件名称、权利人署名不一致，且未提交证明文件的；

（四）申请登记的软件存在权属争议的。

第二十二条 中国版权保护中心要求申请人补正其他登记材料的，申请人应当在30日内补正，逾期未补正的，视为撤回申请。

第二十三条 国家版权局根据下列情况之一，可以撤销登记：

（一）最终的司法判决；

（二）著作权行政管理部门作出的行政处罚决定。

第二十四条 中国版权保护中心可以根据申请人的申请，撤销登记。

第二十五条 登记证书遗失或损坏的，可申请补发或换发。

第四章 软件登记公告

第二十六条 除本办法另有规定外，任何人均可查阅软件登记公告以及可公开的有关登记文件。

第二十七条 软件登记公告的内容如下：

（一）软件著作权的登记；

（二）软件著作权合同登记事项；

（三）软件登记的撤销；

（四）其他事项。

第五章 费 用

第二十八条 申请软件登记或者办理其他事项，应当交纳下列费用：

（一）软件著作权登记费；

（二）软件著作权合同登记费；

（三）变更或补充登记费；

（四）登记证书费；

（五）封存保管费；

（六）例外交存费；

（七）查询费；

（八）撤销登记申请费；

（九）其他需交纳的费用。

具体收费标准由国家版权局会同国务院价格主管部门规定并公布。

第二十九条 申请人自动撤回申请或者登记机关不予登记的，所交费用不予退回。

第三十条 本办法第二十八条规定的各种费用，可以通过邮局或银行汇付，也可以直接向中国版权保护中心交纳。

第六章 附 则

第三十一条 本办法规定的、中国版权保护中心指定的各种期限，第一日不计算在内。期限以年或者月计算的，以最后一个月的相应日为届满日；该月无相应日的，以该月的最后一日为届满日。届满日是法定节假日的，以节假日后的第一个工作日为届满日。

第三十二条 申请人向中国版权保护中心邮寄的各种文件，以寄出的邮戳日为递交日。信封上寄出的邮戳日不清晰的，除申请人提出证明外，以收到日为递交日。中国版权保护中心邮寄的各种文件，送达地是省会、自治区首府及直辖市的，自文件发出之日满十五日，其他地区满二十一日，推定为收件人收到文件之日。

第三十三条 申请人因不可抗力或其他正当理由，延误了本办法规定或者中国版权保护中心指定的期限，在障碍消除后三十日内，可以请求顺延期限。

第三十四条 本办法由国家版权局负责解释和补充修订。

第三十五条 本办法自发布之日起实施。

最高人民法院关于做好涉及网吧著作权纠纷案件审判工作的通知

（2010年11月25日　法发〔2010〕50号）

各省、自治区、直辖市高级人民法院，新疆维吾尔自治区高级人民法院生产建设兵团分院：

近年来，各级人民法院审理的网吧因提供影视作品被诉侵权的相关案件大幅增加，出现了一些新情况和新问题，引起有关方面的高度关注。为解决当前审理涉及网吧著作权纠纷案件中存在的突出问题，依法妥善审理好此类案件，现就有关事项通知如下：

一、各级人民法院要认真研究分析当前涉及网吧著作权纠纷案件急剧上升的成因和现状，在此类案件的审理中，在积极支持当事人依法维权的同时，也要注意防止滥用权利情形的发生。要注意处理好依法保护与适度保护的关系，既要依法保护当事人的著作权，有效制止侵权行为，又要正确确定网吧经营者和相关影视作品提供者的责任承担，注意把握司法导向和利益平衡，积极促进信息传播和规范传播秩序，推动相关互联网文化产业健康发展。

二、要积极探索有效解决纠纷的途径，认真贯彻“调解优先，调判结合”的工作原则。在加强诉讼调解的同时，积极推动建立诉讼与非诉讼相衔接的矛盾纠纷解决机制，发挥行业主管部门和行业协会的作用，采取各种措施引导网吧经营者规范经营行为，以减少诉讼，维护社会和谐稳定。

三、网吧经营者未经许可，通过网吧自行提供他人享有著作权的影视作品，侵犯他人信息网络传播权等权利的，应当根据原告的诉讼请求判决其停止侵权和赔偿损失。赔偿数额的确定要合理和适度，要符合网吧经营活动的特点和实际，除应考虑涉案影视作品的市场影响、知名度、上映档期、合理的许可使用费外，还应重点考虑网吧的服务价格、规模、主观过错程度以及侵权行为的性质、持续时间、对侵权作品的点击或下载数量、当地经济文化发展状况等因素。

法律、行政法规对网吧经营者承担侵权责任的情形另有规定的，按其规定执行。

四、网吧经营者能证明涉案影视作品是从有经营资质的影视作品提供者合法取得，根据取得时的具体情形不知道也没有合理理由应当知道涉案影视作品侵犯他人信息网络传播权等权利的，不承担赔偿损失的民事责任。但网吧经营者经权利人通知后，未及时采取必要措施的，应对损害的扩大部分承担相应的民事责任。

五、网吧经营者请求追加涉案影视作品提供者为共同被告的，可根据案件的具体情况决定是否追加其参加诉讼。

本通知自下发之日起执行。执行中如有问题和新情况，请及时层报最高人民法院。

最高人民法院关于审理侵害信息网络传播权民事纠纷案件适用法律若干问题的规定

（2012年11月26日最高人民法院审判委员会第1561次会议通过　2012年12月17日最高人民法院公告公布自2013年1月1日起施行　法释〔2012〕20号）

为正确审理侵害信息网络传播权民事纠纷案件，依法保护信息网络传播权，促进信息网络产业健康发展，维护公共利益，根据《中华人民共和国民法通则》《中华人民共和国侵权责任法》《中华人民共和国著作权法》《中华人民共和国民事诉讼法》等有关法律规定，结合审判实际，制定本规定。

第一条 人民法院审理侵害信息网络传播权民事纠纷案件，在依法行使裁量权时，应当兼顾权利人、网络服务提供者和社会公众的利益。

第二条 本规定所称信息网络，包括以计算机、电视机、固定电话机、移动电话机等电子设备为终端的计算机互联网、广播电视网、固定通信网、移动通信网等信息网络，以及向公众开放的局域网络。

第三条 网络用户、网络服务提供者未经许可，通过信息网络提供权利人享有信息网络传播权的作品、表演、录音录像制品，除法律、行政法规另有规定外，人民法院应当认定其构成侵害信息网络传播权行为。

通过上传到网络服务器、设置共享文件或者利用文件分享软件等方式，将作品、表演、录音录像制品置于信息网络中，使公众能够在个人选定的时间和地点以下载、浏览或者其他方式获得的，人民法院应当认定其实施了前款规定的提供行为。

第四条 有证据证明网络服务提供者与他人以分工合作等方式共同提供作品、表演、录音录像制品，构成共同侵权行为的，人民法院应当判令其承担连带责任。网络服务提供者能够证明其仅提供自动接入、自动传输、信息存储空间、搜索、链接、文件分享技术等网络服务，主张其不构成共同侵权行为的，人民法院应予支持。

第五条 网络服务提供者以提供网页快照、缩略图等方式实质替代其他网络服务提供者向公众提供相关作品的，人民法院应当认定其构成提供行为。

前款规定的提供行为不影响相关作品的正常使用，且未不合理损害权利人对该作品的合法权益，网络服务提供者主张其未侵害信息网络传播权的，人民法院应予支持。

第六条 原告有初步证据证明网络服务提供者提供了相关作品、表演、录音录像制品，但网络服务提供者能够证明其仅提供网络服务，且无过错的，人民法院不应认定为构成侵权。

第七条 网络服务提供者在提供网络服务时教唆或者帮助网络用户实施侵害信息网络传播权行为的，人民法院应当判令其承担侵权责任。

网络服务提供者以言语、推介技术支持、奖励积分等方式诱导、鼓励网络用户实施侵害信息网络传播权行为的，人民法院应当认定其构成教唆侵权行为。

网络服务提供者明知或者应知网络用户利用网络服务侵害信息网络传播权，未采取删除、屏蔽、断开链接等必要措施，或者提供技术支持等帮助行为的，人民法院应当认定其构成帮助侵权行为。

第八条 人民法院应当根据网络服务提供者的过错，确定其是否承担教唆、帮助侵权责任。网络服务提供者的过错包括对于网络用户侵害信息网络传播权行为的明知或者应知。

网络服务提供者未对网络用户侵害信息网络传播权的行为主动进行审查的，人民法院不应据此认定其具有过错。

网络服务提供者能够证明已采取合理、有效的技术措施，仍难以发现网络用户侵害信息网络传播权行为的，人民法院应当认定其不具有过错。

第九条 人民法院应当根据网络用户侵害信息网络传播权的具体事实是否明显，综合考虑以下因素，认定网络服务提供者是否构成应知：

（一）基于网络服务提供者提供服务的性质、方式及其引发侵权的可能性大小，应当具备的管理信息的能力；

（二）传播的作品、表演、录音录像制品的类型、知名度及侵权信息的明显程度；

（三）网络服务提供者是否主动对作品、表演、录音录像制品进行了选择、编辑、修改、推荐等；

（四）网络服务提供者是否积极采取了预防侵权的合理措施；

（五）网络服务提供者是否设置便捷程序接收侵权通知并及时对侵权通知作出合理的反应；

（六）网络服务提供者是否针对同一网络用户的重复侵权行为采取了相应的合理措施；

（七）其他相关因素。

第十条 网络服务提供者在提供网络服务时，对热播影视作品等以设置榜单、目录、索引、描述性段落、内容简介等方式进行推荐，且公众可以在其网页上直接以下载、浏览或者其他方式获得的，人民法院可以认定其应知网络用户侵害信息网络传播权。

第十一条 网络服务提供者从网络用户提供的作品、表演、录音录像制品中直接获得经济利益的，人民法院应当认定其对该网络用户侵害信息网络传播权的行为负有较高的注意义务。

网络服务提供者针对特定作品、表演、录音录像制品投放广告获取收益，或者获取与其传播的作品、表演、录音录像制品存在其他特定联系的经济利益，应当认定为前款规定的直接获得经济利益。网络服务提供者因提供网络服务而收取一般性广告费、服务费等，不属于本款规定的情形。

第十二条 有下列情形之一的，人民法院可以根据案件具体情况，认定提供信息存储空间服务的网络服务提供者应知网络用户侵害信息网络传播权：

（一）将热播影视作品等置于首页或者其他主要页面等能够为网络服务提供者明显感知的位置的；

（二）对热播影视作品等的主题、内容主动进行选择、编辑、整理、推荐，或者为其设立专门的排行榜的；

（三）其他可以明显感知相关作品、表演、录音录像制品为未经许可提供，仍未采取合理措施的情形。

第十三条 网络服务提供者接到权利人以书信、传真、电子邮件等方式提交的通知，未及时采取删除、屏蔽、断开链接等必要措施的，人民法院应当认定其明知相关侵害信息网络传播权行为。

第十四条 人民法院认定网络服务提供者采取的删除、屏蔽、断开链接等必要措施是否及时，应当根据权利人提交通知的形式，通知的准确程度，采取措施的难易程度，网络服务的性质，所涉作品、表演、录音录像制品的类型、知名度、数量等因素综合判断。

第十五条 侵害信息网络传播权民事纠纷案件由侵权行为地或者被告住所地人民法院管辖。侵权行为地包括实施被诉侵权行为的网络服务器、计算机终端等设备所在地。侵权行为地和被告住所地均难以确定或者在境外的，原告发现侵权内容的计算机终端等设备所在地可以视为侵权行为地。

第十六条 本规定施行之日起，《最高人民法院关于审理涉及计算机网络著作权纠纷案件适用法律若干问题的解释》（法释〔2006〕11号）同时废止。

本规定施行之后尚未终审的侵害信息网络传播权民事纠纷案件，适用本规定。本规定施行前已经终审，当事人申请再审或者按照审判监督程序决定再审的，不适用本规定。

3. 著作权报酬

广播电台电视台播放录音制品支付报酬暂行办法

（2009年11月10日中华人民共和国国务院令第566号公布　根据2011年1月8日《国务院关于废止和修改部分行政法规的决定》修订）

第一条　为了保障著作权人依法行使广播权，方便广播电台、电视台播放录音制品，根据《中华人民共和国著作权法》（以下称著作权法）第四十四条的规定，制定本办法。

第二条　广播电台、电视台可以就播放已经发表的音乐作品向著作权人支付报酬的方式、数额等有关事项与管理相关权利的著作权集体管理组织进行约定。

广播电台、电视台播放已经出版的录音制品，已经与著作权人订立许可使用合同的，按照合同约定的方式和标准支付报酬。

广播电台、电视台依照著作权法第四十四条的规定，未经著作权人的许可播放已经出版的录音制品（以下称播放录音制品）的，依照本办法向著作权人支付报酬。

第三条　本办法所称播放，是指广播电台、电视台以无线或者有线的方式进行的首播、重播和转播。

第四条　广播电台、电视台播放录音制品，可以与管理相关权利的著作权集体管理组织约定每年向著作权人支付固定数额的报酬；没有就固定数额进行约定或者约定不成的，广播电台、电视台与管理相关权利的著作权集体管理组织可以以下列方式之一为基础，协商向著作权人支付报酬：

（一）以本台或者本台各频道（频率）本年度广告收入扣除15%成本费用后的余额，乘以本办法第五条或者第六条规定的付酬标准，计算支付报酬的数额；

（二）以本台本年度播放录音制品的时间总量，乘以本办法第七条规定的单位时间付酬标准，计算支付报酬的数额。

第五条 以本办法第四条第（一）项规定方式确定向著作权人支付报酬的数额的，自本办法施行之日起5年内，按照下列付酬标准协商支付报酬的数额：

（一）播放录音制品的时间占本台或者本频道（频率）播放节目总时间的比例（以下称播放时间比例）不足1%的，付酬标准为0.01%；

（二）播放时间比例为1%以上不足3%的，付酬标准为0.02%；

（三）播放时间比例为3%以上不足6%的，相应的付酬标准为0.09%到0.15%，播放时间比例每增加1%，付酬标准相应增加0.03%；

（四）播放时间比例为6%以上10%以下的，相应的付酬标准为0.24%到0.4%，播放时间比例每增加1%，付酬标准相应增加0.04%；

（五）播放时间比例超过10%不足30%的，付酬标准为0.5%；

（六）播放时间比例为30%以上不足50%的，付酬标准为0.6%；

（七）播放时间比例为50%以上不足80%的，付酬标准为0.7%；

（八）播放时间比例为80%以上的，付酬标准为0.8%。

第六条 以本办法第四条第（一）项规定方式确定向著作权人支付报酬的数额的，自本办法施行届满5年之日起，按照下列付酬标准协商支付报酬的数额：

（一）播放时间比例不足1%的，付酬标准为0.02%；

（二）播放时间比例为1%以上不足3%的，付酬标准为0.03%；

（三）播放时间比例为3%以上不足6%的，相应的付酬标准为0.12%到0.2%，播放时间比例每增加1%，付酬标准相应增加0.04%；

（四）播放时间比例为6%以上10%以下的，相应的付酬标准为0.3%到0.5%，播放时间比例每增加1%，付酬标准相应增加0.05%；

（五）播放时间比例超过10%不足30%的，付酬标准为0.6%；

（六）播放时间比例为30%以上不足50%的，付酬标准为0.7%；

（七）播放时间比例为50%以上不足80%的，付酬标准为0.8%；

（八）播放时间比例为80%以上的，付酬标准为0.9%。

第七条 以本办法第四条第（二）项规定的方式确定向著作权人支付报酬的数额的，按照下列付酬标准协商支付报酬的数额：

（一）广播电台的单位时间付酬标准为每分钟0.30元；

（二）电视台的单位时间付酬标准自本办法施行之日起5年内为每分钟1.50元，自本办法施行届满5年之日起为每分钟2元。

第八条 广播电台、电视台播放录音制品，未能依照本办法第四条的规定与管理相关权利的著作权集体管理组织约定支付报酬的固定数额，也未能协商确定应支付报酬的，应当依照本办法第四条第（一）项规定的方式和第五条、第六条规定的标准，确定向管理相关权利的著作权集体管理组织支付报酬的数额。

第九条 广播电台、电视台转播其他广播电台、电视台播放的录音制品的，其播放录音制品的时间按照实际播放时间的10%计算。

第十条 中部地区的广播电台、电视台依照本办法规定方式向著作权人支付报酬的数额，自本办法施行之日起5年内，按照依据本办法规定计算出的数额的50%计算。

西部地区的广播电台、电视台以及全国专门对少年儿童、少数民族和农村地区等播出的专业频道（频率），依照本办法规定方式向著作权人支付报酬的数额，自本办法施行之日起5年内，按照依据本办法规定计算出的数额的10%计算；自本办法施行届满5年之日起，按照依据本办法规定计算出的数额的50%计算。

第十一条 县级以上人民政府财政部门将本级人民政府设立的广播电台、电视台播放录音制品向著作权人支付报酬的支出作为核定其收支的因素，根据本地区财政情况综合考虑，统筹安排。

第十二条 广播电台、电视台向著作权人支付报酬，以年度为结算期。

广播电台、电视台应当于每年度第一季度将其上年度应当支付的报酬交由著作权集体管理组织转付给著作权人。

广播电台、电视台通过著作权集体管理组织向著作权人支付报酬时，应当提供其播放作品的名称、著作权人姓名或者名称、播放时间等情况，双方已有约定的除外。

第十三条 广播电台、电视台播放录音制品，未向管理相关权利的著作权集体管理组织会员以外的著作权人支付报酬的，应当按照本办法第十二条的规定将应支付的报酬送交管理相关权利的著作权集体管理组织；管理相关权利的著作权集体管理组织应当向著作权人转付。

第十四条 著作权集体管理组织向著作权人转付报酬，除本办法已有规定外，适用《著作权集体管理条例》的有关规定。

第十五条 广播电台、电视台依照本办法规定将应当向著作权人支付的报酬交给著作权集体管理组织后，对著作权集体管理组织与著作权人之间的纠纷不承担责任。

第十六条 广播电台、电视台与著作权人或者著作权集体管理组织因依照本办法规定支付报酬产生纠纷的，可以依法向人民法院提起民事诉讼，或者根据双方达成的书面仲裁协议向仲裁机构申请仲裁。

第十七条 本办法自2010年1月1日起施行。

使用文字作品支付报酬办法

（2014年9月23日国家版权局、国家发展和改革委员会令第11号公布 自2014年11月1日起施行）

第一条 为保护文字作品著作权人的著作权，规范使用文字作品的行为，促进文字作品的创作与传播，根据《中华人民共和国著作权法》及相关行政法规，制定本办法。

第二条 除法律、行政法规另有规定外，使用文字作品支付报酬由当事人约定；当事人没有约定或者约定不明的，适用本办法。

第三条 以纸介质出版方式使用文字作品支付报酬可以选择版税、基本稿酬加印数稿酬或者一次性付酬等方式。

版税，是指使用者以图书定价×实际销售数或者印数×版税率的方式向著作权人支付的报酬。

基本稿酬，是指使用者按作品的字数，以千字为单位向著作权人支付的报酬。

印数稿酬，是指使用者根据图书的印数，以千册为单位按基本稿酬的一定比例向著作权人支付的报酬。

一次性付酬，是指使用者根据作品的质量、篇幅、作者的知名度、影响力以及使用方式、使用范围和授权期限等因素，一次性向著作权人支付的报酬。

第四条 版税率标准和计算方法：

（一）原创作品：3%—10%

（二）演绎作品：1%—7%

采用版税方式支付报酬的，著作权人可以与使用者在合同中约定，在交付作品时或者签订合同时由使用者向著作权人预付首次实际印数或者最低保底发行数的版税。

首次出版发行数不足千册的，按千册支付版税，但在下次结算版税时对已经支付版税部分不再重复支付。

第五条 基本稿酬标准和计算方法：

（一）原创作品：每千字80-300元，注释部分参照该标准执行。

（二）演绎作品：

1. 改编：每千字20-100元

2. 汇编：每千字10-20元

3. 翻译：每千字50-200元

支付基本稿酬以千字为单位，不足千字部分按千字计算。

支付报酬的字数按实有正文计算，即以排印的版面每行字数乘以全部实有的行数计算。占行题目或者末尾排不足一行的，按一行计算。

诗词每十行按一千字计算，作品不足十行的按十行计算。

辞书类作品按双栏排版的版面折合的字数计算。

第六条 印数稿酬标准和计算方法：

每印一千册，按基本稿酬的1%支付。不足一千册的，按一千册计算。

作品重印时只支付印数稿酬，不再支付基本稿酬。

采用基本稿酬加印数稿酬的付酬方式的，著作权人可以与使用者在合同中约定，在交付作品时由使用者支付基本稿酬的30% -50%。除非合同另有约定，作品一经使用，使用者应当在6个月内付清全部报酬。作品重印的，应在重印后6个月内付清印数稿酬。

第七条 一次性付酬的，可以参照本办法第五条规定的基本稿酬标准及其计算方法。

第八条 使用演绎作品，除合同另有约定或者原作品已进入公有领域外，使用者还应当取得原作品著作权人的许可并支付报酬。

第九条 使用者未与著作权人签订书面合同，或者签订了书面合同但未约定付酬方式和标准，与著作权人发生争议的，应当按本办法第四条、第五条规定的付酬标准的上限分别计算报酬，以较高者向著作权人支付，并不得以出版物抵作报酬。

第十条 著作权人许可使用者通过转授权方式在境外出版作品，但对支付报酬没有约定或约定不明的，使用者应当将所得报酬扣除合理成本后的70%支付给著作权人。

第十一条 报刊刊载作品只适用一次性付酬方式。

第十二条 报刊刊载未发表的作品，除合同另有约定外，应当自刊载后1个月内按每千字不低于100元的标准向著作权人支付报酬。

报刊刊载未发表的作品，不足五百字的按千字作半计算；超过五百字不足千字的按千字计算。

第十三条 报刊依照《中华人民共和国著作权法》的相关规定转载、摘编其他报刊已发表的作品，应当自报刊出版之日起2个月内，按每千字100元的付酬标准向著作权人支付报酬，不足五百字的按千字作半计算，超过五百字不足千字的按千字计算。

报刊出版者未按前款规定向著作权人支付报酬的，应当将报酬连同邮资以及转载、摘编作品的有关情况送交中国文字著作权协会代为收转。中国文字著作权协会收到相关报酬后，应当按相关规定及时向著作权人转付，并编制报酬收转记录。

报刊出版者按前款规定将相关报酬转交给中国文字著作权协会后，对著作权人不再承担支付报酬的义务。

第十四条 以纸介质出版方式之外的其他方式使用文字作品，除合同另有约定外，使用者应当参照本办法规定的付酬标准和付酬方式付酬。

在数字或者网络环境下使用文字作品，除合同另有约定外，使用者可以参照本办法规定的付酬标准和付酬方式付酬。

第十五条 教科书法定许可使用文字作品适用《教科书法定许可使用作品支付报酬办法》。

第十六条 本办法由国家版权局会同国家发展和改革委员会负责解释。

第十七条 本办法自2014年11月1日起施行。国家版权局1999年4月5日发布的《出版文字作品报酬规定》同时废止。

关于使用音乐作品进行表演的著作权许可使用费标准的公告

（2011年10月27日　国家版权局公告2011年第3号）

根据《中华人民共和国著作权法》和《著作权集体管理条例》的规定，国家版权局现将中国音乐著作权协会上报的《使用音乐作品进行表演的著作权许可使用费标准》予以公告。

使用音乐作品进行表演的著作权许可使用费标准

本标准根据音乐作品表演权内容分为现场表演类收费标准和机械表演类收费标准两部分。

现场表演收费标准

音乐会、演唱会等现场表演的收费，按以下公式计算：

音乐著作权使用费 = 座位数×平均票价×4%

按此公式计算，分摊至每首音乐作品时，最低使用费为：

座位数在1000（含）以下时，每首音乐作品收费低于100元的，按100元计；

座位数在1001－2000时，每首音乐作品收费低于200元的，按200元计；

座位数在2001－5000时，每首音乐作品收费低于300元的，按300元计；

座位数在5001－10000时，每首音乐作品收费低于500元的，按500元计；

座位数在10001－20000时，每首音乐作品收费低于1000元的，按1000元计；

座位数在20001－30000时，每首音乐作品收费低于1500元的，按1500元计；

座位数在30001－40000时，每首音乐作品收费低于2000元的，按2000元计；

座位数在40001－50000时，每首音乐作品收费低于2500元的，按2500元计；

座位数在50001（含）以上时，每首音乐作品收费低于3000元的，按3000元计。

注：

“座位数”，指演出场地可以提供给观众的实际座位数。

“平均票价”应依申请人演出前提供的预计出售门票的价位及其相应票数的清单计算；申请人未提供的，按各档票价之和除以档数计算。

超过5分钟的音乐作品，每5分钟按一首音乐作品计。其中，超过部分不足5分钟的，按5分钟计。

不售票的演出，每首音乐作品均应按照上述标准中的最低使用费计算。

机械表演收费标准

收费标准一　本标准适用于夜总会、歌舞厅（不含卡拉OK歌厅）、迪斯科舞厅等。

此类场所按营业面积收费，则：

1）营业面积不足100平方米的，每平方米每天收费0.15元；

2）营业面积超过100平方米的，增加的部分每平方米每天收费0.12元。

收费标准二　本标准适用于酒吧、咖啡厅、餐厅等。

1. 仅提供机械表演的：

营业面积不足40平方米的，每平方米每天收费0.025元；

营业面积超过40平方米的，增加的部分每平方米每天收费0.02元。

2. 提供机械表演和现场表演的：

营业面积不足40平方米的，每平方米每天收费0.05元；

营业面积超过40平方米的，增加的部分每平方米每天收费0.04元。

3. 如设有荧光屏播放音乐作品，则每个荧光屏每年加收350元。

收费标准三　本标准适用于宾馆。

此类场所按客房数收费，其中：

五星级宾馆，每年每间客房45元；

四星级宾馆，每年每间客房40元；

三星级宾馆，每年每间客房35元；

二星级宾馆，每年每间客房15元；

一星级宾馆，每年每间客房10元。

此类场所如在客房外设有荧光屏播放音乐作品，则每个荧光屏每年加收200元。

所附夜总会、歌舞厅、咖啡厅、餐厅等场所按相关标准另行计算。

收费标准四　本标准适用于各类卖场。

超市

对于同一家门店：

①营业面积在200平方米（含）以下的部分，每平方米每年收费2.65元；

营业面积在201－500平方米的部分，每平方米每年收费2.60元；

营业面积在501－1000平方米的部分，每平方米每年收费2.50元；

营业面积在1001－3000平方米的部分，每平方米每年收费

2.38元;

营业面积在3001－5000平方米的部分，每平方米每年收费2.25元;

营业面积在5001－10000平方米的部分，每平方米每年收费2.10元;

营业面积在10001－20000平方米的部分，每平方米每年收费1.90元;

营业面积在20001平方米以上的部分，每平方米每年收费1.80元。

依照上述标准计算，年度使用费不足200元的按200元计。

②设有荧光屏播放音乐作品的，则:

荧光屏之对角线长度不超过20英寸的，每个荧光屏每年加收200元;

荧光屏之对角线长度在20－50英寸的，每个荧光屏每年加收500元;

荧光屏之对角线长度超过50英寸的，每个荧光屏每年加收1000元。

商场

对于同一家门店:

①营业面积在1000平方米（含）以下的部分，每年每平方米收费3元;

营业面积在1001－5000平方米的部分，每年每平方米收费2.8元;

营业面积在5001－10000平方米的部分，每年每平方米收费2.55元;

营业面积在10001－30000平方米的部分，每年每平方米收费2.25元;

营业面积在30001－50000平方米的部分，每年每平方米收费

1.90 元；

营业面积在 50001－100000 平方米的部分，每年每平方米收费 1.5 元；

营业面积在 100000 平方米以上的部分，每年每平方米收费 1 元。

依照上述标准计算，年度使用费不足 500 元的按 500 元计。

②如设有荧光屏播放音乐作品，则：

荧光屏之对角线长度不超过 20 英寸的，每个荧光屏每年加收 200 元；

荧光屏之对角线长度在 20－50 英寸的，每个荧光屏每年加收 500 元；

荧光屏之对角线长度超过 50 英寸的，每个荧光屏每年加收 1000 元。

家居店

对于同一家门店：

①营业面积在 3000 平方米（含）以下的部分，每平方米每年收费 1.80 元；

营业面积在 3001－10000 平方米的部分，每平方米每年收费 1.50 元；

营业面积在 10001－20000 平方米的部分，每平方米每年收费 1.20 元；

营业面积在 20001 平方米以上的部分，每平方米每年收费 1 元。

②如设有荧光屏播放音乐作品，则：

荧光屏之对角线长度不超过 20 英寸的，每个荧光屏每年加收 200 元；

荧光屏之对角线长度在 20－50 英寸的，每个荧光屏每年加收 300 元；

荧光屏之对角线长度超过50英寸的，每个荧光屏每年加收600元。

4. 汽车四S店

①按照营业面积，每平方米每年收费1.5元；照此标准计算，年度使用费低于200元的按200元计。

②如设有荧光屏播放音乐作品，则：

荧光屏之对角线长度不超过20英寸的，每个荧光屏每年加收200元；

荧光屏之对角线长度在20－50英寸的，每个荧光屏每年加收300元；

荧光屏之对角线长度超过50英寸的，每个荧光屏每年加收600元。

5. 音像店

①按照营业面积，每平方米每年收费5元。照此标准计算，年度使用费低于400元的按400元计。

②设有荧光屏播放音乐作品的，每个荧光屏每年加收200元。

注：收费标准四所列各经营场所中，所附餐厅等已有相应收费标准的均按相应收费标准另行计算。

收费标准五　本标准适用于健身房。

对于同一家门店：

①按照营业面积，

不超过200平方米的部分，每平方米每年收费4.5元；

201－500平方米的部分，每平方米每年收费4.2元；

501－1000平方米的部分，每平方米每年收费4元；

1000平方米以上的部分，每平方米每年收费3.6元。

②设有荧光屏播放音乐作品的，则：

荧光屏之对角线长度不超过20英寸的，每个每年200元；

荧光屏之对角线长度在20－50英寸的，每个每年500元；
荧光屏之对角线长度超过50英寸的，每个每年1000元。

收费标准六　本标准适用于溜冰场。
①按照营业面积，每平方米每年收费7元。
②设有荧光屏播放音乐作品的，每个荧光屏每年加收500元。

收费标准七　本标准适用于保龄球馆、台球厅、洗浴中心、美容院、发廊、影楼。
①按照营业面积，每平方米每年收费1.8元；照此标准计算，年度使用费低于300元的按300元计。
②设有荧光屏播放音乐作品的，每个荧光屏每年加收350元。
③所附餐厅等已有相应收费标准的场所均按相应收费标准另行计算。

收费标准八　本标准适用于音乐喷泉。
面积在50平方米以下的，每年收费200元；
面积在51－300平方米的，每年收费400元；
面积在301平方米以上的，每年收费1000元。
收费标准九　本标准适用于话剧、戏剧。
①以机械表演方式使用音乐作品的，按照每场每分钟100元的标准收取音乐著作权使用费，不足一分钟的按一分钟计算。
②以演员演唱的方式使用音乐作品的，按照每场每半分钟100元的标准收取音乐著作权使用费，不足半分钟的按半分钟计算。

收费标准十　本标准适用于银行、电信等行业的营业厅。
①按照营业面积，每平方米每年5元。照此标准计算，年度使

用费低于500元的按500元计。

②设有荧光屏播放音乐作品的，每个荧光屏每年加收400元。

收费标准十一　本标准适用于展厅。

长期使用音乐的展厅，每平方米每天收费0.01元。照此标准计算，年度使用费低于200元的按200元计。

收费标准十二　本标准适用于短期展览（车展、时装展等）。

此类场所按照展台费的1%计算或

1. 仅以机械表演方式使用音乐作品的：每展台每天200元；

2. 以机械表演和现场表演两种方式使用音乐作品的：每展台每天500元。

本标准中所指展台以100平方米为单位，不足100平方米的按100平方米计算。

收费标准十三　本标准适用于办公楼、写字楼。

①每平方米每年收费1元。照此标准计算，年度使用费低于200元的按200元计。

②电梯间如播放音乐，则每部电梯每年加收300元。

③设有荧光屏播放音乐作品的，每个荧光屏每年加收200元。

④所附餐厅等已有相应收费标准的场所均按相应收费标准另行计算。

收费标准十四　本标准适用于公园。

此类场所按照扬声器的数量计算使用费：

1. 非主题公园，每个扬声器每年100元；

2. 主题公园，每个扬声器每年200元；

3. 游乐场，每个扬声器每年300元。

以上场所中，如有现场表演，则音乐著作权使用费加倍计算。

所附餐厅等已有相应收费标准的场所均按相应收费标准另行计算。

收费标准十五　本标准适用于嘉年华。

在嘉年华活动中以播放背景音乐或进行现场表演（演唱会除外）的方式使用音乐作品，按照每天每千平米100元的标准收取音乐著作权使用费，不足一千平米的按一千平米计。

注：本标准中所称“嘉年华活动”特指室外大型文化、娱乐活动。

收费标准十六　本标准适用于各类交通工具及其等候场所。

1. 客运汽车

客车数量在50辆车（含）以内的，每辆车每年收费为400元；客车数量超过50辆的，超过部分每辆车每年收费为300元。

2. 航空

国际运营线：

每运载1000名乘客每公里0.10元；

但每班次最低收费不得低于30元。

国内运营线：

每运载1000名乘客每公里0.05元；

但每班次最低收费不得低于6元。

3. 铁路

高铁线路：每车次运行每公里收费0.02元。

动车线路：每车次运行每公里收费0.015元。

直快线路和旅游线路：每车次运行每公里收费0.01元。

特快线路：每车次运行每公里收费0.008元。

快速线路：每车次运行每公里收费0.007元。

普通线路：每车次运行每公里收费0.005元。

船舶

容客量不超过100人的，每艘船每年收费300元；

容客量在101－500人的，每艘船每年收费500元；

容客量在501－1000人的，每艘船每年收费1000元；

容客量超过1000人的，每艘船每年收费2000元。

候车、候船、候机大厅

按照营业面积，每平方米每年收费1元。照此标准计算，每个场所年度使用费低于200元的按200元计。

收费标准十七　本标准适用于电话等候音乐。

在电话等候音乐中使用音乐作品，按照使用电话线的数量计算使用费：5条电话线以下（含5条）每年500元；5至10条电话线（含10条）每年750元；10条电话线以上每增加10条电话线每年增加400元。

注：电话线的数量应与电话总机和分机的总数相一致。

附　则

该许可标准在我国中部、西部等经济相对落后的地区执行时，可以根据实际情况进行适当调整后适用。

在连锁企业就其所属门店统一解决音乐作品表演权时，可以基于连锁企业经营规模将本标准进行适当调整后适用。

在行业协会就其会员单位统一解决音乐表演权时，可以基于行业覆盖率将本标准进行适当调整后适用。

国家版权局关于出版美术作品适用版税问题的意见

（2003年3月14日　国权办〔2003〕10号）

黑龙江省版权局：

黑版权函（2003）1号文收悉。经研究，现就有关问题答复如下：

一、根据我国著作权法第27条的规定，使用作品的付酬标准可以由当事人约定，也可以依照国务院著作权行政管理部门会同有关部门制定的付酬标准。在美术作品付酬标准尚未制定的情况下，出版社出版美术图书时，主要是由作者与出版社自行约定，双方既可以选择基本稿酬加印数稿酬或一次性付酬的方式支付报酬，也可以选择版税的付酬方式。

二、实践中，版税计算公式既可以采用图书定价×版税率×发行数，也可以采用图书定价×版税率×印数。“发行数”是指实际销售图书的数量，而不是“印数”。

国家版权局关于复制发行境外录音制品向著作权人付酬有关问题的通知

（2000年9月13日　国权〔2000〕38号）

各省、自治区、直辖市版权局：

近年来，国内音像出版单位和其他单位引进境外录音制品在境内复制发行时，因授权方和引进方在授权合同中未约定向词曲作品著作权人付酬事项，引起了不必要的纷争。为避免今后再发生此类纠纷，进一步规范引进境外录音制品合同，经研究，就有关事宜通知如下：

一、音像出版单位或其他单位在引进境外录音制品时，应在授权合同中就向音乐作品的著作权人付酬事宜与授权方做出明确约定。

二、凡在合同中约定由引进方（包括音像出版单位或其他单位）向境外录音制品中的词曲著作权人付酬，词曲著作权人是中国音乐著作权协会会员的，或词曲著作权人所属的集体管理协会与中国音乐著作权协会签订相互代理协议的，引进方应将使用报酬支付给中国音乐著作权协会。词曲著作权人不属于中国音乐著作权协会管理范围的，引进方应直接向词曲著作权人付酬或委托著作权集体管理组织代办为转付。

三、引进方支付报酬的标准按国家版权局颁发的《录音法定许可付酬标准暂行规定》和《关于录音法定许可付酬标准暂行规定的补充通知》中规定的标准支付。

请各地版权局将本通知转发当地音像出版单位，并认真检查执行情况。

录音法定许可付酬标准暂行规定

（1993年8月1日　国权〔1993〕41号）

第一条　根据《中华人民共和国著作权法》第三十七条的规定以录音的形式使用已发表的作品，依本规定向著作权人付酬，但著作权人声明不得使用的除外。

第二条　录制发行录音制品采用版税的方式付酬，即录音制品批发价×版税率×录音制品发行数。

第三条 录制发行录音制品付酬标准为：

不含文字的纯音乐作品版税率为3.5%；

歌曲、歌剧作品版税率为3.5%，其中音乐部分占版税所得60%，文字部分占版税所得40%；纯文字作品（含外国文字）版税率为3%；

国家机关通过行政措施保障发行的录音制品（如教材）版税率为1.5%。

第四条 录音制品中涉及两个或两个以上作品的，按照版税的方式以及相对应的版税率计算出录音制品中所有作品的报酬总额，再根据每一作品在整个录音制品中所占时间比例，确定其具体报酬。

第五条 使用改编作品进行录音，依第三条和第四条的规定确定具体报酬后，向作品的著作权人支付70%，向原作品著作权人支付30%。原作品已超过著作权保护期或不适用著作权法的，只按上述比例向被录制作品的著作权人付酬。

第六条 本规定由国家版权局负责解释。

国家版权局关于《录音法定许可付酬标准暂行规定》的补充通知

（1994年10月7日 国权〔1994〕65号）

1993年8月1日国家版权局颁布了《录音法定许可付酬标准暂行规定》，规定了以录音的形式使用已发表的作品的付酬标准。根据《中华人民共和国著作权法》第三十九条和第四十二条的规定，录音制作者经许可复制发行其他录音制作者制作的录音制品和广播电台制作的广播节目，均应当按照规定向著作权人和表演者支付报

酬。对于上述两种复制发行情况的付酬标准,《录音法定许可付酬标准暂行规定》中没有作出规定,为此,特做如下补充规定:

除合同另有约定的,根据《中华人民共和国著作权法》第三十九条和第四十二条的规定,录音制作者经许可复制发行其他录音制作者制作的录音制品或复制发行广播电台制作的广播节目,向著作权人支付报酬的,适用《录音法定许可付酬标准暂行规定》第二条、第三条、第四条和第五条的规定;向表演者付酬的,适用第二条、第四条和第五条的规定并按第二条规定的各类作品标准的50%付酬。

4. 邻接权

出版管理条例

(2001年12月25日中华人民共和国国务院令第343号公布　根据2011年3月19日《国务院关于修改〈出版管理条例〉的决定》第一次修订　根据2013年7月18日《国务院关于废止和修改部分行政法规的决定》第二次修订　根据2014年7月29日《国务院关于修改部分行政法规的决定》第三次修订　根据2016年2月6日《国务院关于修改部分行政法规的决定》第四次修订)

第一章　总　则

第一条　为了加强对出版活动的管理,发展和繁荣有中国特色社会主义出版产业和出版事业,保障公民依法行使出版自由的权利，促进社会主义精神文明和物质文明建设，根据宪法，制定本条例。

第二条 在中华人民共和国境内从事出版活动，适用本条例。

本条例所称出版活动，包括出版物的出版、印刷或者复制、进口、发行。

本条例所称出版物，是指报纸、期刊、图书、音像制品、电子出版物等。

第三条 出版活动必须坚持为人民服务、为社会主义服务的方向，坚持以马克思列宁主义、毛泽东思想、邓小平理论和“三个代表”重要思想为指导，贯彻落实科学发展观，传播和积累有益于提高民族素质、有益于经济发展和社会进步的科学技术和文化知识，弘扬民族优秀文化，促进国际文化交流，丰富和提高人民的精神生活。

第四条 从事出版活动，应当将社会效益放在首位，实现社会效益与经济效益相结合。

第五条 公民依法行使出版自由的权利，各级人民政府应当予以保障。

公民在行使出版自由的权利的时候，必须遵守宪法和法律，不得反对宪法确定的基本原则，不得损害国家的、社会的、集体的利益和其他公民的合法的自由和权利。

第六条 国务院出版行政主管部门负责全国的出版活动的监督管理工作。国务院其他有关部门按照国务院规定的职责分工，负责有关的出版活动的监督管理工作。

县级以上地方各级人民政府负责出版管理的部门（以下简称出版行政主管部门）负责本行政区域内出版活动的监督管理工作。县级以上地方各级人民政府其他有关部门在各自的职责范围内，负责有关的出版活动的监督管理工作。

第七条 出版行政主管部门根据已经取得的违法嫌疑证据或

者举报，对涉嫌违法从事出版物出版、印刷或者复制、进口、发行等活动的行为进行查处时，可以检查与涉嫌违法活动有关的物品和经营场所；对有证据证明是与违法活动有关的物品，可以查封或者扣押。

第八条 出版行业的社会团体按照其章程，在出版行政主管部门的指导下，实行自律管理。

第二章 出版单位的设立与管理

第九条 报纸、期刊、图书、音像制品和电子出版物等应当由出版单位出版。

本条例所称出版单位，包括报社、期刊社、图书出版社、音像出版社和电子出版物出版社等。

法人出版报纸、期刊，不设立报社、期刊社的，其设立的报纸编辑部、期刊编辑部视为出版单位。

第十条 国务院出版行政主管部门制定全国出版单位总量、结构、布局的规划，指导、协调出版产业和出版事业发展。

第十一条 设立出版单位，应当具备下列条件：

（一）有出版单位的名称、章程；

（二）有符合国务院出版行政主管部门认定的主办单位及其主管机关；

（三）有确定的业务范围；

（四）有30万元以上的注册资本和固定的工作场所；

（五）有适应业务范围需要的组织机构和符合国家规定的资格条件的编辑出版专业人员；

（六）法律、行政法规规定的其他条件。

审批设立出版单位，除依照前款所列条件外，还应当符合国家关于出版单位总量、结构、布局的规划。

第十二条 设立出版单位，由其主办单位向所在地省、自治区、直辖市人民政府出版行政主管部门提出申请；省、自治区、直辖市人民政府出版行政主管部门审核同意后，报国务院出版行政主管部门审批。设立的出版单位为事业单位的，还应当办理机构编制审批手续。

第十三条 设立出版单位的申请书应当载明下列事项：

（一）出版单位的名称、地址；

（二）出版单位的主办单位及其主管机关的名称、地址；

（三）出版单位的法定代表人或者主要负责人的姓名、住址、资格证明文件；

（四）出版单位的资金来源及数额。

设立报社、期刊社或者报纸编辑部、期刊编辑部的，申请书还应当载明报纸或者期刊的名称、刊期、开版或者开本、印刷场所。

申请书应当附具出版单位的章程和设立出版单位的主办单位及其主管机关的有关证明材料。

第十四条 国务院出版行政主管部门应当自受理设立出版单位的申请之日起60日内，作出批准或者不批准的决定，并由省、自治区、直辖市人民政府出版行政主管部门书面通知主办单位；不批准的，应当说明理由。

第十五条 设立出版单位的主办单位应当自收到批准决定之日起60日内，向所在地省、自治区、直辖市人民政府出版行政主管部门登记，领取出版许可证。登记事项由国务院出版行政主管部门规定。

出版单位领取出版许可证后，属于事业单位法人的，持出版许可证向事业单位登记管理机关登记，依法领取事业单位法人证书；属于企业法人的，持出版许可证向工商行政管理部门登记，依法领取营业执照。

第十六条 报社、期刊社、图书出版社、音像出版社和电子出版物出版社等应当具备法人条件，经核准登记后，取得法人资格，以其全部法人财产独立承担民事责任。

依照本条例第九条第三款的规定，视为出版单位的报纸编辑部、期刊编辑部不具有法人资格，其民事责任由其主办单位承担。

第十七条 出版单位变更名称、主办单位或者其主管机关、业务范围、资本结构，合并或者分立，设立分支机构，出版新的报纸、期刊，或者报纸、期刊变更名称的，应当依照本条例第十二条、第十三条的规定办理审批手续。出版单位属于事业单位法人的，还应当持批准文件到事业单位登记管理机关办理相应的登记手续；属于企业法人的，还应当持批准文件到工商行政管理部门办理相应的登记手续。

出版单位除前款所列变更事项外的其他事项的变更，应当经主办单位及其主管机关审查同意，向所在地省、自治区、直辖市人民政府出版行政主管部门申请变更登记，并报国务院出版行政主管部门备案。出版单位属于事业单位法人的，还应当持批准文件到事业单位登记管理机关办理变更登记；属于企业法人的，还应当持批准文件到工商行政管理部门办理变更登记。

第十八条 出版单位中止出版活动的，应当向所在地省、自治区、直辖市人民政府出版行政主管部门备案并说明理由和期限；出版单位中止出版活动不得超过180日。

出版单位终止出版活动的，由主办单位提出申请并经主管机关同意后，由主办单位向所在地省、自治区、直辖市人民政府出版行政主管部门办理注销登记，并报国务院出版行政主管部门备案。出版单位属于事业单位法人的，还应当持批准文件到事业单位登记管理机关办理注销登记；属于企业法人的，还应当持批准文件到工商行政管理部门办理注销登记。

第十九条 图书出版社、音像出版社和电子出版物出版社自登记之日起满180日未从事出版活动的，报社、期刊社自登记之日起满90日未出版报纸、期刊的，由原登记的出版行政主管部门注销登记，并报国务院出版行政主管部门备案。

因不可抗力或者其他正当理由发生前款所列情形的，出版单位可以向原登记的出版行政主管部门申请延期。

第二十条 图书出版社、音像出版社和电子出版物出版社的年度出版计划及涉及国家安全、社会安定等方面的重大选题，应当经所在地省、自治区、直辖市人民政府出版行政主管部门审核后报国务院出版行政主管部门备案；涉及重大选题，未在出版前报备案的出版物，不得出版。具体办法由国务院出版行政主管部门制定。

期刊社的重大选题，应当依照前款规定办理备案手续。

第二十一条 出版单位不得向任何单位或者个人出售或者以其他形式转让本单位的名称、书号、刊号或者版号、版面，并不得出租本单位的名称、刊号。

出版单位及其从业人员不得利用出版活动谋取其他不正当利益。

第二十二条 出版单位应当按照国家有关规定向国家图书馆、中国版本图书馆和国务院出版行政主管部门免费送交样本。

第三章 出版物的出版

第二十三条 公民可以依照本条例规定，在出版物上自由表达自己对国家事务、经济和文化事业、社会事务的见解和意愿，自由发表自己从事科学研究、文学艺术创作和其他文化活动的成果。

合法出版物受法律保护，任何组织和个人不得非法干扰、阻止、破坏出版物的出版。

第二十四条 出版单位实行编辑责任制度，保障出版物刊载的内容符合本条例的规定。

第二十五条 任何出版物不得含有下列内容：

（一）反对宪法确定的基本原则的；

（二）危害国家统一、主权和领土完整的；

（三）泄露国家秘密、危害国家安全或者损害国家荣誉和利益的；

（四）煽动民族仇恨、民族歧视，破坏民族团结，或者侵害民族风俗、习惯的；

（五）宣扬邪教、迷信的；

（六）扰乱社会秩序，破坏社会稳定的；

（七）宣扬淫秽、赌博、暴力或者教唆犯罪的；

（八）侮辱或者诽谤他人，侵害他人合法权益的；

（九）危害社会公德或者民族优秀文化传统的；

（十）有法律、行政法规和国家规定禁止的其他内容的。

第二十六条 以未成年人为对象的出版物不得含有诱发未成年人模仿违反社会公德的行为和违法犯罪的行为的内容，不得含有恐怖、残酷等妨害未成年人身心健康的内容。

第二十七条 出版物的内容不真实或者不公正，致使公民、法人或者其他组织的合法权益受到侵害的，其出版单位应当公开更正，消除影响，并依法承担其他民事责任。

报纸、期刊发表的作品内容不真实或者不公正，致使公民、法人或者其他组织的合法权益受到侵害的，当事人有权要求有关出版单位更正或者答辩，有关出版单位应当在其近期出版的报纸、期刊上予以发表；拒绝发表的，当事人可以向人民法院提起诉讼。

第二十八条 出版物必须按照国家的有关规定载明作者、出版者、印刷者或者复制者、发行者的名称、地址，书号、刊号或者版号，在版编目数据，出版日期、刊期以及其他有关事项。

出版物的规格、开本、版式、装帧、校对等必须符合国家标准和规范要求，保证出版物的质量。

出版物使用语言文字必须符合国家法律规定和有关标准、规范。

第二十九条 任何单位和个人不得伪造、假冒出版单位名称或者报纸、期刊名称出版出版物。

第三十条 中学小学教科书由国务院教育行政主管部门审定；其出版、发行单位应当具有适应教科书出版、发行业务需要的资金、组织机构和人员等条件，并取得国务院出版行政主管部门批准的教科书出版、发行资质。纳入政府采购范围的中学小学教科书，其发行单位按照《中华人民共和国政府采购法》的有关规定确定。其他任何单位或者个人不得从事中学小学教科书的出版、发行业务。

第四章 出版物的印刷或者复制和发行

第三十一条 从事出版物印刷或者复制业务的单位，应当向所在地省、自治区、直辖市人民政府出版行政主管部门提出申请，经审核许可，并依照国家有关规定到工商行政管理部门办理相关手续后，方可从事出版物的印刷或者复制。

未经许可并办理相关手续的，不得印刷报纸、期刊、图书，不得复制音像制品、电子出版物。

第三十二条 出版单位不得委托未取得出版物印刷或者复制许可的单位印刷或者复制出版物。

出版单位委托印刷或者复制单位印刷或者复制出版物的，必须提供符合国家规定的印刷或者复制出版物的有关证明，并依法与印刷或者复制单位签订合同。

印刷或者复制单位不得接受非出版单位和个人的委托印刷报

纸、期刊、图书或者复制音像制品、电子出版物，不得擅自印刷、发行报纸、期刊、图书或者复制、发行音像制品、电子出版物。

第三十三条 印刷或者复制单位经所在地省、自治区、直辖市人民政府出版行政主管部门批准，可以承接境外出版物的印刷或者复制业务；但是，印刷或者复制的境外出版物必须全部运输出境，不得在境内发行。

境外委托印刷或者复制的出版物的内容，应当经省、自治区、直辖市人民政府出版行政主管部门审核。委托人应当持有著作权人授权书，并向著作权行政管理部门登记。

第三十四条 印刷或者复制单位应当自完成出版物的印刷或者复制之日起2年内，留存一份承接的出版物样本备查。

第三十五条 单位从事出版物批发业务的，须经省、自治区、直辖市人民政府出版行政主管部门审核许可，取得《出版物经营许可证》。

单位和个体工商户从事出版物零售业务的，须经县级人民政府出版行政主管部门审核许可，取得《出版物经营许可证》。

第三十六条 通过互联网等信息网络从事出版物发行业务的单位或者个体工商户，应当依照本条例规定取得《出版物经营许可证》。

提供网络交易平台服务的经营者应当对申请通过网络交易平台从事出版物发行业务的单位或者个体工商户的经营主体身份进行审查，验证其《出版物经营许可证》。

第三十七条 从事出版物发行业务的单位和个体工商户变更《出版物经营许可证》登记事项，或者兼并、合并、分立的，应当依照本条例第三十五条的规定办理审批手续。

从事出版物发行业务的单位和个体工商户终止经营活动的，应当向原批准的出版行政主管部门备案。

第三十八条 出版单位可以发行本出版单位出版的出版物，不得发行其他出版单位出版的出版物。

第三十九条 国家允许设立从事图书、报纸、期刊、电子出版物发行业务的中外合资经营企业、中外合作经营企业、外资企业。

第四十条 印刷或者复制单位、发行单位或者个体工商户不得印刷或者复制、发行有下列情形之一的出版物：

（一）含有本条例第二十五条、第二十六条禁止内容的；

（二）非法进口的；

（三）伪造、假冒出版单位名称或者报纸、期刊名称的；

（四）未署出版单位名称的；

（五）中学小学教科书未经依法审定的；

（六）侵犯他人著作权的。

第五章 出版物的进口

第四十一条 出版物进口业务，由依照本条例设立的出版物进口经营单位经营；其他单位和个人不得从事出版物进口业务。

第四十二条 设立出版物进口经营单位，应当具备下列条件：

（一）有出版物进口经营单位的名称、章程；

（二）有符合国务院出版行政主管部门认定的主办单位及其主管机关；

（三）有确定的业务范围；

（四）具有进口出版物内容审查能力；

（五）有与出版物进口业务相适应的资金；

（六）有固定的经营场所；

（七）法律、行政法规和国家规定的其他条件。

第四十三条 设立出版物进口经营单位，应当向国务院出版行政主管部门提出申请，经审查批准，取得国务院出版行政主管部门核发的出版物进口经营许可证后，持证到工商行政管理部门依法领取营业执照。

设立出版物进口经营单位，还应当依照对外贸易法律、行政法规的规定办理相应手续。

第四十四条 出版物进口经营单位变更名称、业务范围、资本结构、主办单位或者其主管机关，合并或者分立，设立分支机构，应当依照本条例第四十二条、第四十三条的规定办理审批手续，并持批准文件到工商行政管理部门办理相应的登记手续。

第四十五条 出版物进口经营单位进口的出版物，不得含有本条例第二十五条、第二十六条禁止的内容。

出版物进口经营单位负责对其进口的出版物进行内容审查。省级以上人民政府出版行政主管部门可以对出版物进口经营单位进口的出版物直接进行内容审查。出版物进口经营单位无法判断其进口的出版物是否含有本条例第二十五条、第二十六条禁止内容的，可以请求省级以上人民政府出版行政主管部门进行内容审查。省级以上人民政府出版行政主管部门应出版物进口经营单位的请求，对其进口的出版物进行内容审查的，可以按照国务院价格主管部门批准的标准收取费用。

国务院出版行政主管部门可以禁止特定出版物的进口。

第四十六条 出版物进口经营单位应当在进口出版物前将拟进口的出版物目录报省级以上人民政府出版行政主管部门备案；省级以上人民政府出版行政主管部门发现有禁止进口的或者暂缓进口的出版物的，应当及时通知出版物进口经营单位并通报海关。对通报禁止进口或者暂缓进口的出版物，出版物进口经营单位不得进口，海关不得放行。

出版物进口备案的具体办法由国务院出版行政主管部门制定。

第四十七条 发行进口出版物的，必须从依法设立的出版物进口经营单位进货。

第四十八条 出版物进口经营单位在境内举办境外出版物展览，必须报经国务院出版行政主管部门批准。未经批准，任何单位和个人不得举办境外出版物展览。

依照前款规定展览的境外出版物需要销售的，应当按照国家有关规定办理相关手续。

第六章 监督与管理

第四十九条 出版行政主管部门应当加强对本行政区域内出版单位出版活动的日常监督管理；出版单位的主办单位及其主管机关对所属出版单位出版活动负有直接管理责任，并应当配合出版行政主管部门督促所属出版单位执行各项管理规定。

出版单位和出版物进口经营单位应当按照国务院出版行政主管部门的规定，将从事出版活动和出版物进口活动的情况向出版行政主管部门提出书面报告。

第五十条 出版行政主管部门履行下列职责：

（一）对出版物的出版、印刷、复制、发行、进口单位进行行业监管，实施准入和退出管理；

（二）对出版活动进行监管，对违反本条例的行为进行查处；

（三）对出版物内容和质量进行监管；

（四）根据国家有关规定对出版从业人员进行管理。

第五十一条 出版行政主管部门根据有关规定和标准，对出版物的内容、编校、印刷或者复制、装帧设计等方面质量实施监督检查。

第五十二条 国务院出版行政主管部门制定出版单位综合评估办法，对出版单位分类实施综合评估。

出版物的出版、印刷或者复制、发行和进口经营单位不再具备行政许可的法定条件的，由出版行政主管部门责令限期改正；逾期仍未改正的，由原发证机关撤销行政许可。

第五十三条 国家对在出版单位从事出版专业技术工作的人员实行职业资格制度；出版专业技术人员通过国家专业技术人员资格考试取得专业技术资格。具体办法由国务院人力资源社会保障主管部门、国务院出版行政主管部门共同制定。

第七章 保障与奖励

第五十四条 国家制定有关政策，保障、促进出版产业和出版事业的发展与繁荣。

第五十五条 国家支持、鼓励下列优秀的、重点的出版物的出版：

（一）对阐述、传播宪法确定的基本原则有重大作用的；

（二）对弘扬社会主义核心价值体系，在人民中进行爱国主义、集体主义、社会主义和民族团结教育以及弘扬社会公德、职业道德、家庭美德有重要意义的；

（三）对弘扬民族优秀文化，促进国际文化交流有重大作用的；

（四）对推进文化创新，及时反映国内外新的科学文化成果有重大贡献的；

（五）对服务农业、农村和农民，促进公共文化服务有重大作用的；

（六）其他具有重要思想价值、科学价值或者文化艺术价值的。

第五十六条 国家对教科书的出版发行，予以保障。

国家扶持少数民族语言文字出版物和盲文出版物的出版发行。

国家对在少数民族地区、边疆地区、经济不发达地区和在农村发行出版物，实行优惠政策。

第五十七条 报纸、期刊交由邮政企业发行的，邮政企业应当保证按照合同约定及时、准确发行。

承运出版物的运输企业，应当对出版物的运输提供方便。

第五十八条 对为发展、繁荣出版产业和出版事业作出重要贡献的单位和个人，按照国家有关规定给予奖励。

第五十九条 对非法干扰、阻止和破坏出版物出版、印刷或者复制、进口、发行的行为，县级以上各级人民政府出版行政主管部门及其他有关部门，应当及时采取措施，予以制止。

第八章 法律责任

第六十条 出版行政主管部门或者其他有关部门的工作人员，利用职务上的便利收受他人财物或者其他好处，批准不符合法定条件的申请人取得许可证、批准文件，或者不履行监督职责，或者发现违法行为不予查处，造成严重后果的，依法给予降级直至开除的处分；构成犯罪的，依照刑法关于受贿罪、滥用职权罪、玩忽职守罪或者其他罪的规定，依法追究刑事责任。

第六十一条 未经批准，擅自设立出版物的出版、印刷或者复制、进口单位，或者擅自从事出版物的出版、印刷或者复制、进口、发行业务，假冒出版单位名称或者伪造、假冒报纸、期刊名称出版出版物的，由出版行政主管部门、工商行政管理部门依照法定职权予以取缔；依照刑法关于非法经营罪的规定，依法追究刑事责任；尚不够刑事处罚的，没收出版物、违法所得和从事违法活动的专用工具、设备，违法经营额1万元以上的，并处违法经营额5倍以上10倍以下的罚款，违法经营额不足1万元的，可以处5万元以下的罚款；侵犯他人合法权益的，依法承担民事责任。

第六十二条 有下列行为之一，触犯刑律的，依照刑法有关规定，依法追究刑事责任；尚不够刑事处罚的，由出版行政主管部门责令限期停业整顿，没收出版物、违法所得，违法经营额1万元以上的，并处违法经营额 5 倍以上 10 倍以下的罚款；违法经营额不足 1 万元的，可以处 5 万元以下的罚款；情节严重的，由原发证机关吊销许可证：

（一）出版、进口含有本条例第二十五条、第二十六条禁止内容的出版物的；

（二）明知或者应知出版物含有本条例第二十五条、第二十六条禁止内容而印刷或者复制、发行的；

（三）明知或者应知他人出版含有本条例第二十五条、第二十六条禁止内容的出版物而向其出售或者以其他形式转让本出版单位的名称、书号、刊号、版号、版面，或者出租本单位的名称、刊号的。

第六十三条 有下列行为之一的，由出版行政主管部门责令停止违法行为，没收出版物、违法所得，违法经营额 1 万元以上的，并处违法经营额 5 倍以上 10 倍以下的罚款；违法经营额不足 1 万元的，可以处 5 万元以下的罚款；情节严重的，责令限期停业整顿或者由原发证机关吊销许可证：

（一）进口、印刷或者复制、发行国务院出版行政主管部门禁止进口的出版物的；

（二）印刷或者复制走私的境外出版物的；

（三）发行进口出版物未从本条例规定的出版物进口经营单位进货的。

第六十四条 走私出版物的，依照刑法关于走私罪的规定，依法追究刑事责任；尚不够刑事处罚的，由海关依照海关法的规定给予行政处罚。

第六十五条 有下列行为之一的，由出版行政主管部门没收出版物、违法所得，违法经营额 1 万元以上的，并处违法经营额 5 倍以上 10 倍以下的罚款；违法经营额不足 1 万元的，可以处 5 万元以下的罚款；情节严重的，责令限期停业整顿或者由原发证机关吊销许可证：

（一）出版单位委托未取得出版物印刷或者复制许可的单位印刷或者复制出版物的；

（二）印刷或者复制单位未取得印刷或者复制许可而印刷或者复制出版物的；

（三）印刷或者复制单位接受非出版单位和个人的委托印刷或者复制出版物的；

（四）印刷或者复制单位未履行法定手续印刷或者复制境外出版物的，印刷或者复制的境外出版物没有全部运输出境的；

（五）印刷或者复制单位、发行单位或者个体工商户印刷或者复制、发行未署出版单位名称的出版物的；

（六）印刷或者复制单位、发行单位或者个体工商户印刷或者复制、发行伪造、假冒出版单位名称或者报纸、期刊名称的出版物的；

（七）出版、印刷、发行单位出版、印刷、发行未经依法审定的中学小学教科书，或者非依照本条例规定确定的单位从事中学小学教科书的出版、发行业务的。

第六十六条 出版单位有下列行为之一的，由出版行政主管部门责令停止违法行为，给予警告，没收违法经营的出版物、违法所得，违法经营额1万元以上的，并处违法经营额5倍以上10倍以下的罚款；违法经营额不足1万元的，可以处5万元以下的罚款；情节严重的，责令限期停业整顿或者由原发证机关吊销许可证：

（一）出售或者以其他形式转让本出版单位的名称、书号、刊号、版号、版面，或者出租本单位的名称、刊号的；

（二）利用出版活动谋取其他不正当利益的。

第六十七条 有下列行为之一的，由出版行政主管部门责令改正，给予警告；情节严重的，责令限期停业整顿或者由原发证机关吊销许可证：

（一）出版单位变更名称、主办单位或者其主管机关、业务范围，合并或者分立，出版新的报纸、期刊，或者报纸、期刊改变名称，以及出版单位变更其他事项，未依照本条例的规定到出版行政主管部门办理审批、变更登记手续的；

（二）出版单位未将其年度出版计划和涉及国家安全、社会安定等方面的重大选题备案的；

（三）出版单位未依照本条例的规定送交出版物的样本的；

（四）印刷或者复制单位未依照本条例的规定留存备查的材料的；

（五）出版进口经营单位未将其进口的出版物目录报送备案的；

（六）出版单位擅自中止出版活动超过180日的；

（七）出版物发行单位、出版物进口经营单位未依照本条例的规定办理变更审批手续的；

（八）出版物质量不符合有关规定和标准的。

第六十八条 未经批准，举办境外出版物展览的，由出版行政主管部门责令停止违法行为，没收出版物、违法所得；情节严重的，责令限期停业整顿或者由原发证机关吊销许可证。

第六十九条 印刷或者复制、批发、零售、出租、散发含有本条例第二十五条、第二十六条禁止内容的出版物或者其他非法出版物的，当事人对非法出版物的来源作出说明、指认，经查证属实的，没收出版物、违法所得，可以减轻或者免除其他行政处罚。

第七十条 单位违反本条例被处以吊销许可证行政处罚的，其法定代表人或者主要负责人自许可证被吊销之日起10年内不得担任出版、印刷或者复制、进口、发行单位的法定代表人或者主要负责人。

出版从业人员违反本条例规定，情节严重的，由原发证机关吊销其资格证书。

第七十一条 依照本条例的规定实施罚款的行政处罚，应当依照有关法律、行政法规的规定，实行罚款决定与罚款收缴分离；收缴的罚款必须全部上缴国库。

第九章 附 则

第七十二条 行政法规对音像制品和电子出版物的出版、复制、进口、发行另有规定的，适用其规定。

接受境外机构或者个人赠送出版物的管理办法、订户订购境外出版物的管理办法、网络出版审批和管理办法，由国务院出版行政主管部门根据本条例的原则另行制定。

第七十三条 本条例自2002年2月1日起施行。1997年1月2日国务院发布的《出版管理条例》同时废止。

音像制品管理条例

（2001年12月25日中华人民共和国国务院令第341号公布 根据2011年3月19日《国务院关于修改〈音像制品管理条例〉的决定》第一次修订 根据2013年12月7日《国务院关于修改部分行政法规的决定》第二次修订 根据2016年2月6日《国务院关于修改部分行政法规的决定》第三次修订）

第一章 总 则

第一条 为了加强音像制品的管理，促进音像业的健康发展和繁荣，丰富人民群众的文化生活，促进社会主义物质文明和精神文明建设，制定本条例。

第二条 本条例适用于录有内容的录音带、录像带、唱片、激光唱盘和激光视盘等音像制品的出版、制作、复制、进口、批发、零售、出租等活动。

音像制品用于广播电视播放的，适用广播电视法律、行政法规。

第三条 出版、制作、复制、进口、批发、零售、出租音像制品，应当遵守宪法和有关法律、法规，坚持为人民服务和为社会主义服务的方向，传播有益于经济发展和社会进步的思想、道德、科学技术和文化知识。

音像制品禁止载有下列内容：

（一）反对宪法确定的基本原则的；

（二）危害国家统一、主权和领土完整的；

（三）泄露国家秘密、危害国家安全或者损害国家荣誉和利益的；

（四）煽动民族仇恨、民族歧视，破坏民族团结，或者侵害民族风俗、习惯的；

（五）宣扬邪教、迷信的；

（六）扰乱社会秩序，破坏社会稳定的；

（七）宣扬淫秽、赌博、暴力或者教唆犯罪的；

（八）侮辱或者诽谤他人，侵害他人合法权益的；

（九）危害社会公德或者民族优秀文化传统的；

（十）有法律、行政法规和国家规定禁止的其他内容的。

第四条 国务院出版行政主管部门负责全国音像制品的出版、制作、复制、进口、批发、零售和出租的监督管理工作；国务院其他有关行政部门按照国务院规定的职责分工，负责有关的音像制品经营活动的监督管理工作。

县级以上地方人民政府负责出版管理的行政主管部门（以下

简称出版行政主管部门）负责本行政区域内音像制品的出版、制作、复制、进口、批发、零售和出租的监督管理工作；县级以上地方人民政府其他有关行政部门在各自的职责范围内负责有关的音像制品经营活动的监督管理工作。

第五条 国家对出版、制作、复制、进口、批发、零售音像制品，实行许可制度；未经许可，任何单位和个人不得从事音像制品的出版、制作、复制、进口、批发、零售等活动。

依照本条例发放的许可证和批准文件，不得出租、出借、出售或者以其他任何形式转让。

第六条 国务院出版行政主管部门负责制定音像业的发展规划，确定全国音像出版单位、音像复制单位的总量、布局和结构。

第七条 音像制品经营活动的监督管理部门及其工作人员不得从事或者变相从事音像制品经营活动，并不得参与或者变相参与音像制品经营单位的经营活动。

第二章 出 版

第八条 设立音像出版单位，应当具备下列条件：

（一）有音像出版单位的名称、章程；

（二）有符合国务院出版行政主管部门认定的主办单位及其主管机关；

（三）有确定的业务范围；

（四）有适应业务范围需要的组织机构和符合国家规定的资格条件的音像出版专业人员；

（五）有适应业务范围需要的资金、设备和工作场所；

（六）法律、行政法规规定的其他条件。

审批设立音像出版单位，除依照前款所列条件外，还应当符合音像出版单位总量、布局和结构的规划。

第九条 申请设立音像出版单位，由所在地省、自治区、直辖市人民政府出版行政主管部门审核同意后，报国务院出版行政主管部门审批。国务院出版行政主管部门应当自受理申请之日起60日内作出批准或者不批准的决定，并通知申请人。批准的，发给《音像制品出版许可证》，由申请人持《音像制品出版许可证》到工商行政管理部门登记，依法领取营业执照；不批准的，应当说明理由。

申请书应当载明下列内容：

（一）音像出版单位的名称、地址；

（二）音像出版单位的主办单位及其主管机关的名称、地址；

（三）音像出版单位的法定代表人或者主要负责人的姓名、住址、资格证明文件；

（四）音像出版单位的资金来源和数额。

第十条 音像出版单位变更名称、主办单位或者其主管机关、业务范围，或者兼并其他音像出版单位，或者因合并、分立而设立新的音像出版单位的，应当依照本条例第九条的规定办理审批手续，并到原登记的工商行政管理部门办理相应的登记手续。

音像出版单位变更地址、法定代表人或者主要负责人，或者终止出版经营活动的，应当到原登记的工商行政管理部门办理变更登记或者注销登记，并向国务院出版行政主管部门备案。

第十一条 音像出版单位的年度出版计划和涉及国家安全、社会安定等方面的重大选题，应当经所在地省、自治区、直辖市人民政府出版行政主管部门审核后报国务院出版行政主管部门备案；重大选题音像制品未在出版前报备案的，不得出版。

第十二条 音像出版单位应当在其出版的音像制品及其包装的明显位置，标明出版单位的名称、地址和音像制品的版号、出版时间、著作权人等事项；出版进口的音像制品，还应当标明进口批准文号。

音像出版单位应当按照国家有关规定向国家图书馆、中国版本图书馆和国务院出版行政主管部门免费送交样本。

第十三条 音像出版单位不得向任何单位或者个人出租、出借、出售或者以其他任何形式转让本单位的名称，不得向任何单位或者个人出售或者以其他形式转让本单位的版号。

第十四条 任何单位和个人不得以购买、租用、借用、擅自使用音像出版单位的名称或者购买、伪造版号等形式从事音像制品出版活动。

图书出版社、报社、期刊社、电子出版物出版社，不得出版非配合本版出版物的音像制品；但是，可以按照国务院出版行政主管部门的规定，出版配合本版出版物的音像制品，并参照音像出版单位享有权利、承担义务。

第十五条 音像出版单位可以与香港特别行政区、澳门特别行政区、台湾地区或者外国的组织、个人合作制作音像制品。具体办法由国务院出版行政主管部门制定。

第十六条 音像出版单位实行编辑责任制度，保证音像制品的内容符合本条例的规定。

第十七条 音像出版单位以外的单位设立的独立从事音像制品制作业务的单位（以下简称音像制作单位）申请从事音像制品制作业务，由所在地省、自治区、直辖市人民政府出版行政主管部门审批。省、自治区、直辖市人民政府出版行政主管部门应当自受理申请之日起60日内作出批准或者不批准的决定，并通知申请人。批准的，发给《音像制品制作许可证》；不批准的，应当说明理由。广播、电视节目制作经营单位的设立，依照有关法律、行政法规的规定办理。

申请书应当载明下列内容：

（一）音像制作单位的名称、地址；

（二）音像制作单位的法定代表人或者主要负责人的姓名、住址、资格证明文件；

（三）音像制作单位的资金来源和数额。

审批从事音像制品制作业务申请，除依照前款所列条件外，还应当兼顾音像制作单位总量、布局和结构。

第十八条 音像制作单位变更名称、业务范围，或者兼并其他音像制作单位，或者因合并、分立而设立新的音像制作单位的，应当依照本条例第十七条的规定办理审批手续。

音像制作单位变更地址、法定代表人或者主要负责人，或者终止制作经营活动的，应当向所在地省、自治区、直辖市人民政府出版行政主管部门备案。

第十九条 音像出版单位不得委托未取得《音像制品制作许可证》的单位制作音像制品。

音像制作单位接受委托制作音像制品的，应当按照国家有关规定，与委托的出版单位订立制作委托合同；验证委托的出版单位的《音像制品出版许可证》或者本版出版物的证明及由委托的出版单位盖章的音像制品制作委托书。

音像制作单位不得出版、复制、批发、零售音像制品。

第三章 复 制

第二十条 申请从事音像制品复制业务应当具备下列条件：

（一）有音像复制单位的名称、章程；

（二）有确定的业务范围；

（三）有适应业务范围需要的组织机构和人员；

（四）有适应业务范围需要的资金、设备和复制场所；

（五）法律、行政法规规定的其他条件。

审批从事音像制品复制业务申请，除依照前款所列条件外，还应当符合音像复制单位总量、布局和结构的规划。

第二十一条 申请从事音像制品复制业务，由所在地省、自治区、直辖市人民政府出版行政主管部门审批。省、自治区、直辖市人民政府出版行政主管部门应当自受理申请之日起20日内作出批准或者不批准的决定，并通知申请人。批准的，发给《复制经营许可证》；不批准的，应当说明理由。

申请书应当载明下列内容：

（一）音像复制单位的名称、地址；

（二）音像复制单位的法定代表人或者主要负责人的姓名、住址；

（三）音像复制单位的资金来源和数额。

第二十二条 音像复制单位变更业务范围，或者兼并其他音像复制单位，或者因合并、分立而设立新的音像复制单位的，应当依照本条例第二十一条的规定办理审批手续。

音像复制单位变更名称、地址、法定代表人或者主要负责人，或者终止复制经营活动的，应当向所在地省、自治区、直辖市人民政府出版行政主管部门备案。

第二十三条 音像复制单位接受委托复制音像制品的，应当按照国家有关规定，与委托的出版单位订立复制委托合同；验证委托的出版单位的《音像制品出版许可证》、营业执照副本、盖章的音像制品复制委托书以及出版单位取得的授权书；接受委托复制的音像制品属于非卖品的，应当验证委托单位的身份证明和委托单位出具的音像制品非卖品复制委托书。

音像复制单位应当自完成音像制品复制之日起2年内，保存委托合同和所复制的音像制品的样本以及验证的有关证明文件的副本，以备查验。

第二十四条 音像复制单位不得接受非音像出版单位或者个人的委托复制经营性的音像制品；不得自行复制音像制品；不得批发、零售音像制品。

第二十五条 从事光盘复制的音像复制单位复制光盘，必须使用蚀刻有国务院出版行政主管部门核发的激光数码储存片来源识别码的注塑模具。

第二十六条 音像复制单位接受委托复制境外音像制品的，应当经省、自治区、直辖市人民政府出版行政主管部门批准，并持著作权人的授权书依法到著作权行政管理部门登记；复制的音像制品应当全部运输出境，不得在境内发行。

第四章 进 口

第二十七条 音像制品成品进口业务由国务院出版行政主管部门批准的音像制品成品进口经营单位经营；未经批准，任何单位或者个人不得经营音像制品成品进口业务。

第二十八条 进口用于出版的音像制品，以及进口用于批发、零售、出租等的音像制品成品，应当报国务院出版行政主管部门进行内容审查。

国务院出版行政主管部门应当自收到音像制品内容审查申请书之日起30日内作出批准或者不批准的决定，并通知申请人。批准的，发给批准文件；不批准的，应当说明理由。

进口用于出版的音像制品的单位、音像制品成品进口经营单位应当持国务院出版行政主管部门的批准文件到海关办理进口手续。

第二十九条 进口用于出版的音像制品，其著作权事项应当向国务院著作权行政管理部门登记。

第三十条 进口供研究、教学参考的音像制品，应当委托音像制品成品进口经营单位依照本条例第二十八条的规定办理。

进口用于展览、展示的音像制品，经国务院出版行政主管部门批准后，到海关办理临时进口手续。

依照本条规定进口的音像制品，不得进行经营性复制、批发、零售、出租和放映。

第五章　批发、零售和出租

第三十一条　申请从事音像制品批发、零售业务，应当具备下列条件：

（一）有音像制品批发、零售单位的名称、章程；

（二）有确定的业务范围；

（三）有适应业务范围需要的组织机构和人员；

（四）有适应业务范围需要的资金和场所；

（五）法律、行政法规规定的其他条件。

第三十二条　申请从事音像制品批发业务，应当报所在地省、自治区、直辖市人民政府出版行政主管部门审批。申请从事音像制品零售业务，应当报县级地方人民政府出版行政主管部门审批。出版行政主管部门应当自受理申请书之日起30日内作出批准或者不批准的决定，并通知申请人。批准的，应当发给《出版物经营许可证》；不批准的，应当说明理由。

《出版物经营许可证》应当注明音像制品经营活动的种类。

第三十三条　音像制品批发、零售单位变更名称、业务范围，或者兼并其他音像制品批发、零售单位，或者因合并、分立而设立新的音像制品批发、零售单位的，应当依照本条例第三十二条的规定办理审批手续。

音像制品批发、零售单位变更地址、法定代表人或者主要负责人或者终止经营活动，从事音像制品零售经营活动的个体工商户变更业务范围、地址或者终止经营活动的，应当向原批准的出版行政主管部门备案。

第三十四条　音像出版单位可以按照国家有关规定，批发、零售本单位出版的音像制品。从事非本单位出版的音像制品的批发、零售业务的，应当依照本条例第三十二条的规定办理审批手续。

第三十五条 国家允许设立从事音像制品发行业务的中外合作经营企业。

第三十六条 音像制品批发单位和从事音像制品零售、出租等业务的单位或者个体工商户，不得经营非音像出版单位出版的音像制品或者非音像复制单位复制的音像制品，不得经营未经国务院出版行政主管部门批准进口的音像制品，不得经营侵犯他人著作权的音像制品。

第六章 罚 则

第三十七条 出版行政主管部门或者其他有关行政部门及其工作人员，利用职务上的便利收受他人财物或者其他好处，批准不符合法定条件的申请人取得许可证、批准文件，或者不履行监督职责，或者发现违法行为不予查处，造成严重后果的，对负有责任的主管人员和其他直接责任人员依法给予降级直至开除的处分；构成犯罪的，依照刑法关于受贿罪、滥用职权罪、玩忽职守罪或者其他罪的规定，依法追究刑事责任。

第三十八条 音像制品经营活动的监督管理部门的工作人员从事或者变相从事音像制品经营活动的，参与或者变相参与音像制品经营单位的经营活动的，依法给予撤职或者开除的处分。

音像制品经营活动的监督管理部门有前款所列行为的，对负有责任的主管人员和其他直接责任人员依照前款规定处罚。

第三十九条 未经批准，擅自设立音像制品出版、进口单位，擅自从事音像制品出版、制作、复制业务或者进口、批发、零售经营活动的，由出版行政主管部门、工商行政管理部门依照法定职权予以取缔；依照刑法关于非法经营罪的规定，依法追究刑事责任；尚不够刑事处罚的，没收违法经营的音像制品和违法所得以及进行违法活动的专用工具、设备；违法经营额1万元以上的，并处违法经营额5倍以上10倍以下的罚款；违法经营额不足1万元的，可以处5万元以下的罚款。

第四十条 出版含有本条例第三条第二款禁止内容的音像制品，或者制作、复制、批发、零售、出租、放映明知或者应知含有本条例第三条第二款禁止内容的音像制品的，依照刑法有关规定，依法追究刑事责任；尚不够刑事处罚的，由出版行政主管部门、公安部门依据各自职权责令停业整顿，没收违法经营的音像制品和违法所得；违法经营额1万元以上的，并处违法经营额5倍以上10倍以下的罚款；违法经营额不足1万元的，可以处5万元以下的罚款；情节严重的，并由原发证机关吊销许可证。

第四十一条 走私音像制品的，依照刑法关于走私罪的规定，依法追究刑事责任；尚不够刑事处罚的，由海关依法给予行政处罚。

第四十二条 有下列行为之一的，由出版行政主管部门责令停止违法行为，给予警告，没收违法经营的音像制品和违法所得；违法经营额1万元以上的，并处违法经营额5倍以上10倍以下的罚款；违法经营额不足1万元的，可以处5万元以下的罚款；情节严重的，并责令停业整顿或者由原发证机关吊销许可证：

（一）音像出版单位向其他单位、个人出租、出借、出售或者以其他任何形式转让本单位的名称，出售或者以其他形式转让本单位的版号的；

（二）音像出版单位委托未取得《音像制品制作许可证》的单位制作音像制品，或者委托未取得《复制经营许可证》的单位复制音像制品的；

（三）音像出版单位出版未经国务院出版行政主管部门批准擅

自进口的音像制品的；

（四）音像制作单位、音像复制单位未依照本条例的规定验证音像出版单位的委托书、有关证明的；

（五）音像复制单位擅自复制他人的音像制品，或者接受非音像出版单位、个人的委托复制经营性的音像制品，或者自行复制音像制品的。

第四十三条 音像出版单位违反国家有关规定与香港特别行政区、澳门特别行政区、台湾地区或者外国的组织、个人合作制作音像制品，音像复制单位违反国家有关规定接受委托复制境外音像制品，未经省、自治区、直辖市人民政府出版行政主管部门审核同意，或者未将复制的境外音像制品全部运输出境的，由省、自治区、直辖市人民政府出版行政主管部门责令改正，没收违法经营的音像制品和违法所得；违法经营额1万元以上的，并处违法经营额5倍以上10倍以下的罚款；违法经营额不足1万元的，可以处5万元以下的罚款；情节严重的，并由原发证机关吊销许可证。

第四十四条 有下列行为之一的，由出版行政主管部门责令改正，给予警告；情节严重的，并责令停业整顿或者由原发证机关吊销许可证：

（一）音像出版单位未将其年度出版计划和涉及国家安全、社会安定等方面的重大选题报国务院出版行政主管部门备案的；

（二）音像制品出版、制作、复制、批发、零售单位变更名称、地址、法定代表人或者主要负责人、业务范围等，未依照本条例规定办理审批、备案手续的；

（三）音像出版单位未在其出版的音像制品及其包装的明显位置标明本条例规定的内容的；

（四）音像出版单位未依照本条例的规定送交样本的；

（五）音像复制单位未依照本条例的规定留存备查的材料的；

（六）从事光盘复制的音像复制单位复制光盘，使用未蚀刻国务院出版行政主管部门核发的激光数码储存片来源识别码的注塑模具的。

第四十五条 有下列行为之一的，由出版行政主管部门责令停止违法行为，给予警告，没收违法经营的音像制品和违法所得；违法经营额1万元以上的，并处违法经营额5倍以上10倍以下的罚款；违法经营额不足1万元的，可以处5万元以下的罚款；情节严重的，并责令停业整顿或者由原发证机关吊销许可证：

（一）批发、零售、出租、放映非音像出版单位出版的音像制品或者非音像复制单位复制的音像制品的；

（二）批发、零售、出租或者放映未经国务院出版行政主管部门批准进口的音像制品的；

（三）批发、零售、出租、放映供研究、教学参考或者用于展览、展示的进口音像制品的。

第四十六条 单位违反本条例的规定，被处以吊销许可证行政处罚的，其法定代表人或者主要负责人自许可证被吊销之日起10年内不得担任音像制品出版、制作、复制、进口、批发、零售单位的法定代表人或者主要负责人。

从事音像制品零售业务的个体工商户违反本条例的规定，被处以吊销许可证行政处罚的，自许可证被吊销之日起10年内不得从事音像制品零售业务。

第四十七条 依照本条例的规定实施罚款的行政处罚，应当依照有关法律、行政法规的规定，实行罚款决定与罚款收缴分离；收缴的罚款必须全部上缴国库。

第七章 附　　则

第四十八条 除本条例第三十五条外，电子出版物的出版、制作、复制、进口、批发、零售等活动适用本条例。

第四十九条 依照本条例发放许可证，除按照法定标准收取成本费外，不得收取其他任何费用。

第五十条 本条例自2002年2月1日起施行。1994年8月25日国务院发布的《音像制品管理条例》同时废止。

印刷业管理条例

(2001年8月2日中华人民共和国国务院令第315号公布 根据2016年2月6日《国务院关于修改部分行政法规的决定》第一次修订 根据2017年3月1日《国务院关于修改和废止部分行政法规的决定》第二次修订)

第一章 总 则

第一条 为了加强印刷业管理，维护印刷业经营者的合法权益和社会公共利益，促进社会主义精神文明和物质文明建设，制定本条例。

第二条 本条例适用于出版物、包装装潢印刷品和其他印刷品的印刷经营活动。

本条例所称出版物，包括报纸、期刊、书籍、地图、年画、图片、挂历、画册及音像制品、电子出版物的装帧封面等。

本条例所称包装装潢印刷品，包括商标标识、广告宣传品及作为产品包装装潢的纸、金属、塑料等的印刷品。

本条例所称其他印刷品，包括文件、资料、图表、票证、证件、名片等。

本条例所称印刷经营活动，包括经营性的排版、制版、印刷、装订、复印、影印、打印等活动。

第三条 印刷业经营者必须遵守有关法律、法规和规章，讲求社会效益。

禁止印刷含有反动、淫秽、迷信内容和国家明令禁止印刷的其他内容的出版物、包装装潢印刷品和其他印刷品。

第四条 国务院出版行政部门主管全国的印刷业监督管理工作。县级以上地方各级人民政府负责出版管理的行政部门（以下简称出版行政部门）负责本行政区域内的印刷业监督管理工作。

县级以上各级人民政府公安部门、工商行政管理部门及其他有关部门在各自的职责范围内，负责有关的印刷业监督管理工作。

第五条 印刷业经营者应当建立、健全承印验证制度、承印登记制度、印刷品保管制度、印刷品交付制度、印刷活动残次品销毁制度等。具体办法由国务院出版行政部门制定。

印刷业经营者在印刷经营活动中发现违法犯罪行为，应当及时向公安部门或者出版行政部门报告。

第六条 印刷行业的社会团体按照其章程，在出版行政部门的指导下，实行自律管理。

第七条 印刷企业应当定期向出版行政部门报送年度报告。出版行政部门应当依法及时将年度报告中的有关内容向社会公示。

第二章　印刷企业的设立

第八条 国家实行印刷经营许可制度。未依照本条例规定取得印刷经营许可证的，任何单位和个人不得从事印刷经营活动。

第九条 企业从事印刷经营活动，应当具备下列条件：

（一）有企业的名称、章程；

（二）有确定的业务范围；

（三）有适应业务范围需要的生产经营场所和必要的资金、设备等生产经营条件；

(四)有适应业务范围需要的组织机构和人员;

(五)有关法律、行政法规规定的其他条件。

审批从事印刷经营活动申请,除依照前款规定外,还应当符合国家有关印刷企业总量、结构和布局的规划。

第十条 设立从事出版物印刷经营活动的企业,应当向所在地省、自治区、直辖市人民政府出版行政部门提出申请。申请人经审核批准的,取得印刷经营许可证,并持印刷经营许可证向工商行政管理部门申请登记注册,取得营业执照。

企业申请从事包装装潢印刷品和其他印刷品印刷经营活动,应当持营业执照向所在地设区的市级人民政府出版行政部门提出申请,经审核批准的,发给印刷经营许可证。

个人不得从事出版物、包装装潢印刷品印刷经营活动;个人从事其他印刷品印刷经营活动的,依照本条第二款的规定办理审批手续。

第十一条 出版行政部门应当自收到依据本条例第十条提出的申请之日起60日内作出批准或者不批准的决定。批准申请的,应当发给印刷经营许可证;不批准申请的,应当通知申请人并说明理由。

印刷经营许可证应当注明印刷企业所从事的印刷经营活动的种类。

印刷经营许可证不得出售、出租、出借或者以其他形式转让。

第十二条 印刷业经营者申请兼营或者变更从事出版物、包装装潢印刷品或者其他印刷品印刷经营活动,或者兼并其他印刷业经营者,或者因合并、分立而设立新的印刷业经营者,应当依照本条例第九条的规定办理手续。

印刷业经营者变更名称、法定代表人或者负责人、住所或者经营场所等主要登记事项,或者终止印刷经营活动,应当报原批准设立的出版行政部门备案。

第十三条 出版行政部门应当按照国家社会信用信息平台建设的总体要求，与公安部门、工商行政管理部门或者其他有关部门实现对印刷企业信息的互联共享。

第十四条 国家允许设立中外合资经营印刷企业、中外合作经营印刷企业，允许设立从事包装装潢印刷品印刷经营活动的外资企业。具体办法由国务院出版行政部门会同国务院对外经济贸易主管部门制定。

第十五条 单位内部设立印刷厂（所），必须向所在地县级以上地方人民政府出版行政部门办理登记手续；单位内部设立的印刷厂（所）印刷涉及国家秘密的印件的，还应当向保密工作部门办理登记手续。

单位内部设立的印刷厂（所）不得从事印刷经营活动；从事印刷经营活动的，必须依照本章的规定办理手续。

第三章 出版物的印刷

第十六条 国家鼓励从事出版物印刷经营活动的企业及时印刷体现国内外新的优秀文化成果的出版物，重视印刷传统文化精品和有价值的学术著作。

第十七条 从事出版物印刷经营活动的企业不得印刷国家明令禁止出版的出版物和非出版单位出版的出版物。

第十八条 印刷出版物的，委托印刷单位和印刷企业应当按照国家有关规定签订印刷合同。

第十九条 印刷企业接受出版单位委托印刷图书、期刊的，必须验证并收存出版单位盖章的印刷委托书，并在印刷前报出版单位所在地省、自治区、直辖市人民政府出版行政部门备案；印刷企业接受所在地省、自治区、直辖市以外的出版单位的委托印刷图书、期刊的，印刷委托书还必须事先报印刷企业所在地省、自治区、直辖市人民政府出版行政部门备案。印刷委托书由国务院出版行政部门规定统一格式，由省、自治区、直辖市人民政府出版行政部门统一印制。

印刷企业接受出版单位委托印刷报纸的，必须验证报纸出版许可证；接受出版单位的委托印刷报纸、期刊的增版、增刊的，还必须验证主管的出版行政部门批准出版增版、增刊的文件。

第二十条 印刷企业接受委托印刷内部资料性出版物的，必须验证县级以上地方人民政府出版行政部门核发的准印证。

印刷企业接受委托印刷宗教内容的内部资料性出版物的，必须验证省、自治区、直辖市人民政府宗教事务管理部门的批准文件和省、自治区、直辖市人民政府出版行政部门核发的准印证。

出版行政部门应当自收到印刷内部资料性出版物或者印刷宗教内容的内部资料性出版物的申请之日起30日内作出是否核发准印证的决定，并通知申请人；逾期不作出决定的，视为同意印刷。

第二十一条 印刷企业接受委托印刷境外的出版物的，必须持有关著作权的合法证明文件，经省、自治区、直辖市人民政府出版行政部门批准；印刷的境外出版物必须全部运输出境，不得在境内发行、散发。

第二十二条 委托印刷单位必须按照国家有关规定在委托印刷的出版物上刊载出版单位的名称、地址，书号、刊号或者版号，出版日期或者刊期，接受委托印刷出版物的企业的真实名称和地址，以及其他有关事项。

印刷企业应当自完成出版物的印刷之日起2年内，留存一份接受委托印刷的出版物样本备查。

第二十三条 印刷企业不得盗印出版物，不得销售、擅自加印或者接受第三人委托加印受委托印刷的出版物，不得将接受委托印刷的出版物纸型及印刷底片等出售、出租、出借或者以其他形式转让给其他单位或者个人。

第二十四条 印刷企业不得征订、销售出版物，不得假冒或者盗用他人名义印刷、销售出版物。

第四章 包装装潢印刷品的印刷

第二十五条 从事包装装潢印刷品印刷的企业不得印刷假冒、伪造的注册商标标识，不得印刷容易对消费者产生误导的广告宣传品和作为产品包装装潢的印刷品。

第二十六条 印刷企业接受委托印刷注册商标标识的，应当验证商标注册人所在地县级工商行政管理部门签章的《商标注册证》复印件，并核查委托人提供的注册商标图样；接受注册商标被许可使用人委托，印刷注册商标标识的，印刷企业还应当验证注册商标使用许可合同。印刷企业应当保存其验证、核查的工商行政管理部门签章的《商标注册证》复印件、注册商标图样、注册商标使用许可合同复印件2年，以备查验。

国家对注册商标标识的印刷另有规定的，印刷企业还应当遵守其规定。

第二十七条 印刷企业接受委托印刷广告宣传品、作为产品包装装潢的印刷品的，应当验证委托印刷单位的营业执照或者个人的居民身份证；接受广告经营者的委托印刷广告宣传品的，还应当验证广告经营资格证明。

第二十八条 印刷企业接受委托印刷包装装潢印刷品的，应当将印刷品的成品、半成品、废品和印板、纸型、底片、原稿等全部交付委托印刷单位或者个人，不得擅自留存。

第二十九条 印刷企业接受委托印刷境外包装装潢印刷品的，必须事先向所在地省、自治区、直辖市人民政府出版行政部门备案；印刷的包装装潢印刷品必须全部运输出境，不得在境内销售。

第五章　其他印刷品的印刷

第三十条　印刷标有密级的文件、资料、图表等，按照国家有关法律、法规或者规章的规定办理。

第三十一条　印刷布告、通告、重大活动工作证、通行证、在社会上流通使用的票证的，委托印刷单位必须向印刷企业出具主管部门的证明。印刷企业必须验证主管部门的证明，并保存主管部门的证明副本2年，以备查验；并且不得再委托他人印刷上述印刷品。

印刷机关、团体、部队、企业事业单位内部使用的有价票证或者无价票证，或者印刷有单位名称的介绍信、工作证、会员证、出入证、学位证书、学历证书或者其他学业证书等专用证件的，委托印刷单位必须出具委托印刷证明。印刷企业必须验证委托印刷证明。

印刷企业对前两款印件不得保留样本、样张；确因业务参考需要保留样本、样张的，应当征得委托印刷单位同意，在所保留印件上加盖“样本”、“样张”戳记，并妥善保管，不得丢失。

第三十二条　印刷企业接受委托印刷宗教用品的，必须验证省、自治区、直辖市人民政府宗教事务管理部门的批准文件和省、自治区、直辖市人民政府出版行政部门核发的准印证；省、自治区、直辖市人民政府出版行政部门应当自收到印刷宗教用品的申请之日起10日内作出是否核发准印证的决定，并通知申请人；逾期不作出决定的，视为同意印刷。

第三十三条　从事其他印刷品印刷经营活动的个人不得印刷标有密级的文件、资料、图表等，不得印刷布告、通告、重大活动工作证、通行证、在社会上流通使用的票证，不得印刷机关、团体、部队、企业事业单位内部使用的有价或者无价票证，不得印刷有单位名称的介绍信、工作证、会员证、出入证、学位证书、学历证书或者其他学业证书等专用证件，不得印刷宗教用品。

第三十四条 接受委托印刷境外其他印刷品的，必须事先向所在地省、自治区、直辖市人民政府出版行政部门备案；印刷的其他印刷品必须全部运输出境，不得在境内销售。

第三十五条 印刷企业和从事其他印刷品印刷经营活动的个人不得盗印他人的其他印刷品，不得销售、擅自加印或者接受第三人委托加印委托印刷的其他印刷品，不得将委托印刷的其他印刷品的纸型及印刷底片等出售、出租、出借或者以其他形式转让给其他单位或者个人。

第六章 罚 则

第三十六条 违反本条例规定，擅自设立从事出版物印刷经营活动的企业或者擅自从事印刷经营活动的，由出版行政部门、工商行政管理部门依据法定职权予以取缔，没收印刷品和违法所得以及进行违法活动的专用工具、设备，违法经营额1万元以上的，并处违法经营额5倍以上10倍以下的罚款；违法经营额不足1万元的，并处1万元以上5万元以下的罚款；构成犯罪的，依法追究刑事责任。

单位内部设立的印刷厂（所）未依照本条例第二章的规定办理手续，从事印刷经营活动的，依照前款的规定处罚。

第三十七条 印刷业经营者违反本条例规定，有下列行为之一的，由县级以上地方人民政府出版行政部门责令停止违法行为，责令停业整顿，没收印刷品和违法所得，违法经营额1万元以上的，并处违法经营额5倍以上10倍以下的罚款；违法经营额不足1万元的，并处1万元以上5万元以下的罚款；情节严重的，由原发证机关吊销许可证；构成犯罪的，依法追究刑事责任：

（一）未取得出版行政部门的许可，擅自兼营或者变更从事出版物、包装装潢印刷品或者其他印刷品印刷经营活动，或者擅自兼并其他印刷业经营者的；

（二）因合并、分立而设立新的印刷业经营者，未依照本条例的规定办理手续的；

（三）出售、出租、出借或者以其他形式转让印刷经营许可证的。

第三十八条 印刷业经营者印刷明知或者应知含有本条例第三条规定禁止印刷内容的出版物、包装装潢印刷品或者其他印刷品的，或者印刷国家明令禁止出版的出版物或者非出版单位出版的出版物的，由县级以上地方人民政府出版行政部门、公安部门依据法定职权责令停业整顿，没收印刷品和违法所得，违法经营额1万元以上的，并处违法经营额5倍以上10倍以下的罚款；违法经营额不足1万元的，并处1万元以上5万元以下的罚款；情节严重的，由原发证机关吊销许可证；构成犯罪的，依法追究刑事责任。

第三十九条 印刷业经营者有下列行为之一的，由县级以上地方人民政府出版行政部门、公安部门依据法定职权责令改正，给予警告；情节严重的，责令停业整顿或者由原发证机关吊销许可证：

（一）没有建立承印验证制度、承印登记制度、印刷品保管制度、印刷品交付制度、印刷活动残次品销毁制度等的；

（二）在印刷经营活动中发现违法犯罪行为没有及时向公安部门或者出版行政部门报告的；

（三）变更名称、法定代表人或者负责人、住所或者经营场所等主要登记事项，或者终止印刷经营活动，不向原批准设立的出版行政部门备案的；

（四）未依照本条例的规定留存备查的材料的。

单位内部设立印刷厂（所）违反本条例的规定，没有向所在地县级以上地方人民政府出版行政部门、保密工作部门办理登记手续的，由县级以上地方人民政府出版行政部门、保密工作部门依据法定职权责令改正，给予警告；情节严重的，责令停业整顿。

第四十条 从事出版物印刷经营活动的企业有下列行为之一的，由县级以上地方人民政府出版行政部门给予警告，没收违法所得，违法经营额1万元以上的，并处违法经营额5倍以上10倍以下的罚款；违法经营额不足1万元的，并处1万元以上5万元以下的罚款；情节严重的，责令停业整顿或者由原发证机关吊销许可证；构成犯罪的，依法追究刑事责任：

（一）接受他人委托印刷出版物，未依照本条例的规定验证印刷委托书、有关证明或者准印证，或者未将印刷委托书报出版行政部门备案的；

（二）假冒或者盗用他人名义，印刷出版物的；

（三）盗印他人出版物的；

（四）非法加印或者销售受委托印刷的出版物的；

（五）征订、销售出版物的；

（六）擅自将出版单位委托印刷的出版物纸型及印刷底片等出售、出租、出借或者以其他形式转让的；

（七）未经批准，接受委托印刷境外出版物的，或者未将印刷的境外出版物全部运输出境的。

第四十一条 从事包装装潢印刷品印刷经营活动的企业有下列行为之一的，由县级以上地方人民政府出版行政部门给予警告，没收违法所得，违法经营额1万元以上的，并处违法经营额5倍以上10倍以下的罚款；违法经营额不足1万元的，并处1万元以上5万元以下的罚款；情节严重的，责令停业整顿或者由原发证机关吊销许可证；构成犯罪的，依法追究刑事责任：

(一) 接受委托印刷注册商标标识，未依照本条例的规定验证、核查工商行政管理部门签章的《商标注册证》复印件、注册商标图样或者注册商标使用许可合同复印件的；

(二) 接受委托印刷广告宣传品、作为产品包装装潢的印刷品，未依照本条例的规定验证委托印刷单位的营业执照或者个人的居民身份证的，或者接受广告经营者的委托印刷广告宣传品，未验证广告经营资格证明的；

(三) 盗印他人包装装潢印刷品的；

(四) 接受委托印刷境外包装装潢印刷品未依照本条例的规定向出版行政部门备案的，或者未将印刷的境外包装装潢印刷品全部运输出境的。

印刷企业接受委托印刷注册商标标识、广告宣传品，违反国家有关注册商标、广告印刷管理规定的，由工商行政管理部门给予警告，没收印刷品和违法所得，违法经营额1万元以上的，并处违法经营额5倍以上10倍以下的罚款；违法经营额不足1万元的，并处1万元以上5万元以下的罚款。

第四十二条 从事其他印刷品印刷经营活动的企业和个人有下列行为之一的，由县级以上地方人民政府出版行政部门给予警告，没收印刷品和违法所得，违法经营额1万元以上的，并处违法经营额5倍以上10倍以下的罚款；违法经营额不足1万元的，并处1万元以上5万元以下的罚款；情节严重的，责令停业整顿或者由原发证机关吊销许可证；构成犯罪的，依法追究刑事责任：

(一) 接受委托印刷其他印刷品，未依照本条例的规定验证有关证明的；

(二) 擅自将接受委托印刷的其他印刷品再委托他人印刷的；

(三) 将委托印刷的其他印刷品的纸型及印刷底片出售、出租、出借或者以其他形式转让的；

(四) 伪造、变造学位证书、学历证书等国家机关公文、证件或者企业事业单位、人民团体公文、证件的，或者盗印他人的其他印刷品的；

（五）非法加印或者销售委托印刷的其他印刷品的；

（六）接受委托印刷境外其他印刷品未依照本条例的规定向出版行政部门备案的，或者未将印刷的境外其他印刷品全部运输出境的；

（七）从事其他印刷品印刷经营活动的个人超范围经营的。

第四十三条 有下列行为之一的，由出版行政部门给予警告，没收印刷品和违法所得，违法经营额1万元以上的，并处违法经营额5倍以上10倍以下的罚款；违法经营额不足1万元的，并处1万元以上5万元以下的罚款；情节严重的，责令停业整顿或者吊销印刷经营许可证；构成犯罪的，依法追究刑事责任：

（一）印刷布告、通告、重大活动工作证、通行证、在社会上流通使用的票证，印刷企业没有验证主管部门的证明的，或者再委托他人印刷上述印刷品的；

（二）印刷业经营者伪造、变造学位证书、学历证书等国家机关公文、证件或者企业事业单位、人民团体公文、证件的。

印刷布告、通告、重大活动工作证、通行证、在社会上流通使用的票证，委托印刷单位没有取得主管部门证明的，由县级以上人民政府出版行政部门处以500元以上5000元以下的罚款。

第四十四条 印刷业经营者违反本条例规定，有下列行为之一的，由县级以上地方人民政府出版行政部门责令改正，给予警告；情节严重的，责令停业整顿或者由原发证机关吊销许可证：

（一）从事包装装潢印刷品印刷经营活动的企业擅自留存委托印刷的包装装潢印刷品的成品、半成品、废品和印板、纸型、印刷底片、原稿等的；

（二）从事其他印刷品印刷经营活动的企业和个人擅自保留其他印刷品的样本、样张的，或者在所保留的样本、样张上未加盖

“样本”、“样张”戳记的。

第四十五条 印刷企业被处以吊销许可证行政处罚的，其法定代表人或者负责人自许可证被吊销之日起10年内不得担任印刷企业的法定代表人或者负责人。

从事其他印刷品印刷经营活动的个人被处以吊销许可证行政处罚的，自许可证被吊销之日起10年内不得从事印刷经营活动。

第四十六条 依照本条例的规定实施罚款的行政处罚，应当依照有关法律、行政法规的规定，实行罚款决定与罚款收缴分离；收缴的罚款必须全部上缴国库。

第四十七条 出版行政部门、工商行政管理部门或者其他有关部门违反本条例规定，擅自批准不符合法定条件的申请人取得许可证、批准文件，或者不履行监督职责，或者发现违法行为不予查处，造成严重后果的，对负责的主管人员和其他直接责任人员给予降级或者撤职的处分；构成犯罪的，依法追究刑事责任。

第七章　附　　则

第四十八条 本条例施行前已经依法设立的印刷企业，应当自本条例施行之日起180日内，到出版行政部门换领《印刷经营许可证》。

依据本条例发放许可证，除按照法定标准收取成本费外，不得收取其他任何费用。

第四十九条 本条例自公布之日起施行。1997年3月8日国务院发布的《印刷业管理条例》同时废止。

出版物市场管理规定

（2016 年 5 月 31 日国家新闻出版广电总局、商务部令第 10 号公布　自 2016 年 6 月 1 日起施行）

第一章　总　　则

第一条　为规范出版物发行活动及其监督管理，建立全国统一开放、竞争有序的出版物市场体系，满足人民群众精神文化需求，推进社会主义文化强国建设，根据《出版管理条例》和有关法律、行政法规，制定本规定。

第二条　本规定适用于出版物发行活动及其监督管理。

本规定所称出版物，是指图书、报纸、期刊、音像制品、电子出版物。

本规定所称发行，包括批发、零售以及出租、展销等活动。

批发是指供货商向其他出版物经营者销售出版物。

零售是指经营者直接向消费者销售出版物。

出租是指经营者以收取租金的形式向消费者提供出版物。

展销是指主办者在一定场所、时间内组织出版物经营者集中展览、销售、订购出版物。

第三条　国家对出版物批发、零售依法实行许可制度。从事出版物批发、零售活动的单位和个人凭出版物经营许可证开展出版物批发、零售活动；未经许可，任何单位和个人不得从事出版物批发、零售活动。

任何单位和个人不得委托非出版物批发、零售单位或者个人销售出版物或者代理出版物销售业务。

第四条 国家新闻出版广电总局负责全国出版物发行活动的监督管理，负责制定全国出版物发行业发展规划。

省、自治区、直辖市人民政府出版行政主管部门负责本行政区域内出版物发行活动的监督管理，制定本省、自治区、直辖市出版物发行业发展规划。省级以下各级人民政府出版行政主管部门负责本行政区域内出版物发行活动的监督管理。

制定出版物发行业发展规划须经科学论证，遵循合法公正、符合实际、促进发展的原则。

第五条 国家保障、促进发行业的发展与转型升级，扶持实体书店、农村发行网点、发行物流体系、发行业信息化建设等，推动网络发行等新兴业态发展，推动发行业与其他相关产业融合发展。对为发行业发展作出重要贡献的单位和个人，按照国家有关规定给予奖励。

第六条 发行行业的社会团体按照其章程，在出版行政主管部门的指导下，实行自律管理。

第二章 申请从事出版物发行业务

第七条 单位从事出版物批发业务，应当具备下列条件：

(一) 已完成工商注册登记，具有法人资格；

(二) 工商登记经营范围含出版物批发业务；

(三) 有与出版物批发业务相适应的设备和固定的经营场所，经营场所面积合计不少于50平方米；

(四) 具备健全的管理制度并具有符合行业标准的信息管理系统。

本规定所称经营场所，是指企业在工商行政主管部门注册登记的住所。

第八条 单位申请从事出版物批发业务，可向所在地地市级人民政府出版行政主管部门提交申请材料，地市级人民政府出版行政主管部门在接受申请材料之日起10个工作日内完成审核，审核后报省、自治区、直辖市人民政府出版行政主管部门审批；申请单位也可直接报所在地省、自治区、直辖市人民政府出版行政主管部门审批。

省、自治区、直辖市人民政府出版行政主管部门自受理申请之日起20个工作日内作出批准或者不予批准的决定。批准的，由省、自治区、直辖市人民政府出版行政主管部门颁发出版物经营许可证，并报国家新闻出版广电总局备案。不予批准的，应当向申请人书面说明理由。

申请材料包括下列书面材料：

（一）营业执照正副本复印件；

（二）申请书，载明单位基本情况及申请事项；

（三）企业章程；

（四）注册资本数额、来源及性质证明；

（五）经营场所情况及使用权证明；

（六）法定代表人及主要负责人的身份证明；

（七）企业信息管理系统情况的证明材料。

第九条 单位、个人从事出版物零售业务，应当具备下列条件：

（一）已完成工商注册登记；

（二）工商登记经营范围含出版物零售业务；

（三）有固定的经营场所。

第十条 单位、个人申请从事出版物零售业务，须报所在地县级人民政府出版行政主管部门审批。

县级人民政府出版行政主管部门应当自受理申请之日起20个工作日内作出批准或者不予批准的决定。批准的，由县级人民政府出版行政主管部门颁发出版物经营许可证，并报上一级出版行政主管部门备案；其中门店营业面积在5000平方米以上的应同时报省级人民政府出版行政主管部门备案。不予批准的，应当向申请单位、个人书面说明理由。

申请材料包括下列书面材料：

（一）营业执照正副本复印件；

（二）申请书，载明单位或者个人基本情况及申请事项；

（三）经营场所的使用权证明。

第十一条 单位从事中小学教科书发行业务，应取得国家新闻出版广电总局批准的中小学教科书发行资质，并在批准的区域范围内开展中小学教科书发行活动。单位从事中小学教科书发行业务，应当具备下列条件：

（一）以出版物发行为主营业务的公司制法人；

（二）有与中小学教科书发行业务相适应的组织机构和发行人员；

（三）有能够保证中小学教科书储存质量要求的、与其经营品种和规模相适应的储运能力，在拟申请从事中小学教科书发行业务的省、自治区、直辖市、计划单列市的仓储场所面积在5000平方米以上，并有与中小学教科书发行相适应的自有物流配送体系；

（四）有与中小学教科书发行业务相适应的发行网络。在拟申请从事中小学教科书发行业务的省、自治区、直辖市、计划单列市的企业所属出版物发行网点覆盖不少于当地70%的县（市、区），且以出版物零售为主营业务，具备相应的中小学教科书储备、调剂、添货、零售及售后服务能力；

（五）具备符合行业标准的信息管理系统；

（六）具有健全的管理制度及风险防控机制和突发事件处置能力；

（七）从事出版物批发业务五年以上。最近三年内未受到出版行政主管部门行政处罚，无其他严重违法违规记录。

审批中小学教科书发行资质，除依照前款所列条件外，还应当符合国家关于中小学教科书发行单位的结构、布局宏观调控和规划。

第十二条 单位申请从事中小学教科书发行业务，须报国家新闻出版广电总局审批。

国家新闻出版广电总局应当自受理之日起20个工作日内作出批准或者不予批准的决定。批准的，由国家新闻出版广电总局作出书面批复并颁发中小学教科书发行资质证。不予批准的，应当向申请单位书面说明理由。

申请材料包括下列书面材料：

（一）申请书，载明单位基本情况及申请事项；

（二）企业章程；

（三）出版物经营许可证和企业法人营业执照正副本复印件；

（四）法定代表人及主要负责人的身份证明，有关发行人员的资质证明；

（五）最近三年的企业法人年度财务会计报告及证明企业信誉的有关材料；

（六）经营场所、发行网点和储运场所的情况及使用权证明；

（七）企业信息管理系统情况的证明材料；

（八）企业发行中小学教科书过程中能够提供的服务和相关保障措施；

（九）企业法定代表人签署的企业依法经营中小学教科书发行业务的承诺书；

（十）拟申请从事中小学教科书发行业务的省、自治区、直辖市、计划单列市人民政府出版行政主管部门对企业基本信息、经营状况、储运能力、发行网点等的核实意见；

（十一）其他需要的证明材料。

第十三条 单位、个人从事出版物出租业务，应当于取得营业执照后 15 日内到当地县级人民政府出版行政主管部门备案。

备案材料包括下列书面材料：

（一）营业执照正副本复印件；

（二）经营场所情况；

（三）法定代表人或者主要负责人情况。

相关出版行政主管部门应在 10 个工作日内向申请备案单位、个人出具备案回执。

第十四条 国家允许外商投资企业从事出版物发行业务。

设立外商投资出版物发行企业或者外商投资企业从事出版物发行业务，申请人应向地方商务主管部门报送拟设立外商投资出版物发行企业的合同、章程，办理外商投资审批手续。地方商务主管部门在征得出版行政主管部门同意后，按照有关法律、法规的规定，作出批准或者不予批准的决定。予以批准的，颁发外商投资企业批准证书，并在经营范围后加注"凭行业经营许可开展"；不予批准的，书面通知申请人并说明理由。

申请人持外商投资企业批准证书到所在地工商行政主管部门办理营业执照或者在营业执照企业经营范围后加注相关内容，并按照本规定第七条至第十条及第十三条的有关规定到所在地出版行政主管部门履行审批或备案手续。

第十五条 单位、个人通过互联网等信息网络从事出版物发行业务的，应当依照本规定第七条至第十条的规定取得出版物经营许可证。

已经取得出版物经营许可证的单位、个人在批准的经营范围内通过互联网等信息网络从事出版物发行业务的，应自开展网络发行业务后 15 日内到原批准的出版行政主管部门备案。

备案材料包括下列书面材料：

（一）出版物经营许可证和营业执照正副本复印件；

（二）单位或者个人基本情况；

（三）从事出版物网络发行所依托的信息网络的情况。

相关出版行政主管部门应在 10 个工作日内向备案单位、个人出具备案回执。

第十六条 书友会、读者俱乐部或者其他类似组织申请从事出版物零售业务，按照本规定第九条、第十条的有关规定到所在地出版行政主管部门履行审批手续。

第十七条 从事出版物发行业务的单位、个人可在原发证机关所辖行政区域一定地点设立临时零售点开展其业务范围内的出版物销售活动。设立临时零售点时间不得超过10 日，应提前到设点所在地县级人民政府出版行政主管部门备案并取得备案回执，并应遵守所在地其他有关管理规定。

备案材料包括下列书面材料：

（一）出版物经营许可证和营业执照正副本复印件；

（二）单位、个人基本情况；

（三）设立临时零售点的地点、时间、销售出版物品种；

（四）其他相关部门批准设立临时零售点的材料。

第十八条 出版物批发单位可以从事出版物零售业务。

出版物批发、零售单位设立不具备法人资格的发行分支机构，或者出版单位设立发行本版出版物的不具备法人资格的发行分支机构，不需单独办理出版物经营许可证，但应依法办理分支机构工商登记，并于领取营业执照后 15 日内到原发证机关和分支机构所在地出版行政主管部门备案。

备案材料包括下列书面材料：

（一）出版物经营许可证或者出版单位的出版许可证及分支机构营业执照正副本复印件；

（二）单位基本情况；

（三）单位设立不具备法人资格的发行分支机构的经营场所、经营范围等情况。

相关出版行政主管部门应在10个工作日内向备案单位、个人出具备案回执。

第十九条 从事出版物发行业务的单位、个人变更出版物经营许可证登记事项，或者兼并、合并、分立的，应当依照本规定到原批准的出版行政主管部门办理审批手续。出版行政主管部门自受理申请之日起20个工作日内作出批准或者不予批准的决定。批准的，由出版行政主管部门换发出版物经营许可证；不予批准的，应当向申请单位、个人书面说明理由。

申请材料包括下列书面材料：

（一）出版物经营许可证和营业执照正副本复印件；

（二）申请书，载明单位或者个人基本情况及申请变更事项；

（三）其他需要的证明材料。

从事出版物发行业务的单位、个人终止经营活动的，应当于15日内持出版物经营许可证和营业执照向原批准的出版行政主管部门备案，由原批准的出版行政主管部门注销出版物经营许可证。

第三章 出版物发行活动管理

第二十条 任何单位和个人不得发行下列出版物：

（一）含有《出版管理条例》禁止内容的违禁出版物；

（二）各种非法出版物，包括：未经批准擅自出版、印刷或者复制的出版物，伪造、假冒出版单位或者报刊名称出版的出版物，非法进口的出版物；

（三）侵犯他人著作权或者专有出版权的出版物；

（四）出版行政主管部门明令禁止出版、印刷或者复制、发行的出版物。

第二十一条 内部发行的出版物不得公开宣传、陈列、展示、征订、销售或面向社会公众发送。

第二十二条 从事出版物发行业务的单位和个人在发行活动中应当遵循公平、守法、诚实、守信的原则，依法订立供销合同，不得损害消费者的合法权益。

从事出版物发行业务的单位、个人，必须遵守下列规定：

（一）从依法取得出版物批发、零售资质的出版发行单位进货；发行进口出版物的，须从依法设立的出版物进口经营单位进货；

（二）不得超出出版行政主管部门核准的经营范围经营；

（三）不得张贴、散发、登载有法律、法规禁止内容的或者有欺诈性文字、与事实不符的征订单、广告和宣传画；

（四）不得擅自更改出版物版权页；

（五）出版物经营许可证应在经营场所明显处张挂；利用信息网络从事出版物发行业务的，应在其网站主页面或者从事经营活动的网页醒目位置公开出版物经营许可证和营业执照登载的有关信息或链接标识；

（六）不得涂改、变造、出租、出借、出售或者以其他任何形式转让出版物经营许可证和批准文件。

第二十三条 从事出版物发行业务的单位、个人，应查验供货单位的出版物经营许可证并留存复印件或电子文件，并将出版物发行进销货清单等有关非财务票据至少保存两年，以备查验。

进销货清单应包括进销出版物的名称、数量、折扣、金额以及发货方和进货方单位公章（签章）。

第二十四条 出版物发行从业人员应接受出版行政主管部门组织的业务培训。出版物发行单位应建立职业培训制度，积极组织本单位从业人员参加依法批准的职业技能鉴定机构实施的发行员职业技能鉴定。

第二十五条 出版单位可以发行本出版单位出版的出版物。发行非本出版单位出版的出版物的，须按照从事出版物发行业务的有关规定办理审批手续。

第二十六条 为出版物发行业务提供服务的网络交易平台应向注册地省、自治区、直辖市人民政府出版行政主管部门备案，接受出版行政主管部门的指导与监督管理。

备案材料包括下列书面材料：

（一）营业执照正副本复印件；

（二）单位基本情况；

（三）网络交易平台的基本情况。

省、自治区、直辖市人民政府出版行政主管部门应于10个工作日内向备案的网络交易平台出具备案回执。

提供出版物发行网络交易平台服务的经营者，应当对申请通过网络交易平台从事出版物发行业务的经营主体身份进行审查，核实经营主体的营业执照、出版物经营许可证，并留存证照复印件或电子文档备查。不得向无证无照、证照不齐的经营者提供网络交易平台服务。

为出版物发行业务提供服务的网络交易平台经营者应建立交易风险防控机制，保留平台内从事出版物发行业务经营主体的交易记录两年以备查验。对在网络交易平台内从事各类违法出版物发行活动的，应当采取有效措施予以制止，并及时向所在地出版行政主管部门报告。

第二十七条 省、自治区、直辖市出版行政主管部门和全国性出版、发行行业协会，可以主办全国性的出版物展销活动和跨省专业性出版物展销活动。主办单位应提前2个月报国家新闻出版广电总局备案。

市、县级出版行政主管部门和省级出版、发行协会可以主办地方性的出版物展销活动。主办单位应提前2个月报上一级出版行政主管部门备案。

备案材料包括下列书面材料：

（一）展销活动主办单位；

（二）展销活动时间、地点；

（三）展销活动的场地、参展单位、展销出版物品种、活动筹备等情况。

第二十八条 从事中小学教科书发行业务，必须遵守下列规定：

（一）从事中小学教科书发行业务的单位必须具备中小学教科书发行资质；

（二）纳入政府采购范围的中小学教科书，其发行单位须按照《中华人民共和国政府采购法》的有关规定确定；

（三）按照教育行政主管部门和学校选定的中小学教科书，在规定时间内完成发行任务，确保“课前到书，人手一册”。因自然灾害等不可抗力导致中小学教科书发行受到影响的，应及时采取补救措施，并报告所在地出版行政和教育行政主管部门；

（四）不得在中小学教科书发行过程中擅自征订、搭售教学用书目录以外的出版物；

（五）不得将中小学教科书发行任务向他人转让和分包；

（六）不得涂改、倒卖、出租、出借中小学教科书发行资质证书；

（七）中小学教科书发行费率按照国家有关规定执行，不得违反规定收取发行费用；

（八）做好中小学教科书的调剂、添货、零售和售后服务等相关工作；

（九）应于发行任务完成后30个工作日内向国家新闻出版广电总局和所在地省级出版行政主管部门书面报告中小学教科书发行情况。

中小学教科书出版单位应在规定时间内向依法确定的中小学教科书发行单位足量供货，不得向不具备中小学教科书发行资质的单位供应中小学教科书。

第二十九条 任何单位、个人不得从事本规定第二十条所列出版物的征订、储存、运输、邮寄、投递、散发、附送等活动。

从事出版物储存、运输、投递等活动，应当接受出版行政主管部门的监督检查。

第三十条 从事出版物发行业务的单位、个人应当按照出版行政主管部门的规定接受年度核验，并按照《中华人民共和国统计法》《新闻出版统计管理办法》及有关规定如实报送统计资料，不得以任何借口拒报、迟报、虚报、瞒报以及伪造和篡改统计资料。

出版物发行单位、个人不再具备行政许可的法定条件的，由出版行政主管部门责令限期改正；逾期仍未改正的，由原发证机关撤销出版物经营许可证。

中小学教科书发行单位不再具备中小学教科书发行资质的法定条件的，由出版行政主管部门责令限期改正；逾期仍未改正的，由原发证机关撤销中小学教科书发行资质证。

第四章 法律责任

第三十一条 未经批准，擅自从事出版物发行业务的，依照《出版管理条例》第六十一条处罚。

第三十二条 发行违禁出版物的，依照《出版管理条例》第六十二条处罚。

发行国家新闻出版广电总局禁止进口的出版物，或者发行未从依法批准的出版物进口经营单位进货的进口出版物，依照《出版管理条例》第六十三条处罚。

发行其他非法出版物和出版行政主管部门明令禁止出版、印刷或者复制、发行的出版物的，依照《出版管理条例》第六十五条处罚。

发行违禁出版物或者非法出版物的，当事人对其来源作出说明、指认，经查证属实的，没收出版物和非法所得，可以减轻或免除其他行政处罚。

第三十三条 违反本规定发行侵犯他人著作权或者专有出版权的出版物的，依照《中华人民共和国著作权法》和《中华人民共和国著作权法实施条例》的规定处罚。

第三十四条 在中小学教科书发行过程中违反本规定，有下列行为之一的，依照《出版管理条例》第六十五条处罚：

（一）发行未经依法审定的中小学教科书的；

（二）不具备中小学教科书发行资质的单位从事中小学教科书发行活动的；

（三）未按照《中华人民共和国政府采购法》有关规定确定的单位从事纳入政府采购范围的中小学教科书发行活动的。

第三十五条 出版物发行单位未依照规定办理变更审批手续的，依照《出版管理条例》第六十七条处罚。

第三十六条 单位、个人违反本规定被吊销出版物经营许可证的，其法定代表人或者主要负责人自许可证被吊销之日起10年内不得担任发行单位的法定代表人或者主要负责人。

第三十七条 违反本规定，有下列行为之一的，由出版行政主管部门责令停止违法行为，予以警告，并处3万元以下罚款：

（一）未能提供近两年的出版物发行进销货清单等有关非财务票据或者清单、票据未按规定载明有关内容的；

（二）超出出版行政主管部门核准的经营范围经营的；

（三）张贴、散发、登载有法律、法规禁止内容的或者有欺诈性文字、与事实不符的征订单、广告和宣传画的；

（四）擅自更改出版物版权页的；

（五）出版物经营许可证未在经营场所明显处张挂或者未在网

页醒目位置公开出版物经营许可证和营业执照登载的有关信息或者链接标识的；

（六）出售、出借、出租、转让或者擅自涂改、变造出版物经营许可证的；

（七）公开宣传、陈列、展示、征订、销售或者面向社会公众发送规定应由内部发行的出版物的；

（八）委托无出版物批发、零售资质的单位或者个人销售出版物或者代理出版物销售业务的；

（九）未从依法取得出版物批发、零售资质的出版发行单位进货的；

（十）提供出版物网络交易平台服务的经营者未按本规定履行有关审查及管理责任的；

（十一）应按本规定进行备案而未备案的；

（十二）不按规定接受年度核验的。

第三十八条 在中小学教科书发行过程中违反本规定，有下列行为之一的，由出版行政主管部门责令停止违法行为，予以警告，并处3万元以下罚款：

（一）擅自调换已选定的中小学教科书的；

（二）擅自征订、搭售教学用书目录以外的出版物的；

（三）擅自将中小学教科书发行任务向他人转让和分包的；

（四）涂改、倒卖、出租、出借中小学教科书发行资质证书的；

（五）未在规定时间内完成中小学教科书发行任务的；

（六）违反国家有关规定收取中小学教科书发行费用的；

（七）未按规定做好中小学教科书的调剂、添货、零售和售后服务的；

（八）未按规定报告中小学教科书发行情况的；

（九）出版单位向不具备中小学教科书发行资质的单位供应中小学教科书的；

（十）出版单位未在规定时间内向依法确定的中小学教科书发行企业足量供货的；

（十一）在中小学教科书发行过程中出现重大失误，或者存在其他干扰中小学教科书发行活动行为的。

第三十九条 征订、储存、运输、邮寄、投递、散发、附送本规定第二十条所列出版物的，按照本规定第三十二条进行处罚。

第四十条 未按本规定第三十条报送统计资料的，按照《新闻出版统计管理办法》有关规定处理。

第五章 附 则

第四十一条 允许香港、澳门永久性居民中的中国公民依照内地有关法律、法规和行政规章，在内地各省、自治区、直辖市设立从事出版物零售业务的个体工商户，无需经过外资审批。

第四十二条 本规定所称中小学教科书，是指经国务院教育行政主管部门审定和经授权审定的义务教育教学用书（含配套教学图册、音像材料等）。

中小学教科书发行包括中小学教科书的征订、储备、配送、分发、调剂、添货、零售、结算及售后服务等。

第四十三条 出版物经营许可证和中小学教科书发行资质证的设计、印刷、制作与发放等，按照《新闻出版许可证管理办法》有关规定执行。

第四十四条 本规定由国家新闻出版广电总局会同商务部负责解释。

第四十五条 本规定自2016年6月1日起施行，原新闻出版总署、商务部2011年3月25日发布的《出版物市场管理规定》同时废止。本规定施行前与本规定不一致的其他规定不再执行。

最高人民法院关于审理非法出版物刑事案件具体应用法律若干问题的解释

（1998 年 12 月 11 日最高人民法院审判委员会第 1032 次会议通过　1998 年 12 月 17 日最高人民法院公告公布　自 1998 年 12 月 23 日起施行　法释〔1998〕30 号）

为依法惩治非法出版物犯罪活动，根据刑法的有关规定，现对审理非法出版物刑事案件具体应用法律的若干问题解释如下：

第一条　明知出版物中载有煽动分裂国家、破坏国家统一或者煽动颠覆国家政权、推翻社会主义制度的内容，而予以出版、印刷、复制、发行、传播的，依照刑法第一百零三条第二款或者第一百零五条第二款的规定，以煽动分裂国家罪或者煽动颠覆国家政权罪定罪处罚。

第二条　以营利为目的，实施刑法第二百一十七条所列侵犯著作权行为之一，个人违法所得数额在 5 万元以上，单位违法所得数额在 20 万元以上的，属于“违法所得数额较大”；具有下列情形之一的，属于“有其他严重情节”：

（一）因侵犯著作权曾经两次以上被追究行政责任或者民事责任，两年内又实施刑法第二百一十七条所列侵犯著作权行为之一的；

（二）个人非法经营数额在 20 万元以上，单位非法经营数额在 100 万元以上的；

（三）造成其他严重后果的。

以营利为目的，实施刑法第二百一十七条所列侵犯著作权行为之一，个人违法所得数额在 20 万元以上，单位违法所得数额在

100 万元以上的，属于“违法所得数额巨大”；具有下列情形之一的，属于“有其他特别严重情节”：

（一）个人非法经营数额在 100 万元以上，单位非法经营数额在 500 万元以上的；

（二）造成其他特别严重后果的。

第三条 刑法第二百一十七条第（一）项中规定的“复制发行”，是指行为人以营利为目的，未经著作权人许可而实施的复制、发行或者既复制又发行其文字作品、音乐、电影、电视、录像作品、计算机软件及其他作品的行为。

第四条 以营利为目的，实施刑法第二百一十八条规定的行为，个人违法所得数额在 10 万元以上，单位违法所得数额在 50 万元以上的，依照刑法第二百一十八条的规定，以销售侵权复制品罪定罪处罚。

第五条 实施刑法第二百一十七条规定的侵犯著作权行为，又销售该侵权复制品，违法所得数额巨大的，只定侵犯著作权罪，不实行数罪并罚。

实施刑法第二百一十七条规定的侵犯著作权的犯罪行为，又明知是他人的侵权复制品而予以销售，构成犯罪的，应当实行数罪并罚。

第六条 在出版物中公然侮辱他人或者捏造事实诽谤他人，情节严重的，依照刑法第二百四十六条的规定，分别以侮辱罪或者诽谤罪定罪处罚。

第七条 出版刊载歧视、侮辱少数民族内容的作品，情节恶劣，造成严重后果的，依照刑法第二百五十条的规定，以出版歧视、侮辱少数民族作品罪定罪处罚。

第八条 以牟利为目的，实施刑法第三百六十三条第一款规定的行为，具有下列情形之一的，以制作、复制、出版、贩卖、传播淫秽物品牟利罪定罪处罚：

（一）制作、复制、出版淫秽影碟、软件、录像带50至100张（盒）以上，淫秽音碟、录音带100至200张（盒）以上，淫秽扑克、书刊、画册100至200副（册）以上，淫秽照片、画片500至1000张以上的；

（二）贩卖淫秽影碟、软件、录像带100至200张（盒）以上，淫秽音碟、录音带200至400张（盒）以上，淫秽扑克、书刊、画册200至400副（册）以上，淫秽照片、画片1000至2000张以上的；

（三）向他人传播淫秽物品达200至500人次以上，或者组织播放淫秽影、像达10至20场次以上的；

（四）制作、复制、出版、贩卖、传播淫秽物品，获利5000至1万元以上的。

以牟利为目的，实施刑法第三百六十三条第一款规定的行为，具有下列情形之一的，应当认定为制作、复制、出版、贩卖、传播淫秽物品牟利罪"情节严重"：

（一）制作、复制、出版淫秽影碟、软件、录像带250至500张（盒）以上，淫秽音碟、录音带500至1000张（盒）以上，淫秽扑克、书刊、画册500至1000副（册）以上，淫秽照片、画片2500至5000张以上的；

（二）贩卖淫秽影碟、软件、录像带500至1000张（盒）以上，淫秽音碟、录音带1000至2000张（盒）以上，淫秽扑克、书刊、画册1000至2000副（册）以上，淫秽照片、画片5000至1万张以上的；

（三）向他人传播淫秽物品达1000至2000人次以上，或者组织播放淫秽影、像达50至100场次以上的；

（四）制作、复制、出版、贩卖、传播淫秽物品，获利3万至5万元以上的。

以牟利为目的，实施刑法第三百六十三条第一款规定的行为，其数量（数额）达到前款规定的数量（数额）5倍以上的，应当认定为制作、复制、出版、贩卖、传播淫秽物品牟利罪“情节特别严重”。

第九条 为他人提供书号、刊号，出版淫秽书刊的，依照刑法第三百六十三条第二款的规定，以为他人提供书号出版淫秽书刊罪定罪处罚。

为他人提供版号，出版淫秽音像制品的，依照前款规定定罪处罚。

明知他人用于出版淫秽书刊而提供书号、刊号的，依照刑法第三百六十三条第一款的规定，以出版淫秽物品牟利罪定罪处罚。

第十条 向他人传播淫秽的书刊、影片、音像、图片等出版物达300至600人次以上或者造成恶劣社会影响的，属于“情节严重”，依照刑法第三百六十四条第一款的规定，以传播淫秽物品罪定罪处罚。

组织播放淫秽的电影、录像等音像制品达15至30场次以上或者造成恶劣社会影响的，依照刑法第三百六十四条第二款的规定，以组织播放淫秽音像制品罪定罪处罚。

第十一条 违反国家规定，出版、印刷、复制、发行本解释第一条至第十条规定以外的其他严重危害社会秩序和扰乱市场秩序的非法出版物，情节严重的，依照刑法第二百二十五条第（三）项的规定，以非法经营罪定罪处罚。

第十二条 个人实施本解释第十一条规定的行为，具有下列情形之一的，属于非法经营行为“情节严重”：

（一）经营数额在5万元至10万元以上的；

（二）违法所得数额在2万元至3万元以上的；

（三）经营报纸5000份或者期刊5000本或者图书2000册或者音像制品、电子出版物500张（盒）以上的。

具有下列情形之一的，属于非法经营行为“情节特别严重”：

（一）经营数额在15万元至30万元以上的；

（二）违法所得数额在5万元至10万元以上的；

（三）经营报纸1.5万份或者期刊1.5万本或者图书5000册或者音像制品、电子出版物1500张（盒）以上的。

第十三条 单位实施本解释第十一条规定的行为，具有下列情形之一的，属于非法经营行为“情节严重”：

（一）经营数额在15万元至30万元以上的；

（二）违法所得数额在5万元至10万元以上的；

（三）经营报纸1.5万份或者期刊1.5万本或者图书5000册或者音像制品、电子出版物1500张（盒）以上的。

具有下列情形之一的，属于非法经营行为“情节特别严重”：

（一）经营数额在50万元至100万元以上的；

（二）违法所得数额在15万元至30万元以上的；

（三）经营报纸5万份或者期刊5万本或者图书1.5万册或者音像制品、电子出版物5000张（盒）以上的。

第十四条 实施本解释第十一条规定的行为，经营数额、违法所得数额或者经营数量接近非法经营行为“情节严重”、“情节特别严重”的数额、数量起点标准，并具有下列情形之一的，可以认定为非法经营行为“情节严重”、“情节特别严重”：

（一）两年内因出版、印刷、复制、发行非法出版物受过行政处罚两次以上的；

（二）因出版、印刷、复制、发行非法出版物造成恶劣社会影响或者其他严重后果的。

第十五条 非法从事出版物的出版、印刷、复制、发行业务，严重扰乱市场秩序，情节特别严重，构成犯罪的，可以依照刑法第二百二十五条第（三）项的规定，以非法经营罪定罪处罚。

第十六条 出版单位与他人事前通谋，向其出售、出租或者以其他形式转让该出版单位的名称、书号、刊号、版号，他人实施本解释第二条、第四条、第八条、第九条、第十条、第十一条规定的行为，构成犯罪的，对该出版单位应当以共犯论处。

第十七条 本解释所称"经营数额"，是指以非法出版物的定价数额乘以行为人经营的非法出版物数量所得的数额。

本解释所称"违法所得数额"，是指获利数额。

非法出版物没有定价或者以境外货币定价的，其单价数额应当按照行为人实际出售的价格认定。

第十八条 各省、自治区、直辖市高级人民法院可以根据本地的情况和社会治安状况，在本解释第八条、第十条、第十二条、第十三条规定的有关数额、数量标准的幅度内，确定本地执行的具体标准，并报最高人民法院备案。

二、专 利

1. 综 合

中华人民共和国专利法实施细则

（2001年6月15日中华人民共和国国务院令第306号公布 根据2002年12月28日《国务院关于修改〈中华人民共和国专利法实施细则〉的决定》第一次修订 根据2010年1月9日《国务院关于修改〈中华人民共和国专利法实施细则〉的决定》第二次修订）

第一章 总 则

第一条 根据《中华人民共和国专利法》（以下简称专利法），制定本细则。

第二条 专利法和本细则规定的各种手续，应当以书面形式或者国务院专利行政部门规定的其他形式办理。

第三条 依照专利法和本细则规定提交的各种文件应当使用中文；国家有统一规定的科技术语的，应当采用规范词；外国人名、地名和科技术语没有统一中文译文的，应当注明原文。

依照专利法和本细则规定提交的各种证件和证明文件是外文的，国务院专利行政部门认为必要时，可以要求当事人在指定期限内附送中文译文；期满未附送的，视为未提交该证件和证明文件。

第四条 向国务院专利行政部门邮寄的各种文件，以寄出的邮戳日为递交日；邮戳日不清晰的，除当事人能够提出证明外，以国务院专利行政部门收到日为递交日。

国务院专利行政部门的各种文件，可以通过邮寄、直接送交或者其他方式送达当事人。当事人委托专利代理机构的，文件送交专利代理机构；未委托专利代理机构的，文件送交请求书中指明的联系人。

国务院专利行政部门邮寄的各种文件，自文件发出之日起满15日，推定为当事人收到文件之日。

根据国务院专利行政部门规定应当直接送交的文件，以交付日为送达日。

文件送交地址不清，无法邮寄的，可以通过公告的方式送达当事人。自公告之日起满1个月，该文件视为已经送达。

第五条 专利法和本细则规定的各种期限的第一日不计算在期限内。期限以年或者月计算的，以其最后一月的相应日为期限届满日；该月无相应日的，以该月最后一日为期限届满日；期限届满日是法定休假日的，以休假日后的第一个工作日为期限届满日。

第六条 当事人因不可抗拒的事由而延误专利法或者本细则规定的期限或者国务院专利行政部门指定的期限，导致其权利丧失的，自障碍消除之日起2个月内，最迟自期限届满之日起2年内，可以向国务院专利行政部门请求恢复权利。

除前款规定的情形外，当事人因其他正当理由延误专利法或者本细则规定的期限或者国务院专利行政部门指定的期限，导致其权利丧失的，可以自收到国务院专利行政部门的通知之日起2个月内向国务院专利行政部门请求恢复权利。

当事人依照本条第一款或者第二款的规定请求恢复权利的，应当提交恢复权利请求书，说明理由，必要时附具有关证明文件，并办理权利丧失前应当办理的相应手续；依照本条第二款的规定请求恢复权利的，还应当缴纳恢复权利请求费。

当事人请求延长国务院专利行政部门指定的期限的，应当在期限届满前，向国务院专利行政部门说明理由并办理有关手续。

本条第一款和第二款的规定不适用专利法第二十四条、第二十九条、第四十二条、第六十八条规定的期限。

第七条 专利申请涉及国防利益需要保密的，由国防专利机构受理并进行审查；国务院专利行政部门受理的专利申请涉及国防利益需要保密的，应当及时移交国防专利机构进行审查。经国防专利机构审查没有发现驳回理由的，由国务院专利行政部门作出授予国防专利权的决定。

国务院专利行政部门认为其受理的发明或者实用新型专利申请涉及国防利益以外的国家安全或者重大利益需要保密的，应当及时作出按照保密专利申请处理的决定，并通知申请人。保密专利申请的审查、复审以及保密专利权无效宣告的特殊程序，由国务院专利行政部门规定。

第八条 专利法第二十条所称在中国完成的发明或者实用新型，是指技术方案的实质性内容在中国境内完成的发明或者实用新型。

任何单位或者个人将在中国完成的发明或者实用新型向外国申请专利的，应当按照下列方式之一请求国务院专利行政部门进行保密审查：

（一）直接向外国申请专利或者向有关国外机构提交专利国际申请的，应当事先向国务院专利行政部门提出请求，并详细说明其技术方案；

（二）向国务院专利行政部门申请专利后拟向外国申请专利或者向有关国外机构提交专利国际申请的，应当在向外国申请专利或者向有关国外机构提交专利国际申请前向国务院专利行政部门提出请求。

向国务院专利行政部门提交专利国际申请的，视为同时提出了保密审查请求。

第九条 国务院专利行政部门收到依照本细则第八条规定递交的请求后，经过审查认为该发明或者实用新型可能涉及国家安全或者重大利益需要保密的，应当及时向申请人发出保密审查通知；申请人未在其请求递交日起4个月内收到保密审查通知的，可以就该发明或者实用新型向外国申请专利或者向有关国外机构提交专利国际申请。

国务院专利行政部门依照前款规定通知进行保密审查的，应当及时作出是否需要保密的决定，并通知申请人。申请人未在其请求递交日起6个月内收到需要保密的决定的，可以就该发明或者实用新型向外国申请专利或者向有关国外机构提交专利国际申请。

第十条 专利法第五条所称违反法律的发明创造，不包括仅其实施为法律所禁止的发明创造。

第十一条 除专利法第二十八条和第四十二条规定的情形外，专利法所称申请日，有优先权的，指优先权日。

本细则所称申请日，除另有规定的外，是指专利法第二十八条规定的申请日。

第十二条 专利法第六条所称执行本单位的任务所完成的职务发明创造，是指：

（一）在本职工作中作出的发明创造；

（二）履行本单位交付的本职工作之外的任务所作出的发明创造；

（三）退休、调离原单位后或者劳动、人事关系终止后1年内作出的，与其在原单位承担的本职工作或者原单位分配的任务有关的发明创造。

专利法第六条所称本单位，包括临时工作单位；专利法第六条所称本单位的物质技术条件，是指本单位的资金、设备、零部件、原材料或者不对外公开的技术资料等。

第十三条 专利法所称发明人或者设计人，是指对发明创造的实质性特点作出创造性贡献的人。在完成发明创造过程中，只负责组织工作的人、为物质技术条件的利用提供方便的人或者从事其他辅助工作的人，不是发明人或者设计人。

第十四条 除依照专利法第十条规定转让专利权外，专利权因其他事由发生转移的，当事人应当凭有关证明文件或者法律文书向国务院专利行政部门办理专利权转移手续。

专利权人与他人订立的专利实施许可合同，应当自合同生效之日起3个月内向国务院专利行政部门备案。

以专利权出质的，由出质人和质权人共同向国务院专利行政部门办理出质登记。

第二章 专利的申请

第十五条 以书面形式申请专利的，应当向国务院专利行政部门提交申请文件一式两份。

以国务院专利行政部门规定的其他形式申请专利的，应当符合规定的要求。

申请人委托专利代理机构向国务院专利行政部门申请专利和办理其他专利事务的，应当同时提交委托书，写明委托权限。

申请人有2人以上且未委托专利代理机构的，除请求书中另有声明的外，以请求书中指明的第一申请人为代表人。

第十六条 发明、实用新型或者外观设计专利申请的请求书应当写明下列事项：

（一）发明、实用新型或者外观设计的名称；

（二）申请人是中国单位或者个人的，其名称或者姓名、地址、邮政编码、组织机构代码或者居民身份证件号码；申请人是外国人、外国企业或者外国其他组织的，其姓名或者名称、国籍或者注册的国家或者地区；

（三）发明人或者设计人的姓名；

（四）申请人委托专利代理机构的，受托机构的名称、机构代码以及该机构指定的专利代理人的姓名、执业证号码、联系电话；

（五）要求优先权的，申请人第一次提出专利申请（以下简称在先申请）的申请日、申请号以及原受理机构的名称；

（六）申请人或者专利代理机构的签字或者盖章；

（七）申请文件清单；

（八）附加文件清单；

（九）其他需要写明的有关事项。

第十七条 发明或者实用新型专利申请的说明书应当写明发明或者实用新型的名称，该名称应当与请求书中的名称一致。说明书应当包括下列内容：

（一）技术领域：写明要求保护的技术方案所属的技术领域；

（二）背景技术：写明对发明或者实用新型的理解、检索、审查有用的背景技术；有可能的，并引证反映这些背景技术的文件；

（三）发明内容：写明发明或者实用新型所要解决的技术问题以及解决其技术问题采用的技术方案，并对照现有技术写明发明或者实用新型的有益效果；

（四）附图说明：说明书有附图的，对各幅附图作简略说明；

（五）具体实施方式：详细写明申请人认为实现发明或者实用新型的优选方式；必要时，举例说明；有附图的，对照附图。

发明或者实用新型专利申请人应当按照前款规定的方式和顺序撰写说明书，并在说明书每一部分前面写明标题，除非其发明或者实用新型的性质用其他方式或者顺序撰写能节约说明书的篇幅并使他人能够准确理解其发明或者实用新型。

发明或者实用新型说明书应当用词规范、语句清楚，并不得使用“如权利要求……所述的……”一类的引用语，也不得使用商业性宣传用语。

发明专利申请包含一个或者多个核苷酸或者氨基酸序列的，说明书应当包括符合国务院专利行政部门规定的序列表。申请人应当将该序列表作为说明书的一个单独部分提交，并按照国务院专利行政部门的规定提交该序列表的计算机可读形式的副本。

实用新型专利申请说明书应当有表示要求保护的产品的形状、构造或者其结合的附图。

第十八条 发明或者实用新型的几幅附图应当按照“图1，图2，……”顺序编号排列。

发明或者实用新型说明书文字部分中未提及的附图标记不得在附图中出现，附图中未出现的附图标记不得在说明书文字部分中提及。申请文件中表示同一组成部分的附图标记应当一致。

附图中除必需的词语外，不应当含有其他注释。

第十九条 权利要求书应当记载发明或者实用新型的技术特征。

权利要求书有几项权利要求的，应当用阿拉伯数字顺序编号。

权利要求书中使用的科技术语应当与说明书中使用的科技术语一致，可以有化学式或者数学式，但是不得有插图。除绝对必要的外，不得使用“如说明书……部分所述”或者“如图……所示”的用语。

权利要求中的技术特征可以引用说明书附图中相应的标记，该标记应当放在相应的技术特征后并置于括号内，便于理解权利要求。附图标记不得解释为对权利要求的限制。

第二十条 权利要求书应当有独立权利要求，也可以有从属权利要求。

独立权利要求应当从整体上反映发明或者实用新型的技术方

案，记载解决技术问题的必要技术特征。

从属权利要求应当用附加的技术特征，对引用的权利要求作进一步限定。

第二十一条 发明或者实用新型的独立权利要求应当包括前序部分和特征部分，按照下列规定撰写：

（一）前序部分：写明要求保护的发明或者实用新型技术方案的主题名称和发明或者实用新型主题与最接近的现有技术共有的必要技术特征；

（二）特征部分：使用“其特征是……”或者类似的用语，写明发明或者实用新型区别于最接近的现有技术的技术特征。这些特征和前序部分写明的特征合在一起，限定发明或者实用新型要求保护的范围。

发明或者实用新型的性质不适于用前款方式表达的，独立权利要求可以用其他方式撰写。

一项发明或者实用新型应当只有一个独立权利要求，并写在同一发明或者实用新型的从属权利要求之前。

第二十二条 发明或者实用新型的从属权利要求应当包括引用部分和限定部分，按照下列规定撰写：

（一）引用部分：写明引用的权利要求的编号及其主题名称；

（二）限定部分：写明发明或者实用新型附加的技术特征。

从属权利要求只能引用在前的权利要求。引用两项以上权利要求的多项从属权利要求，只能以择一方式引用在前的权利要求，并不得作为另一项多项从属权利要求的基础。

第二十三条 说明书摘要应当写明发明或者实用新型专利申请所公开内容的概要，即写明发明或者实用新型的名称和所属技术领域，并清楚地反映所要解决的技术问题、解决该问题的技术方案的要点以及主要用途。

说明书摘要可以包含最能说明发明的化学式；有附图的专利

申请，还应当提供一幅最能说明该发明或者实用新型技术特征的附图。附图的大小及清晰度应当保证在该图缩小到4厘米×6厘米时，仍能清晰地分辨出图中的各个细节。摘要文字部分不得超过300个字。摘要中不得使用商业性宣传用语。

第二十四条 申请专利的发明涉及新的生物材料，该生物材料公众不能得到，并且对该生物材料的说明不足以使所属领域的技术人员实施其发明的，除应当符合专利法和本细则的有关规定外，申请人还应当办理下列手续：

（一）在申请日前或者最迟在申请日（有优先权的，指优先权日），将该生物材料的样品提交国务院专利行政部门认可的保藏单位保藏，并在申请时或者最迟自申请日起4个月内提交保藏单位出具的保藏证明和存活证明；期满未提交证明的，该样品视为未提交保藏；

（二）在申请文件中，提供有关该生物材料特征的资料；

（三）涉及生物材料样品保藏的专利申请应当在请求书和说明书中写明该生物材料的分类命名（注明拉丁文名称）、保藏该生物材料样品的单位名称、地址、保藏日期和保藏编号；申请时未写明的，应当自申请日起4个月内补正；期满未补正的，视为未提交保藏。

第二十五条 发明专利申请人依照本细则第二十四条的规定保藏生物材料样品的，在发明专利申请公布后，任何单位或者个人需要将该专利申请所涉及的生物材料作为实验目的使用的，应当向国务院专利行政部门提出请求，并写明下列事项：

（一）请求人的姓名或者名称和地址；

（二）不向其他任何人提供该生物材料的保证；

（三）在授予专利权前，只作为实验目的使用的保证。

第二十六条 专利法所称遗传资源，是指取自人体、动物、植物或者微生物等含有遗传功能单位并具有实际或者潜在价值的材料；专利法所称依赖遗传资源完成的发明创造，是指利用了遗传资源的遗传功能完成的发明创造。

就依赖遗传资源完成的发明创造申请专利的，申请人应当在请求书中予以说明，并填写国务院专利行政部门制定的表格。

第二十七条 申请人请求保护色彩的，应当提交彩色图片或者照片。

申请人应当就每件外观设计产品所需要保护的内容提交有关图片或者照片。

第二十八条 外观设计的简要说明应当写明外观设计产品的名称、用途，外观设计的设计要点，并指定一幅最能表明设计要点的图片或者照片。省略视图或者请求保护色彩的，应当在简要说明中写明。

对同一产品的多项相似外观设计提出一件外观设计专利申请的，应当在简要说明中指定其中一项作为基本设计。

简要说明不得使用商业性宣传用语，也不能用来说明产品的性能。

第二十九条 国务院专利行政部门认为必要时，可以要求外观设计专利申请人提交使用外观设计的产品样品或者模型。样品或者模型的体积不得超过30厘米×30厘米×30厘米，重量不得超过15公斤。易腐、易损或者危险品不得作为样品或者模型提交。

第三十条 专利法第二十四条第（一）项所称中国政府承认的国际展览会，是指国际展览会公约规定的在国际展览局注册或者由其认可的国际展览会。

专利法第二十四条第（二）项所称学术会议或者技术会议，是指国务院有关主管部门或者全国性学术团体组织召开的学术会议或者技术会议。

申请专利的发明创造有专利法第二十四条第（一）项或者第（二）项所列情形的，申请人应当在提出专利申请时声明，并自申请日起2个月内提交有关国际展览会或者学术会议、技术会议的组织单位出具的有关发明创造已经展出或者发表，以及展出或者发表日期的证明文件。

申请专利的发明创造有专利法第二十四条第（三）项所列情形的，国务院专利行政部门认为必要时，可以要求申请人在指定期限内提交证明文件。

申请人未依照本条第三款的规定提出声明和提交证明文件的，或者未依照本条第四款的规定在指定期限内提交证明文件的，其申请不适用专利法第二十四条的规定。

第三十一条 申请人依照专利法第三十条的规定要求外国优先权的，申请人提交的在先申请文件副本应当经原受理机构证明。依照国务院专利行政部门与该受理机构签订的协议，国务院专利行政部门通过电子交换等途径获得在先申请文件副本的，视为申请人提交了经该受理机构证明的在先申请文件副本。要求本国优先权，申请人在请求书中写明在先申请的申请日和申请号的，视为提交了在先申请文件副本。

要求优先权，但请求书中漏写或者错写在先申请的申请日、申请号和原受理机构名称中的一项或者两项内容的，国务院专利行政部门应当通知申请人在指定期限内补正；期满未补正的，视为未要求优先权。

要求优先权的申请人的姓名或者名称与在先申请文件副本中记载的申请人姓名或者名称不一致的，应当提交优先权转让证明材料，未提交该证明材料的，视为未要求优先权。

外观设计专利申请的申请人要求外国优先权，其在先申请未包括对外观设计的简要说明，申请人按照本细则第二十八条规定提交的简要说明未超出在先申请文件的图片或者照片表示的范围的，不影响其享有优先权。

第三十二条 申请人在一件专利申请中，可以要求一项或者多项优先权；要求多项优先权的，该申请的优先权期限从最早的优先权日起计算。

申请人要求本国优先权，在先申请是发明专利申请的，可以就相同主题提出发明或者实用新型专利申请；在先申请是实用新型专利申请的，可以就相同主题提出实用新型或者发明专利申请。但是，提出后一申请时，在先申请的主题有下列情形之一的，不得作为要求本国优先权的基础：

（一）已经要求外国优先权或者本国优先权的；

（二）已经被授予专利权的；

（三）属于按照规定提出的分案申请的。

申请人要求本国优先权的，其在先申请自后一申请提出之日起即视为撤回。

第三十三条 在中国没有经常居所或者营业所的申请人，申请专利或者要求外国优先权的，国务院专利行政部门认为必要时，可以要求其提供下列文件：

（一）申请人是个人的，其国籍证明；

（二）申请人是企业或者其他组织的，其注册的国家或者地区的证明文件；

（三）申请人的所属国，承认中国单位和个人可以按照该国国民的同等条件，在该国享有专利权、优先权和其他与专利有关的权利的证明文件。

第三十四条 依照专利法第三十一条第一款规定，可以作为一件专利申请提出的属于一个总的发明构思的两项以上的发明或者实用新型，应当在技术上相互关联，包含一个或者多个相同或者相应的特定技术特征，其中特定技术特征是指每一项发明或者实用新型作为整体，对现有技术作出贡献的技术特征。

第三十五条 依照专利法第三十一条第二款规定，将同一产品的多项相似外观设计作为一件申请提出的，对该产品的其他设计应当与简要说明中指定的基本设计相似。一件外观设计专利申请中的相似外观设计不得超过10项。

专利法第三十一条第二款所称同一类别并且成套出售或者使用的产品的两项以上外观设计，是指各产品属于分类表中同一大类，习惯上同时出售或者同时使用，而且各产品的外观设计具有相同的设计构思。

将两项以上外观设计作为一件申请提出的，应当将各项外观设计的顺序编号标注在每件外观设计产品各幅图片或者照片的名称之前。

第三十六条 申请人撤回专利申请的，应当向国务院专利行政部门提出声明，写明发明创造的名称、申请号和申请日。

撤回专利申请的声明在国务院专利行政部门作好公布专利申请文件的印刷准备工作后提出的，申请文件仍予公布；但是，撤回专利申请的声明应当在以后出版的专利公报上予以公告。

第三章 专利申请的审查和批准

第三十七条 在初步审查、实质审查、复审和无效宣告程序中，实施审查和审理的人员有下列情形之一的，应当自行回避，当事人或者其他利害关系人可以要求其回避：

（一）是当事人或者其代理人的近亲属的；

（二）与专利申请或者专利权有利害关系的；

（三）与当事人或者其代理人有其他关系，可能影响公正审查和审理的；

（四）专利复审委员会成员曾参与原申请的审查的。

第三十八条 国务院专利行政部门收到发明或者实用新型专利申请的请求书、说明书（实用新型必须包括附图）和权利要求书，或者外观设计专利申请的请求书、外观设计的图片或者照片和简要说明后，应当明确申请日、给予申请号，并通知申请人。

第三十九条 专利申请文件有下列情形之一的，国务院专利行政部门不予受理，并通知申请人：

（一）发明或者实用新型专利申请缺少请求书、说明书（实用新型无附图）或者权利要求书的，或者外观设计专利申请缺少请求书、图片或者照片、简要说明的；

（二）未使用中文的；

（三）不符合本细则第一百二十一条第一款规定的；

（四）请求书中缺少申请人姓名或者名称，或者缺少地址的；

（五）明显不符合专利法第十八条或者第十九条第一款的规定的；

（六）专利申请类别（发明、实用新型或者外观设计）不明确或者难以确定的。

第四十条 说明书中写有对附图的说明但无附图或者缺少部分附图的，申请人应当在国务院专利行政部门指定的期限内补交附图或者声明取消对附图的说明。申请人补交附图的，以向国务院专利行政部门提交或者邮寄附图之日为申请日；取消对附图的说明的，保留原申请日。

第四十一条 两个以上的申请人同日（指申请日；有优先权的，指优先权日）分别就同样的发明创造申请专利的，应当在收到国务院专利行政部门的通知后自行协商确定申请人。

同一申请人在同日（指申请日）对同样的发明创造既申请实用新型专利又申请发明专利的，应当在申请时分别说明对同样的发明创造已申请了另一专利；未作说明的，依照专利法第九条第一款关于同样的发明创造只能授予一项专利权的规定处理。

国务院专利行政部门公告授予实用新型专利权，应当公告申请人已依照本条第二款的规定同时申请了发明专利的说明。

发明专利申请经审查没有发现驳回理由，国务院专利行政部门应当通知申请人在规定期限内声明放弃实用新型专利权。申请人声明放弃的，国务院专利行政部门应当作出授予发明专利权的决定，并在公告授予发明专利权时一并公告申请人放弃实用新型专利权声明。申请人不同意放弃的，国务院专利行政部门应当驳回该发明专利申请；申请人期满未答复的，视为撤回该发明专利申请。

实用新型专利权自公告授予发明专利权之日起终止。

第四十二条 一件专利申请包括两项以上发明、实用新型或者外观设计的，申请人可以在本细则第五十四条第一款规定的期限届满前，向国务院专利行政部门提出分案申请；但是，专利申请已经被驳回、撤回或者视为撤回的，不能提出分案申请。

国务院专利行政部门认为一件专利申请不符合专利法第三十一条和本细则第三十四条或者第三十五条的规定的，应当通知申请人在指定期限内对其申请进行修改；申请人期满未答复的，该申请视为撤回。

分案的申请不得改变原申请的类别。

第四十三条 依照本细则第四十二条规定提出的分案申请，可以保留原申请日，享有优先权的，可以保留优先权日，但是不得超出原申请记载的范围。

分案申请应当依照专利法及本细则的规定办理有关手续。

分案申请的请求书中应当写明原申请的申请号和申请日。提交分案申请时，申请人应当提交原申请文件副本；原申请享有优先权的，并应当提交原申请的优先权文件副本。

第四十四条 专利法第三十四条和第四十条所称初步审查，是指审查专利申请是否具备专利法第二十六条或者第二十七条规定的文件和其他必要的文件，这些文件是否符合规定的格式，并审查下列各项：

（一）发明专利申请是否明显属于专利法第五条、第二十五条规定的情形，是否不符合专利法第十八条、第十九条第一款、第二十条第一款或者本细则第十六条、第二十六条第二款的规定，是否明显不符合专利法第二条第二款、第二十六条第五款、第三十一条第一款、第三十三条或者本细则第十七条至第二十一条的规定；

（二）实用新型专利申请是否明显属于专利法第五条、第二十五条规定的情形，是否不符合专利法第十八条、第十九条第一款、第二十条第一款或者本细则第十六条至第十九条、第二十一条至第二十三条的规定，是否明显不符合专利法第二条第三款、第二十二条第二款、第四款、第二十六条第三款、第四款、第三十一条第一款、第三十三条或者本细则第二十条、第四十三条第一款的规定，是否依照专利法第九条规定不能取得专利权；

（三）外观设计专利申请是否明显属于专利法第五条、第二十五条第一款第（六）项规定的情形，是否不符合专利法第十八条、第十九条第一款或者本细则第十六条、第二十七条、第二十八条的规定，是否明显不符合专利法第二条第四款、第二十三条第一款、第二十七条第二款、第三十一条第二款、第三十三条或者本细则第四十三条第一款的规定，是否依照专利法第九条规定不能取得专利权；

（四）申请文件是否符合本细则第二条、第三条第一款的规定。

国务院专利行政部门应当将审查意见通知申请人，要求其在指定期限内陈述意见或者补正；申请人期满未答复的，其申请视为撤回。申请人陈述意见或者补正后，国务院专利行政部门仍然认为不符合前款所列各项规定的，应当予以驳回。

第四十五条 除专利申请文件外，申请人向国务院专利行政部门提交的与专利申请有关的其他文件有下列情形之一的，视为未提交：

（一）未使用规定的格式或者填写不符合规定的；

（二）未按照规定提交证明材料的。

国务院专利行政部门应当将视为未提交的审查意见通知申请人。

第四十六条 申请人请求早日公布其发明专利申请的，应当向国务院专利行政部门声明。国务院专利行政部门对该申请进行初步审查后，除予以驳回的外，应当立即将申请予以公布。

第四十七条 申请人写明使用外观设计的产品及其所属类别的，应当使用国务院专利行政部门公布的外观设计产品分类表。未写明使用外观设计的产品所属类别或者所写的类别不确切的，国务院专利行政部门可以予以补充或者修改。

第四十八条 自发明专利申请公布之日起至公告授予专利权之日止，任何人均可以对不符合专利法规定的专利申请向国务院专利行政部门提出意见，并说明理由。

第四十九条 发明专利申请人因有正当理由无法提交专利法第三十六条规定的检索资料或者审查结果资料的，应当向国务院专利行政部门声明，并在得到有关资料后补交。

第五十条 国务院专利行政部门依照专利法第三十五条第二款的规定对专利申请自行进行审查时，应当通知申请人。

第五十一条 发明专利申请人在提出实质审查请求时以及在收到国务院专利行政部门发出的发明专利申请进入实质审查阶段通知书之日起的3个月内，可以对发明专利申请主动提出修改。

实用新型或者外观设计专利申请人自申请日起2个月内，可以对实用新型或者外观设计专利申请主动提出修改。

申请人在收到国务院专利行政部门发出的审查意见通知书后对专利申请文件进行修改的，应当针对通知书指出的缺陷进行修改。

国务院专利行政部门可以自行修改专利申请文件中文字和符

号的明显错误。国务院专利行政部门自行修改的，应当通知申请人。

第五十二条 发明或者实用新型专利申请的说明书或者权利要求书的修改部分，除个别文字修改或者增删外，应当按照规定格式提交替换页。外观设计专利申请的图片或者照片的修改，应当按照规定提交替换页。

第五十三条 依照专利法第三十八条的规定，发明专利申请经实质审查应当予以驳回的情形是指：

（一）申请属于专利法第五条、第二十五条规定的情形，或者依照专利法第九条规定不能取得专利权的；

（二）申请不符合专利法第二条第二款、第二十条第一款、第二十二条、第二十六条第三款、第四款、第五款、第三十一条第一款或者本细则第二十条第二款规定的；

（三）申请的修改不符合专利法第三十三条规定，或者分案的申请不符合本细则第四十三条第一款的规定的。

第五十四条 国务院专利行政部门发出授予专利权的通知后，申请人应当自收到通知之日起2个月内办理登记手续。申请人按期办理登记手续的，国务院专利行政部门应当授予专利权，颁发专利证书，并予以公告。

期满未办理登记手续的，视为放弃取得专利权的权利。

第五十五条 保密专利申请经审查没有发现驳回理由的，国务院专利行政部门应当作出授予保密专利权的决定，颁发保密专利证书，登记保密专利权的有关事项。

第五十六条 授予实用新型或者外观设计专利权的决定公告后，专利法第六十条规定的专利权人或者利害关系人可以请求国务院专利行政部门作出专利权评价报告。

请求作出专利权评价报告的，应当提交专利权评价报告请求书，写明专利号。每项请求应当限于一项专利权。

专利权评价报告请求书不符合规定的，国务院专利行政部门应当通知请求人在指定期限内补正；请求人期满未补正的，视为未提出请求。

第五十七条 国务院专利行政部门应当自收到专利权评价报告请求书后2个月内作出专利权评价报告。对同一项实用新型或者外观设计专利权，有多个请求人请求作出专利权评价报告的，国务院专利行政部门仅作出一份专利权评价报告。任何单位或者个人可以查阅或者复制该专利权评价报告。

第五十八条 国务院专利行政部门对专利公告、专利单行本中出现的错误，一经发现，应当及时更正，并对所作更正予以公告。

第四章 专利申请的复审与专利权的无效宣告

第五十九条 专利复审委员会由国务院专利行政部门指定的技术专家和法律专家组成，主任委员由国务院专利行政部门负责人兼任。

第六十条 依照专利法第四十一条的规定向专利复审委员会请求复审的，应当提交复审请求书，说明理由，必要时还应当附具有关证据。

复审请求不符合专利法第十九条第一款或者第四十一条第一款规定的，专利复审委员会不予受理，书面通知复审请求人并说明理由。

复审请求书不符合规定格式的，复审请求人应当在专利复审委员会指定的期限内补正；期满未补正的，该复审请求视为未提出。

第六十一条 请求人在提出复审请求或者在对专利复审委员

会的复审通知书作出答复时，可以修改专利申请文件；但是，修改应当仅限于消除驳回决定或者复审通知书指出的缺陷。

修改的专利申请文件应当提交一式两份。

第六十二条 专利复审委员会应当将受理的复审请求书转交国务院专利行政部门原审查部门进行审查。原审查部门根据复审请求人的请求，同意撤销原决定的，专利复审委员会应当据此作出复审决定，并通知复审请求人。

第六十三条 专利复审委员会进行复审后，认为复审请求不符合专利法和本细则有关规定的，应当通知复审请求人，要求其在指定期限内陈述意见。期满未答复的，该复审请求视为撤回；经陈述意见或者进行修改后，专利复审委员会认为仍不符合专利法和本细则有关规定的，应当作出维持原驳回决定的复审决定。

专利复审委员会进行复审后，认为原驳回决定不符合专利法和本细则有关规定的，或者认为经过修改的专利申请文件消除了原驳回决定指出的缺陷的，应当撤销原驳回决定，由原审查部门继续进行审查程序。

第六十四条 复审请求人在专利复审委员会作出决定前，可以撤回其复审请求。

复审请求人在专利复审委员会作出决定前撤回其复审请求的，复审程序终止。

第六十五条 依照专利法第四十五条的规定，请求宣告专利权无效或者部分无效的，应当向专利复审委员会提交专利权无效宣告请求书和必要的证据一式两份。无效宣告请求书应当结合提交的所有证据，具体说明无效宣告请求的理由，并指明每项理由所依据的证据。

前款所称无效宣告请求的理由，是指被授予专利的发明创造不符合专利法第二条、第二十条第一款、第二十二条、第二十三条、第二十六条第三款、第四款、第二十七条第二款、第三十三条或者本细则第二十条第二款、第四十三条第一款的规定，或者属于专利法第五条、第二十五条的规定，或者依照专利法第九条规定不能取得专利权。

第六十六条 专利权无效宣告请求不符合专利法第十九条第一款或者本细则第六十五条规定的，专利复审委员会不予受理。

在专利复审委员会就无效宣告请求作出决定之后，又以同样的理由和证据请求无效宣告的，专利复审委员会不予受理。

以不符合专利法第二十三条第三款的规定为理由请求宣告外观设计专利权无效，但是未提交证明权利冲突的证据的，专利复审委员会不予受理。

专利权无效宣告请求书不符合规定格式的，无效宣告请求人应当在专利复审委员会指定的期限内补正；期满未补正的，该无效宣告请求视为未提出。

第六十七条 在专利复审委员会受理无效宣告请求后，请求人可以在提出无效宣告请求之日起1个月内增加理由或者补充证据。逾期增加理由或者补充证据的，专利复审委员会可以不予考虑。

第六十八条 专利复审委员会应当将专利权无效宣告请求书和有关文件的副本送交专利权人，要求其在指定的期限内陈述意见。

专利权人和无效宣告请求人应当在指定期限内答复专利复审委员会发出的转送文件通知书或者无效宣告请求审查通知书；期满未答复的，不影响专利复审委员会审理。

第六十九条 在无效宣告请求的审查过程中，发明或者实用新型专利的专利权人可以修改其权利要求书，但是不得扩大原专利的保护范围。

发明或者实用新型专利的专利权人不得修改专利说明书和附图，外观设计专利的专利权人不得修改图片、照片和简要说明。

第七十条 专利复审委员会根据当事人的请求或者案情需要，可以决定对无效宣告请求进行口头审理。

专利复审委员会决定对无效宣告请求进行口头审理的，应当向当事人发出口头审理通知书，告知举行口头审理的日期和地点。当事人应当在通知书指定的期限内作出答复。

无效宣告请求人对专利复审委员会发出的口头审理通知书在指定的期限内未作答复，并且不参加口头审理的，其无效宣告请求视为撤回；专利权人不参加口头审理的，可以缺席审理。

第七十一条 在无效宣告请求审查程序中，专利复审委员会指定的期限不得延长。

第七十二条 专利复审委员会对无效宣告的请求作出决定前，无效宣告请求人可以撤回其请求。

专利复审委员会作出决定之前，无效宣告请求人撤回其请求或者其无效宣告请求被视为撤回的，无效宣告请求审查程序终止。但是，专利复审委员会认为根据已进行的审查工作能够作出宣告专利权无效或者部分无效的决定的，不终止审查程序。

第五章 专利实施的强制许可

第七十三条 专利法第四十八条第（一）项所称未充分实施其专利，是指专利权人及其被许可人实施其专利的方式或者规模不能满足国内对专利产品或者专利方法的需求。

专利法第五十条所称取得专利权的药品，是指解决公共健康问题所需的医药领域中的任何专利产品或者依照专利方法直接获得的产品，包括取得专利权的制造该产品所需的活性成分以及使用该产品所需的诊断用品。

第七十四条 请求给予强制许可的，应当向国务院专利行政部门提交强制许可请求书，说明理由并附具有关证明文件。

国务院专利行政部门应当将强制许可请求书的副本送交专利权人，专利权人应当在国务院专利行政部门指定的期限内陈述意见；期满未答复的，不影响国务院专利行政部门作出决定。

国务院专利行政部门在作出驳回强制许可请求的决定或者给予强制许可的决定前，应当通知请求人和专利权人拟作出的决定及其理由。

国务院专利行政部门依照专利法第五十条的规定作出给予强制许可的决定，应当同时符合中国缔结或者参加的有关国际条约关于为了解决公共健康问题而给予强制许可的规定，但中国作出保留的除外。

第七十五条 依照专利法第五十七条的规定，请求国务院专利行政部门裁决使用费数额的，当事人应当提出裁决请求书，并附具双方不能达成协议的证明文件。国务院专利行政部门应当自收到请求书之日起3个月内作出裁决，并通知当事人。

第六章 对职务发明创造的发明人或者设计人的奖励和报酬

第七十六条 被授予专利权的单位可以与发明人、设计人约定或者在其依法制定的规章制度中规定专利法第十六条规定的奖励、报酬的方式和数额。

企业、事业单位给予发明人或者设计人的奖励、报酬，按照国家有关财务、会计制度的规定进行处理。

第七十七条 被授予专利权的单位未与发明人、设计人约定也未在其依法制定的规章制度中规定专利法第十六条规定的奖励的方式和数额的，应当自专利权公告之日起3个月内发给发明人或者设计人奖金。一项发明专利的奖金最低不少于3000元；一项实用新型专利或者外观设计专利的奖金最低不少于1000元。

由于发明人或者设计人的建议被其所属单位采纳而完成的发明创造，被授予专利权的单位应当从优发给奖金。

第七十八条 被授予专利权的单位未与发明人、设计人约定也未在其依法制定的规章制度中规定专利法第十六条规定的报酬的方式和数额的，在专利权有效期限内，实施发明创造专利后，每年应当从实施该项发明或者实用新型专利的营业利润中提取不低于2%或者从实施该项外观设计专利的营业利润中提取不低于0.2%，作为报酬给予发明人或者设计人，或者参照上述比例，给予发明人或者设计人一次性报酬；被授予专利权的单位许可其他单位或者个人实施其专利的，应当从收取的使用费中提取不低于10%，作为报酬给予发明人或者设计人。

第七章 专利权的保护

第七十九条 专利法和本细则所称管理专利工作的部门，是指由省、自治区、直辖市人民政府以及专利管理工作量大又有实际处理能力的设区的市人民政府设立的管理专利工作的部门。

第八十条 国务院专利行政部门应当对管理专利工作的部门处理专利侵权纠纷、查处假冒专利行为、调解专利纠纷进行业务指导。

第八十一条 当事人请求处理专利侵权纠纷或者调解专利纠纷的，由被请求人所在地或者侵权行为地的管理专利工作的部门管辖。

两个以上管理专利工作的部门都有管辖权的专利纠纷，当事人可以向其中一个管理专利工作的部门提出请求；当事人向两个以上有管辖权的管理专利工作的部门提出请求的，由最先受理的管理专利工作的部门管辖。

管理专利工作的部门对管辖权发生争议的，由其共同的上级人民政府管理专利工作的部门指定管辖；无共同上级人民政府管理专利工作的部门的，由国务院专利行政部门指定管辖。

第八十二条 在处理专利侵权纠纷过程中，被请求人提出无效宣告请求并被专利复审委员会受理的，可以请求管理专利工作的部门中止处理。

管理专利工作的部门认为被请求人提出的中止理由明显不能成立的，可以不中止处理。

第八十三条 专利权人依照专利法第十七条的规定，在其专利产品或者该产品的包装上标明专利标识的，应当按照国务院专利行政部门规定的方式予以标明。

专利标识不符合前款规定的，由管理专利工作的部门责令改正。

第八十四条 下列行为属于专利法第六十三条规定的假冒专利的行为：

（一）在未被授予专利权的产品或者其包装上标注专利标识，专利权被宣告无效后或者终止后继续在产品或者其包装上标注专利标识，或者未经许可在产品或者产品包装上标注他人的专利号；

（二）销售第（一）项所述产品；

（三）在产品说明书等材料中将未被授予专利权的技术或者设计称为专利技术或者专利设计，将专利申请称为专利，或者未经许可使用他人的专利号，使公众将所涉及的技术或者设计误认为是专利技术或者专利设计；

（四）伪造或者变造专利证书、专利文件或者专利申请文件；

（五）其他使公众混淆，将未被授予专利权的技术或者设计误认为是专利技术或者专利设计的行为。

专利权终止前依法在专利产品、依照专利方法直接获得的产品或者其包装上标注专利标识，在专利权终止后许诺销售、销售该产品的，不属于假冒专利行为。

销售不知道是假冒专利的产品，并且能够证明该产品合法来源的，由管理专利工作的部门责令停止销售，但免除罚款的处罚。

第八十五条 除专利法第六十条规定的外，管理专利工作的部门应当事人请求，可以对下列专利纠纷进行调解：

（一）专利申请权和专利权归属纠纷；

（二）发明人、设计人资格纠纷；

（三）职务发明创造的发明人、设计人的奖励和报酬纠纷；

（四）在发明专利申请公布后专利权授予前使用发明而未支付适当费用的纠纷；

（五）其他专利纠纷。

对于前款第（四）项所列的纠纷，当事人请求管理专利工作的部门调解的，应当在专利权被授予之后提出。

第八十六条 当事人因专利申请权或者专利权的归属发生纠纷，已请求管理专利工作的部门调解或者向人民法院起诉的，可以请求国务院专利行政部门中止有关程序。

依照前款规定请求中止有关程序的，应当向国务院专利行政部门提交请求书，并附具管理专利工作的部门或者人民法院的写明申请号或者专利号的有关受理文件副本。

管理专利工作的部门作出的调解书或者人民法院作出的判决生效后，当事人应当向国务院专利行政部门办理恢复有关程序的手续。自请求中止之日起1年内，有关专利申请权或者专利权归属的纠纷未能结案，需要继续中止有关程序的，请求人应当在该期限内请求延长中止。期满未请求延长的，国务院专利行政部门自行恢复有关程序。

第八十七条 人民法院在审理民事案件中裁定对专利申请权或者专利权采取保全措施的，国务院专利行政部门应当在收到写明申请号或者专利号的裁定书和协助执行通知书之日中止被保全的专利申请权或者专利权的有关程序。保全期限届满，人民法院没有裁定继续采取保全措施的，国务院专利行政部门自行恢复有关程序。

第八十八条 国务院专利行政部门根据本细则第八十六条和第八十七条规定中止有关程序，是指暂停专利申请的初步审查、实质审查、复审程序，授予专利权程序和专利权无效宣告程序；暂停办理放弃、变更、转移专利权或者专利申请权手续，专利权质押手续以及专利权期限届满前的终止手续等。

第八章 专利登记和专利公报

第八十九条 国务院专利行政部门设置专利登记簿，登记下列与专利申请和专利权有关的事项：

（一）专利权的授予；

（二）专利申请权、专利权的转移；

（三）专利权的质押、保全及其解除；

（四）专利实施许可合同的备案；

（五）专利权的无效宣告；

（六）专利权的终止；

（七）专利权的恢复；

（八）专利实施的强制许可；

（九）专利权人的姓名或者名称、国籍和地址的变更。

第九十条 国务院专利行政部门定期出版专利公报，公布或者公告下列内容：

（一）发明专利申请的著录事项和说明书摘要；

（二）发明专利申请的实质审查请求和国务院专利行政部门对发明专利申请自行进行实质审查的决定；

（三）发明专利申请公布后的驳回、撤回、视为撤回、视为放弃、恢复和转移；

（四）专利权的授予以及专利权的著录事项；

（五）发明或者实用新型专利的说明书摘要，外观设计专利的一幅图片或者照片；

（六）国防专利、保密专利的解密；

（七）专利权的无效宣告；

（八）专利权的终止、恢复；

（九）专利权的转移；

（十）专利实施许可合同的备案；

（十一）专利权的质押、保全及其解除；

（十二）专利实施的强制许可的给予；

（十三）专利权人的姓名或者名称、地址的变更；

（十四）文件的公告送达；

（十五）国务院专利行政部门作出的更正；

（十六）其他有关事项。

第九十一条 国务院专利行政部门应当提供专利公报、发明专利申请单行本以及发明专利、实用新型专利、外观设计专利单行本，供公众免费查阅。

第九十二条 国务院专利行政部门负责按照互惠原则与其他国家、地区的专利机关或者区域性专利组织交换专利文献。

第九章 费 用

第九十三条 向国务院专利行政部门申请专利和办理其他手续时，应当缴纳下列费用：

（一）申请费、申请附加费、公布印刷费、优先权要求费；

（二）发明专利申请实质审查费、复审费；

（三）专利登记费、公告印刷费、年费；

（四）恢复权利请求费、延长期限请求费；

（五）著录事项变更费、专利权评价报告请求费、无效宣告请求费。

前款所列各种费用的缴纳标准，由国务院价格管理部门、财政部门会同国务院专利行政部门规定。

第九十四条 专利法和本细则规定的各种费用，可以直接向国务院专利行政部门缴纳，也可以通过邮局或者银行汇付，或者以国务院专利行政部门规定的其他方式缴纳。

通过邮局或者银行汇付的，应当在送交国务院专利行政部门的汇单上写明正确的申请号或者专利号以及缴纳的费用名称。不符合本款规定的，视为未办理缴费手续。

直接向国务院专利行政部门缴纳费用的，以缴纳当日为缴费日；以邮局汇付方式缴纳费用的，以邮局汇出的邮戳日为缴费日；以银行汇付方式缴纳费用的，以银行实际汇出日为缴费日。

多缴、重缴、错缴专利费用的，当事人可以自缴费日起3年内，向国务院专利行政部门提出退款请求，国务院专利行政部门应当予以退还。

第九十五条 申请人应当自申请日起2个月内或者在收到受理通知书之日起15日内缴纳申请费、公布印刷费和必要的申请附加费；期满未缴纳或者未缴足的，其申请视为撤回。

申请人要求优先权的，应当在缴纳申请费的同时缴纳优先权要求费；期满未缴纳或者未缴足的，视为未要求优先权。

第九十六条 当事人请求实质审查或者复审的，应当在专利法及本细则规定的相关期限内缴纳费用；期满未缴纳或者未缴足的，视为未提出请求。

第九十七条 申请人办理登记手续时，应当缴纳专利登记费、公告印刷费和授予专利权当年的年费；期满未缴纳或者未缴足的，视为未办理登记手续。

第九十八条 授予专利权当年以后的年费应当在上一年度期

满前缴纳。专利权人未缴纳或者未缴足的，国务院专利行政部门应当通知专利权人自应当缴纳年费期满之日起6个月内补缴，同时缴纳滞纳金；滞纳金的金额按照每超过规定的缴费时间1个月，加收当年全额年费的5%计算；期满未缴纳的，专利权自应当缴纳年费期满之日起终止。

第九十九条 恢复权利请求费应当在本细则规定的相关期限内缴纳；期满未缴纳或者未缴足的，视为未提出请求。

延长期限请求费应当在相应期限届满之日前缴纳；期满未缴纳或者未缴足的，视为未提出请求。

著录事项变更费、专利权评价报告请求费、无效宣告请求费应当自提出请求之日起1个月内缴纳；期满未缴纳或者未缴足的，视为未提出请求。

第一百条 申请人或者专利权人缴纳本细则规定的各种费用有困难的，可以按照规定向国务院专利行政部门提出减缴或者缓缴的请求。减缴或者缓缴的办法由国务院财政部门会同国务院价格管理部门、国务院专利行政部门规定。

第十章 关于国际申请的特别规定

第一百零一条 国务院专利行政部门根据专利法第二十条规定，受理按照专利合作条约提出的专利国际申请。

按照专利合作条约提出并指定中国的专利国际申请（以下简称国际申请）进入国务院专利行政部门处理阶段（以下称进入中国国家阶段）的条件和程序适用本章的规定；本章没有规定的，适用专利法及本细则其他各章的有关规定。

第一百零二条 按照专利合作条约已确定国际申请日并指定中国的国际申请，视为向国务院专利行政部门提出的专利申请，该国际申请日视为专利法第二十八条所称的申请日。

第一百零三条 国际申请的申请人应当在专利合作条约第二条所称的优先权日（本章简称优先权日）起30个月内，向国务院专利行政部门办理进入中国国家阶段的手续；申请人未在该期限内办理该手续的，在缴纳宽限费后，可以在自优先权日起32个月内办理进入中国国家阶段的手续。

第一百零四条 申请人依照本细则第一百零三条的规定办理进入中国国家阶段的手续的，应当符合下列要求：

（一）以中文提交进入中国国家阶段的书面声明，写明国际申请号和要求获得的专利权类型；

（二）缴纳本细则第九十三条第一款规定的申请费、公布印刷费，必要时缴纳本细则第一百零三条规定的宽限费；

（三）国际申请以外文提出的，提交原始国际申请的说明书和权利要求书的中文译文；

（四）在进入中国国家阶段的书面声明中写明发明创造的名称，申请人姓名或者名称、地址和发明人的姓名，上述内容应当与世界知识产权组织国际局（以下简称国际局）的记录一致；国际申请中未写明发明人的，在上述声明中写明发明人的姓名；

（五）国际申请以外文提出的，提交摘要的中文译文，有附图和摘要附图的，提交附图副本和摘要附图副本，附图中有文字的，将其替换为对应的中文文字；国际申请以中文提出的，提交国际公布文件中的摘要和摘要附图副本；

（六）在国际阶段向国际局已办理申请人变更手续的，提供变更后的申请人享有申请权的证明材料；

（七）必要时缴纳本细则第九十三条第一款规定的申请附加费。

符合本条第一款第（一）项至第（三）项要求的，国务院专利行政部门应当给予申请号，明确国际申请进入中国国家阶段的日期（以下简称进入日），并通知申请人其国际申请已进入中国国家阶段。

国际申请已进入中国国家阶段，但不符合本条第一款第（四）项至第（七）项要求的，国务院专利行政部门应当通知申请人在指定期限内补正；期满未补正的，其申请视为撤回。

第一百零五条 国际申请有下列情形之一的，其在中国的效力终止：

（一）在国际阶段，国际申请被撤回或者被视为撤回，或者国际申请对中国的指定被撤回的；

（二）申请人未在优先权日起32个月内按照本细则第一百零三条规定办理进入中国国家阶段手续的；

（三）申请人办理进入中国国家阶段的手续，但自优先权日起32个月期限届满仍不符合本细则第一百零四条第（一）项至第（三）项要求的。

依照前款第（一）项的规定，国际申请在中国的效力终止的，不适用本细则第六条的规定；依照前款第（二）项、第（三）项的规定，国际申请在中国的效力终止的，不适用本细则第六条第二款的规定。

第一百零六条 国际申请在国际阶段作过修改，申请人要求以经修改的申请文件为基础进行审查的，应当自进入日起2个月内提交修改部分的中文译文。在该期间内未提交中文译文的，对申请人在国际阶段提出的修改，国务院专利行政部门不予考虑。

第一百零七条 国际申请涉及的发明创造有专利法第二十四条第（一）项或者第（二）项所列情形之一，在提出国际申请时作过声明的，申请人应当在进入中国国家阶段的书面声明中予以说明，并自进入日起2个月内提交本细则第三十条第三款规定的有关证明文件；未予说明或者期满未提交证明文件的，其申请不适用专利法第二十四条的规定。

第一百零八条 申请人按照专利合作条约的规定，对生物材料样品的保藏已作出说明的，视为已经满足了本细则第二十四条第（三）项的要求。申请人应当在进入中国国家阶段声明中指明记载生物材料样品保藏事项的文件以及在该文件中的具体记载位置。

申请人在原始提交的国际申请的说明书中已记载生物材料样品保藏事项，但是没有在进入中国国家阶段声明中指明的，应当自进入日起4个月内补正。期满未补正的，该生物材料视为未提交保藏。

申请人自进入日起4个月内向国务院专利行政部门提交生物材料样品保藏证明和存活证明的，视为在本细则第二十四条第（一）项规定的期限内提交。

第一百零九条 国际申请涉及的发明创造依赖遗传资源完成的，申请人应当在国际申请进入中国国家阶段的书面声明中予以说明，并填写国务院专利行政部门制定的表格。

第一百一十条 申请人在国际阶段已要求一项或者多项优先权，在进入中国国家阶段时该优先权要求继续有效的，视为已经依照专利法第三十条的规定提出了书面声明。

申请人应当自进入日起2个月内缴纳优先权要求费；期满未缴纳或者未缴足的，视为未要求该优先权。

申请人在国际阶段已依照专利合作条约的规定，提交过在先申请文件副本的，办理进入中国国家阶段手续时不需要向国务院专利行政部门提交在先申请文件副本。申请人在国际阶段未提交在先申请文件副本的，国务院专利行政部门认为必要时，可以通知申请人在指定期限内补交；申请人期满未补交的，其优先权要求视为未提出。

第一百一十一条 在优先权日起30个月期满前要求国务院专利行政部门提前处理和审查国际申请的，申请人除应当办理进入中国国家阶段手续外，还应当依照专利合作条约第二十三条第二款规定提出请求。国际局尚未向国务院专利行政部门传送国际申请的，申请人应当提交经确认的国际申请副本。

第一百一十二条 要求获得实用新型专利权的国际申请，申请人可以自进入日起2个月内对专利申请文件主动提出修改。

要求获得发明专利权的国际申请，适用本细则第五十一条第一款的规定。

第一百一十三条 申请人发现提交的说明书、权利要求书或者附图中的文字的中文译文存在错误的，可以在下列规定期限内依照原始国际申请文本提出改正：

（一）在国务院专利行政部门作好公布发明专利申请或者公告实用新型专利权的准备工作之前；

（二）在收到国务院专利行政部门发出的发明专利申请进入实质审查阶段通知书之日起3个月内。

申请人改正译文错误的，应当提出书面请求并缴纳规定的译文改正费。

申请人按照国务院专利行政部门的通知书的要求改正译文的，应当在指定期限内办理本条第二款规定的手续；期满未办理规定手续的，该申请视为撤回。

第一百一十四条 对要求获得发明专利权的国际申请，国务院专利行政部门经初步审查认为符合专利法和本细则有关规定的，应当在专利公报上予以公布；国际申请以中文以外的文字提出的，应当公布申请文件的中文译文。

要求获得发明专利权的国际申请，由国际局以中文进行国际公布的，自国际公布日起适用专利法第十三条的规定；由国际局以中文以外的文字进行国际公布的，自国务院专利行政部门公布之日起适用专利法第十三条的规定。

对国际申请，专利法第二十一条和第二十二条中所称的公布是指本条第一款所规定的公布。

第一百一十五条 国际申请包含两项以上发明或者实用新型

的，申请人可以自进入日起，依照本细则第四十二条第一款的规定提出分案申请。

在国际阶段，国际检索单位或者国际初步审查单位认为国际申请不符合专利合作条约规定的单一性要求时，申请人未按照规定缴纳附加费，导致国际申请某些部分未经国际检索或者未经国际初步审查，在进入中国国家阶段时，申请人要求将所述部分作为审查基础，国务院专利行政部门认为国际检索单位或者国际初步审查单位对发明单一性的判断正确的，应当通知申请人在指定期限内缴纳单一性恢复费。期满未缴纳或者未足额缴纳的，国际申请中未经检索或者未经国际初步审查的部分视为撤回。

第一百一十六条 国际申请在国际阶段被有关国际单位拒绝给予国际申请日或者宣布视为撤回的，申请人在收到通知之日起2个月内，可以请求国际局将国际申请档案中任何文件的副本转交国务院专利行政部门，并在该期限内向国务院专利行政部门办理本细则第一百零三条规定的手续，国务院专利行政部门应当在接到国际局传送的文件后，对国际单位作出的决定是否正确进行复查。

第一百一十七条 基于国际申请授予的专利权，由于译文错误，致使依照专利法第五十九条规定确定的保护范围超出国际申请的原文所表达的范围的，以依据原文限制后的保护范围为准；致使保护范围小于国际申请的原文所表达的范围的，以授权时的保护范围为准。

第十一章 附 则

第一百一十八条 经国务院专利行政部门同意，任何人均可以查阅或者复制已经公布或者公告的专利申请的案卷和专利登记簿，并可以请求国务院专利行政部门出具专利登记簿副本。

已视为撤回、驳回和主动撤回的专利申请的案卷，自该专利申请失效之日起满2年后不予保存。

已放弃、宣告全部无效和终止的专利权的案卷，自该专利权失效之日起满3年后不予保存。

第一百一十九条 向国务院专利行政部门提交申请文件或者办理各种手续，应当由申请人、专利权人、其他利害关系人或者其代表人签字或者盖章；委托专利代理机构的，由专利代理机构盖章。

请求变更发明人姓名、专利申请人和专利权人的姓名或者名称、国籍和地址、专利代理机构的名称、地址和代理人姓名的，应当向国务院专利行政部门办理著录事项变更手续，并附具变更理由的证明材料。

第一百二十条 向国务院专利行政部门邮寄有关申请或者专利权的文件，应当使用挂号信函，不得使用包裹。

除首次提交专利申请文件外，向国务院专利行政部门提交各种文件、办理各种手续的，应当标明申请号或者专利号、发明创造名称和申请人或者专利权人姓名或者名称。

一件信函中应当只包含同一申请的文件。

第一百二十一条 各类申请文件应当打字或者印刷，字迹呈黑色，整齐清晰，并不得涂改。附图应当用制图工具和黑色墨水绘制，线条应当均匀清晰，并不得涂改。

请求书、说明书、权利要求书、附图和摘要应当分别用阿拉伯数字顺序编号。

申请文件的文字部分应当横向书写。纸张限于单面使用。

第一百二十二条 国务院专利行政部门根据专利法和本细则制定专利审查指南。

第一百二十三条 本细则自2001年7月1日起施行。1992年12月12日国务院批准修订、1992年12月21日中国专利局发布的《中华人民共和国专利法实施细则》同时废止。

国防专利条例

(2004年9月17日国务院、中央军事委员会令第418号公布 自2004年11月1日起施行)

第一章 总 则

第一条 为了保护有关国防的发明专利权，确保国家秘密，便利发明创造的推广应用，促进国防科学技术的发展，适应国防现代化建设的需要，根据《中华人民共和国专利法》，制定本条例。

第二条 国防专利是指涉及国防利益以及对国防建设具有潜在作用需要保密的发明专利。

第三条 国家国防专利机构（以下简称国防专利机构）负责受理和审查国防专利申请。经国防专利机构审查认为符合本条例规定的，由国务院专利行政部门授予国防专利权。

国务院国防科学技术工业主管部门和中国人民解放军总装备部（以下简称总装备部）分别负责地方系统和军队系统的国防专利管理工作。

第四条 涉及国防利益或者对国防建设具有潜在作用被确定为绝密级国家秘密的发明不得申请国防专利。

国防专利申请以及国防专利的保密工作，在解密前依照《中华人民共和国保守国家秘密法》和国家有关规定进行管理。

第五条 国防专利权的保护期限为20年，自申请日起计算。

第六条 国防专利在保护期内，因情况变化需要变更密级、解密或者国防专利权终止后需要延长保密期限的，国防专利机构可以作出变更密级、解密或者延长保密期限的决定；但是对在申请国防专利前已被确定为国家秘密的，应当征得原确定密级和保密期限的机关、单位或者其上级机关的同意。

被授予国防专利权的单位或者个人（以下统称国防专利权人）可以向国防专利机构提出变更密级、解密或者延长保密期限的书面申请；属于国有企业事业单位或者军队单位的，应当附送原确定密级和保密期限的机关、单位或者其上级机关的意见。

国防专利机构应当将变更密级、解密或者延长保密期限的决定，在该机构出版的《国防专利内部通报》上刊登，并通知国防专利权人，同时将解密的国防专利报送国务院专利行政部门转为普通专利。国务院专利行政部门应当及时将解密的国防专利向社会公告。

第七条 国防专利申请权和国防专利权经批准可以向国内的中国单位和个人转让。

转让国防专利申请权或者国防专利权，应当确保国家秘密不被泄露，保证国防和军队建设不受影响，并向国防专利机构提出书面申请，国防专利机构进行初步审查后依照本条例第三条第二款规定的职责分工，及时报送国务院国防科学技术工业主管部门、总装备部审批。

国务院国防科学技术工业主管部门、总装备部应当自国防专利机构受理申请之日起30日内作出批准或者不批准的决定；作出不批准决定的，应当书面通知申请人并说明理由。

经批准转让国防专利申请权或者国防专利权的，当事人应当订立书面合同，并向国防专利机构登记，由国防专利机构在《国防专利内部通报》上刊登。国防专利申请权或者国防专利权的转让自登记之日起生效。

第八条 禁止向国外的单位和个人以及在国内的外国人和外国机构转让国防专利申请权和国防专利权。

第九条 需要委托专利代理机构申请国防专利和办理其他国防专利事务的，应当委托国防专利机构指定的专利代理机构办理。专利代理机构及其工作人员对在办理国防专利申请和其他国防专利事务过程中知悉的国家秘密，负有保密义务。

第二章 国防专利的申请、审查和授权

第十条 申请国防专利的，应当向国防专利机构提交请求书、说明书及其摘要和权利要求书等文件。

国防专利申请人应当按照国防专利机构规定的要求和统一格式撰写申请文件，并亲自送交或者经过机要通信以及其他保密方式传交国防专利机构，不得按普通函件邮寄。

国防专利机构收到国防专利申请文件之日为申请日；申请文件通过机要通信邮寄的，以寄出的邮戳日为申请日。

第十一条 国防专利机构定期派人到国务院专利行政部门查看普通专利申请，发现其中有涉及国防利益或者对国防建设具有潜在作用需要保密的，经国务院专利行政部门同意后转为国防专利申请，并通知申请人。

普通专利申请转为国防专利申请后，国防专利机构依照本条例的有关规定对该国防专利申请进行审查。

第十二条 授予国防专利权的发明，应当具备新颖性、创造性和实用性。

新颖性，是指在申请日之前没有同样的发明在国外出版物上公开发表过、在国内出版物上发表过、在国内使用过或者以其他方式为公众所知，也没有同样的发明由他人提出过申请并在申请日以后获得国防专利权。

创造性，是指同申请日之前已有的技术相比，该发明有突出的实质性特点和显著的进步。

实用性，是指该发明能够制造或者使用，并且能够产生积极效果。

第十三条 申请国防专利的发明在申请日之前6个月内，有下列情形之一的，不丧失新颖性：

（一）在国务院有关主管部门、中国人民解放军有关主管部门举办的内部展览会上首次展出的；

（二）在国务院有关主管部门、中国人民解放军有关主管部门召开的内部学术会议或者技术会议上首次发表的；

（三）他人未经国防专利申请人同意而泄露其内容的。

有前款所列情形的，国防专利申请人应当在申请时声明，并自申请日起2个月内提供有关证明文件。

第十四条 国防专利机构对国防专利申请进行审查后，认为不符合本条例规定的，应当通知国防专利申请人在指定的期限内陈述意见或者对其国防专利申请进行修改、补正；无正当理由逾期不答复的，该国防专利申请即被视为撤回。

国防专利申请人在自申请日起6个月内或者在对第一次审查意见通知书进行答复时，可以对其国防专利申请主动提出修改。

申请人对其国防专利申请文件进行修改不得超出原说明书和权利要求书记载的范围。

第十五条 国防专利申请人陈述意见或者对国防专利申请进行修改、补正后，国防专利机构认为仍然不符合本条例规定的，应当予以驳回。

第十六条 国防专利机构设立国防专利复审委员会，负责国防专利的复审和无效宣告工作。

国防专利复审委员会由技术专家和法律专家组成，其主任委员由国防专利机构负责人兼任。

第十七条 国防专利申请人对国防专利机构驳回申请的决定不服的，可以自收到通知之日起3个月内，向国防专利复审委员会请求复审。国防专利复审委员会复审并作出决定后，通知国防专利申请人。

第十八条 国防专利申请经审查认为没有驳回理由或者驳回后经过复审认为不应当驳回的，由国务院专利行政部门作出授予国防专利权的决定，并委托国防专利机构颁发国防专利证书，同时在国务院专利行政部门出版的专利公报上公告该国防专利的申请日、授权日和专利号。国防专利机构应当将该国防专利的有关事项予以登记，并在《国防专利内部通报》上刊登。

第十九条 任何单位或者个人认为国防专利权的授予不符合本条例规定的，可以向国防专利复审委员会提出宣告该国防专利权无效的请求。

第二十条 国防专利复审委员会对宣告国防专利权无效的请求进行审查并作出决定后，通知请求人和国防专利权人。宣告国防专利权无效的决定，国防专利机构应当予以登记并在《国防专利内部通报》上刊登，国务院专利行政部门应当在专利公报上公布。

第三章 国防专利的实施

第二十一条 国防专利机构应当自授予国防专利权之日起3个月内，将该国防专利有关文件副本送交国务院有关主管部门或者中国人民解放军有关主管部门。收到文件副本的部门，应当在4个月内就该国防专利的实施提出书面意见，并通知国防专利机构。

第二十二条 国务院有关主管部门、中国人民解放军有关主管部门，可以允许其指定的单位实施本系统或者本部门内的国防专利；需要指定实施本系统或者本部门以外的国防专利的，应当向国防专利机构提出书面申请，由国防专利机构依照本条例第三条第二款规定的职责分工报国务院国防科学技术工业主管部门、总装备部批准后实施。

国防专利机构对国防专利的指定实施予以登记，并在《国防专利内部通报》上刊登。

第二十三条 实施他人国防专利的单位应当与国防专利权人订立书面实施合同，依照本条例第二十五条的规定向国防专利权人支付费用，并报国防专利机构备案。实施单位不得允许合同规定以外的单位实施该国防专利。

第二十四条 国防专利权人许可国外的单位或者个人实施其国防专利的，应当确保国家秘密不被泄露，保证国防和军队建设不受影响，并向国防专利机构提出书面申请，由国防专利机构进行初步审查后依照本条例第三条第二款规定的职责分工，及时报送国务院国防科学技术工业主管部门、总装备部审批。

国务院国防科学技术工业主管部门、总装备部应当自国防专利机构受理申请之日起30日内作出批准或者不批准的决定；作出不批准决定的，应当书面通知申请人并说明理由。

第二十五条 实施他人国防专利的，应当向国防专利权人支付国防专利使用费。实施使用国家直接投入的国防科研经费或者其他国防经费进行科研活动所产生的国防专利，符合产生该国防专利的经费使用目的的，可以只支付必要的国防专利实施费；但是，科研合同另有约定或者科研任务书另有规定的除外。

前款所称国防专利实施费，是指国防专利实施中发生的为提供技术资料、培训人员以及进一步开发技术等所需的费用。

第二十六条 国防专利指定实施的实施费或者使用费的数额，由国防专利权人与实施单位协商确定；不能达成协议的，由国防专利机构裁决。

第二十七条 国家对国防专利权人给予补偿。国防专利机构在颁发国防专利证书后，向国防专利权人支付国防专利补偿费，具体数额由国防专利机构确定。属于职务发明的，国防专利权人应当将不少于50%的补偿费发给发明人。

第四章 国防专利的管理和保护

第二十八条 国防专利机构出版的《国防专利内部通报》属于国家秘密文件，其知悉范围由国防专利机构确定。

《国防专利内部通报》刊登下列内容：

（一）国防专利申请中记载的著录事项；

（二）国防专利的权利要求书；

（三）发明说明书的摘要；

（四）国防专利权的授予；

（五）国防专利权的终止；

（六）国防专利权的无效宣告；

（七）国防专利申请权、国防专利权的转移；

（八）国防专利的指定实施；

（九）国防专利实施许可合同的备案；

（十）国防专利的变更密级、解密；

（十一）国防专利保密期限的延长；

（十二）国防专利权人的姓名或者名称、地址的变更；

（十三）其他有关事项。

第二十九条 国防专利权被授予后，有下列情形之一的，经国防专利机构同意，可以查阅国防专利说明书：

（一）提出宣告国防专利权无效请求的；

（二）需要实施国防专利的；

（三）发生国防专利纠纷的；

（四）因国防科研需要的。

查阅者对其在查阅过程中知悉的国家秘密负有保密义务。

第三十条 国务院有关主管部门、中国人民解放军有关主管部门和各省、自治区、直辖市的国防科学技术工业管理部门应当指定一个机构管理国防专利工作，并通知国防专利机构。该管理国防专利工作的机构在业务上受国防专利机构指导。

承担国防科研、生产任务以及参与军事订货的军队单位、国务院履行出资人职责的企业和国务院直属事业单位，应当指定相应的机构管理本单位的国防专利工作。

第三十一条 国防专利机构应当事人请求，可以对下列国防专利纠纷进行调解：

（一）国防专利申请权和国防专利权归属纠纷；

（二）国防专利发明人资格纠纷；

（三）职务发明的发明人的奖励和报酬纠纷；

（四）国防专利使用费和实施费纠纷。

第三十二条 除《中华人民共和国专利法》和本条例另有规定的以外，未经国防专利权人许可实施其国防专利，即侵犯其国防专利权，引起纠纷的，由当事人协商解决；不愿协商或者协商不成的，国防专利权人或者利害关系人可以向人民法院起诉，也可以请求国防专利机构处理。

第三十三条 违反本条例规定，泄露国家秘密的，依照《中华人民共和国保守国家秘密法》和国家有关规定处理。

第五章 附　　则

第三十四条 向国防专利机构申请国防专利和办理其他手续，应当按照规定缴纳费用。

第三十五条 《中华人民共和国专利法》和《中华人民共和国专利法实施细则》的有关规定适用于国防专利，但本条例有专门规定的依照本条例的规定执行。

第三十六条 本条例自2004年11月1日起施行。1990年7月30日国务院、中央军事委员会批准的《国防专利条例》同时废止。

专利收费减缴办法

（2016年7月27日　财税〔2016〕78号）

第一条　为贯彻落实国务院《关于新形势下加快知识产权强国建设的若干意见》（国发〔2015〕71号）要求，根据《中华人民共和国专利法实施细则》有关规定，制定本办法。

第二条　专利申请人或者专利权人可以请求减缴下列专利收费：

（一）申请费（不包括公布印刷费、申请附加费）；

（二）发明专利申请实质审查费；

（三）年费（自授予专利权当年起六年内的年费）；

（四）复审费。

第三条　专利申请人或者专利权人符合下列条件之一的，可以向国家知识产权局请求减缴上述收费：

（一）上年度月均收入低于3500元（年4.2万元）的个人；

（二）上年度企业应纳税所得额低于30万元的企业；

（三）事业单位，社会团体、非营利性科研机构。

两个或者两个以上的个人或者单位为共同专利申请人或者共有专利权人的，应当分别符合前款规定。

第四条　专利申请人或者专利权人为个人或者单位的，减缴本办法第二条规定收费的85%。

两个或者两个以上的个人或者单位为共同专利申请人或者共有专利权人的，减缴本办法第二条规定收费的70%。

第五条　专利申请人或者专利权人只能请求减缴尚未到期的收费。减缴申请费的请求应当与专利申请同时提出，减缴其他收费的请求可以与专利申请同时提出，也可以在相关收费缴纳期限届满日两个半月之前提出。未按规定时限提交减缴请求的，不予减缴。

第六条 专利申请人或者专利权人请求减缴专利收费的，应当提交收费减缴请求书及相关证明材料。专利申请人或者专利权人通过专利事务服务系统提交专利收费减缴请求并经审核批准备案的，在一个自然年度内再次请求减缴专利收费，仅需提交收费减缴请求书，无需再提交相关证明材料。

第七条 个人请求减缴专利收费的，应当在收费减缴请求书中如实填写本人上年度收入情况，同时提交所在单位出具的年度收入证明；无固定工作的，提交户籍所在地或者经常居住地县级民政部门或者乡镇人民政府（街道办事处）出具的关于其经济困难情况证明。

企业请求减缴专利收费的，应当在收费减缴请求书中如实填写经济困难情况，同时提交上年度企业所得税年度纳税申报表复印件。在汇算清缴期内，企业提交上上年度企业所得税年度纳税申报表复印件。

事业单位、社会团体、非营利性科研机构请求减缴专利收费的，应当提交法人证明材料复印件。

第八条 国家知识产权局收到收费减缴请求书后，应当进行审查，作出是否批准减缴请求的决定，并通知专利申请人或者专利权人。

第九条 专利收费减缴请求有下列情形之一的，不予批准：

（一）未使用国家知识产权局制定的收费减缴请求书的；

（二）收费减缴请求书未签字或者盖章的；

（三）收费减缴请求不符合本办法第二条或者第三条规定的；

（四）收费减缴请求的个人或者单位未提供符合本办法第七条规定的证明材料的；

（五）收费减缴请求书中的专利申请人或者专利权人的姓名或

者名称，或者发明创造名称，与专利申请书或者专利登记簿中的相应内容不一致的。

第十条 经国家知识产权局批准的收费减缴请求，专利申请人或者专利权人应当在规定期限内，按照批准后的应缴数额缴纳专利费。收费减缴请求批准后，专利申请人或者专利权人发生变更的，对于尚未缴纳的收费，变更后的专利申请人或者专利权人应当重新提交收费减缴请求。

第十一条 专利收费减缴请求审批决定作出后，国家知识产权局发现该决定存在错误的，应予更正，并将更正决定及时通知专利申请人或者专利权人。

专利申请人或者专利权人在专利收费减缴请求时提供虚假情况或者虚假证明材料的，国家知识产权局应当在查实后撤销减缴专利收费决定，通知专利申请人或者专利权人在指定期限内补缴已经减缴的收费，并取消其自本年度起五年内收费减缴资格，期满未补缴或者补缴额不足的，按缴费不足依法作出相应处理。

专利代理机构或者专利代理人帮助、指使、引诱专利申请人或者专利权人实施上述行为的，依照有关规定进行处理。

第十二条 本办法自2016年9月1日起施行。此前有关规定与本办法不一致的，以本办法为准。

专利标识标注办法

(2012年3月8日国家知识产权局令第63号公布
自2012年5月1日起施行)

第一条 为了规范专利标识的标注方式，维护正常的市场经济秩序，根据《中华人民共和国专利法》（以下简称专利法）和

《中华人民共和国专利法实施细则》的有关规定，制定本办法。

第二条 标注专利标识的，应当按照本办法予以标注。

第三条 管理专利工作的部门负责在本行政区域内对标注专利标识的行为进行监督管理。

第四条 在授予专利权之后的专利权有效期内，专利权人或者经专利权人同意享有专利标识标注权的被许可人可以在其专利产品、依照专利方法直接获得的产品、该产品的包装或者该产品的说明书等材料上标注专利标识。

第五条 标注专利标识的，应当标明下述内容：

（一）采用中文标明专利权的类别，例如中国发明专利、中国实用新型专利、中国外观设计专利；

（二）国家知识产权局授予专利权的专利号。

除上述内容之外，可以附加其他文字、图形标记，但附加的文字、图形标记及其标注方式不得误导公众。

第六条 在依照专利方法直接获得的产品、该产品的包装或者该产品的说明书等材料上标注专利标识的，应当采用中文标明该产品系依照专利方法所获得的产品。

第七条 专利权被授予前在产品、该产品的包装或者该产品的说明书等材料上进行标注的，应当采用中文标明中国专利申请的类别、专利申请号，并标明“专利申请，尚未授权”字样。

第八条 专利标识的标注不符合本办法第五条、第六条或者第七条规定的，由管理专利工作的部门责令改正。

专利标识标注不当，构成假冒专利行为的，由管理专利工作的部门依照专利法第六十三条的规定进行处罚。

第九条 本办法由国家知识产权局负责解释。

第十条 本办法自2012年5月1日起施行。2003年5月30日国家知识产权局令第二十九号发布的《专利标记和专利号标注方式的规定》同时废止。

专利权质押登记办法

(2010年8月26日国家知识产权局令第56号公布自2010年10月1日起施行)

第一条 为了促进专利权的运用和资金融通，保障债权的实现，规范专利权质押登记，根据《中华人民共和国物权法》、《中华人民共和国担保法》、《中华人民共和国专利法》及有关规定，制定本办法。

第二条 国家知识产权局负责专利权质押登记工作。

第三条 以专利权出质的，出质人与质权人应当订立书面质押合同。

质押合同可以是单独订立的合同，也可以是主合同中的担保条款。

第四条 以共有的专利权出质的，除全体共有人另有约定的以外，应当取得其他共有人的同意。

第五条 在中国没有经常居所或者营业所的外国人、外国企业或者外国其他组织办理专利权质押登记手续的，应当委托依法设立的专利代理机构办理。

中国单位或者个人办理专利权质押登记手续的，可以委托依法设立的专利代理机构办理。

第六条 当事人可以通过邮寄、直接送交等方式办理专利权质押登记相关手续。

第七条 申请专利权质押登记的，当事人应当向国家知识产权局提交下列文件：

（一）出质人和质权人共同签字或者盖章的专利权质押登记申

请表；

（二）专利权质押合同；

（三）双方当事人的身份证明；

（四）委托代理的，注明委托权限的委托书；

（五）其他需要提供的材料。

专利权经过资产评估的，当事人还应当提交资产评估报告。

除身份证明外，当事人提交的其他各种文件应当使用中文。身份证明是外文的，当事人应当附送中文译文；未附送的，视为未提交。

对于本条第一款和第二款规定的文件，当事人可以提交电子扫描件。

第八条　国家知识产权局收到当事人提交的质押登记申请文件后，应当通知申请人。

第九条　当事人提交的专利权质押合同应当包括以下与质押登记相关的内容：

（一）当事人的姓名或者名称、地址；

（二）被担保债权的种类和数额；

（三）债务人履行债务的期限；

（四）专利权项数以及每项专利权的名称、专利号、申请日、授权公告日；

（五）质押担保的范围。

第十条　除本办法第九条规定的事项外，当事人可以在专利权质押合同中约定下列事项：

（一）质押期间专利权年费的缴纳；

（二）质押期间专利权的转让、实施许可；

（三）质押期间专利权被宣告无效或者专利权归属发生变更时的处理；

（四）实现质权时，相关技术资料的交付。

第十一条 国家知识产权局自收到专利权质押登记申请文件之日起7个工作日内进行审查并决定是否予以登记。

第十二条 专利权质押登记申请经审查合格的，国家知识产权局在专利登记簿上予以登记，并向当事人发送《专利权质押登记通知书》。质权自国家知识产权局登记时设立。

经审查发现有下列情形之一的，国家知识产权局作出不予登记的决定，并向当事人发送《专利权质押不予登记通知书》：

（一）出质人与专利登记簿记载的专利权人不一致的；

（二）专利权已终止或者已被宣告无效的；

（三）专利申请尚未被授予专利权的；

（四）专利权处于年费缴纳滞纳期的；

（五）专利权已被启动无效宣告程序的；

（六）因专利权的归属发生纠纷或者人民法院裁定对专利权采取保全措施，专利权的质押手续被暂停办理的；

（七）债务人履行债务的期限超过专利权有效期的；

（八）质押合同约定在债务履行期届满质权人未受清偿时，专利权归质权人所有的；

（九）质押合同不符合本办法第九条规定的；

（十）以共有专利权出质但未取得全体共有人同意的；

（十一）专利权已被申请质押登记且处于质押期间的；

（十二）其他应当不予登记的情形。

第十三条 专利权质押期间，国家知识产权局发现质押登记存在本办法第十二条第二款所列情形并且尚未消除的，或者发现其他应当撤销专利权质押登记的情形的，应当撤销专利权质押登记，并向当事人发出《专利权质押登记撤销通知书》。

专利权质押登记被撤销的，质押登记的效力自始无效。

第十四条 国家知识产权局在专利公报上公告专利权质押登记的下列内容：出质人、质权人、主分类号、专利号、授权公告日、质押登记日等。

专利权质押登记后变更、注销的，国家知识产权局予以登记和公告。

第十五条 专利权质押期间，出质人未提交质权人同意其放弃该专利权的证明材料的，国家知识产权局不予办理专利权放弃手续。

第十六条 专利权质押期间，出质人未提交质权人同意转让或者许可实施该专利权的证明材料的，国家知识产权局不予办理专利权转让登记手续或者专利实施合同备案手续。

出质人转让或者许可他人实施出质的专利权的，出质人所得的转让费、许可费应当向质权人提前清偿债务或者提存。

第十七条 专利权质押期间，当事人的姓名或者名称、地址、被担保的主债权种类及数额或者质押担保的范围发生变更的，当事人应当自变更之日起30日内持变更协议、原《专利权质押登记通知书》和其他有关文件，向国家知识产权局办理专利权质押登记变更手续。

第十八条 有下列情形之一的，当事人应当持《专利权质押登记通知书》以及相关证明文件，向国家知识产权局办理质押登记注销手续：

（一）债务人按期履行债务或者出质人提前清偿所担保的债务的；

（二）质权已经实现的；

（三）质权人放弃质权的；

（四）因主合同无效、被撤销致使质押合同无效、被撤销的；

（五）法律规定质权消灭的其他情形。

国家知识产权局收到注销登记申请后，经审核，向当事人发出《专利权质押登记注销通知书》。专利权质押登记的效力自注销之日起终止。

第十九条 专利权在质押期间被宣告无效或者终止的，国家知识产权局应当通知质权人。

第二十条 专利权人没有按照规定缴纳已经质押的专利权的年费的，国家知识产权局应当在向专利权人发出缴费通知书的同时通知质权人。

第二十一条 本办法由国家知识产权局负责解释。

第二十二条 本办法自2010年10月1日起施行。1996年9月19日中华人民共和国专利局令第八号发布的《专利权质押合同登记管理暂行办法》同时废止。

专利优先审查管理办法

（2017年6月27日国家知识产权局令第76号公布 自2017年8月1日起施行）

第一条 为了促进产业结构优化升级，推进国家知识产权战略实施和知识产权强国建设，服务创新驱动发展，完善专利审查程序，根据《中华人民共和国专利法》和《中华人民共和国专利法实施细则》（以下简称专利法实施细则）的有关规定，制定本办法。

第二条 下列专利申请或者案件的优先审查适用本办法：

（一）实质审查阶段的发明专利申请；

（二）实用新型和外观设计专利申请；

（三）发明、实用新型和外观设计专利申请的复审；

（四）发明、实用新型和外观设计专利的无效宣告。

依据国家知识产权局与其他国家或者地区专利审查机构签订的双边或者多边协议开展优先审查的，按照有关规定处理，不适用本办法。

第三条 有下列情形之一的专利申请或者专利复审案件，可以请求优先审查：

（一）涉及节能环保、新一代信息技术、生物、高端装备制造、新能源、新材料、新能源汽车、智能制造等国家重点发展产业；

（二）涉及各省级和设区的市级人民政府重点鼓励的产业；

（三）涉及互联网、大数据、云计算等领域且技术或者产品更新速度快；

（四）专利申请人或者复审请求人已经做好实施准备或者已经开始实施，或者有证据证明他人正在实施其发明创造；

（五）就相同主题首次在中国提出专利申请又向其他国家或者地区提出申请的该中国首次申请；

（六）其他对国家利益或者公共利益具有重大意义需要优先审查。

第四条 有下列情形之一的无效宣告案件，可以请求优先审查：

（一）针对无效宣告案件涉及的专利发生侵权纠纷，当事人已请求地方知识产权局处理、向人民法院起诉或者请求仲裁调解组织仲裁调解；

（二）无效宣告案件涉及的专利对国家利益或者公共利益具有重大意义。

第五条 对专利申请、专利复审案件提出优先审查请求，应当经全体申请人或者全体复审请求人同意；对无效宣告案件提出优先审查请求，应当经无效宣告请求人或者全体专利权人同意。

处理、审理涉案专利侵权纠纷的地方知识产权局、人民法院或者仲裁调解组织可以对无效宣告案件提出优先审查请求。

第六条 对专利申请、专利复审案件、无效宣告案件进行优先审查的数量，由国家知识产权局根据不同专业技术领域的审查能力、上一年度专利授权量以及本年度待审案件数量等情况确定。

第七条 请求优先审查的专利申请或者专利复审案件应当采用电子申请方式。

第八条 申请人提出发明、实用新型、外观设计专利申请优先审查请求的，应当提交优先审查请求书、现有技术或者现有设计信息材料和相关证明文件；除本办法第三条第五项的情形外，优先审查请求书应当由国务院相关部门或者省级知识产权局签署推荐意见。

当事人提出专利复审、无效宣告案件优先审查请求的，应当提交优先审查请求书和相关证明文件；除在实质审查或者初步审查程序中已经进行优先审查的专利复审案件外，优先审查请求书应当由国务院相关部门或者省级知识产权局签署推荐意见。

地方知识产权局、人民法院、仲裁调解组织提出无效宣告案件优先审查请求的，应当提交优先审查请求书并说明理由。

第九条 国家知识产权局受理和审核优先审查请求后，应当及时将审核意见通知优先审查请求人。

第十条 国家知识产权局同意进行优先审查的，应当自同意之日起，在以下期限内结案：

（一）发明专利申请在四十五日内发出第一次审查意见通知书，并在一年内结案；

（二）实用新型和外观设计专利申请在两个月内结案；

（三）专利复审案件在七个月内结案；

（四）发明和实用新型专利无效宣告案件在五个月内结案，外观设计专利无效宣告案件在四个月内结案。

第十一条 对于优先审查的专利申请，申请人应当尽快作出答复或者补正。申请人答复发明专利审查意见通知书的期限为通知书发文日起两个月，申请人答复实用新型和外观设计专利审查意见通知书的期限为通知书发文日起十五日。

第十二条 对于优先审查的专利申请，有下列情形之一的，国家知识产权局可以停止优先审查程序，按普通程序处理，并及时通知优先审查请求人：

（一）优先审查请求获得同意后，申请人根据专利法实施细则第五十一条第一、二款对申请文件提出修改；

（二）申请人答复期限超过本办法第十一条规定的期限；

（三）申请人提交虚假材料；

（四）在审查过程中发现为非正常专利申请。

第十三条 对于优先审查的专利复审或者无效宣告案件，有下列情形之一的，专利复审委员会可以停止优先审查程序，按普通程序处理，并及时通知优先审查请求人：

（一）复审请求人延期答复；

（二）优先审查请求获得同意后，无效宣告请求人补充证据和理由；

（三）优先审查请求获得同意后，专利权人以删除以外的方式修改权利要求书；

（四）专利复审或者无效宣告程序被中止；

（五）案件审理依赖于其他案件的审查结论；

（六）疑难案件，并经专利复审委员会主任批准。

第十四条 本办法由国家知识产权局负责解释。

第十五条 本办法自 2017 年 8 月 1 日起施行。2012 年 8 月 1 日起施行的《发明专利申请优先审查管理办法》同时废止。

最高人民法院关于审理技术合同纠纷案件适用法律若干问题的解释

（2004年11月30日最高人民法院审判委员会第1335次会议通过　2004年12月16日最高人民法院公告公布　自2005年1月1日起施行　法释〔2004〕20号）

为了正确审理技术合同纠纷案件，根据《中华人民共和国合同法》、《中华人民共和国专利法》和《中华人民共和国民事诉讼法》等法律的有关规定，结合审判实践，现就有关问题作出以下解释。

一、一般规定

第一条　技术成果，是指利用科学技术知识、信息和经验作出的涉及产品、工艺、材料及其改进等的技术方案，包括专利、专利申请、技术秘密、计算机软件、集成电路布图设计、植物新品种等。

技术秘密，是指不为公众所知悉、具有商业价值并经权利人采取保密措施的技术信息。

第二条　合同法第三百二十六条第二款所称"执行法人或者其他组织的工作任务"包括：

（一）履行法人或者其他组织的岗位职责或者承担其交付的其他技术开发任务；

（二）离职后一年内继续从事与其原所在法人或者其他组织的岗位职责或者交付的任务有关的技术开发工作，但法律、行政法规另有规定的除外。

法人或者其他组织与其职工就职工在职期间或者离职以后所完成的技术成果的权益有约定的，人民法院应当依约定确认。

第三条 合同法第三百二十六条第二款所称“物质技术条件”，包括资金、设备、器材、原材料、未公开的技术信息和资料等。

第四条 合同法第三百二十六条第二款所称“主要利用法人或者其他组织的物质技术条件”，包括职工在技术成果的研究开发过程中，全部或者大部分利用了法人或者其他组织的资金、设备、器材或者原材料等物质条件，并且这些物质条件对形成该技术成果具有实质性的影响；还包括该技术成果实质性内容是在法人或者其他组织尚未公开的技术成果、阶段性技术成果基础上完成的情形。但下列情况除外：

（一）对利用法人或者其他组织提供的物质技术条件，约定返还资金或者交纳使用费的；

（二）在技术成果完成后利用法人或者其他组织的物质技术条件对技术方案进行验证、测试的。

第五条 个人完成的技术成果，属于执行原所在法人或者其他组织的工作任务，又主要利用了现所在法人或者其他组织的物质技术条件的，应当按照该自然人原所在和现所在法人或者其他组织达成的协议确认权益。不能达成协议的，根据对完成该项技术成果的贡献大小由双方合理分享。

第六条 合同法第三百二十六条、第三百二十七条所称完成技术成果的“个人”，包括对技术成果单独或者共同作出创造性贡献的人，也即技术成果的发明人或者设计人。人民法院在对创造性贡献进行认定时，应当分解所涉及技术成果的实质性技术构成。提出实质性技术构成并由此实现技术方案的人，是作出创造性贡献的人。

提供资金、设备、材料、试验条件，进行组织管理，协助绘制图纸、整理资料、翻译文献等人员，不属于完成技术成果的个人。

第七条 不具有民事主体资格的科研组织订立的技术合同，经法人或者其他组织授权或者认可的，视为法人或者其他组织订立的合同，由法人或者其他组织承担责任；未经法人或者其他组织授权或者认可的，由该科研组织成员共同承担责任，但法人或者其他组织因该合同受益的，应当在其受益范围内承担相应责任。

前款所称不具有民事主体资格的科研组织，包括法人或者其他组织设立的从事技术研究开发、转让等活动的课题组、工作室等。

第八条 生产产品或者提供服务依法须经有关部门审批或者取得行政许可，而未经审批或者许可的，不影响当事人订立的相关技术合同的效力。

当事人对办理前款所称审批或者许可的义务没有约定或者约定不明确的，人民法院应当判令由实施技术的一方负责办理，但法律、行政法规另有规定的除外。

第九条 当事人一方采取欺诈手段，就其现有技术成果作为研究开发标的与他人订立委托开发合同收取研究开发费用，或者就同一研究开发课题先后与两个或者两个以上的委托人分别订立委托开发合同重复收取研究开发费用的，受损害方依照合同法第五十四条第二款规定请求变更或者撤销合同的，人民法院应当予以支持。

第十条 下列情形，属于合同法第三百二十九条所称的"非法垄断技术、妨碍技术进步"：

（一）限制当事人一方在合同标的技术基础上进行新的研究开发或者限制其使用所改进的技术，或者双方交换改进技术的条件不对等，包括要求一方将其自行改进的技术无偿提供给对方、非互惠性转让给对方、无偿独占或者共享该改进技术的知识产权；

（二）限制当事人一方从其他来源获得与技术提供方类似技术或者与其竞争的技术；

（三）阻碍当事人一方根据市场需求，按照合理方式充分实施合同标的技术，包括明显不合理地限制技术接受方实施合同标的技术生产产品或者提供服务的数量、品种、价格、销售渠道和出口市场；

（四）要求技术接受方接受并非实施技术必不可少的附带条件，包括购买非必需的技术、原材料、产品、设备、服务以及接收非必需的人员等；

（五）不合理地限制技术接受方购买原材料、零部件、产品或者设备等的渠道或者来源；

（六）禁止技术接受方对合同标的技术知识产权的有效性提出异议或者对提出异议附加条件。

第十一条 技术合同无效或者被撤销后，技术开发合同研究开发人、技术转让合同让与人、技术咨询合同和技术服务合同的受托人已经履行或者部分履行了约定的义务，并且造成合同无效或者被撤销的过错在对方的，对其已履行部分应当收取的研究开发经费、技术使用费、提供咨询服务的报酬，人民法院可以认定为因对方原因导致合同无效或者被撤销给其造成的损失。

技术合同无效或者被撤销后，因履行合同所完成新的技术成果或者在他人技术成果基础上完成后续改进技术成果的权利归属和利益分享，当事人不能重新协议确定的，人民法院可以判决由完成技术成果的一方享有。

第十二条 根据合同法第三百二十九条的规定，侵害他人技术秘密的技术合同被确认无效后，除法律、行政法规另有规定的以外，善意取得该技术秘密的一方当事人可以在其取得时的范围内继续使用该技术秘密，但应当向权利人支付合理的使用费并承担保密义务。

当事人双方恶意串通或者一方知道或者应当知道另一方侵权仍与其订立或者履行合同的，属于共同侵权，人民法院应当判令侵权人承担连带赔偿责任和保密义务，因此取得技术秘密的当事人不得继续使用该技术秘密。

第十三条 依照前条第一款规定可以继续使用技术秘密的人与权利人就使用费支付发生纠纷的，当事人任何一方都可以请求人民法院予以处理。继续使用技术秘密但又拒不支付使用费的，人民法院可以根据权利人的请求判令使用人停止使用。

人民法院在确定使用费时，可以根据权利人通常对外许可该技术秘密的使用费或者使用人取得该技术秘密所支付的使用费，并考虑该技术秘密的研究开发成本、成果转化和应用程度以及使用人的使用规模、经济效益等因素合理确定。

不论使用人是否继续使用技术秘密，人民法院均应当判令其向权利人支付已使用期间的使用费。使用人已向无效合同的让与人支付的使用费应当由让与人负责返还。

第十四条 对技术合同的价款、报酬和使用费，当事人没有约定或者约定不明确的，人民法院可以按照以下原则处理：

(一) 对于技术开发合同和技术转让合同，根据有关技术成果的研究开发成本、先进性、实施转化和应用的程度，当事人享有的权益和承担的责任，以及技术成果的经济效益等合理确定；

(二) 对于技术咨询合同和技术服务合同，根据有关咨询服务工作的技术含量、质量和数量，以及已经产生和预期产生的经济效益等合理确定。

技术合同价款、报酬、使用费中包含非技术性款项的，应当分项计算。

第十五条 技术合同当事人一方迟延履行主要债务，经催告后在30日内仍未履行，另一方依据合同法第九十四条第（三）项的规定主张解除合同的，人民法院应当予以支持。

当事人在催告通知中附有履行期限且该期限超过30日的，人民法院应当认定该履行期限为合同法第九十四条第（三）项规定的合理期限。

第十六条 当事人以技术成果向企业出资但未明确约定权属，接受出资的企业主张该技术成果归其享有的，人民法院一般应当予以支持，但是该技术成果价值与该技术成果所占出资额比例明显不合理损害出资人利益的除外。

当事人对技术成果的权属约定有比例的，视为共同所有，其权利使用和利益分配，按共有技术成果的有关规定处理，但当事人另有约定的，从其约定。

当事人对技术成果的使用权约定有比例的，人民法院可以视为当事人对实施该项技术成果所获收益的分配比例，但当事人另有约定的，从其约定。

二、技术开发合同

第十七条 合同法第三百三十条所称“新技术、新产品、新工艺、新材料及其系统”，包括当事人在订立技术合同时尚未掌握的产品、工艺、材料及其系统等技术方案，但对技术上没有创新的现有产品的改型、工艺变更、材料配方调整以及对技术成果的验证、测试和使用除外。

第十八条 合同法第三百三十条第四款规定的“当事人之间就具有产业应用价值的科技成果实施转化订立的”技术转化合同，是指当事人之间就具有产业实用价值但尚未实现工业化应用的科技成果包括阶段性技术成果，以实现该科技成果工业化应用为目标，约定后续试验、开发和应用等内容的合同。

第十九条 合同法第三百三十五条所称“分工参与研究开发工作”，包括当事人按照约定的计划和分工，共同或者分别承担设计、工艺、试验、试制等工作。

技术开发合同当事人一方仅提供资金、设备、材料等物质条件或者承担辅助协作事项，另一方进行研究开发工作的，属于委托开发合同。

第二十条 合同法第三百四十一条所称“当事人均有使用和转让的权利”，包括当事人均有不经对方同意而自己使用或者以普通使用许可的方式许可他人使用技术秘密，并独占由此所获利益的权利。当事人一方将技术秘密成果的转让权让与他人，或者以独占或者排他使用许可的方式许可他人使用技术秘密，未经对方当事人同意或者追认的，应当认定该让与或者许可行为无效。

第二十一条 技术开发合同当事人依照合同法的规定或者约定自行实施专利或使用技术秘密，但因其不具备独立实施专利或者使用技术秘密的条件，以一个普通许可方式许可他人实施或者使用的，可以准许。

三、技术转让合同

第二十二条 合同法第三百四十二条规定的“技术转让合同”，是指合法拥有技术的权利人，包括其他有权对外转让技术的人，将现有特定的专利、专利申请、技术秘密的相关权利让与他人，或者许可他人实施、使用所订立的合同。但就尚待研究开发的技术成果或者不涉及专利、专利申请或者技术秘密的知识、技术、经验和信息所订立的合同除外。

技术转让合同中关于让与人向受让人提供实施技术的专用设备、原材料或者提供有关的技术咨询、技术服务的约定，属于技术转让合同的组成部分。因此发生的纠纷，按照技术转让合同处理。

当事人以技术入股方式订立联营合同，但技术入股人不参与联营体的经营管理，并且以保底条款形式约定联营体或者联营对方支付其技术价款或者使用费的，视为技术转让合同。

第二十三条 专利申请权转让合同当事人以专利申请被驳回或者被视为撤回为由请求解除合同，该事实发生在依照专利法第十条第三款的规定办理专利申请权转让登记之前的，人民法院应当予以支持；发生在转让登记之后的，不予支持，但当事人另有约定的除外。

专利申请因专利申请权转让合同成立时即存在尚未公开的同样发明创造的在先专利申请被驳回，当事人依据合同法第五十四条第一款第（二）项的规定请求予以变更或者撤销合同的，人民法院应当予以支持。

第二十四条 订立专利权转让合同或者专利申请权转让合同前，让与人自己已经实施发明创造，在合同生效后，受让人要求让与人停止实施的，人民法院应当予以支持，但当事人另有约定的除外。

让与人与受让人订立的专利权、专利申请权转让合同，不影响在合同成立前让与人与他人订立的相关专利实施许可合同或者技术秘密转让合同的效力。

第二十五条 专利实施许可包括以下方式：

（一）独占实施许可，是指让与人在约定许可实施专利的范围内，将该专利仅许可一个受让人实施，让与人依约定不得实施该专利；

（二）排他实施许可，是指让与人在约定许可实施专利的范围内，将该专利仅许可一个受让人实施，但让与人依约定可以自行实施该专利；

（三）普通实施许可，是指让与人在约定许可实施专利的范围内许可他人实施该专利，并且可以自行实施该专利。

当事人对专利实施许可方式没有约定或者约定不明确的，认定为普通实施许可。专利实施许可合同约定受让人可以再许可他人实施专利的，认定该再许可为普通实施许可，但当事人另有约定的除外。

技术秘密的许可使用方式，参照本条第一、二款的规定确定。

第二十六条 专利实施许可合同让与人负有在合同有效期内维持专利权有效的义务，包括依法缴纳专利年费和积极应对他人提出宣告专利权无效的请求，但当事人另有约定的除外。

第二十七条 排他实施许可合同让与人不具备独立实施其专利的条件，以一个普通许可的方式许可他人实施专利的，人民法院可以认定为让与人自己实施专利，但当事人另有约定的除外。

第二十八条 合同法第三百四十三条所称"实施专利或者使用技术秘密的范围"，包括实施专利或者使用技术秘密的期限、地域、方式以及接触技术秘密的人员等。

当事人对实施专利或者使用技术秘密的期限没有约定或者约定不明确的，受让人实施专利或者使用技术秘密不受期限限制。

第二十九条 合同法第三百四十七条规定技术秘密转让合同让与人承担的"保密义务"不限制其申请专利，但当事人约定让与人不得申请专利的除外。

当事人之间就申请专利的技术成果所订立的许可使用合同，专利申请公开以前，适用技术秘密转让合同的有关规定，发明专利申请公开以后、授权以前，参照适用专利实施许可合同的有关规定；授权以后，原合同即为专利实施许可合同，适用专利实施许可合同的有关规定。

人民法院不以当事人就已经申请专利但尚未授权的技术订立专利实施许可合同为由，认定合同无效。

四、技术咨询合同和技术服务合同

第三十条 合同法第三百五十六条第一款所称“特定技术项目”，包括有关科学技术与经济社会协调发展的软科学研究项目，促进科技进步和管理现代化、提高经济效益和社会效益等运用科学知识和技术手段进行调查、分析、论证、评价、预测的专业性技术项目。

第三十一条 当事人对技术咨询合同受托人进行调查研究、分析论证、试验测定等所需费用的负担没有约定或者约定不明确的，由受托人承担。

当事人对技术咨询合同委托人提供的技术资料和数据或者受托人提出的咨询报告和意见未约定保密义务，当事人一方引用、发表或者向第三人提供的，不认定为违约行为，但侵害对方当事人对此享有的合法权益的，应当依法承担民事责任。

第三十二条 技术咨询合同受托人发现委托人提供的资料、数据等有明显错误或者缺陷，未在合理期限内通知委托人的，视为其对委托人提供的技术资料、数据等予以认可。委托人在接到受托人的补正通知后未在合理期限内答复并予补正的，发生的损失由委托人承担。

第三十三条 合同法第三百五十六条第二款所称“特定技术问题”包括需要运用专业技术知识、经验和信息解决的有关改进产品结构、改良工艺流程、提高产品质量、降低产品成本、节约资源能耗、保护资源环境、实现安全操作、提高经济效益和社会效益等专业技术问题。

第三十四条 当事人一方以技术转让的名义提供已进入公有领域的技术，或者在技术转让合同履行过程中合同标的技术进入公有领域，但是技术提供方进行技术指导、传授技术知识，为对方解决特定技术问题符合约定条件的，按照技术服务合同处理，约定的技术转让费可以视为提供技术服务的报酬和费用，但是法律、行政法规另有规定的除外。

依照前款规定，技术转让费视为提供技术服务的报酬和费用明显不合理的，人民法院可以根据当事人的请求合理确定。

第三十五条 当事人对技术服务合同受托人提供服务所需费用的负担没有约定或者约定不明确的，由受托人承担。

技术服务合同受托人发现委托人提供的资料、数据、样品、材料、场地等工作条件不符合约定，未在合理期限内通知委托人的，视为其对委托人提供的工作条件予以认可。委托人在接到受托人的补正通知后未在合理期限内答复并予补正的，发生的损失由委托人承担。

第三十六条 合同法第三百六十四条规定的“技术培训合同”，是指当事人一方委托另一方对指定的学员进行特定项目的专业技术训练和技术指导所订立的合同，不包括职业培训、文化学习和按照行业、法人或者其他组织的计划进行的职工业余教育。

第三十七条 当事人对技术培训必需的场地、设施和试验条件等工作条件的提供和管理责任没有约定或者约定不明确的，由委托人负责提供和管理。

技术培训合同委托人派出的学员不符合约定条件，影响培训质量的，由委托人按照约定支付报酬。

受托人配备的教员不符合约定条件，影响培训质量，或者受托人未按照计划和项目进行培训，导致不能实现约定培训目标的，应当减收或者免收报酬。

受托人发现学员不符合约定条件或者委托人发现教员不符合约定条件，未在合理期限内通知对方，或者接到通知的一方未在合理期限内按约定改派的，应当由负有履行义务的当事人承担相应的民事责任。

第三十八条 合同法第三百六十四条规定的“技术中介合同”，是指当事人一方以知识、技术、经验和信息为另一方与第三人订立技术合同进行联系、介绍以及对履行合同提供专门服务所订立的合同。

第三十九条 中介人从事中介活动的费用，是指中介人在委托人和第三人订立技术合同前，进行联系、介绍活动所支出的通信、交通和必要的调查研究等费用。中介人的报酬，是指中介人为委托人与第三人订立技术合同以及对履行该合同提供服务应当得到的收益。

当事人对中介人从事中介活动的费用负担没有约定或者约定不明确的，由中介人承担。当事人约定该费用由委托人承担但未约定具体数额或者计算方法的，由委托人支付中介人从事中介活动支出的必要费用。

当事人对中介人的报酬数额没有约定或者约定不明确的，应当根据中介人所进行的劳务合理确定，并由委托人承担。仅在委托人与第三人订立的技术合同中约定中介条款，但未约定给付中介人报酬或者约定不明确的，应当支付的报酬由委托人和第三人平均承担。

第四十条 中介人未促成委托人与第三人之间的技术合同成立的，其要求支付报酬的请求，人民法院不予支持；其要求委托人支付其从事中介活动必要费用的请求，应当予以支持，但当事人另有约定的除外。

中介人隐瞒与订立技术合同有关的重要事实或者提供虚假情况，侵害委托人利益的，应当根据情况免收报酬并承担赔偿责任。

第四十一条 中介人对造成委托人与第三人之间的技术合同的无效或者被撤销没有过错，并且该技术合同的无效或者被撤销不影响有关中介条款或者技术中介合同继续有效，中介人要求按照约定或者本解释的有关规定给付从事中介活动的费用和报酬的，人民法院应当予以支持。

中介人收取从事中介活动的费用和报酬不应当被视为委托人与第三人之间的技术合同纠纷中一方当事人的损失。

五、与审理技术合同纠纷有关的程序问题

第四十二条 当事人将技术合同和其他合同内容或者将不同类型的技术合同内容订立在一个合同中的，应当根据当事人争议的权利义务内容，确定案件的性质和案由。

技术合同名称与约定的权利义务关系不一致的，应当按照约定的权利义务内容，确定合同的类型和案由。

技术转让合同中约定让与人负责包销或者回购受让人实施合同标的技术制造的产品，仅因让与人不履行或者不能全部履行包销或者回购义务引起纠纷，不涉及技术问题的，应当按照包销或者回购条款约定的权利义务内容确定案由。

第四十三条 技术合同纠纷案件一般由中级以上人民法院管辖。

各高级人民法院根据本辖区的实际情况并报经最高人民法院批准，可以指定若干基层人民法院管辖第一审技术合同纠纷案件。

其他司法解释对技术合同纠纷案件管辖另有规定的，从其规定。

合同中既有技术合同内容，又有其他合同内容，当事人就技术合同内容和其他合同内容均发生争议的，由具有技术合同纠纷案件管辖权的人民法院受理。

第四十四条 一方当事人以诉讼争议的技术合同侵害他人技术成果为由请求确认合同无效，或者人民法院在审理技术合同纠纷中发现可能存在该无效事由的，人民法院应当依法通知有关利

害关系人，其可以作为有独立请求权的第三人参加诉讼或者依法向有管辖权的人民法院另行起诉。

利害关系人在接到通知后15日内不提起诉讼的，不影响人民法院对案件的审理。

第四十五条 第三人向受理技术合同纠纷案件的人民法院就合同标的技术提出权属或者侵权请求时，受诉人民法院对此也有管辖权的，可以将权属或者侵权纠纷与合同纠纷合并审理；受诉人民法院对此没有管辖权的，应当告知其向有管辖权的人民法院另行起诉或者将已经受理的权属或者侵权纠纷案件移送管辖权的人民法院。权属或者侵权纠纷另案受理后，合同纠纷应当中止诉讼。

专利实施许可合同诉讼中，受让人或者第三人向专利复审委员会请求宣告专利权无效的，人民法院可以不中止诉讼。在案件审理过程中专利权被宣告无效的，按照专利法第四十七条第二款和第三款的规定处理。

六、其　他

第四十六条 集成电路布图设计、植物新品种许可使用和转让等合同争议，相关行政法规另有规定的，适用其规定；没有规定的，适用合同法总则的规定，并可以参照合同法第十八章和本解释的有关规定处理。

计算机软件开发、许可使用和转让等合同争议，著作权法以及其他法律、行政法规另有规定的，依照其规定；没有规定的，适用合同法总则的规定，并可以参照合同法第十八章和本解释的有关规定处理。

第四十七条 本解释自2005年1月1日起施行。

2. 专利申请与代理

专利代理条例

（1991年3月4日中华人民共和国国务院令第76号发布　2018年9月6日国务院第23次常务会议修订通过　2018年11月6日中华人民共和国国务院令第706号公布　自2019年3月1日起施行）

第一章　总　　则

第一条　为了规范专利代理行为，保障委托人、专利代理机构和专利代理师的合法权益，维护专利代理活动的正常秩序，促进专利代理行业健康发展，根据《中华人民共和国专利法》，制定本条例。

第二条　本条例所称专利代理，是指专利代理机构接受委托，以委托人的名义在代理权限范围内办理专利申请、宣告专利权无效等专利事务的行为。

第三条　任何单位和个人可以自行在国内申请专利和办理其他专利事务，也可以委托依法设立的专利代理机构办理，法律另有规定的除外。

专利代理机构应当按照委托人的委托办理专利事务。

第四条　专利代理机构和专利代理师执业应当遵守法律、行政法规，恪守职业道德、执业纪律，维护委托人的合法权益。

专利代理机构和专利代理师依法执业受法律保护。

第五条 国务院专利行政部门负责全国的专利代理管理工作。

省、自治区、直辖市人民政府管理专利工作的部门负责本行政区域内的专利代理管理工作。

第六条 专利代理机构和专利代理师可以依法成立和参加专利代理行业组织。

专利代理行业组织应当制定专利代理行业自律规范。专利代理行业自律规范不得与法律、行政法规相抵触。

国务院专利行政部门依法对专利代理行业组织进行监督、指导。

第二章 专利代理机构和专利代理师

第七条 专利代理机构的组织形式应当为合伙企业、有限责任公司等。

第八条 合伙企业、有限责任公司形式的专利代理机构从事专利代理业务应当具备下列条件：

（一）有符合法律、行政法规规定的专利代理机构名称；

（二）有书面合伙协议或者公司章程；

（三）有独立的经营场所；

（四）合伙人、股东符合国家有关规定。

第九条 从事专利代理业务，应当向国务院专利行政部门提出申请，提交有关材料，取得专利代理机构执业许可证。国务院专利行政部门应当自受理申请之日起20日内作出是否颁发专利代理机构执业许可证的决定。

专利代理机构合伙人、股东或者法定代表人等事项发生变化的，应当办理变更手续。

第十条 具有高等院校理工科专业专科以上学历的中国公民可以参加全国专利代理师资格考试；考试合格的，由国务院专利行政部门颁发专利代理师资格证。专利代理师资格考试办法由国务院专利行政部门制定。

第十一条 专利代理师执业应当取得专利代理师资格证，在专利代理机构实习满1年，并在一家专利代理机构从业。

第十二条 专利代理师首次执业，应当自执业之日起30日内向专利代理机构所在地省、自治区、直辖市人民政府管理专利工作的部门备案。

省、自治区、直辖市人民政府管理专利工作的部门应当为专利代理师通过互联网备案提供方便。

第三章 专利代理执业

第十三条 专利代理机构可以接受委托，代理专利申请、宣告专利权无效、转让专利申请权或者专利权以及订立专利实施许可合同等专利事务，也可以应当事人要求提供专利事务方面的咨询。

第十四条 专利代理机构接受委托，应当与委托人订立书面委托合同。专利代理机构接受委托后，不得就同一专利申请或者专利权的事务接受有利益冲突的其他当事人的委托。

专利代理机构应当指派在本机构执业的专利代理师承办专利代理业务，指派的专利代理师本人及其近亲属不得与其承办的专利代理业务有利益冲突。

第十五条 专利代理机构解散或者被撤销、吊销执业许可证的，应当妥善处理各种尚未办结的专利代理业务。

第十六条 专利代理师应当根据专利代理机构的指派承办专利代理业务，不得自行接受委托。

专利代理师不得同时在两个以上专利代理机构从事专利代理业务。

专利代理师对其签名办理的专利代理业务负责。

第十七条 专利代理机构和专利代理师对其在执业过程中了解的发明创造的内容，除专利申请已经公布或者公告的以外，负有保守秘密的义务。

第十八条 专利代理机构和专利代理师不得以自己的名义申请专利或者请求宣告专利权无效。

第十九条 国务院专利行政部门和地方人民政府管理专利工作的部门的工作人员离职后，在法律、行政法规规定的期限内不得从事专利代理工作。

曾在国务院专利行政部门或者地方人民政府管理专利工作的部门任职的专利代理师，不得对其审查、审理或者处理过的专利申请或专利案件进行代理。

第二十条 专利代理机构收费应当遵循自愿、公平和诚实信用原则，兼顾经济效益和社会效益。

国家鼓励专利代理机构和专利代理师为小微企业以及无收入或者低收入的发明人、设计人提供专利代理援助服务。

第二十一条 专利代理行业组织应当加强对会员的自律管理，组织开展专利代理师业务培训和职业道德、执业纪律教育，对违反行业自律规范的会员实行惩戒。

第二十二条 国务院专利行政部门和省、自治区、直辖市人民政府管理专利工作的部门应当采取随机抽查等方式，对专利代理机构和专利代理师的执业活动进行检查、监督，发现违反本条例规定的，及时依法予以处理，并向社会公布检查、处理结果。检查不得收取任何费用。

第二十三条 国务院专利行政部门和省、自治区、直辖市人民政府管理专利工作的部门应当加强专利代理公共信息发布，为公众了解专利代理机构经营情况、专利代理师执业情况提供查询服务。

第四章 法律责任

第二十四条 以隐瞒真实情况、弄虚作假手段取得专利代理机构执业许可证、专利代理师资格证的，由国务院专利行政部门撤销专利代理机构执业许可证、专利代理师资格证。

专利代理机构取得执业许可证后，因情况变化不再符合本条例规定的条件的，由国务院专利行政部门责令限期整改；逾期未改正或者整改不合格的，撤销执业许可证。

第二十五条 专利代理机构有下列行为之一的，由省、自治区、直辖市人民政府管理专利工作的部门责令限期改正，予以警告，可以处10万元以下的罚款；情节严重或者逾期未改正的，由国务院专利行政部门责令停止承接新的专利代理业务6个月至12个月，直至吊销专利代理机构执业许可证：

（一）合伙人、股东或者法定代表人等事项发生变化未办理变更手续；

（二）就同一专利申请或者专利权的事务接受有利益冲突的其他当事人的委托；

（三）指派专利代理师承办与其本人或者其近亲属有利益冲突的专利代理业务；

（四）泄露委托人的发明创造内容，或者以自己的名义申请专利或请求宣告专利权无效；

（五）疏于管理，造成严重后果。

专业代理机构在执业过程中泄露委托人的发明创造内容，涉及泄露国家秘密、侵犯商业秘密的，或者向有关行政、司法机关的工作人员行贿，提供虚假证据的，依照有关法律、行政法规的规定承担法律责任；由国务院专利行政部门吊销专利代理机构执业许可证。

第二十六条 专利代理师有下列行为之一的，由省、自治区、直辖市人民政府管理专利工作的部门责令限期改正，予以警告，可以处5万元以下的罚款；情节严重或者逾期未改正的，由国务院专利行政部门责令停止承办新的专利代理业务6个月至12个月，直至吊销专利代理师资格证：

（一）未依照本条例规定进行备案；

（二）自行接受委托办理专利代理业务；

（三）同时在两个以上专利代理机构从事专利代理业务；

（四）违反本条例规定对其审查、审理或者处理过的专利申请或专利案件进行代理；

（五）泄露委托人的发明创造内容，或者以自己的名义申请专利或请求宣告专利权无效。

专利代理师在执业过程中泄露委托人的发明创造内容，涉及泄露国家秘密、侵犯商业秘密的，或者向有关行政、司法机关的工作人员行贿，提供虚假证据的，依照有关法律、行政法规的规定承担法律责任；由国务院专利行政部门吊销专利代理师资格证。

第二十七条 违反本条例规定擅自开展专利代理业务的，由省、自治区、直辖市人民政府管理专利工作的部门责令停止违法行为，没收违法所得，并处违法所得1倍以上5倍以下的罚款。

第二十八条 国务院专利行政部门或者省、自治区、直辖市人民政府管理专利工作的部门的工作人员违反本条例规定，滥用职权、玩忽职守、徇私舞弊的，依法给予处分；构成犯罪的，依法追究刑事责任。

第五章 附 则

第二十九条 外国专利代理机构在中华人民共和国境内设立常驻代表机构，须经国务院专利行政部门批准。

第三十条 律师事务所可以依据《中华人民共和国律师法》、

《中华人民共和国民事诉讼法》等法律、行政法规开展与专利有关的业务，但从事代理专利申请、宣告专利权无效业务应当遵守本条例规定，具体办法由国务院专利行政部门商国务院司法行政部门另行制定。

第三十一条 代理国防专利事务的专利代理机构和专利代理师的管理办法，由国务院专利行政部门商国家国防专利机构主管机关另行制定。

第三十二条 本条例自2019年3月1日起施行。

本条例施行前依法设立的专利代理机构以及依法执业的专利代理人，在本条例施行后可以继续以专利代理机构、专利代理师的名义开展专利代理业务。

专利代理管理办法

(2019年4月4日国家市场监督管理总局令第6号公布 自2019年5月1日起施行)

第一章 总 则

第一条 为了规范专利代理行为，保障委托人、专利代理机构以及专利代理师的合法权益，维护专利代理行业的正常秩序，促进专利代理行业健康发展，根据《中华人民共和国专利法》《专利代理条例》以及其他有关法律、行政法规的规定，制定本办法。

第二条 国家知识产权局和省、自治区、直辖市人民政府管理专利工作的部门依法对专利代理机构和专利代理师进行管理和监督。

第三条 国家知识产权局和省、自治区、直辖市人民政府管理专利工作的部门应当按照公平公正公开、依法有序、透明高效的原则对专利代理执业活动进行检查和监督。

第四条 专利代理机构和专利代理师可以依法成立和参加全国性或者地方性专利代理行业组织。专利代理行业组织是社会团体，是专利代理师的自律性组织。

专利代理行业组织应当制定专利代理行业自律规范，行业自律规范不得与法律、行政法规、部门规章相抵触。专利代理机构、专利代理师应当遵守行业自律规范。

第五条 专利代理机构和专利代理师执业应当遵守法律、行政法规和本办法，恪守职业道德、执业纪律，诚实守信，规范执业，提升专利代理质量，维护委托人的合法权益和专利代理行业正常秩序。

第六条 国家知识产权局和省、自治区、直辖市人民政府管理专利工作的部门可以根据实际情况，通过制定政策、建立机制等措施，支持引导专利代理机构为小微企业以及无收入或者低收入的发明人、设计人提供专利代理援助服务。

鼓励专利代理行业组织和专利代理机构利用自身资源开展专利代理援助工作。

第七条 国家知识产权局和省、自治区、直辖市人民政府管理专利工作的部门应当加强电子政务建设和专利代理公共信息发布，优化专利代理管理系统，方便专利代理机构、专利代理师和公众办理事务、查询信息。

第八条 任何单位、个人未经许可，不得代理专利申请和宣告专利权无效等业务。

第二章 专利代理机构

第九条 专利代理机构的组织形式应当为合伙企业、有限责任公司等。合伙人、股东应当为中国公民。

第十条 合伙企业形式的专利代理机构申请办理执业许可证的，应当具备下列条件：

（一）有符合法律、行政法规和本办法第十四条规定的专利代理机构名称；

（二）有书面合伙协议；

（三）有独立的经营场所；

（四）有两名以上合伙人；

（五）合伙人具有专利代理师资格证，并有两年以上专利代理师执业经历。

第十一条 有限责任公司形式的专利代理机构申请办理执业许可证的，应当具备下列条件：

（一）有符合法律、行政法规和本办法第十四条规定的专利代理机构名称；

（二）有书面公司章程；

（三）有独立的经营场所；

（四）有五名以上股东；

（五）五分之四以上股东以及公司法定代表人具有专利代理师资格证，并有两年以上专利代理师执业经历。

第十二条 律师事务所申请办理执业许可证的，应当具备下列条件：

（一）有独立的经营场所；

（二）有两名以上合伙人或者专职律师具有专利代理师资格证。

第十三条 有下列情形之一的，不得作为专利代理机构的合伙人、股东：

（一）不具有完全民事行为能力；

（二）因故意犯罪受过刑事处罚；

（三）不能专职在专利代理机构工作；

（四）所在专利代理机构解散或者被撤销、吊销执业许可证，未妥善处理各种尚未办结的专利代理业务。

专利代理机构以欺骗、贿赂等不正当手段取得执业许可证，被依法撤销、吊销的，其合伙人、股东、法定代表人自处罚决定作出之日起三年内不得在专利代理机构新任合伙人或者股东、法定代表人。

第十四条 专利代理机构只能使用一个名称。除律师事务所外，专利代理机构的名称中应当含有“专利代理”或者“知识产权代理”等字样。专利代理机构分支机构的名称由专利代理机构全名称、分支机构所在城市名称或者所在地区名称和“分公司”或者“分所”等组成。

专利代理机构的名称不得在全国范围内与正在使用或者已经使用过的专利代理机构的名称相同或者近似。

律师事务所申请办理执业许可证的，可以使用该律师事务所的名称。

第十五条 申请专利代理机构执业许可证的，应当通过专利代理管理系统向国家知识产权局提交申请书和下列申请材料：

（一）合伙企业形式的专利代理机构应当提交营业执照、合伙协议和合伙人身份证件扫描件；

（二）有限责任公司形式的专利代理机构应当提交营业执照、公司章程和股东身份证件扫描件；

（三）律师事务所应当提交律师事务所执业许可证和具有专利代理师资格证的合伙人、专职律师身份证件扫描件。

申请人应当对其申请材料实质内容的真实性负责。必要时，国家知识产权局可以要求申请人提供原件进行核实。法律、行政法规和国务院决定另有规定的除外。

第十六条 申请材料不符合本办法第十五条规定的，国家知识产权局应当自收到申请材料之日起五日内一次告知申请人需要补正的全部内容，逾期未告知的，自收到申请材料之日起视为受理；申请材料齐全、符合法定形式，或者申请人按照要求提交全部补正申请材料的，应当受理该申请。受理或者不予受理申请的，应当书面通知申请人并说明理由。

国家知识产权局应当自受理之日起十日内予以审核，对符合规定条件的，予以批准，向申请人颁发专利代理机构执业许可证；对不符合规定条件的，不予批准，书面通知申请人并说明理由。

第十七条 专利代理机构名称、经营场所、合伙协议或者公司章程、合伙人或者执行事务合伙人、股东或者法定代表人发生变化的，应当自办理企业变更登记之日起三十日内向国家知识产权局申请办理变更手续；律师事务所具有专利代理师资格证的合伙人或者专职律师等事项发生变化的，应当自司法行政部门批准之日起三十日内向国家知识产权局申请办理变更手续。

国家知识产权局应当自申请受理之日起十日内作出相应决定，对符合本办法规定的事项予以变更。

第十八条 专利代理机构在国家知识产权局登记的信息应当与其在市场监督管理部门或者司法行政部门的登记信息一致。

第十九条 专利代理机构解散或者不再办理专利代理业务的，应当在妥善处理各种尚未办结的业务后，向国家知识产权局办理注销专利代理机构执业许可证手续。

专利代理机构注销营业执照，或者营业执照、执业许可证被撤销、吊销的，应当在营业执照注销三十日前或者接到撤销、吊销通知书之日起三十日内通知委托人解除委托合同，妥善处理尚未办结的业务，并向国家知识产权局办理注销专利代理机构执业许可证的手续。未妥善处理全部专利代理业务的，专利代理机构的合伙人、股东不得办理专利代理师执业备案变更。

第二十条 专利代理机构设立分支机构办理专利代理业务的，应当具备下列条件：

（一）办理专利代理业务时间满两年；

（二）有十名以上专利代理师执业，拟设分支机构应当有一名以上专利代理师执业，并且分支机构负责人应当具有专利代理师资格证；

（三）专利代理师不得同时在两个以上的分支机构担任负责人；

（四）设立分支机构前三年内未受过专利代理行政处罚；

（五）设立分支机构时未被列入经营异常名录或者严重违法失信名单。

第二十一条 专利代理机构的分支机构不得以自己的名义办理专利代理业务。专利代理机构应当对其分支机构的执业活动承担法律责任。

第二十二条 专利代理机构设立、变更或者注销分支机构的，应当自完成分支机构相关企业或者司法登记手续之日起三十日内，通过专利代理管理系统向分支机构所在地的省、自治区、直辖市人民政府管理专利工作的部门进行备案。

备案应当填写备案表并上传下列材料：

（一）设立分支机构的，上传分支机构营业执照或者律师事务所分所执业许可证扫描件；

（二）变更分支机构注册事项的，上传变更以后的分支机构营业执照或者律师事务所分所执业许可证扫描件；

（三）注销分支机构的，上传妥善处理完各种事项的说明。

第二十三条 专利代理机构应当建立健全质量管理、利益冲突审查、投诉处理、年度考核等执业管理制度以及人员管理、财务管理、档案管理等运营制度，对专利代理师在执业活动中遵守职业道德、执业纪律的情况进行监督。

专利代理机构的股东应当遵守国家有关规定，恪守专利代理职业道德、执业纪律，维护专利代理行业正常秩序。

第二十四条 专利代理机构通过互联网平台宣传、承接专利代理业务的，应当遵守《中华人民共和国电子商务法》等相关规定。

前款所述专利代理机构应当在首页显著位置持续公示并及时更新专利代理机构执业许可证等信息。

第三章 专利代理师

第二十五条 专利代理机构应当依法按照自愿和协商一致的原则与其聘用的专利代理师订立劳动合同。专利代理师应当受专利代理机构指派承办专利代理业务，不得自行接受委托。

第二十六条 专利代理师执业应当符合下列条件：

（一）具有完全民事行为能力；

（二）取得专利代理师资格证；

（三）在专利代理机构实习满一年，但具有律师执业经历或者三年以上专利审查经历的人员除外；

（四）在专利代理机构担任合伙人、股东，或者与专利代理机构签订劳动合同；

（五）能专职从事专利代理业务。

符合前款所列全部条件之日为执业之日。

第二十七条 专利代理实习人员进行专利代理业务实习，应当接受专利代理机构的指导。

第二十八条 专利代理师首次执业的，应当自执业之日起三十日内通过专利代理管理系统向专利代理机构所在地的省、自治区、直辖市人民政府管理专利工作的部门进行执业备案。

备案应当填写备案表并上传下列材料：

（一）本人身份证件扫描件；

（二）与专利代理机构签订的劳动合同；

（三）实习评价材料。

专利代理师应当对其备案材料实质内容的真实性负责。必要时，省、自治区、直辖市人民政府管理专利工作的部门可以要求提供原件进行核实。

第二十九条 专利代理师从专利代理机构离职的，应当妥善办理业务移交手续，并自离职之日起三十日内通过专利代理管理系统向专利代理机构所在地的省、自治区、直辖市人民政府管理专利工作的部门提交解聘证明等，进行执业备案变更。

专利代理师转换执业专利代理机构的，应当自转换执业之日起三十日内进行执业备案变更，上传与专利代理机构签订的劳动合同或者担任股东、合伙人的证明。

未在规定时间内变更执业备案的，视为逾期未主动履行备案变更手续，省、自治区、直辖市人民政府管理专利工作的部门核实后可以直接予以变更。

第四章 专利代理行业组织

第三十条 专利代理行业组织应当严格行业自律，组织引导专利代理机构和专利代理师依法规范执业，不断提高行业服务水平。

第三十一条 国家知识产权局和省、自治区、直辖市人民政府管理专利工作的部门根据国家有关规定对专利代理行业组织进行监督和管理。

第三十二条 专利代理行业组织应当依法履行下列职责：

（一）维护专利代理机构和专利代理师的合法权益；

（二）制定行业自律规范，加强行业自律，对会员实施考核、奖励和惩戒，及时向社会公布其吸纳的会员信息和对会员的惩戒情况；

（三）组织专利代理机构、专利代理师开展专利代理援助服务；

（四）组织专利代理师实习培训和执业培训，以及职业道德、执业纪律教育；

（五）按照国家有关规定推荐专利代理师担任诉讼代理人；

（六）指导专利代理机构完善管理制度，提升专利代理服务质量；

（七）指导专利代理机构开展实习工作；

（八）开展专利代理行业国际交流；

（九）其他依法应当履行的职责。

第三十三条 专利代理行业组织应当建立健全非执业会员制度，鼓励取得专利代理师资格证的非执业人员参加专利代理行业组织、参与专利代理行业组织事务，加强非执业会员的培训和交流。

第五章 专利代理监管

第三十四条 国家知识产权局组织指导全国的专利代理机构年度报告、经营异常名录和严重违法失信名单的公示工作。

第三十五条 专利代理机构应当按照国家有关规定提交年度报告。年度报告应当包括以下内容：

（一）专利代理机构通信地址、邮政编码、联系电话、电子邮箱等信息；

（二）执行事务合伙人或者法定代表人、合伙人或者股东、专利代理师的姓名，从业人数信息；

（三）合伙人、股东的出资额、出资时间、出资方式等信息；

（四）设立分支机构的信息；

（五）专利代理机构通过互联网等信息网络提供专利代理服务

的信息网络平台名称、网址等信息；

（六）专利代理机构办理专利申请、宣告专利权无效、转让、许可、纠纷的行政处理和诉讼、质押融资等业务信息；

（七）专利代理机构资产总额、负债总额、营业总收入、主营业务收入、利润总额、净利润、纳税总额等信息；

（八）专利代理机构设立境外分支机构、其从业人员获得境外专利代理从业资质的信息；

（九）其他应当予以报告的信息。

律师事务所可仅提交其从事专利事务相关的内容。

第三十六条 国家知识产权局以及省、自治区、直辖市人民政府管理专利工作的部门的工作人员应当对专利代理机构年度报告中不予公示的内容保密。

第三十七条 专利代理机构有下列情形之一的，按照国家有关规定列入经营异常名录：

（一）未在规定的期限提交年度报告；

（二）取得专利代理机构执业许可证或者提交年度报告时提供虚假信息；

（三）擅自变更名称、办公场所、执行事务合伙人或者法定代表人、合伙人或者股东；

（四）分支机构设立、变更、注销未按照规定办理备案手续；

（五）不再符合执业许可条件，省、自治区、直辖市人民政府管理专利工作的部门责令其整改，期限届满仍不符合条件；

（六）专利代理机构公示信息与其在市场监督管理部门或者司法行政部门的登记信息不一致；

（七）通过登记的经营场所无法联系。

第三十八条 专利代理机构有下列情形之一的，按照国家有关规定列入严重违法失信名单：

（一）被列入经营异常名录满三年仍未履行相关义务；

（二）受到责令停止承接新的专利代理业务、吊销专利代理机构执业许可证的专利代理行政处罚。

第三十九条 国家知识产权局指导省、自治区、直辖市人民政府管理专利工作的部门对专利代理机构和专利代理师的执业活动情况进行检查、监督。

专利代理机构跨省设立分支机构的，其分支机构应当由分支机构所在地的省、自治区、直辖市人民政府管理专利工作的部门进行检查、监督。该专利代理机构所在地的省、自治区、直辖市人民政府管理专利工作的部门应当予以协助。

第四十条 国家知识产权局和省、自治区、直辖市人民政府管理专利工作的部门应当采取书面检查、实地检查、网络监测等方式对专利代理机构和专利代理师进行检查、监督。

在检查过程中应当随机抽取检查对象，随机选派执法检查人员。发现违法违规情况的，应当及时依法处理，并向社会公布检查、处理结果。对已被列入经营异常名录或者严重违法失信名单的专利代理机构，省、自治区、直辖市人民政府管理专利工作的部门应当进行实地检查。

第四十一条 省、自治区、直辖市人民政府管理专利工作的部门应当重点对下列事项进行检查、监督：

（一）专利代理机构是否符合执业许可条件；

（二）专利代理机构合伙人、股东以及法定代表人是否符合规定；

（三）专利代理机构年度报告的信息是否真实、完整、有效，与其在市场监督管理部门或者司法行政部门公示的信息是否一致；

（四）专利代理机构是否存在本办法第三十七条规定的情形；

（五）专利代理机构是否建立健全执业管理制度和运营制度等情况；

（六）专利代理师是否符合执业条件并履行备案手续；

（七）未取得专利代理执业许可的单位或者个人是否存在擅自开展专利代理业务的违法行为。

第四十二条 省、自治区、直辖市人民政府管理专利工作的部门依法进行检查监督时，应当将检查监督的情况和处理结果予以记录，由检查监督人员签字后归档。

当事人应当配合省、自治区、直辖市人民政府管理专利工作的部门的检查监督，接受询问，如实提供有关情况和材料。

第四十三条 国家知识产权局和省、自治区、直辖市人民政府管理专利工作的部门对存在违法违规行为的机构或者人员，可以进行警示谈话、提出意见，督促及时整改。

第四十四条 国家知识产权局和省、自治区、直辖市人民政府管理专利工作的部门应当督促专利代理机构贯彻实施专利代理相关服务规范，引导专利代理机构提升服务质量。

第四十五条 国家知识产权局应当及时向社会公布专利代理机构执业许可证取得、变更、注销、撤销、吊销等相关信息，以及专利代理师的执业备案、撤销、吊销等相关信息。

国家知识产权局和省、自治区、直辖市人民政府管理专利工作的部门应当及时向社会公示专利代理机构年度报告信息，列入或者移出经营异常名录、严重违法失信名单信息，行政处罚信息，以及对专利代理执业活动的检查情况。行政处罚、检查监督结果纳入国家企业信用信息公示系统向社会公布。

律师事务所、律师受到专利代理行政处罚的，应当由国家知识产权局和省、自治区、直辖市人民政府管理专利工作的部门将信息通报相关司法行政部门。

第六章　专利代理违法行为的处理

第四十六条 任何单位或者个人认为专利代理机构、专利代理师的执业活动违反专利代理管理有关法律、行政法规、部门规章规定，或者认为存在擅自开展专利代理业务情形的，可以向省、自治区、直辖市人民政府管理专利工作的部门投诉和举报。

省、自治区、直辖市人民政府管理专利工作的部门收到投诉和举报后，应当依据市场监督管理投诉举报处理办法、行政处罚程序等有关规定进行调查处理。本办法另有规定的除外。

第四十七条 对具有重大影响的专利代理违法违规行为，国家知识产权局可以协调或者指定有关省、自治区、直辖市人民政府管理专利工作的部门进行处理。对于专利代理违法行为的处理涉及两个以上省、自治区、直辖市人民政府管理专利工作的部门的，可以报请国家知识产权局组织协调处理。

对省、自治区、直辖市人民政府管理专利工作的部门专利代理违法行为处理工作，国家知识产权局依法进行监督。

第四十八条 省、自治区、直辖市人民政府管理专利工作的部门可以依据本地实际，要求下一级人民政府管理专利工作的部门协助处理专利代理违法违规行为；也可以依法委托有实际处理能力的管理公共事务的事业组织处理专利代理违法违规行为。

委托方应当对受托方的行为进行监督和指导，并承担法律责任。

第四十九条 省、自治区、直辖市人民政府管理专利工作的部门应当及时、全面、客观、公正地调查收集与案件有关的证据。可以通过下列方式对案件事实进行调查核实：

（一）要求当事人提交书面意见陈述；

（二）询问当事人；

（三）到当事人所在地进行现场调查，可以调阅有关业务案卷和档案材料；

（四）其他必要、合理的方式。

第五十条 案件调查终结后，省、自治区、直辖市人民政府管理专利工作的部门认为应当对专利代理机构作出责令停止承接新的专利代理业务、吊销执业许可证，或者对专利代理师作出责令停止承办新的专利代理业务、吊销专利代理师资格证行政处罚的，应当及时报送调查结果和处罚建议，提请国家知识产权局处理。

第五十一条 专利代理机构有下列情形之一的，属于《专利代理条例》第二十五条规定的“疏于管理，造成严重后果”的违法行为：

（一）因故意或者重大过失给委托人、第三人利益造成损失，或者损害社会公共利益；

（二）从事非正常专利申请行为，严重扰乱专利工作秩序；

（三）诋毁其他专利代理师、专利代理机构，以不正当手段招揽业务，存在弄虚作假行为，严重扰乱行业秩序，受到有关行政机关处罚；

（四）严重干扰专利审查工作或者专利行政执法工作正常进行；

（五）专利代理师从专利代理机构离职未妥善办理业务移交手续，造成严重后果；

（六）专利代理机构执业许可证信息与市场监督管理部门、司法行政部门的登记信息或者实际情况不一致，未按照要求整改，给社会公众造成重大误解；

（七）分支机构设立、变更、注销不符合规定的条件或者没有按照规定备案，严重损害当事人利益；

（八）默许、指派专利代理师在未经其本人撰写或者审核的专利申请等法律文件上签名，严重损害当事人利益；

（九）涂改、倒卖、出租、出借专利代理机构执业许可证，严重扰乱行业秩序。

第五十二条 有下列情形之一的，属于《专利代理条例》第二十七条规定的“擅自开展专利代理业务”的违法行为：

(一) 通过租用、借用等方式利用他人资质开展专利代理业务;

(二) 未取得专利代理机构执业许可证或者不符合专利代理师执业条件,擅自代理专利申请、宣告专利权无效等相关业务,或者以专利代理机构、专利代理师的名义招揽业务;

(三) 专利代理机构执业许可证或者专利代理师资格证被撤销或者吊销后,擅自代理专利申请、宣告专利权无效等相关业务,或者以专利代理机构、专利代理师的名义招揽业务。

第五十三条 专利代理师对其签名办理的专利代理业务负责。对于非经本人办理的专利事务,专利代理师有权拒绝在相关法律文件上签名。

专利代理师因专利代理质量等原因给委托人、第三人利益造成损失或者损害社会公共利益的,省、自治区、直辖市人民政府管理专利工作的部门可以对签名的专利代理师予以警告。

第五十四条 国家知识产权局按照有关规定,对专利代理领域严重失信主体开展联合惩戒。

第五十五条 法律、行政法规对专利代理机构经营活动违法行为的处理另有规定的,从其规定。

第七章 附　　则

第五十六条 本办法由国家市场监督管理总局负责解释。

第五十七条 本办法中二十日以内期限的规定是指工作日,不含法定节假日。

第五十八条 本办法自2019年5月1日起施行。2015年4月30日国家知识产权局令第70号发布的《专利代理管理办法》、2002年12月12日国家知识产权局令第25号发布的《专利代理惩戒规则(试行)》同时废止。

关于台湾同胞专利申请的若干规定

（2010年11月15日国家知识产权局令第58号公布
自2010年11月22日起施行）

第一条 为了方便台湾同胞向国家知识产权局申请专利，制定本规定。

第二条 台湾地区申请人（以下简称申请人）在台湾地区专利主管机构第一次提出发明或者实用新型专利申请之日起十二个月内，或者第一次提出外观设计专利申请之日起六个月内，又在国家知识产权局就相同主题提出专利申请的，可以要求享有其台湾地区在先申请的优先权（以下简称台湾地区优先权）。

申请人根据前款规定要求台湾地区优先权的，其在先申请的申请日应当在2010年9月12日（含当日）以后。

第三条 申请人可以在一件申请中要求一项或者多项台湾地区优先权；要求多项台湾地区优先权的，该申请的台湾地区优先权期限从最早的在先申请的申请日起计算。

第四条 申请人要求台湾地区优先权的，应当在向国家知识产权局提出专利申请的同时在请求书中声明，并且在三个月内提交由台湾地区专利主管机构出具的在先申请文件的副本；未在请求书中声明或者期满未提交在先申请文件副本的，视为未要求台湾地区优先权。

申请人在请求书中声明要求台湾地区优先权的，应当写明在先申请的申请日和申请号，并写明原受理机构为“台湾地区”。

第五条 申请人要求一项或者多项台湾地区优先权而在请求书的声明中未写明或者错写其中某件在先申请的申请日、申请号和原受理机构名称中的一项或者两项内容，但申请人已在规定的期限内提交了在先申请文件副本的，国家知识产权局应当通知申请人补正；申请人期满未答复或者补正后仍不符合规定的，视为未要求该项台湾地区优先权。

第六条 申请人要求多项台湾地区优先权的，应当提交全部在先申请文件副本。

在先申请文件副本至少应当表明原受理机构、申请人、申请日、申请号。在先申请文件副本不符合规定的，国家知识产权局应当通知申请人补正；申请人期满未答复或者补正后仍不符合规定的，视为未提交该在先申请文件副本。

国家知识产权局依据有关协议，通过电子交换途径获得在先申请文件副本的，视为申请人提交了符合规定的在先申请文件副本。

申请人已向国家知识产权局提交过在先申请文件副本，需要再次提交的，可以仅提交该副本的题录，但应当注明在先申请文件副本的原件所在申请案卷的申请号。

第七条 要求台湾地区优先权的申请人与在先申请文件副本中记载的申请人不一致的，应当在向国家知识产权局提出专利申请之日起三个月内提交台湾地区优先权转让证明或者有关说明；期满未提交或者提交的文件不符合规定的，视为未要求台湾地区优先权。

第八条 申请人要求台湾地区优先权后，可以撤回其全部或者其中某一项或者几项台湾地区优先权要求。

申请人撤回其台湾地区优先权要求的，应当提交全体申请人签字或者盖章的撤回台湾地区优先权声明；撤回台湾地区优先权声明不符合规定的，视为未提出撤回台湾地区优先权声明。

申请人撤回其台湾地区优先权要求导致该申请的最早台湾地区优先权日变更，且自该台湾地区优先权日起算的各种期限尚未届满的，其台湾地区优先权期限应当自变更后的最早台湾地区优先权日或者申请日起算；撤回台湾地区优先权的声明是在变更前的最早台湾地区优先权日起十五个月之后到达国家知识产权局的，则在后专利申请的公布期限仍按照变更前的最早台湾地区优先权日起算。

第九条 要求台湾地区优先权的，应当在缴纳申请费的同时，根据专利法实施细则第九十三条的规定缴纳台湾地区优先权要求费；期满未缴纳或者未缴足的，视为未要求台湾地区优先权。

第十条 被视为未要求台湾地区优先权并属于下列情形之一的，申请人可以根据专利法实施细则第六条的规定请求恢复要求台湾地区优先权的权利：

（一）由于未在指定期限内办理补正手续导致视为未要求台湾地区优先权的；

（二）要求台湾地区优先权声明中至少一项内容填写正确，但未在规定的期限内提交在先申请文件副本或者台湾地区优先权转让证明文件或者有关说明的；

（三）要求台湾地区优先权声明中至少一项内容填写正确，但未在规定的期限内缴纳或者缴足台湾地区优先权要求费的；

（四）分案申请的原申请要求了台湾地区优先权的。

除上述情形外，其他原因造成被视为未要求台湾地区优先权的，不予恢复。

第十一条 申请人提出的专利申请文件中，含有与现行法律、法规、规章相抵触的词句的，国家知识产权局应当通知申请人在两个月内删除或者修改，期满不答复的，其申请被视为撤回；申请人拒绝删除、修改或者修改后仍不符合规定的，应当驳回该专利申请。明显不涉及技术内容的词句，国家知识产权局可以依职权删除并通知申请人；申请人不同意删除的，应当驳回该专利申请。

第十二条 国家知识产权局依申请人请求出具申请文件副本的，应当先根据本规定第十一条对申请文件用语进行审查；

申请文件中含有与现行法律、法规、规章相抵触的词句的，在初审合格之前不予办理。

第十三条 申请人不愿公布其地址的，可在“申请人地址”栏中注明“中国台湾”。

第十四条 本规定自2010年11月22日起施行。原中国专利局1993年3月29日颁布的《关于受理台胞专利申请的规定》（国专发法字〔1993〕第63号）和1993年4月23日颁布的《关于台胞申请专利手续中若干问题的处理办法》（国专发审字〔1993〕第69号）同时废止。

国家知识产权局关于规范专利申请行为的若干规定

（2007年7月27日国家知识产权局令第45号发布
根据2017年2月28日《国家知识产权局关于修改〈关于规范专利申请行为的若干规定〉的决定》修订）

第一条 为了规范申请专利的行为，维护正常的专利工作秩序，依据专利法、专利法实施细则和专利代理条例制定本规定。

第二条 提交或者代理提交专利申请的，应当遵照法律、法规和规章的有关规定，恪守诚实信用原则，不得从事非正常申请专利的行为。

第三条 本规定所称非正常申请专利的行为是指：

（一）同一单位或者个人提交多件内容明显相同的专利申请；

（二）同一单位或者个人提交多件明显抄袭现有技术或者现有

设计的专利申请；

（三）同一单位或者个人提交多件不同材料、组分、配比、部件等简单替换或者拼凑的专利申请；

（四）同一单位或者个人提交多件实验数据或者技术效果明显编造的专利申请；

（五）同一单位或者个人提交多件利用计算机技术等随机生成产品形状、图案或者色彩的专利申请；

（六）帮助他人提交或者专利代理机构代理提交本条第一项至第五项所述类型的专利申请。

第四条 对非正常申请专利的行为，除依据专利法及其实施细则的规定对提交的专利申请进行处理之外，可以视情节采取下列处理措施：

（一）不予减缴专利费用；已经减缴的，要求补缴已经减缴的费用；情节严重的，自本年度起五年内不予减缴专利费用；

（二）在国家知识产权局政府网站以及《中国知识产权报》上予以通报，并纳入全国信用信息共享平台；

（三）在国家知识产权局的专利申请数量统计中扣除非正常申请专利的数量；

（四）各级知识产权局不予资助或者奖励；已经资助或者奖励的，全部或者部分追还；情节严重的，自本年度起五年内不予资助或者奖励；

（五）中华全国专利代理人协会对从事非正常申请专利行为的专利代理机构以及专利代理人采取行业自律措施，必要时专利代理惩戒委员会根据《专利代理惩戒规则（暂行）》的规定给予相应惩戒；

（六）通过非正常申请专利的行为骗取资助和奖励，情节严重构成犯罪的，依法移送有关机关追究刑事责任。

第五条 采取本规定第四条所列处理措施前，必要时应当给予当事人陈述意见的机会。

第六条 各级知识产权局应当引导公众和专利代理机构依法提交专利申请。

专利代办处发现非正常申请专利行为的，应当及时报告国家知识产权局。

第七条 本规定自2007年10月1日起施行。

国家知识产权局关于专利电子申请的规定

（2010年8月26日国家知识产权局令第57号公布
自2010年10月1日起施行）

第一条 为了规范与通过互联网传输并以电子文件形式提出的专利申请（以下简称专利电子申请）有关的程序和要求，方便申请人提交专利申请，提高专利审批效率，推进电子政务建设，依照《中华人民共和国专利法实施细则》（以下简称专利法实施细则）第二条和第十五条第二款，制定本规定。

第二条 提出专利电子申请的，应当事先与国家知识产权局签订《专利电子申请系统用户注册协议》（以下简称用户协议）。

开办专利电子申请代理业务的专利代理机构，应当以该专利代理机构名义与国家知识产权局签订用户协议。

申请人委托已与国家知识产权局签订用户协议的专利代理机构办理专利电子申请业务的，无须另行与国家知识产权局签订用户协议。

第三条 申请人有两人以上且未委托专利代理机构的，以提交电子申请的申请人为代表人。

第四条 发明、实用新型和外观设计专利申请均可以采用电子文件形式提出。

依照专利法实施细则第一百零一条第二款的规定进入中国国家阶段的专利申请，可以采用电子文件形式提交。

依照专利法实施细则第一百零一条第一款的规定向国家知识产权局提出专利国际申请的，不适用本规定。

第五条 申请专利的发明创造涉及国家安全或者重大利益需要保密的，应当以纸件形式提出专利申请。

申请人以电子文件形式提出专利申请后，国家知识产权局认为该专利申请需要保密的，应当将该专利申请转为纸件形式继续审查并通知申请人。申请人在后续程序中应当以纸件形式递交各种文件。

依照专利法实施细则第八条第二款第（一）项直接向外国申请专利或者向有关国外机构提交专利国际申请的，申请人向国家知识产权局提出的保密审查请求和技术方案应当以纸件形式提出。

第六条 提交专利电子申请和相关文件的，应当遵守规定的文件格式、数据标准、操作规范和传输方式。专利电子申请和相关文件未能被国家知识产权局专利电子申请系统正常接收的，视为未提交。

第七条 申请人办理专利电子申请各种手续的，应当以电子文件形式提交相关文件。除另有规定外，国家知识产权局不接受申请人以纸件形式提交的相关文件。不符合本款规定的，相关文件视为未提交。

以纸件形式提出专利申请并被受理后，除涉及国家安全或者重大利益需要保密的专利申请外，申请人可以请求将纸件申请转为专利电子申请。

特殊情形下需要将专利电子申请转为纸件申请的，申请人应当提出请求，经国家知识产权局审批并办理相关手续后可以转为纸件申请。

第八条 申请人办理专利电子申请的各种手续的，对专利法及其实施细则或者专利审查指南中规定的应当以原件形式提交的相关文件，申请人可以提交原件的电子扫描文件。国家知识产权局认为必要时，可以要求申请人在指定期限内提交原件。

申请人在提出专利电子申请时请求减缴或者缓缴专利法实施细则规定的各种费用需要提交有关证明文件的，应当在提出专利申请时提交证明文件原件的电子扫描文件。未提交电子扫描文件的，视为未提交有关证明文件。

第九条 采用电子文件形式向国家知识产权局提交的各种文件，以国家知识产权局专利电子申请系统收到电子文件之日为递交日。

对于专利电子申请，国家知识产权局以电子文件形式向申请人发出的各种通知书、决定或者其他文件，自文件发出之日起满15日，推定为申请人收到文件之日。

第十条 专利法及其实施细则和专利审查指南中关于专利申请和相关文件的所有规定，除专门针对以纸件形式提交的专利申请和相关文件的规定之外，均适用于专利电子申请。

第十一条 本规定由国家知识产权局负责解释。

第十二条 本规定自2010年10月1日起施行。2004年2月12日国家知识产权局令第三十五号发布的《关于电子专利申请的规定》同时废止。

3. 专利实施许可

专利实施强制许可办法

（2012 年 3 月 15 日国家知识产权局令第 64 号公布
自 2012 年 5 月 1 日起施行）

第一章　总　　则

第一条　为了规范实施发明专利或者实用新型专利的强制许可（以下简称强制许可）的给予、费用裁决和终止程序，根据《中华人民共和国专利法》（以下简称专利法）、《中华人民共和国专利法实施细则》及有关法律法规，制定本办法。

第二条　国家知识产权局负责受理和审查强制许可请求、强制许可使用费裁决请求和终止强制许可请求并作出决定。

第三条　请求给予强制许可、请求裁决强制许可使用费和请求终止强制许可，应当使用中文以书面形式办理。

依照本办法提交的各种证件、证明文件是外文的，国家知识产权局认为必要时，可以要求当事人在指定期限内附送中文译文；期满未附送的，视为未提交该证件、证明文件。

第四条　在中国没有经常居所或者营业所的外国人、外国企业或者外国其他组织办理强制许可事务的，应当委托依法设立的专利代理机构办理。

当事人委托专利代理机构办理强制许可事务的，应当提交委托书，写明委托权限。一方当事人有两个以上且未委托专利代理机构的，除另有声明外，以提交的书面文件中指明的第一当事人为该方代表人。

第二章　强制许可请求的提出与受理

第五条　专利权人自专利权被授予之日起满3年，且自提出专利申请之日起满4年，无正当理由未实施或者未充分实施其专利的，具备实施条件的单位或者个人可以根据专利法第四十八条第一项的规定，请求给予强制许可。

专利权人行使专利权的行为被依法认定为垄断行为的，为消除或者减少该行为对竞争产生的不利影响，具备实施条件的单位或者个人可以根据专利法第四十八条第二项的规定，请求给予强制许可。

第六条　在国家出现紧急状态或者非常情况时，或者为了公共利益的目的，国务院有关主管部门可以根据专利法第四十九条的规定，建议国家知识产权局给予其指定的具备实施条件的单位强制许可。

第七条　为了公共健康目的，具备实施条件的单位可以根据专利法第五十条的规定，请求给予制造取得专利权的药品并将其出口到下列国家或者地区的强制许可：

（一）最不发达国家或者地区；

（二）依照有关国际条约通知世界贸易组织表明希望作为进口方的该组织的发达成员或者发展中成员。

第八条　一项取得专利权的发明或者实用新型比前已经取得专利权的发明或者实用新型具有显著经济意义的重大技术进步，其实施又有赖于前一发明或者实用新型的实施的，该专利权人可以根据专利法第五十一条的规定请求给予实施前一专利的强制许可。国家知识产权局给予实施前一专利的强制许可的，前一专利权人也可以请求给予实施后一专利的强制许可。

第九条 请求给予强制许可的，应当提交强制许可请求书，写明下列各项：

（一）请求人的姓名或者名称、地址、邮政编码、联系人及电话；

（二）请求人的国籍或者注册的国家或者地区；

（三）请求给予强制许可的发明专利或者实用新型专利的名称、专利号、申请日、授权公告日，以及专利权人的姓名或者名称；

（四）请求给予强制许可的理由和事实、期限；

（五）请求人委托专利代理机构的，受托机构的名称、机构代码以及该机构指定的代理人的姓名、执业证号码、联系电话；

（六）请求人的签字或者盖章；委托专利代理机构的，还应当有该机构的盖章；

（七）附加文件清单；

（八）其他需要注明的事项。

请求书及其附加文件应当一式两份。

第十条 强制许可请求涉及两个或者两个以上的专利权人的，请求人应当按专利权人的数量提交请求书及其附加文件副本。

第十一条 根据专利法第四十八条第一项或者第五十一条的规定请求给予强制许可的，请求人应当提供证据，证明其以合理的条件请求专利权人许可其实施专利，但未能在合理的时间内获得许可。

根据专利法第四十八条第二项的规定请求给予强制许可的，请求人应当提交已经生效的司法机关或者反垄断执法机构依法将专利权人行使专利权的行为认定为垄断行为的判决或者决定。

第十二条 国务院有关主管部门根据专利法第四十九条建议给予强制许可的，应当指明下列各项：

（一）国家出现紧急状态或者非常情况，或者为了公共利益目的需要给予强制许可；

（二）建议给予强制许可的发明专利或者实用新型专利的名称、

专利号、申请日、授权公告日，以及专利权人的姓名或者名称；

（三）建议给予强制许可的期限；

（四）指定的具备实施条件的单位名称、地址、邮政编码、联系人及电话；

（五）其他需要注明的事项。

第十三条 根据专利法第五十条的规定请求给予强制许可的，请求人应当提供进口方及其所需药品和给予强制许可的有关信息。

第十四条 强制许可请求有下列情形之一的，不予受理并通知请求人：

（一）请求给予强制许可的发明专利或者实用新型专利的专利号不明确或者难以确定；

（二）请求文件未使用中文；

（三）明显不具备请求强制许可的理由；

（四）请求给予强制许可的专利权已经终止或者被宣告无效。

第十五条 请求文件不符合本办法第四条、第九条、第十条规定的，请求人应当自收到通知之日起15日内进行补正。期满未补正的，该请求视为未提出。

第十六条 国家知识产权局受理强制许可请求的，应当及时将请求书副本送交专利权人。除另有指定的外，专利权人应当自收到通知之日起15日内陈述意见；期满未答复的，不影响国家知识产权局作出决定。

第三章 强制许可请求的审查和决定

第十七条 国家知识产权局应当对请求人陈述的理由、提供的信息和提交的有关证明文件以及专利权人陈述的意见进行审查；需要实地核查的，应当指派两名以上工作人员实地核查。

第十八条 请求人或者专利权人要求听证的，由国家知识产权局组织听证。

国家知识产权局应当在举行听证7日前通知请求人、专利权人和其他利害关系人。

除涉及国家秘密、商业秘密或者个人隐私外，听证公开进行。

举行听证时，请求人、专利权人和其他利害关系人可以进行申辩和质证。

举行听证时应当制作听证笔录，交听证参加人员确认无误后签字或者盖章。

根据专利法第四十九条或者第五十条的规定建议或者请求给予强制许可的，不适用听证程序。

第十九条 请求人在国家知识产权局作出决定前撤回其请求的，强制许可请求的审查程序终止。

在国家知识产权局作出决定前，请求人与专利权人订立了专利实施许可合同的，应当及时通知国家知识产权局，并撤回其强制许可请求。

第二十条 经审查认为强制许可请求有下列情形之一的，国家知识产权局应当作出驳回强制许可请求的决定：

（一）请求人不符合本办法第四条、第五条、第七条或者第八条的规定；

（二）请求给予强制许可的理由不符合专利法第四十八条、第五十条或者第五十一条的规定；

（三）强制许可请求涉及的发明创造是半导体技术的，其理由不符合专利法第五十二条的规定；

（四）强制许可请求不符合本办法第十一条或者第十三条的规定；

（五）请求人陈述的理由、提供的信息或者提交的有关证明文件不充分或者不真实。

国家知识产权局在作出驳回强制许可请求的决定前，应当通知请求人拟作出的决定及其理由。除另有指定的外，请求人可以自收到通知之日起15日内陈述意见。

第二十一条 经审查认为请求给予强制许可的理由成立的，国家知识产权局应当作出给予强制许可的决定。在作出给予强制许可的决定前，应当通知请求人和专利权人拟作出的决定及其理由。除另有指定的外，双方当事人可以自收到通知之日起15日内陈述意见。

国家知识产权局根据专利法第四十九条作出给予强制许可的决定前，应当通知专利权人拟作出的决定及其理由。

第二十二条 给予强制许可的决定应当写明下列各项：

（一）取得强制许可的单位或者个人的名称或者姓名、地址；

（二）被给予强制许可的发明专利或者实用新型专利的名称、专利号、申请日及授权公告日；

（三）给予强制许可的范围和期限；

（四）决定的理由、事实和法律依据；

（五）国家知识产权局的印章及负责人签字；

（六）决定的日期；

（七）其他有关事项。

给予强制许可的决定应当自作出之日起5日内通知请求人和专利权人。

第二十三条 国家知识产权局根据专利法第五十条作出给予强制许可的决定的，还应当在该决定中明确下列要求：

（一）依据强制许可制造的药品数量不得超过进口方所需的数量，并且必须全部出口到该进口方；

（二）依据强制许可制造的药品应当采用特定的标签或者标记明确注明该药品是依据强制许可而制造的；在可行并且不会对药品价格产生显著影响的情况下，应当对药品本身采用特殊的颜色或者形状，或者对药品采用特殊的包装；

（三）药品装运前，取得强制许可的单位应当在其网站或者世界贸易组织的有关网站上发布运往进口方的药品数量以及本条第二项所述的药品识别特征等信息。

第二十四条 国家知识产权局根据专利法第五十条作出给予强制许可的决定的，由国务院有关主管部门将下列信息通报世界贸易组织：

（一）取得强制许可的单位的名称和地址；

（二）出口药品的名称和数量；

（三）进口方；

（四）强制许可的期限；

（五）本办法第二十三条第三项所述网址。

第四章　强制许可使用费裁决请求的审查和裁决

第二十五条 请求裁决强制许可使用费的，应当提交强制许可使用费裁决请求书，写明下列各项：

（一）请求人的姓名或者名称、地址；

（二）请求人的国籍或者注册的国家或者地区；

（三）给予强制许可的决定的文号；

（四）被请求人的姓名或者名称、地址；

（五）请求裁决强制许可使用费的理由；

（六）请求人委托专利代理机构的，受托机构的名称、机构代码以及该机构指定的代理人的姓名、执业证号码、联系电话；

（七）请求人的签字或者盖章；委托专利代理机构的，还应当有该机构的盖章；

（八）附加文件清单；

（九）其他需要注明的事项。

请求书及其附加文件应当一式两份。

第二十六条 强制许可使用费裁决请求有下列情形之一的，

不予受理并通知请求人：

（一）给予强制许可的决定尚未作出；

（二）请求人不是专利权人或者取得强制许可的单位或者个人；

（三）双方尚未进行协商或者经协商已经达成协议。

第二十七条 国家知识产权局受理强制许可使用费裁决请求的，应当及时将请求书副本送交对方当事人。除另有指定的外，对方当事人应当自收到通知之日起15日内陈述意见；期满未答复的，不影响国家知识产权局作出决定。

强制许可使用费裁决过程中，双方当事人可以提交书面意见。国家知识产权局可以根据案情需要听取双方当事人的口头意见。

第二十八条 请求人在国家知识产权局作出决定前撤回其裁决请求的，裁决程序终止。

第二十九条 国家知识产权局应当自收到请求书之日起3个月内作出强制许可使用费的裁决决定。

第三十条 强制许可使用费裁决决定应当写明下列各项：

（一）取得强制许可的单位或者个人的名称或者姓名、地址；

（二）被给予强制许可的发明专利或者实用新型专利的名称、专利号、申请日及授权公告日；

（三）裁决的内容及其理由；

（四）国家知识产权局的印章及负责人签字；

（五）决定的日期；

（六）其他有关事项。

强制许可使用费裁决决定应当自作出之日起5日内通知双方当事人。

第五章 终止强制许可请求的审查和决定

第三十一条 有下列情形之一的，强制许可自动终止：

（一）给予强制许可的决定规定的强制许可期限届满；

（二）被给予强制许可的发明专利或者实用新型专利终止或者被宣告无效。

第三十二条 给予强制许可的决定中规定的强制许可期限届满前，强制许可的理由消除并不再发生的，专利权人可以请求国家知识产权局作出终止强制许可的决定。

请求终止强制许可的，应当提交终止强制许可请求书，写明下列各项：

（一）专利权人的姓名或者名称、地址；

（二）专利权人的国籍或者注册的国家或者地区；

（三）请求终止的给予强制许可决定的文号；

（四）请求终止强制许可的理由和事实；

（五）专利权人委托专利代理机构的，受托机构的名称、机构代码以及该机构指定的代理人的姓名、执业证号码、联系电话；

（六）专利权人的签字或者盖章；委托专利代理机构的，还应当有该机构的盖章；

（七）附加文件清单；

（八）其他需要注明的事项。

请求书及其附加文件应当一式两份。

第三十三条 终止强制许可的请求有下列情形之一的，不予受理并通知请求人：

（一）请求人不是被给予强制许可的发明专利或者实用新型专利的专利权人；

（二）未写明请求终止的给予强制许可决定的文号；

（三）请求文件未使用中文；

（四）明显不具备终止强制许可的理由。

第三十四条 请求文件不符合本办法第三十二条规定的，请求人应当自收到通知之日起15日内进行补正。期满未补正的，该请求视为未提出。

第三十五条 国家知识产权局受理终止强制许可请求的，应当及时将请求书副本送交取得强制许可的单位或者个人。除另有指定的外，取得强制许可的单位或者个人应当自收到通知之日起15日内陈述意见；期满未答复的，不影响国家知识产权局作出决定。

第三十六条 国家知识产权局应当对专利权人陈述的理由和提交的有关证明文件以及取得强制许可的单位或者个人陈述的意见进行审查；需要实地核查的，应当指派两名以上工作人员实地核查。

第三十七条 专利权人在国家知识产权局作出决定前撤回其请求的，相关程序终止。

第三十八条 经审查认为请求终止强制许可的理由不成立的，国家知识产权局应当作出驳回终止强制许可请求的决定。在作出驳回终止强制许可请求的决定前，应当通知专利权人拟作出的决定及其理由。除另有指定的外，专利权人可以自收到通知之日起15日内陈述意见。

第三十九条 经审查认为请求终止强制许可的理由成立的，国家知识产权局应当作出终止强制许可的决定。在作出终止强制许可的决定前，应当通知取得强制许可的单位或者个人拟作出的决定及其理由。除另有指定的外，取得强制许可的单位或者个人可以自收到通知之日起15日内陈述意见。

终止强制许可的决定应当写明下列各项：

（一）专利权人的姓名或者名称、地址；

（二）取得强制许可的单位或者个人的名称或者姓名、地址；

（三）被给予强制许可的发明专利或者实用新型专利的名称、专利号、申请日及授权公告日；

（四）给予强制许可的决定的文号；

（五）决定的事实和法律依据；

（六）国家知识产权局的印章及负责人签字；

（七）决定的日期；

（八）其他有关事项。

终止强制许可的决定应当自作出之日起5日内通知专利权人和取得强制许可的单位或者个人。

第六章 附 则

第四十条 已经生效的给予强制许可的决定和终止强制许可的决定，以及强制许可自动终止的，应当在专利登记簿上登记并在专利公报上公告。

第四十一条 当事人对国家知识产权局关于强制许可的决定不服的，可以依法申请行政复议或者提起行政诉讼。

第四十二条 本办法由国家知识产权局负责解释。

第四十三条 本办法自2012年5月1日起施行。2003年6月13日国家知识产权局令第三十一号发布的《专利实施强制许可办法》和2005年11月29日国家知识产权局令第三十七号发布的《涉及公共健康问题的专利实施强制许可办法》同时废止。

专利实施许可合同备案办法

（2011年6月27日国家知识产权局令第62号公布 自2011年8月1日起施行）

第一条 为了切实保护专利权，规范专利实施许可行为，促进专利权的运用，根据《中华人民共和国专利法》、《中华人民共和国合同法》和相关法律法规，制定本办法。

第二条 国家知识产权局负责全国专利实施许可合同的备案

工作。

第三条 专利实施许可的许可人应当是合法的专利权人或者其他权利人。

以共有的专利权订立专利实施许可合同的，除全体共有人另有约定或者《中华人民共和国专利法》另有规定的外，应当取得其他共有人的同意。

第四条 申请备案的专利实施许可合同应当以书面形式订立。

订立专利实施许可合同可以使用国家知识产权局统一制订的合同范本；采用其他合同文本的，应当符合《中华人民共和国合同法》的规定。

第五条 当事人应当自专利实施许可合同生效之日起3个月内办理备案手续。

第六条 在中国没有经常居所或者营业所的外国人、外国企业或者外国其他组织办理备案相关手续的，应当委托依法设立的专利代理机构办理。

中国单位或者个人办理备案相关手续的，可以委托依法设立的专利代理机构办理。

第七条 当事人可以通过邮寄、直接送交或者国家知识产权局规定的其他方式办理专利实施许可合同备案相关手续。

第八条 申请专利实施许可合同备案的，应当提交下列文件：

（一）许可人或者其委托的专利代理机构签字或者盖章的专利实施许可合同备案申请表；

（二）专利实施许可合同；

（三）双方当事人的身份证明；

（四）委托专利代理机构的，注明委托权限的委托书；

（五）其他需要提供的材料。

第九条 当事人提交的专利实施许可合同应当包括以下内容：

（一）当事人的姓名或者名称、地址；

（二）专利权项数以及每项专利权的名称、专利号、申请日、授权公告日；

（三）实施许可的种类和期限。

第十条 除身份证明外，当事人提交的其他各种文件应当使用中文。身份证明是外文的，当事人应当附送中文译文；未附送的，视为未提交。

第十一条 国家知识产权局自收到备案申请之日起7个工作日内进行审查并决定是否予以备案。

第十二条 备案申请经审查合格的，国家知识产权局应当向当事人出具《专利实施许可合同备案证明》。

备案申请有下列情形之一的，不予备案，并向当事人发送《专利实施许可合同不予备案通知书》：

（一）专利权已经终止或者被宣告无效的；

（二）许可人不是专利登记簿记载的专利权人或者有权授予许可的其他权利人的；

（三）专利实施许可合同不符合本办法第九条规定的；

（四）实施许可的期限超过专利权有效期的；

（五）共有专利权人违反法律规定或者约定订立专利实施许可合同的；

（六）专利权处于年费缴纳滞纳期的；

（七）因专利权的归属发生纠纷或者人民法院裁定对专利权采取保全措施，专利权的有关程序被中止的；

（八）同一专利实施许可合同重复申请备案的；

（九）专利权被质押的，但经质权人同意的除外；

（十）与已经备案的专利实施许可合同冲突的；

（十一）其他不应当予以备案的情形。

第十三条 专利实施许可合同备案后，国家知识产权局发现备案申请存在本办法第十二条第二款所列情形并且尚未消除的，应当撤销专利实施许可合同备案，并向当事人发出《撤销专利实施许可合同备案通知书》。

第十四条 专利实施许可合同备案的有关内容由国家知识产权局在专利登记簿上登记，并在专利公报上公告以下内容：许可人、被许可人、主分类号、专利号、申请日、授权公告日、实施许可的种类和期限、备案日期。

专利实施许可合同备案后变更、注销以及撤销的，国家知识产权局予以相应登记和公告。

第十五条 国家知识产权局建立专利实施许可合同备案数据库。公众可以查询专利实施许可合同备案的法律状态。

第十六条 当事人延长实施许可的期限的，应当在原实施许可的期限届满前2个月内，持变更协议、备案证明和其他有关文件向国家知识产权局办理备案变更手续。

变更专利实施许可合同其他内容的，参照前款规定办理。

第十七条 实施许可的期限届满或者提前解除专利实施许可合同的，当事人应当在期限届满或者订立解除协议后30日内持备案证明、解除协议和其他有关文件向国家知识产权局办理备案注销手续。

第十八条 经备案的专利实施许可合同涉及的专利权被宣告无效或者在期限届满前终止的，当事人应当及时办理备案注销手续。

第十九条 经备案的专利实施许可合同的种类、期限、许可使用费计算方法或者数额等，可以作为管理专利工作的部门对侵权赔偿数额进行调解的参照。

第二十条 当事人以专利申请实施许可合同申请备案的，参照本办法执行。

申请备案时，专利申请被驳回、撤回或者视为撤回的，不予备案。

第二十一条 当事人以专利申请实施许可合同申请备案的，专利申请被批准授予专利权后，当事人应当及时将专利申请实施许可合同名称及有关条款作相应变更；专利申请被驳回、撤回或者视为撤回的，当事人应当及时办理备案注销手续。

第二十二条 本办法自2011年8月1日起施行。2001年12月17日国家知识产权局令第十八号发布的《专利实施许可合同备案管理办法》同时废止。

4. 专利侵权

最高人民法院关于审理侵犯专利权纠纷案件应用法律若干问题的解释（二）

（2016年1月25日最高人民法院审判委员会第1676次会议通过　2016年3月21日最高人民法院公告公布自2016年4月1日起施行　法释〔2016〕1号）

为正确审理侵犯专利权纠纷案件，根据《中华人民共和国专利法》《中华人民共和国侵权责任法》《中华人民共和国民事诉讼法》等有关法律规定，结合审判实践，制定本解释。

第一条 权利要求书有两项以上权利要求的，权利人应当在起诉状中载明据以起诉被诉侵权人侵犯其专利权的权利要求。起诉状对此未记载或者记载不明的，人民法院应当要求权利人明确。经释明，权利人仍不予明确的，人民法院可以裁定驳回起诉。

第二条 权利人在专利侵权诉讼中主张的权利要求被专利复审委员会宣告无效的，审理侵犯专利权纠纷案件的人民法院可以裁定驳回权利人基于该无效权利要求的起诉。

有证据证明宣告上述权利要求无效的决定被生效的行政判决撤销的，权利人可以另行起诉。

专利权人另行起诉的，诉讼时效期间从本条第二款所称行政判决书送达之日起计算。

第三条 因明显违反专利法第二十六条第三款、第四款导致说明书无法用于解释权利要求，且不属于本解释第四条规定的情形，专利权因此被请求宣告无效的，审理侵犯专利权纠纷案件的人民法院一般应当裁定中止诉讼；在合理期限内专利权未被请求宣告无效的，人民法院可以根据权利要求的记载确定专利权的保护范围。

第四条 权利要求书、说明书及附图中的语法、文字、标点、图形、符号等存有歧义，但本领域普通技术人员通过阅读权利要求书、说明书及附图可以得出唯一理解的，人民法院应当根据该唯一理解予以认定。

第五条 在人民法院确定专利权的保护范围时，独立权利要求的前序部分、特征部分以及从属权利要求的引用部分、限定部分记载的技术特征均有限定作用。

第六条 人民法院可以运用与涉案专利存在分案申请关系的其他专利及其专利审查档案、生效的专利授权确权裁判文书解释涉案专利的权利要求。

专利审查档案，包括专利审查、复审、无效程序中专利申请人或者专利权人提交的书面材料，国务院专利行政部门及其专利复审委员会制作的审查意见通知书、会晤记录、口头审理记录、生效的专利复审请求审查决定书和专利权无效宣告请求审查决定书等。

第七条 被诉侵权技术方案在包含封闭式组合物权利要求全部技术特征的基础上增加其他技术特征的，人民法院应当认定被诉侵权技术方案未落入专利权的保护范围，但该增加的技术特征属于不可避免的常规数量杂质的除外。

前款所称封闭式组合物权利要求，一般不包括中药组合物权利要求。

第八条 功能性特征，是指对于结构、组分、步骤、条件或其之间的关系等，通过其在发明创造中所起的功能或者效果进行限定的技术特征，但本领域普通技术人员仅通过阅读权利要求即可直接、明确地确定实现上述功能或者效果的具体实施方式的除外。

与说明书及附图记载的实现前款所称功能或者效果不可缺少的技术特征相比，被诉侵权技术方案的相应技术特征是以基本相同的手段，实现相同的功能，达到相同的效果，且本领域普通技术人员在被诉侵权行为发生时无需经过创造性劳动就能够联想到的，人民法院应当认定该相应技术特征与功能性特征相同或者等同。

第九条 被诉侵权技术方案不能适用于权利要求中使用环境特征所限定的使用环境的，人民法院应当认定被诉侵权技术方案未落入专利权的保护范围。

第十条 对于权利要求中以制备方法界定产品的技术特征，被诉侵权产品的制备方法与其不相同也不等同的，人民法院应当认定被诉侵权技术方案未落入专利权的保护范围。

第十一条 方法权利要求未明确记载技术步骤的先后顺序，但本领域普通技术人员阅读权利要求书、说明书及附图后直接、明确地认为该技术步骤应当按照特定顺序实施的，人民法院应当认定该步骤顺序对于专利权的保护范围具有限定作用。

第十二条 权利要求采用“至少”“不超过”等用语对数值特征进行界定，且本领域普通技术人员阅读权利要求书、说明书及附图后认为专利技术方案特别强调该用语对技术特征的限定作用，权利人主张与其不相同的数值特征属于等同特征的，人民法院不予支持。

第十三条 权利人证明专利申请人、专利权人在专利授权确权程序中对权利要求书、说明书及附图的限缩性修改或者陈述被明确否定的，人民法院应当认定该修改或者陈述未导致技术方案的放弃。

第十四条 人民法院在认定一般消费者对于外观设计所具有的知识水平和认知能力时，一般应当考虑被诉侵权行为发生时授权外观设计所属相同或者相近种类产品的设计空间。设计空间较大的，人民法院可以认定一般消费者通常不容易注意到不同设计之间的较小区别；设计空间较小的，人民法院可以认定一般消费者通常更容易注意到不同设计之间的较小区别。

第十五条 对于成套产品的外观设计专利，被诉侵权设计与其一项外观设计相同或者近似的，人民法院应当认定被诉侵权设计落入专利权的保护范围。

第十六条 对于组装关系唯一的组件产品的外观设计专利，被诉侵权设计与其组合状态下的外观设计相同或者近似的，人民法院应当认定被诉侵权设计落入专利权的保护范围。

对于各构件之间无组装关系或者组装关系不唯一的组件产品的外观设计专利，被诉侵权设计与其全部单个构件的外观设计均相同或者近似的，人民法院应当认定被诉侵权设计落入专利权的保护范围；被诉侵权设计缺少其单个构件的外观设计或者与之不相同也不近似的，人民法院应当认定被诉侵权设计未落入专利权的保护范围。

第十七条 对于变化状态产品的外观设计专利，被诉侵权设计与变化状态图所示各种使用状态下的外观设计均相同或者近似的，人民法院应当认定被诉侵权设计落入专利权的保护范围；被诉侵权设计缺少其一种使用状态下的外观设计或者与之不相同也不近似的，人民法院应当认定被诉侵权设计未落入专利权的保护范围。

第十八条 权利人依据专利法第十三条诉请在发明专利申请公布日至授权公告日期间实施该发明的单位或者个人支付适当费用的，人民法院可以参照有关专利许可使用费合理确定。

发明专利申请公布时申请人请求保护的范围与发明专利公告授权时的专利权保护范围不一致，被诉技术方案均落入上述两种范围的，人民法院应当认定被告在前款所称期间内实施了该发明；被诉技术方案仅落入其中一种范围的，人民法院应当认定被告在前款所称期间内未实施该发明。

发明专利公告授权后，未经专利权人许可，为生产经营目的使用、许诺销售、销售在本条第一款所称期间内已由他人制造、销售、进口的产品，且该他人已支付或者书面承诺支付专利法第十三条规定的适当费用的，对于权利人关于上述使用、许诺销售、销售行为侵犯专利权的主张，人民法院不予支持。

第十九条 产品买卖合同依法成立的，人民法院应当认定属于专利法第十一条规定的销售。

第二十条 对于将依照专利方法直接获得的产品进一步加工、处理而获得的后续产品，进行再加工、处理的，人民法院应当认定不属于专利法第十一条规定的“使用依照该专利方法直接获得的产品”。

第二十一条 明知有关产品系专门用于实施专利的材料、设备、零部件、中间物等，未经专利权人许可，为生产经营目的将该产品提供给他人实施了侵犯专利权的行为，权利人主张该提供者的行为属于侵权责任法第九条规定的帮助他人实施侵权行为的，人民法院应予支持。

明知有关产品、方法被授予专利权，未经专利权人许可，为生产经营目的积极诱导他人实施了侵犯专利权的行为，权利人主张该诱导者的行为属于侵权责任法第九条规定的教唆他人实施侵权行为的，人民法院应予支持。

第二十二条 对于被诉侵权人主张的现有技术抗辩或者现有设计抗辩，人民法院应当依照专利申请日时施行的专利法界定现有技术或者现有设计。

第二十三条 被诉侵权技术方案或者外观设计落入在先的涉案专利权的保护范围，被诉侵权人以其技术方案或者外观设计被授予专利权为由抗辩不侵犯涉案专利权的，人民法院不予支持。

第二十四条 推荐性国家、行业或者地方标准明示所涉必要专利的信息，被诉侵权人以实施该标准无需专利权人许可为由抗辩不侵犯该专利权的，人民法院一般不予支持。

推荐性国家、行业或者地方标准明示所涉必要专利的信息，专利权人、被诉侵权人协商该专利的实施许可条件时，专利权人故意违反其在标准制定中承诺的公平、合理、无歧视的许可义务，导致无法达成专利实施许可合同，且被诉侵权人在协商中无明显过错的，对于权利人请求停止标准实施行为的主张，人民法院一般不予支持。

本条第二款所称实施许可条件，应当由专利权人、被诉侵权人协商确定。经充分协商，仍无法达成一致的，可以请求人民法院确定。人民法院在确定上述实施许可条件时，应当根据公平、合理、无歧视的原则，综合考虑专利的创新程度及其在标准中的作用、标准所属的技术领域、标准的性质、标准实施的范围和相关的许可条件等因素。

法律、行政法规对实施标准中的专利另有规定的，从其规定。

第二十五条 为生产经营目的使用、许诺销售或者销售不知道是未经专利权人许可而制造并售出的专利侵权产品，且举证证明该产品合法来源的，对于权利人请求停止上述使用、许诺销售、销售行为的主张，人民法院应予支持，但被诉侵权产品的使用者举证证明其已支付该产品的合理对价的除外。

本条第一款所称不知道，是指实际不知道且不应当知道。

本条第一款所称合法来源，是指通过合法的销售渠道、通常的买卖合同等正常商业方式取得产品。对于合法来源，使用者、许诺销售者或者销售者应当提供符合交易习惯的相关证据。

第二十六条 被告构成对专利权的侵犯，权利人请求判令其停止侵权行为的，人民法院应予支持，但基于国家利益、公共利益的考量，人民法院可以不判令被告停止被诉行为，而判令其支付相应的合理费用。

第二十七条 权利人因被侵权所受到的实际损失难以确定的，人民法院应当依照专利法第六十五条第一款的规定，要求权利人对侵权人因侵权所获得的利益进行举证；在权利人已经提供侵权人所获利益的初步证据，而与专利侵权行为相关的账簿、资料主要由侵权人掌握的情况下，人民法院可以责令侵权人提供该账簿、资料；侵权人无正当理由拒不提供或者提供虚假的账簿、资料的，人民法院可以根据权利人的主张和提供的证据认定侵权人因侵权所获得的利益。

第二十八条 权利人、侵权人依法约定专利侵权的赔偿数额或者赔偿计算方法，并在专利侵权诉讼中主张依据该约定确定赔偿数额的，人民法院应予支持。

第二十九条 宣告专利权无效的决定作出后，当事人根据该决定依法申请再审，请求撤销专利权无效宣告前人民法院作出但未执行的专利侵权的判决、调解书的，人民法院可以裁定中止再审审查，并中止原判决、调解书的执行。

专利权人向人民法院提供充分、有效的担保，请求继续执行前款所称判决、调解书的，人民法院应当继续执行；侵权人向人民法院提供充分、有效的反担保，请求中止执行的，人民法院应当准许。人民法院生效裁判未撤销宣告专利权无效的决定的，专利权人应当赔偿因继续执行给对方造成的损失；宣告专利权无效的决定被人民法院生效裁判撤销，专利权仍有效的，人民法院可以依据前款所称判决、调解书直接执行上述反担保财产。

第三十条 在法定期限内对宣告专利权无效的决定不向人民法院起诉或者起诉后生效裁判未撤销该决定，当事人根据该决定依法申请再审，请求撤销宣告专利权无效前人民法院作出但未执行的专利侵权的判决、调解书的，人民法院应当再审。当事人根据该决定，依法申请终结执行宣告专利权无效前人民法院作出但未执行的专利侵权的判决、调解书的，人民法院应当裁定终结执行。

第三十一条 本解释自2016年4月1日起施行。最高人民法院以前发布的相关司法解释与本解释不一致的，以本解释为准。

最高人民法院关于审理侵犯专利权纠纷案件应用法律若干问题的解释

(2009年12月21日最高人民法院审判委员会第1480次会议通过 2009年12月28日最高人民法院公告公布 自2010年1月1日起施行 法释〔2009〕21号)

为正确审理侵犯专利权纠纷案件，根据《中华人民共和国专利法》、《中华人民共和国民事诉讼法》等有关法律规定，结合审判实际，制定本解释。

第一条 人民法院应当根据权利人主张的权利要求，依据专利法第五十九条第一款的规定确定专利权的保护范围。权利人在一审法庭辩论终结前变更其主张的权利要求的，人民法院应当准许。

权利人主张以从属权利要求确定专利权保护范围的，人民法院应当以该从属权利要求记载的附加技术特征及其引用的权利要求记载的技术特征，确定专利权的保护范围。

第二条 人民法院应当根据权利要求的记载，结合本领域普通技术人员阅读说明书及附图后对权利要求的理解，确定专利法第五十九条第一款规定的权利要求的内容。

第三条 人民法院对于权利要求，可以运用说明书及附图、权利要求书中的相关权利要求、专利审查档案进行解释。说明书对权利要求用语有特别界定的，从其特别界定。

以上述方法仍不能明确权利要求含义的，可以结合工具书、教科书等公知文献以及本领域普通技术人员的通常理解进行解释。

第四条 对于权利要求中以功能或者效果表述的技术特征，人民法院应当结合说明书和附图描述的该功能或者效果的具体实施方式及其等同的实施方式，确定该技术特征的内容。

第五条 对于仅在说明书或者附图中描述而在权利要求中未记载的技术方案，权利人在侵犯专利权纠纷案件中将其纳入专利权保护范围的，人民法院不予支持。

第六条 专利申请人、专利权人在专利授权或者无效宣告程序中，通过对权利要求、说明书的修改或者意见陈述而放弃的技术方案，权利人在侵犯专利权纠纷案件中又将其纳入专利权保护范围的，人民法院不予支持。

第七条 人民法院判定被诉侵权技术方案是否落入专利权的保护范围，应当审查权利人主张的权利要求所记载的全部技术特征。

被诉侵权技术方案包含与权利要求记载的全部技术特征相同或者等同的技术特征的，人民法院应当认定其落入专利权的保护范围；被诉侵权技术方案的技术特征与权利要求记载的全部技术特征相比，缺少权利要求记载的一个以上的技术特征，或者有一个以上技术特征不相同也不等同的，人民法院应当认定其没有落入专利权的保护范围。

第八条 在与外观设计专利产品相同或者相近种类产品上，采用与授权外观设计相同或者近似的外观设计的，人民法院应当认定被诉侵权设计落入专利法第五十九条第二款规定的外观设计专利权的保护范围。

第九条 人民法院应当根据外观设计产品的用途，认定产品种类是否相同或者相近。确定产品的用途，可以参考外观设计的简要说明、国际外观设计分类表、产品的功能以及产品销售、实际使用的情况等因素。

第十条 人民法院应当以外观设计专利产品的一般消费者的知识水平和认知能力，判断外观设计是否相同或者近似。

第十一条 人民法院认定外观设计是否相同或者近似时，应当根据授权外观设计、被诉侵权设计的设计特征，以外观设计的整体视觉效果进行综合判断；对于主要由技术功能决定的设计特征以及对整体视觉效果不产生影响的产品的材料、内部结构等特征，应当不予考虑。

下列情形，通常对外观设计的整体视觉效果更具有影响：

（一）产品正常使用时容易被直接观察到的部位相对于其他部位；

（二）授权外观设计区别于现有设计的设计特征相对于授权外观设计的其他设计特征。

被诉侵权设计与授权外观设计在整体视觉效果上无差异的，人民法院应当认定两者相同；在整体视觉效果上无实质性差异的，应当认定两者近似。

第十二条 将侵犯发明或者实用新型专利权的产品作为零部件，制造另一产品的，人民法院应当认定属于专利法第十一条规定的使用行为；销售该另一产品的，人民法院应当认定属于专利法第十一条规定的销售行为。

将侵犯外观设计专利权的产品作为零部件，制造另一产品并销售的，人民法院应当认定属于专利法第十一条规定的销售行为，但侵犯外观设计专利权的产品在该另一产品中仅具有技术功能的除外。

对于前两款规定的情形，被诉侵权人之间存在分工合作的，人民法院应当认定为共同侵权。

第十三条 对于使用专利方法获得的原始产品，人民法院应当认定为专利法第十一条规定的依照专利方法直接获得的产品。

对于将上述原始产品进一步加工、处理而获得后续产品的行为，人民法院应当认定属于专利法第十一条规定的使用依照该专利方法直接获得的产品。

第十四条 被诉落入专利权保护范围的全部技术特征，与一项现有技术方案中的相应技术特征相同或者无实质性差异的，人民法院应当认定被诉侵权人实施的技术属于专利法第六十二条规定的现有技术。

被诉侵权设计与一个现有设计相同或者无实质性差异的，人民法院应当认定被诉侵权人实施的设计属于专利法第六十二条规定的现有设计。

第十五条 被诉侵权人以非法获得的技术或者设计主张先用权抗辩的，人民法院不予支持。

有下列情形之一的，人民法院应当认定属于专利法第六十九条第（二）项规定的已经作好制造、使用的必要准备：

（一）已经完成实施发明创造所必需的主要技术图纸或者工艺文件；

（二）已经制造或者购买实施发明创造所必需的主要设备或者原材料。

专利法第六十九条第（二）项规定的原有范围，包括专利申请日前已有的生产规模以及利用已有的生产设备或者根据已有的生产准备可以达到的生产规模。

先用权人在专利申请日后将其已经实施或作好实施必要准备的技术或设计转让或者许可他人实施，被诉侵权人主张该实施行为属于在原有范围内继续实施的，人民法院不予支持，但该技术或设计与原有企业一并转让或者承继的除外。

第十六条 人民法院依据专利法第六十五条第一款的规定确定侵权人因侵权所获得的利益，应当限于侵权人因侵犯专利权行为所获得的利益；因其他权利所产生的利益，应当合理扣除。

侵犯发明、实用新型专利权的产品系另一产品的零部件的，人民法院应当根据该零部件本身的价值及其在实现成品利润中的作用等因素合理确定赔偿数额。

侵犯外观设计专利权的产品为包装物的，人民法院应当按照包装物本身的价值及其在实现被包装产品利润中的作用等因素合理确定赔偿数额。

第十七条 产品或者制造产品的技术方案在专利申请日以前为国内外公众所知的，人民法院应当认定该产品不属于专利法第六十一条第一款规定的新产品。

第十八条 权利人向他人发出侵犯专利权的警告，被警告人或者利害关系人经书面催告权利人行使诉权，自权利人收到该书面催告之日起一个月内或者自书面催告发出之日起二个月内，权利人不撤回警告也不提起诉讼，被警告人或者利害关系人向人民法院提起请求确认其行为不侵犯专利权的诉讼的，人民法院应当受理。

第十九条 被诉侵犯专利权行为发生在2009年10月1日以前的，人民法院适用修改前的专利法；发生在2009年10月1日以后的，人民法院适用修改后的专利法。

被诉侵犯专利权行为发生在2009年10月1日以前且持续到2009年10月1日以后，依据修改前和修改后的专利法的规定侵权人均应承担赔偿责任的，人民法院适用修改后的专利法确定赔偿数额。

第二十条 本院以前发布的有关司法解释与本解释不一致的，以本解释为准。

最高人民法院关于审理专利纠纷案件适用法律问题的若干规定

（2001 年 6 月 19 日最高人民法院审判委员会第 1180 次会议通过　根据 2013 年 2 月 25 日最高人民法院审判委员会第 1570 次会议通过的《最高人民法院关于修改〈最高人民法院关于审理专利纠纷案件适用法律问题的若干规定〉的决定》第一次修正　根据 2015 年 1 月 19 日最高人民法院审判委员会第 1641 次会议通过的《最高人民法院关于修改〈最高人民法院关于审理专利纠纷案件适用法律问题的若干规定〉的决定》第二次修正）

为了正确审理专利纠纷案件，根据《中华人民共和国民法通则》（以下简称民法通则）、《中华人民共和国专利法》（以下简称专利法）、《中华人民共和国民事诉讼法》和《中华人民共和国行政诉讼法》等法律的规定，作如下规定：

第一条 人民法院受理下列专利纠纷案件：

1. 专利申请权纠纷案件；
2. 专利权权属纠纷案件；
3. 专利权、专利申请权转让合同纠纷案件；
4. 侵犯专利权纠纷案件；
5. 假冒他人专利纠纷案件；

6. 发明专利申请公布后、专利权授予前使用费纠纷案件；
7. 职务发明创造发明人、设计人奖励、报酬纠纷案件；
8. 诉前申请停止侵权、财产保全案件；
9. 发明人、设计人资格纠纷案件；
10. 不服专利复审委员会维持驳回申请复审决定案件；
11. 不服专利复审委员会专利权无效宣告请求决定案件；
12. 不服国务院专利行政部门实施强制许可决定案件；
13. 不服国务院专利行政部门实施强制许可使用费裁决案件；
14. 不服国务院专利行政部门行政复议决定案件；
15. 不服管理专利工作的部门行政决定案件；
16. 其他专利纠纷案件。

第二条 专利纠纷第一审案件，由各省、自治区、直辖市人民政府所在地的中级人民法院和最高人民法院指定的中级人民法院管辖。

最高人民法院根据实际情况，可以指定基层人民法院管辖第一审专利纠纷案件。

第三条 当事人对专利复审委员会于2001年7月1日以后作出的关于实用新型、外观设计专利权撤销请求复审决定不服向人民法院起诉的，人民法院不予受理。

第四条 当事人对专利复审委员会于2001年7月1日以后作出的关于维持驳回实用新型、外观设计专利申请的复审决定，或者关于实用新型、外观设计专利权无效宣告请求的决定不服向人民法院起诉的，人民法院应当受理。

第五条 因侵犯专利权行为提起的诉讼，由侵权行为地或者被告住所地人民法院管辖。

侵权行为地包括：被诉侵犯发明、实用新型专利权的产品的制造、使用、许诺销售、销售、进口等行为的实施地；专利方法使用行为的实施地，依照该专利方法直接获得的产品的使用、许诺销售、销售、进口等行为的实施地；外观设计专利产品的制造、许诺销售、销售、进口等行为的实施地；假冒他人专利的行为实施地。上述侵权行为的侵权结果发生地。

第六条 原告仅对侵权产品制造者提起诉讼，未起诉销售者，侵权产品制造地与销售地不一致的，制造地人民法院有管辖权；以制造者与销售者为共同被告起诉的，销售地人民法院有管辖权。

销售者是制造者分支机构，原告在销售地起诉侵权产品制造者制造、销售行为的，销售地人民法院有管辖权。

第七条 原告根据1993年1月1日以前提出的专利申请和根据该申请授予的方法发明专利权提起的侵权诉讼，参照本规定第五条、第六条的规定确定管辖。

人民法院在上述案件实体审理中依法适用方法发明专利权不延及产品的规定。

第八条 对申请日在2009年10月1日前（不含该日）的实用新型专利提起侵犯专利权诉讼，原告可以出具由国务院专利行政部门作出的检索报告；对申请日在2009年10月1日以后的实用新型或者外观设计专利提起侵犯专利权诉讼，原告可以出具由国务院专利行政部门作出的专利权评价报告。根据案件审理需要，人民法院可以要求原告提交检索报告或者专利权评价报告。原告无正当理由不提交的，人民法院可以裁定中止诉讼或者判令原告承担可能的不利后果。

侵犯实用新型、外观设计专利权纠纷案件的被告请求中止诉讼的，应当在答辩期内对原告的专利权提出宣告无效的请求。

第九条 人民法院受理的侵犯实用新型、外观设计专利权纠纷案件，被告在答辩期间内请求宣告该项专利权无效的，人民法院应当中止诉讼，但具备下列情形之一的，可以不中止诉讼：

（一）原告出具的检索报告或者专利权评价报告未发现导致实用新型或者外观设计专利权无效的事由的；

（二）被告提供的证据足以证明其使用的技术已经公知的；

（三）被告请求宣告该项专利权无效所提供的证据或者依据的理由明显不充分的；

（四）人民法院认为不应当中止诉讼的其他情形。

第十条 人民法院受理的侵犯实用新型、外观设计专利权纠纷案件，被告在答辩期间届满后请求宣告该项专利权无效的，人民法院不应当中止诉讼，但经审查认为有必要中止诉讼的除外。

第十一条 人民法院受理的侵犯发明专利权纠纷案件或者经专利复审委员会审查维持专利权的侵犯实用新型、外观设计专利权纠纷案件，被告在答辩期间内请求宣告该项专利权无效的，人民法院可以不中止诉讼。

第十二条 人民法院决定中止诉讼，专利权人或者利害关系人请求责令被告停止有关行为或者采取其他制止侵权损害继续扩大的措施，并提供了担保，人民法院经审查符合有关法律规定的，可以在裁定中止诉讼的同时一并作出有关裁定。

第十三条 人民法院对专利权进行财产保全，应当向国务院专利行政部门发出协助执行通知书，载明要求协助执行的事项，以及对专利权保全的期限，并附人民法院作出的裁定书。

对专利权保全的期限一次不得超过六个月，自国务院专利行政部门收到协助执行通知书之日起计算。如果仍然需要对该专利权继续采取保全措施的，人民法院应当在保全期限届满前向国务院专利行政部门另行送达继续保全的协助执行通知书。保全期限届满前未送达的，视为自动解除对该专利权的财产保全。

人民法院对出质的专利权可以采取财产保全措施，质权人的优先受偿权不受保全措施的影响；专利权人与被许可人已经签订的独占实施许可合同，不影响人民法院对该专利权进行财产保全。

人民法院对已经进行保全的专利权，不得重复进行保全。

第十四条 2001年7月1日以前利用本单位的物质技术条件

所完成的发明创造，单位与发明人或者设计人订有合同，对申请专利的权利和专利权的归属作出约定的，从其约定。

第十五条 人民法院受理的侵犯专利权纠纷案件，涉及权利冲突的，应当保护在先依法享有权利的当事人的合法权益。

第十六条 专利法第二十三条所称的在先取得的合法权利包括：商标权、著作权、企业名称权、肖像权、知名商品特有包装或者装潢使用权等。

第十七条 专利法第五十九条第一款所称的“发明或者实用新型专利权的保护范围以其权利要求的内容为准，说明书及附图可以用于解释权利要求的内容”，是指专利权的保护范围应当以权利要求记载的全部技术特征所确定的范围为准，也包括与该技术特征相等同的特征所确定的范围。

等同特征，是指与所记载的技术特征以基本相同的手段，实现基本相同的功能，达到基本相同的效果，并且本领域普通技术人员在被诉侵权行为发生时无需经过创造性劳动就能够联想到的特征。

第十八条 侵犯专利权行为发生在 2001 年 7 月 1 日以前的，适用修改前专利法的规定确定民事责任；发生在 2001 年 7 月 1 日以后的，适用修改后专利法的规定确定民事责任。

第十九条 假冒他人专利的，人民法院可以依照专利法第六十三条的规定确定其民事责任。管理专利工作的部门未给予行政处罚的，人民法院可以依照民法通则第一百三十四条第三款的规定给予民事制裁，适用民事罚款数额可以参照专利法第六十三条的规定确定。

第二十条 专利法第六十五条规定的权利人因被侵权所受到的实际损失可以根据专利权人的专利产品因侵权所造成销售量减少的总数乘以每件专利产品的合理利润所得之积计算。权利人销售量减少的总数难以确定的，侵权产品在市场上销售的总数乘以每件专利产品的合理利润所得之积可以视为权利人因被侵权所受到的实际损失。

专利法第六十五条规定的侵权人因侵权所获得的利益可以根据该侵权产品在市场上销售的总数乘以每件侵权产品的合理利润所得之积计算。侵权人因侵权所获得的利益一般按照侵权人的营业利润计算，对于完全以侵权为业的侵权人，可以按照销售利润计算。

第二十一条 权利人的损失或者侵权人获得的利益难以确定，有专利许可使用费可以参照的，人民法院可以根据专利权的类型、侵权行为的性质和情节、专利许可的性质、范围、时间等因素，参照该专利许可使用费的倍数合理确定赔偿数额；没有专利许可使用费可以参照或者专利许可使用费明显不合理的，人民法院可以根据专利权的类型、侵权行为的性质和情节等因素，依照专利法第六十五条第二款的规定确定赔偿数额。

第二十二条 权利人主张其为制止侵权行为所支付合理开支的，人民法院可以在专利法第六十五条确定的赔偿数额之外另行计算。

第二十三条 侵犯专利权的诉讼时效为二年，自专利权人或者利害关系人知道或者应当知道侵权行为之日起计算。权利人超过二年起诉的，如果侵权行为在起诉时仍在继续，在该项专利权有效期内，人民法院应当判决被告停止侵权行为，侵权损害赔偿数额应当自权利人向人民法院起诉之日起向前推算二年计算。

第二十四条 专利法第十一条、第六十九条所称的许诺销售，是指以做广告、在商店橱窗中陈列或者在展销会上展出等方式作出销售商品的意思表示。

第二十五条 人民法院受理的侵犯专利权纠纷案件，已经过管理专利工作的部门作出侵权或者不侵权认定的，人民法院仍应当就当事人的诉讼请求进行全面审查。

第二十六条 以前的有关司法解释与本规定不一致的，以本规定为准。

最高人民法院关于对诉前停止侵犯专利权行为适用法律问题的若干规定

（2001年6月5日最高人民法院审判委员会第1179次会议通过 2001年6月7日最高人民法院公告公布 自2001年7月1日起施行 法释〔2001〕20号）

为切实保护专利权人和其他利害关系人的合法权益，根据《中华人民共和国民法通则》、《中华人民共和国专利法》（以下简称专利法）、《中华人民共和国民事诉讼法》（以下简称民事诉讼法）的有关规定，现就有关诉前停止侵犯专利权行为适用法律若干问题规定如下：

第一条 根据专利法第六十一条的规定，专利权人或者利害关系人可以向人民法院提出诉前责令被申请人停止侵犯专利权行为的申请。

提出申请的利害关系人，包括专利实施许可合同的被许可人、专利财产权利的合法继承人等。专利实施许可合同被许可人中，独占实施许可合同的被许可人可以单独向人民法院提出申请；排他实施许可合同的被许可人在专利权人不申请的情况下，可以提出申请。

第二条 诉前责令停止侵犯专利权行为的申请，应当向有专利侵权案件管辖权的人民法院提出。

第三条 专利权人或者利害关系人向人民法院提出申请，应当递交书面申请状；申请状应当载明当事人及其基本情况、申请的具体内容、范围和理由等事项。申请的理由包括有关行为如不及时制止会使申请人合法权益受到难以弥补的损害的具体说明。

第四条 申请人提出申请时，应当提交下列证据：

（一）专利权人应当提交证明其专利权真实有效的文件，包括专利证书、权利要求书、说明书、专利年费交纳凭证。提出的申请涉及实用新型专利的，申请人应当提交国务院专利行政部门出具的检索报告。

（二）利害关系人应当提供有关专利实施许可合同及其在国务院专利行政部门备案的证明材料，未经备案的应当提交专利权人的证明，或者证明其享有权利的其他证据。

排他实施许可合同的被许可人单独提出申请的，应当提交专利权人放弃申请的证明材料。

专利财产权利的继承人应当提交已经继承或者正在继承的证据材料。

（三）提交证明被申请人正在实施或者即将实施侵犯其专利权的行为的证据，包括被控侵权产品以及专利技术与被控侵权产品技术特征对比材料等。

第五条 人民法院作出诉前停止侵犯专利权行为的裁定事项，应当限于专利权人或者利害关系人申请的范围。

第六条 申请人提出申请时应当提供担保，申请人不提供担保的，驳回申请。

当事人提供保证、抵押等形式的担保合理、有效的，人民法院应当准予。

人民法院确定担保范围时，应当考虑责令停止有关行为所涉及产品的销售收入，以及合理的仓储、保管等费用；被申请人停止有关行为可能造成的损失，以及人员工资等合理费用支出；其他因素。

第七条 在执行停止有关行为裁定过程中，被申请人可能因采取该项措施造成更大损失的，人民法院可以责令申请人追加相应的担保。申请人不追加担保的，解除有关停止措施。

第八条 停止侵犯专利权行为裁定所采取的措施，不因被申请人提出反担保而解除。

第九条 人民法院接受专利权人或者利害关系人提出责令停止侵犯专利权行为的申请后，经审查符合本规定第四条的，应当在48小时内作出书面裁定；裁定责令被申请人停止侵犯专利权行为的，应当立即开始执行。

人民法院在前述期限内，需要对有关事实进行核对的，可以传唤单方或双方当事人进行询问，然后再及时作出裁定。

人民法院作出诉前责令被申请人停止有关行为的裁定，应当及时通知被申请人，至迟不得超过5日。

第十条 当事人对裁定不服的，可以在收到裁定之日起10日内申请复议一次。复议期间不停止裁定的执行。

第十一条 人民法院对当事人提出的复议申请应当从以下方面进行审查：

（一）被申请人正在实施或即将实施的行为是否构成侵犯专利权；

（二）不采取有关措施，是否会给申请人合法权益造成难以弥补的损害；

（三）申请人提供担保的情况；

（四）责令被申请人停止有关行为是否损害社会公共利益。

第十二条 专利权人或者利害关系人在人民法院采取停止有关行为的措施后15日内不起诉的，人民法院解除裁定采取的措施。

第十三条 申请人不起诉或者申请错误造成被申请人损失的，被申请人可以向有管辖权的人民法院起诉请求申请人赔偿，也可以在专利权人或者利害关系人提起的专利权侵权诉讼中提出损害赔偿的请求，人民法院可以一并处理。

第十四条 停止侵犯专利权行为裁定的效力，一般应维持到终审法律文书生效时止。人民法院也可以根据案情，确定具体期限；期限届满时，根据当事人的请求仍可作出继续停止有关行为的裁定。

第十五条 被申请人违反人民法院责令停止有关行为裁定的，依照民事诉讼法第一百零二条规定处理。

第十六条 人民法院执行诉前停止侵犯专利权行为的措施时，可以根据当事人的申请，参照民事诉讼法第七十四条的规定，同时进行证据保全。

人民法院可以根据当事人的申请，依照民事诉讼法第九十二条、第九十三条的规定进行财产保全。

第十七条 专利权人或者利害关系人向人民法院提起专利侵权诉讼时，同时提出先行停止侵犯专利权行为请求的，人民法院可以先行作出裁定。

第十八条 诉前停止侵犯专利权行为的案件，申请人应当按照《人民法院诉讼收费办法》及其补充规定交纳费用。

5. 专利行政执法

专利行政执法办法

（2010年12月29日国家知识产权局令第60号公布
根据2015年5月29日《国家知识产权局关于修改〈专利行政执法办法〉的决定》修订）

第一章 总　　则

第一条 为深入推进依法行政，规范专利行政执法行为，保护专利权人和社会公众的合法权益，维护社会主义市场经济秩序，根据《中华人民共和国专利法》、《中华人民共和国专利法实施细则》以及其他有关法律法规，制定本办法。

第二条 管理专利工作的部门开展专利行政执法，即处理专利侵权纠纷、调解专利纠纷以及查处假冒专利行为，适用本办法。

第三条 管理专利工作的部门处理专利侵权纠纷应当以事实为依据、以法律为准绳，遵循公正、及时的原则。

管理专利工作的部门调解专利纠纷，应当遵循自愿、合法的原则，在查明事实、分清是非的基础上，促使当事人相互谅解，达成调解协议。

管理专利工作的部门查处假冒专利行为，应当以事实为依据、以法律为准绳，遵循公正、公开的原则，给予的行政处罚应当与违法行为的事实、性质、情节以及社会危害程度相当。

第四条 管理专利工作的部门应当加强专利行政执法力量建设，严格行政执法人员资格管理，落实行政执法责任制，规范开展专利行政执法。

专利行政执法人员（以下简称“执法人员”）应当持有国家知识产权局或者省、自治区、直辖市人民政府颁发的行政执法证件。执法人员执行公务时应当严肃着装。

第五条 对有重大影响的专利侵权纠纷案件、假冒专利案件，国家知识产权局在必要时可以组织有关管理专利工作的部门处理、查处。

对于行为发生地涉及两个以上省、自治区、直辖市的重大案件，有关省、自治区、直辖市管理专利工作的部门可以报请国家知识产权局协调处理或者查处。

管理专利工作的部门开展专利行政执法遇到疑难问题的，国家知识产权局应当给予必要的指导和支持。

第六条 管理专利工作的部门可以依据本地实际，委托有实际处理能力的市、县级人民政府设立的专利管理部门查处假冒专利行为、调解专利纠纷。

委托方应当对受托方查处假冒专利和调解专利纠纷的行为进行监督和指导，并承担法律责任。

第七条 管理专利工作的部门指派的执法人员与当事人有直接利害关系的，应当回避，当事人有权申请其回避。当事人申请回避的，应当说明理由。

执法人员的回避，由管理专利工作部门的负责人决定。是否回避的决定作出前，被申请回避的人员应当暂停参与本案的工作。

第八条 管理专利工作的部门应当加强展会和电子商务领域的行政执法，快速调解、处理展会期间和电子商务平台上的专利侵权纠纷，及时查处假冒专利行为。

第九条 管理专利工作的部门应当加强行政执法信息化建设和信息共享。

第二章 专利侵权纠纷的处理

第十条 请求管理专利工作的部门处理专利侵权纠纷的，应当符合下列条件：

（一）请求人是专利权人或者利害关系人；

（二）有明确的被请求人；

（三）有明确的请求事项和具体事实、理由；

（四）属于受案管理专利工作的部门的受案和管辖范围；

（五）当事人没有就该专利侵权纠纷向人民法院起诉。

第一项所称利害关系人包括专利实施许可合同的被许可人、专利权人的合法继承人。专利实施许可合同的被许可人中，独占实施许可合同的被许可人可以单独提出请求；排他实施许可合同的被许可人在专利权人不请求的情况下，可以单独提出请求；除合同另有约定外，普通实施许可合同的被许可人不能单独提出请求。

第十一条 请求管理专利工作的部门处理专利侵权纠纷的，应当提交请求书及下列证明材料：

（一）主体资格证明，即个人应当提交居民身份证或者其他有效身份证件，单位应当提交有效的营业执照或者其他主体资格证明文件副本及法定代表人或者主要负责人的身份证明；

（二）专利权有效的证明，即专利登记簿副本，或者专利证书和当年缴纳专利年费的收据。

专利侵权纠纷涉及实用新型或者外观设计专利的，管理专利工作的部门可以要求请求人出具由国家知识产权局作出的专利权评价报告（实用新型专利检索报告）。

请求人应当按照被请求人的数量提供请求书副本及有关证据。

第十二条 请求书应当记载以下内容：

（一）请求人的姓名或者名称、地址，法定代表人或者主要负责人的姓名、职务，委托代理人的，代理人的姓名和代理机构的名称、地址；

（二）被请求人的姓名或者名称、地址；

（三）请求处理的事项以及事实和理由。

有关证据和证明材料可以以请求书附件的形式提交。

请求书应当由请求人签名或者盖章。

第十三条 请求符合本办法第十条规定条件的，管理专利工作的部门应当在收到请求书之日起 5 个工作日内立案并通知请求人，同时指定 3 名或者 3 名以上单数执法人员处理该专利侵权纠纷；请求不符合本办法第十条规定条件的，管理专利工作的部门应当在收到请求书之日起 5 个工作日内通知请求人不予受理，并说明理由。

第十四条 管理专利工作的部门应当在立案之日起 5 个工作日内将请求书及其附件的副本送达被请求人，要求其在收到之日起 15 日内提交答辩书并按照请求人的数量提供答辩书副本。被请求人逾期不提交答辩书的，不影响管理专利工作的部门进行处理。

被请求人提交答辩书的，管理专利工作的部门应当在收到之日起5个工作日内将答辩书副本送达请求人。

第十五条 管理专利工作的部门处理专利侵权纠纷案件时，可以根据当事人的意愿进行调解。双方当事人达成一致的，由管理专利工作的部门制作调解协议书，加盖其公章，并由双方当事人签名或者盖章。调解不成的，应当及时作出处理决定。

第十六条 管理专利工作的部门处理专利侵权纠纷，可以根据案情需要决定是否进行口头审理。管理专利工作的部门决定进行口头审理的，应当至少在口头审理3个工作日前将口头审理的时间、地点通知当事人。当事人无正当理由拒不参加的，或者未经允许中途退出的，对请求人按撤回请求处理，对被请求人按缺席处理。

第十七条 管理专利工作的部门举行口头审理的，应当将口头审理的参加人和审理要点记入笔录，经核对无误后，由执法人员和参加人签名或者盖章。

第十八条 专利法第五十九条第一款所称的“发明或者实用新型专利权的保护范围以其权利要求的内容为准”，是指专利权的保护范围应当以其权利要求记载的技术特征所确定的范围为准，也包括与记载的技术特征相等同的特征所确定的范围。等同特征是指与记载的技术特征以基本相同的手段，实现基本相同的功能，达到基本相同的效果，并且所属领域的普通技术人员无需经过创造性劳动就能够联想到的特征。

第十九条 除达成调解协议或者请求人撤回请求之外，管理专利工作的部门处理专利侵权纠纷应当制作处理决定书，写明以下内容：

（一）当事人的姓名或者名称、地址；

（二）当事人陈述的事实和理由；

（三）认定侵权行为是否成立的理由和依据；

（四）处理决定认定侵权行为成立并需要责令侵权人立即停止侵权行为的，应当明确写明责令被请求人立即停止的侵权行为的类型、对象和范围；认定侵权行为不成立的，应当驳回请求人的请求；

（五）不服处理决定提起行政诉讼的途径和期限。

处理决定书应当加盖管理专利工作的部门的公章。

第二十条 管理专利工作的部门或者人民法院作出认定侵权成立并责令侵权人立即停止侵权行为的处理决定或者判决之后，被请求人就同一专利权再次作出相同类型的侵权行为，专利权人或者利害关系人请求处理的，管理专利工作的部门可以直接作出责令立即停止侵权行为的处理决定。

第二十一条 管理专利工作的部门处理专利侵权纠纷，应当自立案之日起3个月内结案。案件特别复杂需要延长期限的，应当由管理专利工作的部门负责人批准。经批准延长的期限，最多不超过1个月。

案件处理过程中的公告、鉴定、中止等时间不计入前款所述案件办理期限。

第三章 专利纠纷的调解

第二十二条 请求管理专利工作的部门调解专利纠纷的，应当提交请求书。

请求书应当记载以下内容：

（一）请求人的姓名或者名称、地址，法定代表人或者主要负责人的姓名、职务，委托代理人的，代理人的姓名和代理机构的名称、地址；

（二）被请求人的姓名或者名称、地址；

（三）请求调解的具体事项和理由。

单独请求调解侵犯专利权赔偿数额的，应当提交有关管理专利工作的部门作出的认定侵权行为成立的处理决定书副本。

第二十三条 管理专利工作的部门收到调解请求书后，应当及时将请求书副本通过寄交、直接送交或者其他方式送达被请求人，要求其在收到之日起15日内提交意见陈述书。

第二十四条 被请求人提交意见陈述书并同意进行调解的，管理专利工作的部门应当在收到意见陈述书之日起5个工作日内立案，并通知请求人和被请求人进行调解的时间和地点。

被请求人逾期未提交意见陈述书，或者在意见陈述书中表示不接受调解的，管理专利工作的部门不予立案，并通知请求人。

第二十五条 管理专利工作的部门调解专利纠纷可以邀请有关单位或者个人协助，被邀请的单位或者个人应当协助进行调解。

第二十六条 当事人经调解达成协议的，由管理专利工作的部门制作调解协议书，加盖其公章，并由双方当事人签名或者盖章；未能达成协议的，管理专利工作的部门以撤销案件的方式结案，并通知双方当事人。

第二十七条 因专利申请权或者专利权的归属纠纷请求调解的，当事人可以持管理专利工作的部门的受理通知书请求国家知识产权局中止该专利申请或者专利权的有关程序。

经调解达成协议的，当事人应当持调解协议书向国家知识产权局办理恢复手续；达不成协议的，当事人应当持管理专利工作的部门出具的撤销案件通知书向国家知识产权局办理恢复手续。自请求中止之日起满1年未请求延长中止的，国家知识产权局自行恢复有关程序。

第四章 假冒专利行为的查处

第二十八条 管理专利工作的部门发现或者接受举报、投诉发现涉嫌假冒专利行为的，应当自发现之日起5个工作日内或者收到举报、投诉之日起10个工作日内立案，并指定两名或者两名以上执法人员进行调查。

第二十九条 查处假冒专利行为由行为发生地的管理专利工作的部门管辖。

管理专利工作的部门对管辖权发生争议的，由其共同的上级人民政府管理专利工作的部门指定管辖；无共同上级人民政府管理专利工作的部门的，由国家知识产权局指定管辖。

第三十条 管理专利工作的部门查封、扣押涉嫌假冒专利产品的，应当经其负责人批准。查封、扣押时，应当向当事人出具有关通知书。

管理专利工作的部门查封、扣押涉嫌假冒专利产品，应当当场清点，制作笔录和清单，由当事人和执法人员签名或者盖章。当事人拒绝签名或者盖章的，由执法人员在笔录上注明。清单应当交当事人一份。

第三十一条 案件调查终结，经管理专利工作的部门负责人批准，根据案件情况分别作如下处理：

（一）假冒专利行为成立应当予以处罚的，依法给予行政处罚；

（二）假冒专利行为轻微并已及时改正的，免予处罚；

（三）假冒专利行为不成立的，依法撤销案件；

（四）涉嫌犯罪的，依法移送公安机关。

第三十二条 管理专利工作的部门作出行政处罚决定前，应当告知当事人作出处罚决定的事实、理由和依据，并告知当事人依法享有的权利。

管理专利工作的部门作出较大数额罚款的决定之前，应当告知当事人有要求举行听证的权利。当事人提出听证要求的，应当依法组织听证。

第三十三条 当事人有权进行陈述和申辩，管理专利工作的部门不得因当事人申辩而加重行政处罚。

管理专利工作的部门对当事人提出的事实、理由和证据应当进行核实。当事人提出的事实属实、理由成立的，管理专利工作的部门应当予以采纳。

第三十四条 对情节复杂或者重大违法行为给予较重的行政处罚的，应当由管理专利工作的部门负责人集体讨论决定。

第三十五条 经调查，假冒专利行为成立应当予以处罚的，管理专利工作的部门应当制作处罚决定书，写明以下内容：

（一）当事人的姓名或者名称、地址；

（二）认定假冒专利行为成立的证据、理由和依据；

（三）处罚的内容以及履行方式；

（四）不服处罚决定申请行政复议和提起行政诉讼的途径和期限。

处罚决定书应当加盖管理专利工作的部门的公章。

第三十六条 管理专利工作的部门查处假冒专利案件，应当自立案之日起1个月内结案。案件特别复杂需要延长期限的，应当由管理专利工作的部门负责人批准。经批准延长的期限，最多不超过15日。

案件处理过程中听证、公告等时间不计入前款所述案件办理期限。

第五章 调查取证

第三十七条 在专利侵权纠纷处理过程中，当事人因客观原因不能自行收集部分证据的，可以书面请求管理专利工作的部门调查取证。管理专利工作的部门根据情况决定是否调查收集有关证据。

在处理专利侵权纠纷、查处假冒专利行为过程中，管理专利工作的部门可以根据需要依职权调查收集有关证据。

执法人员调查收集有关证据时，应当向当事人或者有关人员出示其行政执法证件。当事人和有关人员应当协助、配合，如实反映情况，不得拒绝、阻挠。

第三十八条 管理专利工作的部门调查收集证据可以查阅、复制与案件有关的合同、账册等有关文件；询问当事人和证人；采用测量、拍照、摄像等方式进行现场勘验。涉嫌侵犯制造方法专利权的，管理专利工作的部门可以要求被调查人进行现场演示。

管理专利工作的部门调查收集证据应当制作笔录。笔录应当由执法人员、被调查的单位或者个人签名或者盖章。被调查的单位或者个人拒绝签名或者盖章的，由执法人员在笔录上注明。

第三十九条 管理专利工作的部门调查收集证据可以采取抽样取证的方式。

涉及产品专利的，可以从涉嫌侵权的产品中抽取一部分作为样品；涉及方法专利的，可以从涉嫌依照该方法直接获得的产品中抽取一部分作为样品。被抽取样品的数量应当以能够证明事实为限。

管理专利工作的部门进行抽样取证应当制作笔录和清单，写明被抽取样品的名称、特征、数量以及保存地点，由执法人员、被调查的单位或者个人签字或者盖章。被调查的单位或者个人拒绝签名或者盖章的，由执法人员在笔录上注明。清单应当交被调查人一份。

第四十条 在证据可能灭失或者以后难以取得，又无法进行抽样取证的情况下，管理专利工作的部门可以进行登记保存，并在7日内作出决定。

经登记保存的证据，被调查的单位或者个人不得销毁或者转移。

管理专利工作的部门进行登记保存应当制作笔录和清单，写明被登记保存证据的名称、特征、数量以及保存地点，由执法人员、被调查的单位或者个人签名或者盖章。被调查的单位或者个人拒绝签名或者盖章的，由执法人员在笔录上注明。清单应当交被调查人一份。

第四十一条 管理专利工作的部门需要委托其他管理专利工作的部门协助调查收集证据的，应当提出明确的要求。接受委托的部门应当及时、认真地协助调查收集证据，并尽快回复。

第四十二条 海关对被扣留的侵权嫌疑货物进行调查，请求管理专利工作的部门提供协助的，管理专利工作的部门应当依法予以协助。

管理专利工作的部门处理涉及进出口货物的专利案件的，可以请求海关提供协助。

第六章 法律责任

第四十三条 管理专利工作的部门认定专利侵权行为成立，作出处理决定，责令侵权人立即停止侵权行为的，应当采取下列制止侵权行为的措施：

（一）侵权人制造专利侵权产品的，责令其立即停止制造行为，销毁制造侵权产品的专用设备、模具，并且不得销售、使用尚未售出的侵权产品或者以任何其他形式将其投放市场；侵权产品难以保存的，责令侵权人销毁该产品；

（二）侵权人未经专利权人许可使用专利方法的，责令侵权人立即停止使用行为，销毁实施专利方法的专用设备、模具，并且不得销售、使用尚未售出的依照专利方法所直接获得的侵权产品或者以任何其他形式将其投放市场；侵权产品难以保存的，责令侵权人销毁该产品；

（三）侵权人销售专利侵权产品或者依照专利方法直接获得的侵权产品的，责令其立即停止销售行为，并且不得使用尚未售出的侵权产品或者以任何其他形式将其投放市场；尚未售出的侵权产品难以保存的，责令侵权人销毁该产品；

（四）侵权人许诺销售专利侵权产品或者依照专利方法直接获得的侵权产品的，责令其立即停止许诺销售行为，消除影响，并且不得进行任何实际销售行为；

（五）侵权人进口专利侵权产品或者依照专利方法直接获得的侵权产品的，责令侵权人立即停止进口行为；侵权产品已经入境的，不得销售、使用该侵权产品或者以任何其他形式将其投放市场；侵权产品难以保存的，责令侵权人销毁该产品；侵权产品尚未入境的，可以将处理决定通知有关海关；

（六）责令侵权的参展方采取从展会上撤出侵权展品、销毁或者封存相应的宣传材料、更换或者遮盖相应的展板等撤展措施；

（七）停止侵权行为的其他必要措施。

管理专利工作的部门认定电子商务平台上的专利侵权行为成立，作出处理决定的，应当通知电子商务平台提供者及时对专利侵权产品或者依照专利方法直接获得的侵权产品相关网页采取删除、屏蔽或者断开链接等措施。

第四十四条　管理专利工作的部门作出认定专利侵权行为成立并责令侵权人立即停止侵权行为的处理决定后，被请求人向人民法院提起行政诉讼的，在诉讼期间不停止决定的执行。

侵权人对管理专利工作的部门作出的认定侵权行为成立的处理决定期满不起诉又不停止侵权行为的，管理专利工作的部门可以申请人民法院强制执行。

第四十五条　管理专利工作的部门认定假冒专利行为成立的，应当责令行为人采取下列改正措施：

（一）在未被授予专利权的产品或者其包装上标注专利标识、专利权被宣告无效后或者终止后继续在产品或者其包装上标注专利标识或者未经许可在产品或者产品包装上标注他人的专利号的，立即停止标注行为，消除尚未售出的产品或者其包装上的专利标识；产品上的专利标识难以消除的，销毁该产品或者包装；

（二）销售第（一）项所述产品的，立即停止销售行为；

（三）在产品说明书等材料中将未被授予专利权的技术或者设计称为专利技术或者专利设计，将专利申请称为专利，或者未经许可使用他人的专利号，使公众将所涉及的技术或者设计误认为是他人的专利技术或者专利设计的，立即停止发放该材料，销毁尚未发出的材料，并消除影响；

（四）伪造或者变造专利证书、专利文件或者专利申请文件的，立即停止伪造或者变造行为，销毁伪造或者变造的专利证书、专利文件或者专利申请文件，并消除影响；

（五）责令假冒专利的参展方采取从展会上撤出假冒专利展品、销毁或者封存相应的宣传材料、更换或者遮盖相应的展板等撤展措施；

（六）其他必要的改正措施。

管理专利工作的部门认定电子商务平台上的假冒专利行为成立的，应当通知电子商务平台提供者及时对假冒专利产品相关网页采取删除、屏蔽或者断开链接等措施。

第四十六条 管理专利工作的部门作出认定专利侵权行为成立并责令侵权人立即停止侵权行为的决定，或者认定假冒专利行为成立并作出处罚决定的，应当自作出决定之日起20个工作日内予以公开，通过政府网站等途径及时发布执法信息。

第四十七条 管理专利工作的部门认定假冒专利行为成立的，可以按照下列方式确定行为人的违法所得：

（一）销售假冒专利的产品的，以产品销售价格乘以所销售产品的数量作为其违法所得；

（二）订立假冒专利的合同的，以收取的费用作为其违法所得。

第四十八条 管理专利工作的部门作出处罚决定后，当事人申请行政复议或者向人民法院提起行政诉讼的，在行政复议或者诉讼期间不停止决定的执行。

第四十九条 假冒专利行为的行为人应当自收到处罚决定书之日起15日内，到指定的银行缴纳处罚决定书写明的罚款；到期不缴纳的，每日按罚款数额的百分之三加处罚款。

第五十条 拒绝、阻碍管理专利工作的部门依法执行公务的，由公安机关根据《中华人民共和国治安管理处罚法》的规定给予处罚；情节严重构成犯罪的，由司法机关依法追究刑事责任。

第七章 附 则

第五十一条 管理专利工作的部门可以通过寄交、直接送交、留置送达、公告送达或者其他方式送达有关法律文书和材料。

第五十二条 本办法由国家知识产权局负责解释。

第五十三条 本办法自2011年2月1日起施行。2001年12月17日国家知识产权局令第十九号发布的《专利行政执法办法》同时废止。

专利行政执法案卷评查办法（试行）

（2016年8月25日 国知发管字〔2016〕68号）

第一章 总 则

第一条 为规范专利行政执法案卷评查工作，加强专利行政执法监督，规范专利行政执法行为，提高专利行政执法水平，根据有关法律、法规和规章的规定，制定本办法。

第二条 本办法所称专利行政执法案卷评查（以下简称“案卷评查”），是指上级专利行政管理机关通过对下级专利行政管理机关的专利行政执法案卷实施的检查，对其行政执法行为的合法性、合理性及文书的规范性等进行评价，并对发现的问题进行督促整改的行为。

第三条 案卷评查工作应当遵守公平、公正的原则，客观公正评价专利行政执法行为。

第二章 评查范围及标准

第四条 专利行政执法案卷是指在专利行政执法过程中，依照法定程序直接形成的，能反映案件真实情况、体现执法环节、具有保存价值的文字、图表、声像等不同形式的历史记录，按照一定的逻辑结构形成的档案材料，包括查处假冒专利、处理专利侵权纠纷和调解其他纠纷三类。

正在进行行政复议、行政诉讼程序且尚未结案的专利行政执法案卷，一般不纳入评查范围。

专利行政执法案件承办人员应当在案件办结完毕后20日内对案件材料进行归档，一案一卷，分门别类，统一编号，妥善保管。

第五条 案卷评查标准包括案件质量评查标准和文书材料立卷规范标准。

第六条 案件质量评查标准主要包括以下内容：

（一）执法主体是否合法，即执法主体是否具有专利行政执法的法定权限；

（二）执法人员是否具有执法资格；

（三）执法案卷认定的事实是否清楚、证据是否确凿；

（四）适用法律、法规、规章是否正确；

（五）行政执法的程序是否合法；

（六）是否存在超越职权和滥用职权的情况；

（七）行政执法行为是否明显不当；

（八）是否存在导致行政执法行为无效的其他情形。

第七条 文书材料立卷规范标准是指专利行政执法案卷立卷归档的标准，主要包括以下内容：

（一）专利行政执法过程中的执法文书是否完整齐备、使用是否规范正确；

（二）案卷内容和装订质量是否合格，归档是否规范、正确。

第三章 评查程序

第八条 全国专利行政执法案卷评查工作原则上每年开展一次。

各省、自治区、直辖市专利行政管理机关根据需求，自行决定开展频次。

第九条 专利行政执法案卷评查工作可以采取全面评查、重点评查、专项评查等方式进行；也可以结合执法检查等工作进行。

第十条 开展专利行政执法案卷评查工作可以成立若干评查组，评查组人员应为三名以上的单数，由专利行政管理机关遴选的业务骨干组成。

专利行政执法案卷评查工作可以根据需要商请法制、监察等部门派员参加。

第十一条 专利行政执法案卷评查可以采取随机抽卷、指定选卷或推荐案卷等方式确定被评查的案卷。

案卷评查原则上以查阅案件卷宗为主，可以直接调阅执法卷宗，也可以采取报送执法案卷与现场检查相结合的方式，询问相关行政执法人员，了解有关情况。被评查的单位和相关人员应如实反映情况，提供有关资料，不得弄虚作假。

第十二条 评查组应从专利行政执法案件质量评查标准、专利行政执法文书材料立卷规范标准两方面进行评查，形成书面初评意见，并由评查人签名。初评意见包括被评查案卷等次和存在的主要问题。

初评意见应当向被评查单位反映，并听取意见。

第十三条 案卷等次分为优秀、良好、合格和不合格四种。

第十四条 主持专利行政执法案卷评查工作的专利行政管理机关应当对评查组初评意见进行复核，形成专利行政执法案卷评查结果。

被评查单位与评查组对被评查案卷的等次和存在主要问题有较大争议的，应当重点复核。重点复核时可以组织专家论证，并邀请被评查单位参加。

第十五条 进行专利行政执法案卷评查时，应当遵守相关保密法律法规的规定，不得泄漏国家秘密、商业秘密和个人隐私。

第四章 评查结果

第十六条 主持专利行政执法案卷评查工作的专利行政管理机关应当向被评查单位书面反馈专利行政执法案卷评查结果，对优秀专利行政执法案卷的执法单位、执法人员给予表彰奖励；对专利行政执法案卷质量进步明显的执法单位、执法人员给予适当形式鼓励。

主持专利行政执法案卷评查工作的专利行政管理机关对不合格的案卷应督促整改。被评查单位应当在规定时间内进行整改，并书面报告整改措施和整改结果。

第十七条 下级专利行政管理机关在案卷评查工作结束后，应当及时向上级专利行政管理机关书面报送案卷评查工作情况。

第十八条 专利行政执法案卷评查结果应当在一定范围内进行通报。

第十九条 专利行政执法案卷评查结果应当作为年度专利行政执法绩效考核的重要内容。

第五章 附 则

第二十条 专利行政管理机关在开展专利行政执法案卷评查的同时，可以参照本办法对电子商务、展会等领域的专利执法案卷进行评查。

第二十一条 本办法所称的专利行政管理机关包括国家知识产权局、各省（自治区、直辖市）和设区的市级管理专利工作的部门。

第二十二条 本办法由国家知识产权局专利管理司负责解释。

第二十三条 本办法自颁布之日起实施。

附表1：调处专利侵权纠纷案件案卷评查标准（略）

附表2：查处假冒专利案件案卷评查标准（略）

附表3：调解其他专利纠纷案卷评查标准（略）

专利行政执法证件与执法标识管理办法（试行）

（2016年9月12日 国知发管字〔2016〕70号）

第一章 总 则

第一条 为落实行政执法人员资格管理制度，加强专利行政执法证件与执法标识管理，提升专利行政执法的规范性与严肃性，依据有关法律、法规和规章，制定本办法。

第二条 本办法所称专利行政执法证件，即《专利行政执法证》，是取得专利行政执法资格的合法凭证，是由国家知识产权局统一制作颁发，专利行政执法人员依法履行行政执法职责、从事专利行政执法活动的身份证明。

本办法所称专利行政执法标识，是指由国家知识产权局统一监督制作、监督颁发，专利行政执法人员在执行公务时着装上佩带的专用标志。

第三条 专利行政执法证件的主要内容包括：持证人的姓名、性别、照片、工作单位、职务、执法地域、发证机关、证号、发证时间、核验记录等。专利行政执法证件实行全国统一编号。

专利行政执法标识包括胸牌、徽章等，具体样式和规格由国家知识产权局统一规定。

第四条 专利行政执法证件和执法标识实行全国统一规范、分级管理制度。

国家知识产权局负责全国专利行政执法人员证件的申领、核发、核检、监督等工作；各省、自治区、直辖市管理专利工作的部门负责本行政区域内专利行政执法证件的日常管理工作。

第二章 专利行政执法证件与执法标识的申领、核发

第五条 申领专利行政执法证件和执法标识的人员应符合以下条件：

（一）遵纪守法，公正廉洁，有良好的职业道德；

（二）具备专利行政执法工作职能的部门及符合《专利行政执法操作指南》（第7.2.2.1.2条款）申领条件的单位的工作人员；

（三）掌握专利法律法规、规章及相关行政法律、法规；

（四）参加国家知识产权局组织或者经国家知识产权局同意后由管理专利工作的部门组织的专利行政执法人员上岗培训班，并通过专利行政执法资格考试。

第六条 各级管理专利工作的部门的工作人员申请领取专利行政执法证件和执法标识的，须填写《专利行政执法证件与执法标识申领表》，一并提交所在单位，经所属省、自治区、直辖市管理专利工作的部门审核后，统一报送国家知识产权局批准。

第七条 申领人有下列情形之一的，不予核发专利行政执法证件和执法标识：

（一）年度考核结果有不称职等次的；

（二）近两年在行政执法工作中有违法违纪行为的；

（三）有其他不应当核发的情形的。

第八条 专利行政执法证件丢失或损毁的，持证人应及时报告所在管理专利工作的部门，经查证属实后，逐级报国家知识产权局。

需要补办专利行政执法证件的，持证人须重新填写《专利行政执法证件和执法标识申领表》，还应当提交原证件作废说明，说明内容包括姓名、性别、工作单位、职务、证号、丢失/毁损事由等，加盖所在单位公章，经所属省、自治区、直辖市管理专利工作的部门审核后，统一报送国家知识产权局批准。

第九条 持有专利行政执法证件的人员有下列情形之一的，须重新填写《专利行政执法证件和执法标识申领表》，连同原证件报送所在管理专利工作的部门，并提交执法证件换证申请：

（一）工作调动或职务变更的；

（二）部门单位机构合并、新设及名称变更的；

（三）证件有效期届满的。

证件有效期届满的持证人员须提前六个月申报。由国家知识产权局作旧证销毁，予以更换新证。

第三章 专利行政执法证件和执法标识的使用、管理

第十条 专利行政执法人员在履行专利行政执法职责时，应当随身携带并主动出示专利行政执法证件并佩戴执法标识。

专利行政执法人员不得将专利行政执法证件和执法标识用于非公务活动。

第十一条 专利行政执法人员应在专利行政执法证件载明的执法区域内从事执法活动。

第十二条 专利行政执法人员应在有效期限内使用专利行政执法证件，超出有效期限不得使用。

第十三条 专利行政执法证件实行一人一证一号制度。持证人应当妥善保管专利行政执法证件，不得涂改、复制、转借、抵押、赠送、买卖、变造或者故意损毁。

第十四条 持有专利行政执法证件的人员有下列情形之一的，所在管理专利工作的部门应当收回其执法证件，并交国家知识产权局注销：

（一）未通过核检或到期未核检的；

（二）调离管理专利工作的部门的；

（三）辞职、辞退、长期休假、退休或死亡的；

（四）发证机关认为应当收回的。

除上述条款第（二）项规定的情形外，被注销执法证件的人员，两年之内不得再申请领取专利行政执法证件。

第十五条 持有专利行政执法证件的人员有下列情形之一的，所在管理专利工作的部门应当暂扣其专利行政执法证件：

（一）依有关规定履行法定职责、执行公务时，没有或拒绝出示执法证件，尚未造成严重后果的；

（二）因涉嫌违法违纪被立案审查，尚未做出结论的；

（三）受到开除以外行政处分的；

（四）依法被停止履行执法职责的；

（五）故意复制、转借、抵押、赠送、出卖给他人，故意损毁专利行政执法证件，尚未造成严重后果的；

（六）因其他原因应当暂扣的。

被暂扣行政执法证件者须向所在的部门做出书面说明或书面检查，扣证期间不得从事行政执法工作。

第十六条 持有专利行政执法证件的人员有下列情形之一的，所在管理专利工作的部门应当收回其执法证件，并报请国家知识产权局吊销：

（一）超越法定权限执法或者违反法定程序执法，造成严重后果的；

（二）在非履行职责和执行公务时使用执法证件，造成不良影响的；

（三）将专利行政执法证件复制、转借、抵押、赠送、出卖给他人、故意损毁，造成严重后果的；

（四）变造专利行政执法证件的；

（五）利用专利行政执法证件进行违法违纪活动的；

（六）有徇私舞弊、玩忽职守等渎职行为的；

（七）受到开除公职行政处分的；

（八）受到行政拘留处罚或者判处刑罚的；

（九）有其他违纪违法行为，不宜从事专利行政执法工作的。

被吊销专利行政执法证件的人员，不得再从事专利行政执法工作。

第十七条 专利行政执法证件被暂扣、注销、吊销的，应将专利行政执法标识及时上交所在管理专利工作的部门。

专利行政执法证件失效或者超过有效期限的，不得再使用专利行政执法标识。

第四章 专利行政执法证件的核检

第十八条 专利行政执法证件实行核检制度，每两年进行一次核检。

第十九条 对持证人的核检应考虑以下情形：

(一) 执法工作考核情况；

(二) 参加执法培训的情况；

(三) 执法违纪或重大执法过失的情况；

(四) 受奖励或处分的情况；

(五) 其他情况。

第二十条 对于执法证件核检申请，核检机关根据下列情形分别处理：

(一) 对符合核检要求的，由核检机关在证件的核检记录栏上贴示当年的核检专用标识，允许持证人继续从事专利行政执法工作；

(二) 对没有达到核检要求的，不予通过核检。

第二十一条 持有专利行政执法证件的人员年度考核成绩不合格的或未按规定参加执法业务培训的，核检不予通过。

第二十二条 未经核检的专利行政执法证件自行失效。对失效的专利行政执法证件国家知识产权局予以收回、销毁。

第五章 附　　则

第二十三条 有关单位或个人违反本办法擅自制作、发放、使用专利行政执法证件和执法标识的，应当依照有关规定予以纪律处分或追究法律责任。

第二十四条 严禁任何单位和个人生产、销售和佩戴与专利行政执法标识式样、颜色、图案相同或相近似并足以造成混淆的标志。

第二十五条 专利行政执法证件有效期限为六年。有效期满，国家知识产权局予以收回销毁，符合条件的予以更换。

第二十六条 国家知识产权局以及专利局、专利复审委员会等下属单位工作人员持有的专利执法证件和执法标识，适用本办法管理。

经济技术开发区、高新技术产业开发区等各类非行政区划管理专利工作的部门的工作人员，在申领执法证件和执法标识时，应当同时提交执法区域的情况说明材料。

第二十七条 各知识产权维权援助中心和快速维权中心，以及各类非行政区划管理专利工作的部门的工作人员持专利执法证件参与知识产权局办案工作的，应通过办理挂职或借调等手续，符合相关人事规定。

第二十八条 本办法由国家知识产权局专利管理司负责解释。

第二十九条 本办法自发布之日起施行。国家知识产权局此前有关规定与本办法不一致的，依照本办法执行。

附表：专利行政执法证件和执法标识申领表（略）

三、商 标

1. 综 合

中华人民共和国商标法实施条例

（2002年8月3日中华人民共和国国务院令第358号公布 2014年4月29日中华人民共和国国务院令第651号修订公布 自2014年5月1日起施行）

第一章 总 则

第一条 根据《中华人民共和国商标法》（以下简称商标法），制定本条例。

第二条 本条例有关商品商标的规定，适用于服务商标。

第三条 商标持有人依照商标法第十三条规定请求驰名商标保护的，应当提交其商标构成驰名商标的证据材料。商标局、商标评审委员会应当依照商标法第十四条的规定，根据审查、处理案件的需要以及当事人提交的证据材料，对其商标驰名情况作出认定。

第四条 商标法第十六条规定的地理标志，可以依照商标法和本条例的规定，作为证明商标或者集体商标申请注册。

以地理标志作为证明商标注册的，其商品符合使用该地理标志条件的自然人、法人或者其他组织可以要求使用该证明商标，控制该证明商标的组织应当允许。以地理标志作为集体商标注册的，其商品符合使用该地理标志条件的自然人、法人或者其他组织，可以要求参加以该地理标志作为集体商标注册的团体、协会或者其他组织，该团体、协会或者其他组织应当依据其章程接纳为会员；不要求参加以该地理标志作为集体商标注册的团体、协会或者其他组织的，也可以正当使用该地理标志，该团体、协会或者其他组织无权禁止。

第五条 当事人委托商标代理机构申请商标注册或者办理其他商标事宜，应当提交代理委托书。代理委托书应当载明代理内容及权限；外国人或者外国企业的代理委托书还应当载明委托人的国籍。

外国人或者外国企业的代理委托书及与其有关的证明文件的公证、认证手续，按照对等原则办理。

申请商标注册或者转让商标，商标注册申请人或者商标转让受让人为外国人或者外国企业的，应当在申请书中指定中国境内接收人负责接收商标局、商标评审委员会后继商标业务的法律文件。商标局、商标评审委员会后继商标业务的法律文件向中国境内接收人送达。

商标法第十八条所称外国人或者外国企业，是指在中国没有经常居所或者营业所的外国人或者外国企业。

第六条 申请商标注册或者办理其他商标事宜，应当使用中文。

依照商标法和本条例规定提交的各种证件、证明文件和证据材料是外文的，应当附送中文译文；未附送的，视为未提交该证件、证明文件或者证据材料。

第七条 商标局、商标评审委员会工作人员有下列情形之一的，应当回避，当事人或者利害关系人可以要求其回避：

（一）是当事人或者当事人、代理人的近亲属的；

（二）与当事人、代理人有其他关系，可能影响公正的；

（三）与申请商标注册或者办理其他商标事宜有利害关系的。

第八条 以商标法第二十二条规定的数据电文方式提交商标注册申请等有关文件，应当按照商标局或者商标评审委员会的规定通过互联网提交。

第九条 除本条例第十八条规定的情形外，当事人向商标局或者商标评审委员会提交文件或者材料的日期，直接递交的，以递交日为准；邮寄的，以寄出的邮戳日为准；邮戳日不清晰或者没有邮戳的，以商标局或者商标评审委员会实际收到日为准，但是当事人能够提出实际邮戳日证据的除外。通过邮政企业以外的快递企业递交的，以快递企业收寄日为准；收寄日不明确的，以商标局或者商标评审委员会实际收到日为准，但是当事人能够提出实际收寄日证据的除外。以数据电文方式提交的，以进入商标局或者商标评审委员会电子系统的日期为准。

当事人向商标局或者商标评审委员会邮寄文件，应当使用给据邮件。

当事人向商标局或者商标评审委员会提交文件，以书面方式提交的，以商标局或者商标评审委员会所存档案记录为准；以数据电文方式提交的，以商标局或者商标评审委员会数据库记录为准，但是当事人确有证据证明商标局或者商标评审委员会档案、数据库记录有错误的除外。

第十条 商标局或者商标评审委员会的各种文件，可以通过邮寄、直接递交、数据电文或者其他方式送达当事人；以数据电文方式送达当事人的，应当经当事人同意。当事人委托商标代理机构的，文件送达商标代理机构视为送达当事人。

商标局或者商标评审委员会向当事人送达各种文件的日期，邮寄的，以当事人收到的邮戳日为准；邮戳日不清晰或者没有邮戳的，自文件发出之日起满15日视为送达当事人，但是当事人能够证明实际收到日的除外；直接递交的，以递交日为准；以数据电文方式送达的，自文件发出之日起满15日视为送达当事人，但是当事人能够证明文件进入其电子系统日期的除外。文件通过上述方式无法送达的，可以通过公告方式送达，自公告发布之日起满30日，该文件视为送达当事人。

第十一条 下列期间不计入商标审查、审理期限：

（一）商标局、商标评审委员会文件公告送达的期间；

（二）当事人需要补充证据或者补正文件的期间以及因当事人更换需要重新答辩的期间；

（三）同日申请提交使用证据及协商、抽签需要的期间；

（四）需要等待优先权确定的期间；

（五）审查、审理过程中，依案件申请人的请求等待在先权利案件审理结果的期间。

第十二条 除本条第二款规定的情形外，商标法和本条例规定的各种期限开始的当日不计算在期限内。期限以年或者月计算的，以期限最后一月的相应日为期限届满日；该月无相应日的，以该月最后一日为期限届满日；期限届满日是节假日的，以节假日后的第一个工作日为期限届满日。

商标法第三十九条、第四十条规定的注册商标有效期从法定日开始起算，期限最后一月相应日的前一日为期限届满日，该月无相应日的，以该月最后一日为期限届满日。

第二章 商标注册的申请

第十三条 申请商标注册，应当按照公布的商品和服务分类表填报。每一件商标注册申请应当向商标局提交《商标注册申请书》1份、商标图样1份；以颜色组合或者着色图样申请商标注册的，应当提交着色图样，并提交黑白稿1份；不指定颜色的，应当提交黑白图样。

商标图样应当清晰，便于粘贴，用光洁耐用的纸张印制或者用照片代替，长和宽应当不大于10厘米，不小于5厘米。

以三维标志申请商标注册的，应当在申请书中予以声明，说明商标的使用方式，并提交能够确定三维形状的图样，提交的商标图样应当至少包含三面视图。

以颜色组合申请商标注册的，应当在申请书中予以声明，说明商标的使用方式。

以声音标志申请商标注册的，应当在申请书中予以声明，提交符合要求的声音样本，对申请注册的声音商标进行描述，说明商标的使用方式。对声音商标进行描述，应当以五线谱或者简谱对申请用作商标的声音加以描述并附加文字说明；无法以五线谱或者简谱描述的，应当以文字加以描述；商标描述与声音样本应当一致。

申请注册集体商标、证明商标的，应当在申请书中予以声明，并提交主体资格证明文件和使用管理规则。

商标为外文或者包含外文的，应当说明含义。

第十四条 申请商标注册的，申请人应当提交其身份证明文件。商标注册申请人的名义与所提交的证明文件应当一致。

前款关于申请人提交其身份证明文件的规定适用于向商标局提出的办理变更、转让、续展、异议、撤销等其他商标事宜。

第十五条 商品或者服务项目名称应当按照商品和服务分类表中的类别号、名称填写；商品或者服务项目名称未列入商品和服务分类表的，应当附送对该商品或者服务的说明。

商标注册申请等有关文件以纸质方式提出的，应当打字或者印刷。

本条第二款规定适用于办理其他商标事宜。

第十六条 共同申请注册同一商标或者办理其他共有商标事宜的，应当在申请书中指定一个代表人；没有指定代表人的，以申请书中顺序排列的第一人为代表人。

商标局和商标评审委员会的文件应当送达代表人。

第十七条 申请人变更其名义、地址、代理人、文件接收人或者删减指定的商品的，应当向商标局办理变更手续。

申请人转让其商标注册申请的，应当向商标局办理转让手续。

第十八条 商标注册的申请日期以商标局收到申请文件的日期为准。

商标注册申请手续齐备、按照规定填写申请文件并缴纳费用的，商标局予以受理并书面通知申请人；申请手续不齐备、未按照规定填写申请文件或者未缴纳费用的，商标局不予受理，书面通知申请人并说明理由。申请手续基本齐备或者申请文件基本符合规定，但是需要补正的，商标局通知申请人予以补正，限其自收到通知之日起30日内，按照指定内容补正并交回商标局。在规定期限内补正并交回商标局的，保留申请日期；期满未补正的或者不按照要求进行补正的，商标局不予受理并书面通知申请人。

本条第二款关于受理条件的规定适用于办理其他商标事宜。

第十九条 两个或者两个以上的申请人，在同一种商品或者类似商品上，分别以相同或者近似的商标在同一天申请注册的，各申请人应当自收到商标局通知之日起30日内提交其申请注册前在先使用该商标的证据。同日使用或者均未使用的，各申请人可以自收到商标局通知之日起30日内自行协商，并将书面协议报送商标局；不愿协商或者协商不成的，商标局通知各申请人以抽签的方式确定一个申请人，驳回其他人的注册申请。商标局已经通知但申请人未参加抽签的，视为放弃申请，商标局应当书面通知未参加抽签的申请人。

第二十条 依照商标法第二十五条规定要求优先权的，申请人提交的第一次提出商标注册申请文件的副本应当经受理该申请的商标主管机关证明，并注明申请日期和申请号。

第三章 商标注册申请的审查

第二十一条 商标局对受理的商标注册申请，依照商标法及本条例的有关规定进行审查，对符合规定或者在部分指定商品上使用商标的注册申请符合规定的，予以初步审定，并予以公告；对不符合规定或者在部分指定商品上使用商标的注册申请不符合规定的，予以驳回或者驳回在部分指定商品上使用商标的注册申请，书面通知申请人并说明理由。

第二十二条 商标局对一件商标注册申请在部分指定商品上予以驳回的，申请人可以将该申请中初步审定的部分申请分割成另一件申请，分割后的申请保留原申请的申请日期。

需要分割的，申请人应当自收到商标局《商标注册申请部分驳回通知书》之日起15日内，向商标局提出分割申请。

商标局收到分割申请后，应当将原申请分割为两件，对分割出来的初步审定申请生成新的申请号，并予以公告。

第二十三条 依照商标法第二十九条规定，商标局认为对商标注册申请内容需要说明或者修正的，申请人应当自收到商标局通知之日起15日内作出说明或者修正。

第二十四条 对商标局初步审定予以公告的商标提出异议的，异议人应当向商标局提交下列商标异议材料一式两份并标明正、副本：

（一）商标异议申请书；

（二）异议人的身份证明；

（三）以违反商标法第十三条第二款和第三款、第十五条、第十六条第一款、第三十条、第三十一条、第三十二条规定为由提出异议的，异议人作为在先权利人或者利害关系人的证明。

商标异议申请书应当有明确的请求和事实依据，并附送有关证据材料。

第二十五条 商标局收到商标异议申请书后，经审查，符合受理条件的，予以受理，向申请人发出受理通知书。

第二十六条 商标异议申请有下列情形的，商标局不予受理，书面通知申请人并说明理由：

（一）未在法定期限内提出的；

（二）申请人主体资格、异议理由不符合商标法第三十三条规定的；

（三）无明确的异议理由、事实和法律依据的；

（四）同一异议人以相同的理由、事实和法律依据针对同一商标再次提出异议申请的。

第二十七条 商标局应当将商标异议材料副本及时送交被异议人，限其自收到商标异议材料副本之日起30日内答辩。被异议人不答辩的，不影响商标局作出决定。

当事人需要在提出异议申请或者答辩后补充有关证据材料的，应当在商标异议申请书或者答辩书中声明，并自提交商标异议申请书或者答辩书之日起3个月内提交；期满未提交的，视为当事人放弃补充有关证据材料。但是，在期满后生成或者当事人有其他正当理由未能在期满前提交的证据，在期满后提交的，商标局将证据交对方当事人并质证后可以采信。

第二十八条 商标法第三十五条第三款和第三十六条第一款所称不予注册决定，包括在部分指定商品上不予注册决定。

被异议商标在商标局作出准予注册决定或者不予注册决定前已经刊发注册公告的，撤销该注册公告。经审查异议不成立而准予注册的，在准予注册决定生效后重新公告。

第二十九条 商标注册申请人或者商标注册人依照商标法第三十八条规定提出更正申请的，应当向商标局提交更正申请书。符合更正条件的，商标局核准后更正相关内容；不符合更正条件的，商标局不予核准，书面通知申请人并说明理由。

已经刊发初步审定公告或者注册公告的商标经更正的，刊发更正公告。

第四章　注册商标的变更、转让、续展

第三十条　变更商标注册人名义、地址或者其他注册事项的，应当向商标局提交变更申请书。变更商标注册人名义的，还应当提交有关登记机关出具的变更证明文件。商标局核准的，发给商标注册人相应证明，并予以公告；不予核准的，应当书面通知申请人并说明理由。

变更商标注册人名义或者地址的，商标注册人应当将其全部注册商标一并变更；未一并变更的，由商标局通知其限期改正；期满未改正的，视为放弃变更申请，商标局应当书面通知申请人。

第三十一条　转让注册商标的，转让人和受让人应当向商标局提交转让注册商标申请书。转让注册商标申请手续应当由转让人和受让人共同办理。商标局核准转让注册商标申请的，发给受让人相应证明，并予以公告。

转让注册商标，商标注册人对其在同一种或者类似商品上注册的相同或者近似的商标未一并转让的，由商标局通知其限期改正；期满未改正的，视为放弃转让该注册商标的申请，商标局应当书面通知申请人。

第三十二条　注册商标专用权因转让以外的继承等其他事由发生移转的，接受该注册商标专用权的当事人应当凭有关证明文件或者法律文书到商标局办理注册商标专用权移转手续。

注册商标专用权移转的，注册商标专用权人在同一种或者类似商品上注册的相同或者近似的商标，应当一并移转；未一并移转的，由商标局通知其限期改正；期满未改正的，视为放弃该移

转注册商标的申请，商标局应当书面通知申请人。

商标移转申请经核准的，予以公告。接受该注册商标专用权移转的当事人自公告之日起享有商标专用权。

第三十三条 注册商标需要续展注册的，应当向商标局提交商标续展注册申请书。商标局核准商标注册续展申请的，发给相应证明并予以公告。

第五章 商标国际注册

第三十四条 商标法第二十一条规定的商标国际注册，是指根据《商标国际注册马德里协定》（以下简称马德里协定）、《商标国际注册马德里协定有关议定书》（以下简称马德里议定书）及《商标国际注册马德里协定及该协定有关议定书的共同实施细则》的规定办理的马德里商标国际注册。

马德里商标国际注册申请包括以中国为原属国的商标国际注册申请、指定中国的领土延伸申请及其他有关的申请。

第三十五条 以中国为原属国申请商标国际注册的，应当在中国设有真实有效的营业所，或者在中国有住所，或者拥有中国国籍。

第三十六条 符合本条例第三十五条规定的申请人，其商标已在商标局获得注册的，可以根据马德里协定申请办理该商标的国际注册。

符合本条例第三十五条规定的申请人，其商标已在商标局获得注册，或者已向商标局提出商标注册申请并被受理的，可以根据马德里议定书申请办理该商标的国际注册。

第三十七条 以中国为原属国申请商标国际注册的，应当通过商标局向世界知识产权组织国际局（以下简称国际局）申请办理。

以中国为原属国的，与马德里协定有关的商标国际注册的后期指定、放弃、注销，应当通过商标局向国际局申请办理；与马德里协定有关的商标国际注册的转让、删减、变更、续展，可以通过商标局向国际局申请办理，也可以直接向国际局申请办理。

以中国为原属国的，与马德里议定书有关的商标国际注册的后期指定、转让、删减、放弃、注销、变更、续展，可以通过商标局向国际局申请办理，也可以直接向国际局申请办理。

第三十八条 通过商标局向国际局申请商标国际注册及办理其他有关申请的，应当提交符合国际局和商标局要求的申请书和相关材料。

第三十九条 商标国际注册申请指定的商品或者服务不得超出国内基础申请或者基础注册的商品或者服务的范围。

第四十条 商标国际注册申请手续不齐备或者未按照规定填写申请书的，商标局不予受理，申请日不予保留。

申请手续基本齐备或者申请书基本符合规定，但需要补正的，申请人应当自收到补正通知书之日起30日内予以补正，逾期未补正的，商标局不予受理，书面通知申请人。

第四十一条 通过商标局向国际局申请商标国际注册及办理其他有关申请的，应当按照规定缴纳费用。

申请人应当自收到商标局缴费通知单之日起15日内，向商标局缴纳费用。期满未缴纳的，商标局不受理其申请，书面通知申请人。

第四十二条 商标局在马德里协定或者马德里议定书规定的驳回期限（以下简称驳回期限）内，依照商标法和本条例的有关规定对指定中国的领土延伸申请进行审查，作出决定，并通知国际局。商标局在驳回期限内未发出驳回或者部分驳回通知的，该领土延伸申请视为核准。

第四十三条 指定中国的领土延伸申请人，要求将三维标志、颜色组合、声音标志作为商标保护或者要求保护集体商标、证明商标的，自该商标在国际局国际注册簿登记之日起3个月内，应当通过依法设立的商标代理机构，向商标局提交本条例第十三条规定的相关材料。未在上述期限内提交相关材料的，商标局驳回该领土延伸申请。

第四十四条 世界知识产权组织对商标国际注册有关事项进行公告，商标局不再另行公告。

第四十五条 对指定中国的领土延伸申请，自世界知识产权组织《国际商标公告》出版的次月1日起3个月内，符合商标法第三十三条规定条件的异议人可以向商标局提出异议申请。

商标局在驳回期限内将异议申请的有关情况以驳回决定的形式通知国际局。

被异议人可以自收到国际局转发的驳回通知书之日起30日内进行答辩，答辩书及相关证据材料应当通过依法设立的商标代理机构向商标局提交。

第四十六条 在中国获得保护的国际注册商标，有效期自国际注册日或者后期指定日起算。在有效期届满前，注册人可以向国际局申请续展，在有效期内未申请续展的，可以给予6个月的宽展期。商标局收到国际局的续展通知后，依法进行审查。国际局通知未续展的，注销该国际注册商标。

第四十七条 指定中国的领土延伸申请办理转让的，受让人应当在缔约方境内有真实有效的营业所，或者在缔约方境内有住所，或者是缔约方国民。

转让人未将其在相同或者类似商品或者服务上的相同或者近似商标一并转让的，商标局通知注册人自发出通知之日起3个月内改正；期满未改正或者转让容易引起混淆或者有其他不良影响的，商标局作出该转让在中国无效的决定，并向国际局作出声明。

第四十八条 指定中国的领土延伸申请办理删减，删减后的商品或者服务不符合中国有关商品或者服务分类要求或者超出原指定商品或者服务范围的，商标局作出该删减在中国无效的决定，并向国际局作出声明。

第四十九条 依照商标法第四十九条第二款规定申请撤销国际注册商标，应当自该商标国际注册申请的驳回期限届满之日起满3年后向商标局提出申请；驳回期限届满时仍处在驳回复审或者异议相关程序的，应当自商标局或者商标评审委员会作出的准予注册决定生效之日起满3年后向商标局提出申请。

依照商标法第四十四条第一款规定申请宣告国际注册商标无效的，应当自该商标国际注册申请的驳回期限届满后向商标评审委员会提出申请；驳回期限届满时仍处在驳回复审或者异议相关程序的，应当自商标局或者商标评审委员会作出的准予注册决定生效后向商标评审委员会提出申请。

依照商标法第四十五条第一款规定申请宣告国际注册商标无效的，应当自该商标国际注册申请的驳回期限届满之日起5年内向商标评审委员会提出申请；驳回期限届满时仍处在驳回复审或者异议相关程序的，应当自商标局或者商标评审委员会作出的准予注册决定生效之日起5年内向商标评审委员会提出申请。对恶意注册的，驰名商标所有人不受5年的时间限制。

第五十条 商标法和本条例下列条款的规定不适用于办理商标国际注册相关事宜：

（一）商标法第二十八条、第三十五条第一款关于审查和审理期限的规定；

（二）本条例第二十二条、第三十条第二款；

（三）商标法第四十二条及本条例第三十一条关于商标转让由转让人和受让人共同申请并办理手续的规定。

第六章 商标评审

第五十一条 商标评审是指商标评审委员会依照商标法第三十四条、第三十五条、第四十四条、第四十五条、第五十四条的规定审理有关商标争议事宜。当事人向商标评审委员会提出商标评审申请，应当有明确的请求、事实、理由和法律依据，并提供相应证据。

商标评审委员会根据事实，依法进行评审。

第五十二条 商标评审委员会审理不服商标局驳回商标注册申请决定的复审案件，应当针对商标局的驳回决定和申请人申请复审的事实、理由、请求及评审时的事实状态进行审理。

商标评审委员会审理不服商标局驳回商标注册申请决定的复审案件，发现申请注册的商标有违反商标法第十条、第十一条、第十二条和第十六条第一款规定情形，商标局并未依据上述条款作出驳回决定的，可以依据上述条款作出驳回申请的复审决定。商标评审委员会作出复审决定前应当听取申请人的意见。

第五十三条 商标评审委员会审理不服商标局不予注册决定的复审案件，应当针对商标局的不予注册决定和申请人申请复审的事实、理由、请求及原异议人提出的意见进行审理。

商标评审委员会审理不服商标局不予注册决定的复审案件，应当通知原异议人参加并提出意见。原异议人的意见对案件审理结果有实质影响的，可以作为评审的依据；原异议人不参加或者不提出意见的，不影响案件的审理。

第五十四条 商标评审委员会审理依照商标法第四十四条、第四十五条规定请求宣告注册商标无效的案件，应当针对当事人申请和答辩的事实、理由及请求进行审理。

第五十五条 商标评审委员会审理不服商标局依照商标法第

四十四条第一款规定作出宣告注册商标无效决定的复审案件，应当针对商标局的决定和申请人申请复审的事实、理由及请求进行审理。

第五十六条 商标评审委员会审理不服商标局依照商标法第四十九条规定作出撤销或者维持注册商标决定的复审案件，应当针对商标局作出撤销或者维持注册商标决定和当事人申请复审时所依据的事实、理由及请求进行审理。

第五十七条 申请商标评审，应当向商标评审委员会提交申请书，并按照对方当事人的数量提交相应份数的副本；基于商标局的决定书申请复审的，还应当同时附送商标局的决定书副本。

商标评审委员会收到申请书后，经审查，符合受理条件的，予以受理；不符合受理条件的，不予受理，书面通知申请人并说明理由；需要补正的，通知申请人自收到通知之日起30日内补正。经补正仍不符合规定的，商标评审委员会不予受理，书面通知申请人并说明理由；期满未补正的，视为撤回申请，商标评审委员会应当书面通知申请人。

商标评审委员会受理商标评审申请后，发现不符合受理条件的，予以驳回，书面通知申请人并说明理由。

第五十八条 商标评审委员会受理商标评审申请后应当及时将申请书副本送交对方当事人，限其自收到申请书副本之日起30日内答辩；期满未答辩的，不影响商标评审委员会的评审。

第五十九条 当事人需要在提出评审申请或者答辩后补充有关证据材料的，应当在申请书或者答辩书中声明，并自提交申请书或者答辩书之日起3个月内提交；期满未提交的，视为放弃补充有关证据材料。但是，在期满后生成或者当事人有其他正当理由未能在期满前提交的证据，在期满后提交的，商标评审委员会将证据交对方当事人并质证后可以采信。

第六十条 商标评审委员会根据当事人的请求或者实际需要，

可以决定对评审申请进行口头审理。

商标评审委员会决定对评审申请进行口头审理的，应当在口头审理15日前书面通知当事人，告知口头审理的日期、地点和评审人员。当事人应当在通知书指定的期限内作出答复。

申请人不答复也不参加口头审理的，其评审申请视为撤回，商标评审委员会应当书面通知申请人；被申请人不答复也不参加口头审理的，商标评审委员会可以缺席评审。

第六十一条 申请人在商标评审委员会作出决定、裁定前，可以书面向商标评审委员会要求撤回申请并说明理由，商标评审委员会认为可以撤回的，评审程序终止。

第六十二条 申请人撤回商标评审申请的，不得以相同的事实和理由再次提出评审申请。商标评审委员会对商标评审申请已经作出裁定或者决定的，任何人不得以相同的事实和理由再次提出评审申请。但是，经不予注册复审程序予以核准注册后向商标评审委员会提起宣告注册商标无效的除外。

第七章 商标使用的管理

第六十三条 使用注册商标，可以在商品、商品包装、说明书或者其他附着物上标明“注册商标”或者注册标记。

注册标记包括㊟和®。使用注册标记，应当标注在商标的右上角或者右下角。

第六十四条 《商标注册证》遗失或者破损的，应当向商标局提交补发《商标注册证》申请书。《商标注册证》遗失的，应当在《商标公告》上刊登遗失声明。破损的《商标注册证》，应当在提交补发申请时交回商标局。

商标注册人需要商标局补发商标变更、转让、续展证明，出具商标注册证明，或者商标申请人需要商标局出具优先权证明文件的，应当向商标局提交相应申请书。符合要求的，商标局发给相应证明；不符合要求的，商标局不予办理，通知申请人并告知理由。

伪造或者变造《商标注册证》或者其他商标证明文件的，依照刑法关于伪造、变造国家机关证件罪或者其他罪的规定，依法追究刑事责任。

第六十五条 有商标法第四十九条规定的注册商标成为其核定使用的商品通用名称情形的，任何单位或者个人可以向商标局申请撤销该注册商标，提交申请时应当附送证据材料。商标局受理后应当通知商标注册人，限其自收到通知之日起2个月内答辩；期满未答辩的，不影响商标局作出决定。

第六十六条 有商标法第四十九条规定的注册商标无正当理由连续3年不使用情形的，任何单位或者个人可以向商标局申请撤销该注册商标，提交申请时应当说明有关情况。商标局受理后应当通知商标注册人，限其自收到通知之日起2个月内提交该商标在撤销申请提出前使用的证据材料或者说明不使用的正当理由；期满未提供使用的证据材料或者证据材料无效并没有正当理由的，由商标局撤销其注册商标。

前款所称使用的证据材料，包括商标注册人使用注册商标的证据材料和商标注册人许可他人使用注册商标的证据材料。

以无正当理由连续3年不使用为由申请撤销注册商标的，应当自该注册商标注册公告之日起满3年后提出申请。

第六十七条 下列情形属于商标法第四十九条规定的正当理由：

（一）不可抗力；

（二）政府政策性限制；

（三）破产清算；

（四）其他不可归责于商标注册人的正当事由。

第六十八条 商标局、商标评审委员会撤销注册商标或者宣告注册商标无效，撤销或者宣告无效的理由仅及于部分指定商品的，对在该部分指定商品上使用的商标注册予以撤销或者宣告无效。

第六十九条 许可他人使用其注册商标的，许可人应当在许可合同有效期内向商标局备案并报送备案材料。备案材料应当说明注册商标使用许可人、被许可人、许可期限、许可使用的商品或者服务范围等事项。

第七十条 以注册商标专用权出质的，出质人与质权人应当签订书面质权合同，并共同向商标局提出质权登记申请，由商标局公告。

第七十一条 违反商标法第四十三条第二款规定的，由工商行政管理部门责令限期改正；逾期不改正的，责令停止销售，拒不停止销售的，处10万元以下的罚款。

第七十二条 商标持有人依照商标法第十三条规定请求驰名商标保护的，可以向工商行政管理部门提出请求。经商标局依照商标法第十四条规定认定为驰名商标的，由工商行政管理部门责令停止违反商标法第十三条规定使用商标的行为，收缴、销毁违法使用的商标标识；商标标识与商品难以分离的，一并收缴、销毁。

第七十三条 商标注册人申请注销其注册商标或者注销其商标在部分指定商品上的注册的，应当向商标局提交商标注销申请书，并交回原《商标注册证》。

商标注册人申请注销其注册商标或者注销其商标在部分指定商品上的注册，经商标局核准注销的，该注册商标专用权或者该注册商标专用权在该部分指定商品上的效力自商标局收到其注销申请之日起终止。

第七十四条 注册商标被撤销或者依照本条例第七十三条的规定被注销的，原《商标注册证》作废，并予以公告；撤销该商标在部分指定商品上的注册的，或者商标注册人申请注销其商标在部分指定商品上的注册的，重新核发《商标注册证》，并予以公告。

第八章 注册商标专用权的保护

第七十五条 为侵犯他人商标专用权提供仓储、运输、邮寄、印制、隐匿、经营场所、网络商品交易平台等，属于商标法第五十七条第六项规定的提供便利条件。

第七十六条 在同一种商品或者类似商品上将与他人注册商标相同或者近似的标志作为商品名称或者商品装潢使用，误导公众的，属于商标法第五十七条第二项规定的侵犯注册商标专用权的行为。

第七十七条 对侵犯注册商标专用权的行为，任何人可以向工商行政管理部门投诉或者举报。

第七十八条 计算商标法第六十条规定的违法经营额，可以考虑下列因素：

（一）侵权商品的销售价格；

（二）未销售侵权商品的标价；

（三）已查清侵权商品实际销售的平均价格；

（四）被侵权商品的市场中间价格；

（五）侵权人因侵权所产生的营业收入；

（六）其他能够合理计算侵权商品价值的因素。

第七十九条 下列情形属于商标法第六十条规定的能证明该商品是自己合法取得的情形：

（一）有供货单位合法签章的供货清单和货款收据且经查证属

实或者供货单位认可的；

（二）有供销双方签订的进货合同且经查证已真实履行的；

（三）有合法进货发票且发票记载事项与涉案商品对应的；

（四）其他能够证明合法取得涉案商品的情形。

第八十条 销售不知道是侵犯注册商标专用权的商品，能证明该商品是自己合法取得并说明提供者的，由工商行政管理部门责令停止销售，并将案件情况通报侵权商品提供者所在地工商行政管理部门。

第八十一条 涉案注册商标权属正在商标局、商标评审委员会审理或者人民法院诉讼中，案件结果可能影响案件定性的，属于商标法第六十二条第三款规定的商标权属存在争议。

第八十二条 在查处商标侵权案件过程中，工商行政管理部门可以要求权利人对涉案商品是否为权利人生产或者其许可生产的产品进行辨认。

第九章 商标代理

第八十三条 商标法所称商标代理，是指接受委托人的委托，以委托人的名义办理商标注册申请、商标评审或者其他商标事宜。

第八十四条 商标法所称商标代理机构，包括经工商行政管理部门登记从事商标代理业务的服务机构和从事商标代理业务的律师事务所。

商标代理机构从事商标局、商标评审委员会主管的商标事宜代理业务的，应当按照下列规定向商标局备案：

（一）交验工商行政管理部门的登记证明文件或者司法行政部门批准设立律师事务所的证明文件并留存复印件；

（二）报送商标代理机构的名称、住所、负责人、联系方式等基本信息；

（三）报送商标代理从业人员名单及联系方式。

工商行政管理部门应当建立商标代理机构信用档案。商标代理机构违反商标法或者本条例规定的，由商标局或者商标评审委员会予以公开通报，并记入其信用档案。

第八十五条 商标法所称商标代理从业人员，是指在商标代理机构中从事商标代理业务的工作人员。

商标代理从业人员不得以个人名义自行接受委托。

第八十六条 商标代理机构向商标局、商标评审委员会提交的有关申请文件，应当加盖该代理机构公章并由相关商标代理从业人员签字。

第八十七条 商标代理机构申请注册或者受让其代理服务以外的其他商标，商标局不予受理。

第八十八条 下列行为属于商标法第六十八条第一款第二项规定的以其他不正当手段扰乱商标代理市场秩序的行为：

（一）以欺诈、虚假宣传、引人误解或者商业贿赂等方式招徕业务的；

（二）隐瞒事实，提供虚假证据，或者威胁、诱导他人隐瞒事实，提供虚假证据的；

（三）在同一商标案件中接受有利益冲突的双方当事人委托的。

第八十九条 商标代理机构有商标法第六十八条规定行为的，由行为人所在地或者违法行为发生地县级以上工商行政管理部门进行查处并将查处情况通报商标局。

第九十条 商标局、商标评审委员会依照商标法第六十八条规定停止受理商标代理机构办理商标代理业务的，可以作出停止受理该商标代理机构商标代理业务6个月以上直至永久停止受理的决定。停止受理商标代理业务的期间届满，商标局、商标评审委员会应当恢复受理。

商标局、商标评审委员会作出停止受理或者恢复受理商标代理的决定应当在其网站予以公告。

第九十一条 工商行政管理部门应当加强对商标代理行业组织的监督和指导。

第十章 附 则

第九十二条 连续使用至1993年7月1日的服务商标，与他人在相同或者类似的服务上已注册的服务商标相同或者近似的，可以继续使用；但是，1993年7月1日后中断使用3年以上的，不得继续使用。

已连续使用至商标局首次受理新放开商品或者服务项目之日的商标，与他人在新放开商品或者服务项目相同或者类似的商品或者服务上已注册的商标相同或者近似的，可以继续使用；但是，首次受理之日后中断使用3年以上的，不得继续使用。

第九十三条 商标注册用商品和服务分类表，由商标局制定并公布。

申请商标注册或者办理其他商标事宜的文件格式，由商标局、商标评审委员会制定并公布。

商标评审委员会的评审规则由国务院工商行政管理部门制定并公布。

第九十四条 商标局设置《商标注册簿》，记载注册商标及有关注册事项。

第九十五条 《商标注册证》及相关证明是权利人享有注册商标专用权的凭证。《商标注册证》记载的注册事项，应当与《商标注册簿》一致；记载不一致的，除有证据证明《商标注册簿》确有错误外，以《商标注册簿》为准。

第九十六条 商标局发布《商标公告》，刊发商标注册及其他有关事项。

《商标公告》采用纸质或者电子形式发布。

除送达公告外，公告内容自发布之日起视为社会公众已经知道或者应当知道。

第九十七条 申请商标注册或者办理其他商标事宜，应当缴纳费用。缴纳费用的项目和标准，由国务院财政部门、国务院价格主管部门分别制定。

第九十八条 本条例自2014年5月1日起施行。

注册商标专用权质权登记程序规定

（2009年9月10日 工商标字〔2009〕182号）

第一条 为充分发挥商标专用权无形资产的价值，促进经济发展，根据《物权法》、《担保法》、《商标法》和《商标法实施条例》的有关规定，制定本程序规定。

国家工商行政管理总局商标局负责办理注册商标专用权质权登记。

第二条 自然人、法人或者其他组织以其注册商标专用权出质的，出质人与质权人应当订立书面合同，并向商标局办理质权登记。

质权登记申请应由质权人和出质人共同提出。质权人和出质人可以直接向商标局申请，也可以委托商标代理机构代理。在中国没有经常居所或者营业场所的外国人或者外国企业应当委托代理机构办理。

第三条 办理注册商标专用权质权登记，出质人应当将在相同或者类似商品/服务上注册的相同或者近似商标一并办理质权登记。质权合同和质权登记申请书中应当载明出质的商标注册号。

第四条 申请注册商标专用权质权登记的，应提交下列文件：

（一）申请人签字或者盖章的《商标专用权质权登记申请书》；

（二）出质人、质权人的主体资格证明或者自然人身份证明复印件；

（三）主合同和注册商标专用权质权合同；

（四）直接办理的，应当提交授权委托书以及被委托人的身份证明；委托商标代理机构办理的，应当提交商标代理委托书；

（五）出质注册商标的注册证复印件；

（六）出质商标专用权的价值评估报告。如果质权人和出质人双方已就出质商标专用权的价值达成一致意见并提交了相关书面认可文件，申请人可不再提交；

（七）其他需要提供的材料。

上述文件为外文的，应当同时提交其中文译文。中文译文应当由翻译单位和翻译人员签字盖章确认。

第五条 注册商标专用权质权合同一般包括以下内容：

（一）出质人、质权人的姓名（名称）及住址；

（二）被担保的债权种类、数额；

（三）债务人履行债务的期限；

（四）出质注册商标的清单（列明注册商标的注册号、类别及专用期）；

（五）担保的范围；

（六）当事人约定的其他事项。

第六条 申请登记书件齐备、符合规定的，商标局予以受理。受理日期即为登记日期。商标局自登记之日起5个工作日内向双方当事人发放《商标专用权质权登记证》。

《商标专用权质权登记证》应当载明下列内容：出质人和质权人的名称（姓名）、出质商标注册号、被担保的债权数额、质权登记期限、质权登记日期。

第七条 质权登记申请不符合本办法第二条、第三条、第四条、第五条规定的，商标局应当通知申请人，并允许其在30日内补正。申请人逾期不补正或者补正不符合要求的，视为其放弃该质权登记申请，商标局应书面通知申请人。

第八条 有下列情形之一的，商标局不予登记：

（一）出质人名称与商标局档案所记载的名称不一致，且不能提供相关证明证实其为注册商标权利人的；

（二）合同的签订违反法律法规强制性规定的；

（三）商标专用权已经被撤销、被注销或者有效期满未续展的；

（四）商标专用权已被人民法院查封、冻结的；

（五）其他不符合出质条件的。

第九条 质权登记后，有下列情形之一的，商标局应当撤销登记：

（一）发现有属于本办法第八条所列情形之一的；

（二）质权合同无效或者被撤销的；

（三）出质的注册商标因法定程序丧失专用权的；

（四）提交虚假证明文件或者以其他欺骗手段取得商标专用权质权登记的。

第十条 质权人或者出质人的名称（姓名）更改，以及质权合同担保的主债权数额变更的，当事人可以凭下列文件申请办理变更登记：

（一）申请人签字或者盖章的《商标专用权质权登记事项变更申请书》；

（二）出质人、质权人的主体资格证明或者自然人身份证明复印件；

（三）有关登记事项变更的协议或相关证明文件；

（四）原《商标专用权质权登记证》；

（五）授权委托书、被委托人的身份证明或者商标代理委托书；

（六）其他有关文件。

出质人名称（姓名）发生变更的，还应按照《商标法实施条例》的规定在商标局办理变更注册人名义申请。

第十一条 因被担保的主合同履行期限延长、主债权未能按期实现等原因需要延长质权登记期限的，质权人和出质人双方应当在质权登记期限到期前，持以下文件申请办理延期登记：

（一）申请人签字或者盖章的《商标专用权质权登记期限延期申请书》；

（二）出质人、质权人的主体资格证明或者自然人身份证明复印件；

（三）当事人双方签署的延期协议；

（四）原《商标专用权质权登记证》；

（五）授权委托书、被委托人的身份证明或者商标代理委托书；

（六）其他有关文件。

第十二条 办理质权登记事项变更申请或者质权登记期限延期申请后，由商标局在原《商标专用权质权登记证》上加注发还，或者重新核发《商标专用权质权登记证》。

第十三条 商标专用权质权登记需要注销的，质权人和出质人双方可以持下列文件办理注销申请：

（一）申请人签字或者盖章的《商标专用权质权登记注销申请书》；

（二）出质人、质权人的主体资格证明或者自然人身份证明复印件；

（三）当事人双方签署的解除质权登记协议或者合同履行完毕凭证；

（四）原《商标专用权质权登记证》；

（五）授权委托书、被委托人的身份证明或者商标代理委托书；

（六）其他有关文件。

质权登记期限届满后，该质权登记自动失效。

第十四条 《商标专用权质权登记证》遗失的，可以向商标局申请补发。

第十五条 商标局设立质权登记簿，供相关公众查阅。

第十六条 反担保及最高额质权适用本规定。

第十七条 本规定自2009年11月1日起施行。本规定施行之日起原《商标专用权质押登记程序》（国家工商行政管理局工商标字〔1997〕第127号）废止。

附件：（略）

2. 商标注册与评审

自然人办理商标注册申请注意事项

（2007年2月6日）

依照《中华人民共和国商标法》第四条的规定，从事生产、制造、加工、拣选、经销商品或者提供服务的自然人，需要取得商标专用权的，应当向商标局申请商标注册。以自然人名义办理商标注册、转让等申请事宜，除按照有关规定提交《商标注册申请书》、商标图样等材料外，还应注意以下事项：

一、个体工商户可以以其《个体工商户营业执照》登记的字号作为申请人名义提出商标注册申请，也可以以执照上登记的负责人名义提出商标注册申请。以负责人名义提出申请时应提交以下材料的复印件：

（一）负责人的身份证；

（二）营业执照。

二、个人合伙可以以其《营业执照》登记的字号或有关主管机关登记文件登记的字号作为申请人名义提出商标注册申请，也可以以全体合伙人的名义共同提出商标注册申请。以全体合伙人的名义共同提出申请时应提交以下材料的复印件：

（一）合伙人的身份证；

（二）营业执照；

（三）合伙协议。

三、农村承包经营户可以以其承包合同签约人的名义提出商标注册申请，申请时应提交以下材料的复印件：

（一）签约人身份证；

（二）承包合同。

四、其他依法获准从事经营活动的自然人，可以以其在有关行政主管机关颁发的登记文件中登载的经营者名义提出商标注册申请，申请时应提交以下材料的复印件：

（一）经营者的身份证；

（二）有关行政主管机关颁发的登记文件。

五、自然人提出商标注册申请的商品和服务范围，应以其在营业执照或有关登记文件核准的经营范围为限，或者以其自营的农副产品为限。

六、对于不符合《商标法》第四条规定的商标注册申请，商标局不予受理并书面通知申请人。

申请人提供虚假材料取得商标注册的，由商标局撤销该注册商标。

七、办理转让商标申请，受让人为自然人的，应参照上述事项办理。

委托地方工商和市场监管部门受理商标注册申请暂行规定

（2016年8月31日　工商标字〔2016〕168号）

第一条　为方便申请人办理商标注册申请，推进商标注册便利化，加强对委托地方工商和市场监管部门（以下简称受托单位）受理商标注册申请工作的管理，特制定本规定。

第二条　县级以上（以省会城市、地级市为主）工商、市场监管部门受工商总局商标局（以下简称商标局）委托，在地方政务大厅或注册大厅设立商标注册申请受理窗口，代为办理商标注册申请受理等业务。

第三条　县级以上（以省会城市、地级市为主）工商、市场监管部门拟开展商标注册申请受理业务的，须填写《地方工商和市场监管部门开展商标注册申请受理业务审批表》（附表），由省（自治区、直辖市）工商、市场监管部门提出意见后报送商标局。按照便利化原则，兼顾区域分布、商标申请量等因素，经审核确有设立必要且具备运行条件的，经商标局批准并公告后开展受理业务。

第四条　商标局工作职责：

（一）确定受托单位受理业务范围和受理区域范围；

（二）制定工作规程、业务质量标准和业务质量管理办法；

（三）根据业务工作需要，对受托单位工作人员进行业务培训；

（四）对受托单位商标注册申请受理和规费收缴等工作进行指导和检查。

第五条 受托单位工作职责：

（一）负责商标受理业务机构设置、人员安排、网络联通建设、办公场所和相关设备配置；

（二）根据商标局有关规定，制定和落实业务质量管理办法；

（三）加强与商标局业务联系，定期向商标局汇报工作；

（四）办理商标局委托的其他工作。

第六条 受理窗口工作职责：

（一）在政务大厅或注册大厅设置“商标受理业务”的明显标识；

（二）负责指定区域内商标注册申请受理、规费收缴、代发商标注册证等工作。接收、审核商标注册申请文件，对符合受理条件的商标注册申请确定申请日；

（三）做好商标注册申请文件管理工作；

（四）开展商标注册申请相关业务的查询、咨询等服务性工作。

第七条 受托单位及其受理窗口工作人员应当依法行政，廉洁自律，忠于职守，文明服务。

（一）严格遵守有关法律、法规及商标局有关规定，结合自身实际情况，制定相关规章制度。建立优良工作秩序，提供优质高效服务；

（二）严格遵守财务管理制度。加强账务管理，不得超范围、超标准收取费用；收取规费应按期如数上缴，不得擅自挪用、滞留，保证国家规费的安全；

（三）依法行政，公正廉洁。不得泄漏或越权使用未公开的商标注册申请信息，牟取不当利益。

第八条 对违反本规定的受托单位，商标局将对其通报批评，情节严重者，将责令其停止工作进行整顿，直至取消委托业务。

对违反本规定，产生恶劣影响并造成损失的，视具体情况追究受托单位负责人和相关人员行政或法律责任。

第九条 本规定由商标局负责解释。

第十条 本规定自2016年9月1日起施行。

国家工商行政管理总局商标局关于在第16类“报纸、期刊、杂志（期刊）、新闻刊物”四种商品上申请注册商标注意事项的通知

（2009年2月17日 商标综字〔2009〕第39号）

商标申请人、各商标代理机构：

《中华人民共和国商标法》第十条对不得作为商标使用的标志作出了明确的规定。但在第16类“报纸、期刊、杂志（期刊）、新闻刊物”四种商品上申请注册的商标，其整体是国家出版行政部门批准的报纸、期刊、杂志名称的，可以初步审定。因此，商标申请人在第16类“报纸、期刊、杂志（期刊）、新闻刊物”四种商品上申请注册商标的，除按照商标注册申请的有关规定提交材料外，还应注意以下事项：

一、申请注册的商标属于以下情形之一的，商标申请人应当向商标局提交国家出版行政部门核发的报纸、期刊出版许可证（复印件）：

（一）同我国的国家名称相同或者近似的，以及同中央国家机关所在地特定地点的名称或者标志性建筑物的名称相同的；

（二）由县级以上行政区划的地名构成，或者含有县级以上行政区划的地名的；

（三）属于《中华人民共和国商标法》第十条规定的其他情形，商标局需核对国家出版行政部门核发的报纸、期刊出版许可证的。

二、商标申请人提交的报纸、期刊出版许可证（复印件）应当符合以下要求：

（一）商标申请人名义应与所提交的报纸、期刊出版许可证上显示的持有人名义一致。

（二）商标申请人申请注册的商标名称应与所提交的报纸、期刊出版许可证上显示的国家出版行政部门批准使用的报纸、期刊名称相同。

三、商标申请人可以通过以下两种途径提交报纸、期刊出版许可证（复印件）：

（一）在提出商标注册申请时提交。商标申请人可在提出商标注册申请时将报纸、期刊出版许可证（复印件）与商标注册申请材料一并提交到商标局。

（二）在商标注册补正程序中提交。我局在商标审查过程中，将依法向未在提出商标注册申请的同时提交有效的报纸、期刊出版许可证（复印件）的相关商标申请人发出《商标补正通知书》。商标申请人在收到此类《商标补正通知书》后，应在规定时限内通过补正回文程序提交报纸、期刊出版许可证（复印件）。

特此通知。

商标评审规则

（1995年11月2日国家工商行政管理局令第37号公布　根据2002年9月17日国家工商行政管理总局令第3号第一次修订　根据2005年9月26日国家工商行政管理总局令第20号第二次修订　根据2014年5月28日国家工商行政管理总局令第65号第三次修订）

第一章　总　　则

第一条　为规范商标评审程序，根据《中华人民共和国商标法》（以下简称商标法）和《中华人民共和国商标法实施条例》（以下简称实施条例），制定本规则。

第二条　根据商标法及实施条例的规定，国家工商行政管理总局商标评审委员会（以下简称商标评审委员会）负责处理下列商标评审案件：

（一）不服国家工商行政管理总局商标局（以下简称商标局）驳回商标注册申请决定，依照商标法第三十四条规定申请复审的案件；

（二）不服商标局不予注册决定，依照商标法第三十五条第三款规定申请复审的案件；

（三）对已经注册的商标，依照商标法第四十四条第一款、第四十五条第一款规定请求无效宣告的案件；

（四）不服商标局宣告注册商标无效决定，依照商标法第四十四条第二款规定申请复审的案件；

（五）不服商标局撤销或者不予撤销注册商标决定，依照商标法第五十四条规定申请复审的案件。

在商标评审程序中，前款第（一）项所指请求复审的商标统称为申请商标，第（二）项所指请求复审的商标统称为被异议商标，第（三）项所指请求无效宣告的商标统称为争议商标，第（四）、（五）项所指请求复审的商标统称为复审商标。本规则中，前述商标统称为评审商标。

第三条 当事人参加商标评审活动，可以以书面方式或者数据电文方式办理。

数据电文方式办理的具体办法由商标评审委员会另行制定。

第四条 商标评审委员会审理商标评审案件实行书面审理，但依照实施条例第六十条规定决定进行口头审理的除外。

口头审理的具体办法由商标评审委员会另行制定。

第五条 商标评审委员会根据商标法、实施条例和本规则做出的决定和裁定，应当以书面方式或者数据电文方式送达有关当事人，并说明理由。

第六条 除本规则另有规定外，商标评审委员会审理商标评审案件实行合议制度，由三名以上的单数商标评审人员组成合议组进行审理。

合议组审理案件，实行少数服从多数的原则。

第七条 当事人或者利害关系人依照实施条例第七条的规定申请商标评审人员回避的，应当以书面方式办理，并说明理由。

第八条 在商标评审期间，当事人有权依法处分自己的商标权和与商标评审有关的权利。在不损害社会公共利益、第三方权利的前提下，当事人之间可以自行或者经调解以书面方式达成和解。

对于当事人达成和解的案件，商标评审委员会可以结案，也可以做出决定或者裁定。

第九条 商标评审案件的共同申请人和共有商标的当事人办理商标评审事宜，应当依照实施条例第十六条第一款的规定确定一个代表人。

代表人参与评审的行为对其所代表的当事人发生效力，但代表人变更、放弃评审请求或者承认对方当事人评审请求的，应当有被代表的当事人书面授权。

商标评审委员会的文件应当送达代表人。

第十条 外国人或者外国企业办理商标评审事宜，在中国有经常居所或者营业所的，可以委托依法设立的商标代理机构办理，也可以直接办理；在中国没有经常居所或者营业所的，应当委托依法设立的商标代理机构办理。

第十一条 代理权限发生变更、代理关系解除或者变更代理人的，当事人应当及时书面告知商标评审委员会。

第十二条 当事人及其代理人可以申请查阅本案有关材料。

第二章 申请与受理

第十三条 申请商标评审，应当符合下列条件：

（一）申请人须有合法的主体资格；

（二）在法定期限内提出；

（三）属于商标评审委员会的评审范围；

（四）依法提交符合规定的申请书及有关材料；

（五）有明确的评审请求、事实、理由和法律依据；

（六）依法缴纳评审费用。

第十四条 申请商标评审，应当向商标评审委员会提交申请书；有被申请人的，应当按照被申请人的数量提交相应份数的副本；评审商标发生转让、移转、变更，已向商标局提出申请但是尚未核准公告的，当事人应当提供相应的证明文件；基于商标局的决定书申请复审的，还应当同时附送商标局的决定书。

第十五条 申请书应当载明下列事项：

（一）申请人的名称、通信地址、联系人和联系电话。评审申请有被申请人的，应当载明被申请人的名称和地址。委托商标代理机构办理商标评审事宜的，还应当载明商标代理机构的名称、地址、联系人和联系电话；

（二）评审商标及其申请号或者初步审定号、注册号和刊登该商标的《商标公告》的期号；

（三）明确的评审请求和所依据的事实、理由及法律依据。

第十六条 商标评审申请不符合本规则第十三条第（一）、（二）、（三）、（六）项规定条件之一的，商标评审委员会不予受理，书面通知申请人，并说明理由。

第十七条 商标评审申请不符合本规则第十三条第（四）、（五）项规定条件之一的，或者未按照实施条例和本规则规定提交有关证明文件的，或者有其他需要补正情形的，商标评审委员会应当向申请人发出补正通知，申请人应当自收到补正通知之日起三十日内补正。

经补正仍不符合规定的，商标评审委员会不予受理，书面通知申请人，并说明理由。未在规定期限内补正的，依照实施条例第五十七条规定，视为申请人撤回评审申请，商标评审委员会应当书面通知申请人。

第十八条 商标评审申请经审查符合受理条件的，商标评审委员会应当在三十日内向申请人发出《受理通知书》。

第十九条 商标评审委员会已经受理的商标评审申请，有下列情形之一的，属于不符合受理条件，应当依照实施条例第五十七条规定予以驳回：

（一）违反实施条例第六十二条规定，申请人撤回商标评审申请后，又以相同的事实和理由再次提出评审申请的；

（二）违反实施条例第六十二条规定，对商标评审委员会已经做出的裁定或者决定，以相同的事实和理由再次提出评审申请的；

（三）其他不符合受理条件的情形。

对经不予注册复审程序予以核准注册的商标提起宣告注册商标无效的，不受前款第（二）项规定限制。

商标评审委员会驳回商标评审申请，应当书面通知申请人，并说明理由。

第二十条 当事人参加评审活动，应当按照对方当事人的数量，提交相应份数的申请书、答辩书、意见书、质证意见及证据材料副本，副本内容应当与正本内容相同。不符合前述要求且经补正仍不符合要求的，依照本规则第十七条第二款的规定，不予受理评审申请，或者视为未提交相关材料。

第二十一条 评审申请有被申请人的，商标评审委员会受理后，应当及时将申请书副本及有关证据材料送达被申请人。被申请人应当自收到申请材料之日起三十日内向商标评审委员会提交答辩书及其副本；未在规定期限内答辩的，不影响商标评审委员会的评审。

商标评审委员会审理不服商标局不予注册决定的复审案件，应当通知原异议人参加并提出意见。原异议人应当在收到申请材料之日起三十日内向商标评审委员会提交意见书及其副本；未在规定期限内提出意见的，不影响案件审理。

第二十二条 被申请人参加答辩和原异议人参加不予注册复审程序应当有合法的主体资格。

商标评审答辩书、意见书及有关证据材料应当按照规定的格式和要求填写、提供。

不符合第二款规定或者有其他需要补正情形的，商标评审委员会向被申请人或者原异议人发出补正通知，被申请人或者原异议人应当自收到补正通知之日起三十日内补正。经补正仍不符合规定或者未在法定期限内补正的，视为未答辩或者未提出意见，不影响商标评审委员会的评审。

第二十三条 当事人需要在提出评审申请或者答辩后补充有关证据材料的，应当在申请书或者答辩书中声明，并自提交申请书或者答辩书之日起三个月内一次性提交；未在申请书或者答辩书中声明或者期满未提交的，视为放弃补充证据材料。但是，在期满后生成或者当事人有其他正当理由未能在期满前提交的证据，在期满后提交的，商标评审委员会将证据交对方当事人并质证后可以采信。

对当事人在法定期限内提供的证据材料，有对方当事人的，商标评审委员会应当将该证据材料副本送达给对方当事人。当事人应当在收到证据材料副本之日起三十日内进行质证。

第二十四条 当事人应当对其提交的证据材料逐一分类编号和制作目录清单，对证据材料的来源、待证的具体事实作简要说明，并签名盖章。

商标评审委员会收到当事人提交的证据材料后，应当按目录清单核对证据材料，并由经办人员在回执上签收，注明提交日期。

第二十五条 当事人名称或者通信地址等事项发生变更的，应当及时通知商标评审委员会，并依需要提供相应的证明文件。

第二十六条 在商标评审程序中，当事人的商标发生转让、移转的，受让人或者承继人应当及时以书面方式声明承受相关主体地位，参加后续评审程序并承担相应的评审后果。

未书面声明且不影响评审案件审理的，商标评审委员会可以将受让人或者承继人列为当事人做出决定或者裁定。

第三章 审 理

第二十七条 商标评审委员会审理商标评审案件实行合议制度。但有下列情形之一的案件，可以由商标评审人员一人独任评审：

（一）仅涉及商标法第三十条和第三十一条所指在先商标权利冲突的案件中，评审时权利冲突已消除的；

（二）被请求撤销或者无效宣告的商标已经丧失专用权的；

（三）依照本规则第三十二条规定应当予以结案的；

（四）其他可以独任评审的案件。

第二十八条 当事人或者利害关系人依照实施条例第七条和本规则第七条的规定对商标评审人员提出回避申请的，被申请回避的商标评审人员在商标评审委员会做出是否回避的决定前，应当暂停参与本案的审理工作。

商标评审委员会在做出决定、裁定后收到当事人或者利害关系人提出的回避申请的，不影响评审决定、裁定的有效性。但评审人员确实存在需要回避的情形的，商标评审委员会应当依法做出处理。

第二十九条 商标评审委员会审理商标评审案件，应当依照实施条例第五十二条、第五十三条、第五十四条、第五十五条、第五十六条的规定予以审理。

第三十条 经不予注册复审程序予以核准注册的商标，原异议人向商标评审委员会请求无效宣告的，商标评审委员会应当另行组成合议组进行审理。

第三十一条 依照商标法第三十五条第四款、第四十五条第三款和实施条例第十一条第（五）项的规定，需要等待在先权利案件审理结果的，商标评审委员会可以决定暂缓审理该商标评审案件。

第三十二条 有下列情形之一的，终止评审，予以结案：

（一）申请人死亡或者终止后没有继承人或者继承人放弃评审权利的；

（二）申请人撤回评审申请的；

（三）当事人自行或者经调解达成和解协议，可以结案的；

（四）其他应当终止评审的情形。

商标评审委员会予以结案，应当书面通知有关当事人，并说明理由。

第三十三条 合议组审理案件应当制作合议笔录，并由合议组成员签名。合议组成员有不同意见的，应当如实记入合议笔录。

经审理终结的案件，商标评审委员会依法做出决定、裁定。

第三十四条 商标评审委员会做出的决定、裁定应当载明下列内容：

（一）当事人的评审请求、争议的事实、理由和证据；

（二）决定或者裁定认定的事实、理由和适用的法律依据；

（三）决定或者裁定结论；

（四）可以供当事人选用的后续程序和时限；

（五）决定或者裁定做出的日期。

决定、裁定由合议组成员署名，加盖商标评审委员会印章。

第三十五条 对商标评审委员会做出的决定、裁定，当事人不服向人民法院起诉的，应当在向人民法院递交起诉状的同时或者至迟十五日内将该起诉状副本抄送或者另行将起诉信息书面告知商标评审委员会。

除商标评审委员会做出的准予初步审定或者予以核准注册的决定外，商标评审委员会自发出决定、裁定之日起四个月内未收到来自人民法院应诉通知或者当事人提交的起诉状副本、书面起诉通知的，该决定、裁定移送商标局执行。

商标评审委员会自收到当事人提交的起诉状副本或者书面起诉通知之日起四个月内未收到来自人民法院应诉通知的，相关决定、裁定移送商标局执行。

第三十六条 在一审行政诉讼程序中，若因商标评审决定、裁定所引证的商标已经丧失在先权利导致决定、裁定事实认定、法律适用发生变化的，在原告撤诉的情况下，商标评审委员会可以撤回原决定或者裁定，并依据新的事实，重新做出商标评审决定或者裁定。

商标评审决定、裁定送达当事人后，商标评审委员会发现存在文字错误等非实质性错误的，可以向评审当事人发送更正通知书对错误内容进行更正。

第三十七条 商标评审决定、裁定经人民法院生效判决撤销的，商标评审委员会应当重新组成合议组，及时审理，并做出重审决定、裁定。

重审程序中，商标评审委员会对当事人新提出的评审请求和法律依据不列入重审范围；对当事人补充提交的足以影响案件审理结果的证据可以予以采信，有对方当事人的，应当送达对方当事人予以质证。

第四章 证据规则

第三十八条 当事人对自己提出的评审请求所依据的事实或者反驳对方评审请求所依据的事实有责任提供证据加以证明。

证据包括书证、物证、视听资料、电子数据、证人证言、鉴定意见、当事人的陈述等。

没有证据或者证据不足以证明当事人的事实主张的，由负有举证责任的当事人承担不利后果。

一方当事人对另一方当事人陈述的案件事实明确表示承认的，另一方当事人无需举证，但商标评审委员会认为确有必要举证的除外。

当事人委托代理人参加评审的，代理人的承认视为当事人的承认。但未经特别授权的代理人对事实的承认直接导致承认对方评审请求的除外；当事人在场但对其代理人的承认不作否认表示的，视为当事人的承认。

第三十九条 下列事实，当事人无需举证证明：

（一）众所周知的事实；

（二）自然规律及定理；

（三）根据法律规定或者已知事实和日常生活经验法则，能推定出的另一事实；

（四）已为人民法院发生法律效力的裁判所确认的事实；

（五）已为仲裁机构的生效裁决所确认的事实；

（六）已为有效公证文书所证明的事实。

前款（一）、（三）、（四）、（五）、（六）项，有相反证据足以推翻的除外。

第四十条 当事人向商标评审委员会提供书证的，应当提供原件，包括原本、正本和副本。提供原件有困难的，可以提供相应的复印件、照片、节录本；提供由有关部门保管的书证原件的复制件、影印件或者抄录件的，应当注明出处，经该部门核对无异后加盖其印章。

当事人向商标评审委员会提供物证的，应当提供原物。提供原物有困难的，可以提供相应的复制件或者证明该物证的照片、录像等其他证据；原物为数量较多的种类物的，可以提供其中的一部分。

一方当事人对另一方当事人所提书证、物证的复制件、照片、录像等存在怀疑并有相应证据支持的，或者商标评审委员会认为有必要的，被质疑的当事人应当提供或者出示有关证据的原件或者经公证的复印件。

第四十一条 当事人向商标评审委员会提供的证据系在中华人民共和国领域外形成，或者在香港、澳门、台湾地区形成，对方当事人对该证据的真实性存在怀疑并有相应证据支持的，或者商标评审委员会认为必要的，应当依照有关规定办理相应的公证认证手续。

第四十二条 当事人向商标评审委员会提供外文书证或者外文说明资料，应当附有中文译文。未提交中文译文的，该外文证据视为未提交。

对方当事人对译文具体内容有异议的，应当对有异议的部分提交中文译文。必要时，可以委托双方当事人认可的单位对全文，或者所使用或者有异议的部分进行翻译。

双方当事人对委托翻译达不成协议的，商标评审委员会可以指定专业翻译单位对全文，或者所使用的或者有异议的部分进行翻译。委托翻译所需费用由双方当事人各承担50%；拒绝支付翻译费用的，视为其承认对方提交的译文。

第四十三条 对单一证据有无证明力和证明力大小可以从下列方面进行审核认定：

（一）证据是否原件、原物，复印件、复制品与原件、原物是否相符；

（二）证据与本案事实是否相关；

（三）证据的形式、来源是否符合法律规定；

（四）证据的内容是否真实；

（五）证人或者提供证据的人，与当事人有无利害关系。

第四十四条 评审人员对案件的全部证据，应当从各证据与案件事实的关联程度、各证据之间的联系等方面进行综合审查判断。

有对方当事人的，未经交换质证的证据不应当予以采信。

第四十五条 下列证据不能单独作为认定案件事实的依据：

（一）未成年人所作的与其年龄和智力状况不相适应的证言；

（二）与一方当事人有亲属关系、隶属关系或者其他密切关系的证人所作的对该当事人有利的证言，或者与一方当事人有不利关系的证人所作的对该当事人不利的证言；

（三）应当参加口头审理作证而无正当理由不参加的证人证言；

（四）难以识别是否经过修改的视听资料；

（五）无法与原件、原物核对的复制件或者复制品；

（六）经一方当事人或者他人改动，对方当事人不予认可的证据材料；

（七）其他不能单独作为认定案件事实依据的证据材料。

第四十六条 一方当事人提出的下列证据，对方当事人提出异议但没有足以反驳的相反证据的，商标评审委员会应当确认其证明力：

（一）书证原件或者与书证原件核对无误的复印件、照片、副本、节录本；

（二）物证原物或者与物证原物核对无误的复制件、照片、录像资料等；

（三）有其他证据佐证并以合法手段取得的、无疑点的视听资料或者与视听资料核对无误的复制件。

第四十七条 一方当事人委托鉴定部门做出的鉴定结论，另一方当事人没有足以反驳的相反证据和理由的，可以确认其证明力。

第四十八条 一方当事人提出的证据，另一方当事人认可或者提出的相反证据不足以反驳的，商标评审委员会可以确认其证明力。

一方当事人提出的证据，另一方当事人有异议并提出反驳证据，对方当事人对反驳证据认可的，可以确认反驳证据的证明力。

第四十九条 双方当事人对同一事实分别举出相反的证据，但都没有足够的依据否定对方证据的，商标评审委员会应当结合案件情况，判断一方提供证据的证明力是否明显大于另一方提供证据的证明力，并对证明力较大的证据予以确认。

因证据的证明力无法判断导致争议事实难以认定的，商标评审委员会应当依据举证责任分配原则做出判断。

第五十条 评审程序中，当事人在申请书、答辩书、陈述及其委托代理人的代理词中承认的对己方不利的事实和认可的证据，商标评审委员会应当予以确认，但当事人反悔并有相反证据足以推翻的除外。

第五十一条 商标评审委员会就数个证据对同一事实的证明力，可以依照下列原则认定：

（一）国家机关以及其他职能部门依职权制作的公文文书优于其他书证；

（二）鉴定结论、档案材料以及经过公证或者登记的书证优于其他书证、视听资料和证人证言；

（三）原件、原物优于复制件、复制品；

（四）法定鉴定部门的鉴定结论优于其他鉴定部门的鉴定结论；

（五）原始证据优于传来证据；

（六）其他证人证言优于与当事人有亲属关系或者其他密切关系的证人提供的对该当事人有利的证言；

（七）参加口头审理作证的证人证言优于未参加口头审理作证的证人证言；

（八）数个种类不同、内容一致的证据优于一个孤立的证据。

第五章 期间、送达

第五十二条 期间包括法定期间和商标评审委员会指定的期间。期间应当依照实施条例第十二条的规定计算。

第五十三条 当事人向商标评审委员会提交的文件或者材料的日期，直接递交的，以递交日为准；邮寄的，以寄出的邮戳日为准；邮戳日不清晰或者没有邮戳的，以商标评审委员会实际收到日为准，但是当事人能够提出实际邮戳日证据的除外。通过邮政企业以外的快递企业递交的，以快递企业收寄日为准；收寄日不明确的，以商标评审委员会实际收到日为准，但是当事人能够提出实际收寄日证据的除外。以数据电文方式提交的，以进入商标评审委员会电子系统的日期为准。

当事人向商标评审委员会邮寄文件，应当使用给据邮件。

当事人向商标评审委员会提交文件，应当在文件中标明商标申请号或者注册号、申请人名称。提交的文件内容，以书面方式提交的，以商标评审委员会所存档案记录为准；以数据电文方式提交的，以商标评审委员会数据库记录为准，但是当事人确有证据证明商标评审委员会档案、数据库记录有错误的除外。

第五十四条　商标评审委员会的各种文件，可以通过邮寄、直接递交、数据电文或者其他方式送达当事人；以数据电文方式送达当事人的，应当经当事人同意。当事人委托商标代理机构的，文件送达商标代理机构视为送达当事人。

商标评审委员会向当事人送达各种文件的日期，邮寄的，以当事人收到的邮戳日为准；邮戳日不清晰或者没有邮戳的，自文件发出之日起满十五日，视为送达当事人，但当事人能够证明实际收到日的除外；直接递交的，以递交日为准。以数据电文方式送达的，自文件发出之日满十五日，视为送达当事人；文件通过上述方式无法送达的，可以通过公告方式送达当事人，自公告发布之日起满三十日，该文件视为已经送达。

商标评审委员会向当事人邮寄送达文件被退回后通过公告送达的，后续文件均采取公告送达方式，但当事人在公告送达后明确告知通信地址的除外。

第五十五条　依照实施条例第五条第三款的规定，商标评审案件的被申请人或者原异议人是在中国没有经常居所或者营业所的外国人或者外国企业的，由该评审商标注册申请书中载明的国内接收人负责接收商标评审程序的有关法律文件；商标评审委员会将有关法律文件送达该国内接收人，视为送达当事人。

依照前款规定无法确定国内接收人的，由商标局原审程序中的或者最后一个申请办理该商标相关事宜的商标代理机构承担商标评审程序中有关法律文件的签收及转达义务；商标评审委员会将有关法律文件送达该商标代理机构。商标代理机构在有关法律文件送达之前已经与国外当事人解除商标代理关系的，应当以书面形式向商标评审委员会说明有关情况，并自收到文件之日起十日内将有关法律文件交回商标评审委员会，由商标评审委员会另行送达。

马德里国际注册商标涉及国际局转发相关书件的，应当提交相应的送达证据。未提交的，应当书面说明原因，自国际局发文之日起满十五日视为送达。

上述方式无法送达的，公告送达。

第六章　附　　则

第五十六条　从事商标评审工作的国家机关工作人员玩忽职守、滥用职权、徇私舞弊，违法办理商标评审事项，收受当事人财物，牟取不正当利益的，依法给予处分。

第五十七条　对于当事人不服商标局做出的驳回商标注册申请决定在 2014 年 5 月 1 日以前向商标评审委员会提出复审申请，商标评审委员会于 2014 年 5 月 1 日以后（含 5 月 1 日，下同）审理的案件，适用修改后的商标法。

对于当事人不服商标局做出的异议裁定在 2014 年 5 月 1 日以前向商标评审委员会提出复审申请，商标评审委员会于 2014 年 5 月 1 日以后审理的案件，当事人提出异议和复审的主体资格适用修改前的商标法，其他程序问题和实体问题适用修改后的商标法。

对于已经注册的商标，当事人在 2014 年 5 月 1 日以前向商标评审委员会提出争议和撤销复审申请，商标评审委员会于2014年5月1日以后审理的案件，相关程序问题适用修改后的商标法，实体问题适用修改前的商标法。

对于当事人在2014年5月1日以前向商标评审委员会提出申请的商标评审案件，应当自2014年5月1日起开始计算审理期限。

第五十八条　办理商标评审事宜的文书格式，由商标评审委员会制定并公布。

第五十九条　本规则由国家工商行政管理总局负责解释。

第六十条　本规则自2014年6月1日起施行。

律师事务所从事商标代理业务管理办法

（2012年11月6日　工商标字〔2012〕192号）

第一章　总　则

第一条　为了规范律师事务所及其律师从事商标代理的执业行为，维护商标代理法律服务秩序，保障委托人的合法权益，根据《中华人民共和国商标法》、《中华人民共和国律师法》等法律、法规、规章的规定，制定本办法。

第二条　律师事务所及其律师从事商标代理业务，适用本办法。

本办法所称律师事务所，是指律师的执业机构。

本办法所称律师，是指依法取得律师执业证书，受律师事务所指派为当事人提供法律服务的执业人员。

第三条　律师事务所及其律师从事商标代理业务，应当依法、诚信、尽责执业，恪守律师职业道德和执业纪律，接受当事人和社会的监督。

第四条 工商行政管理机关和司法行政机关依法对律师事务所及其律师从事商标代理业务活动进行监督管理。

第二章 业务范围及备案

第五条 律师事务所可以接受当事人委托，指派律师办理下列商标代理业务：

（一）代理商标注册申请、变更、续展、转让、补证、质权登记、许可合同备案、异议、注销、撤销以及马德里国际注册等国家工商行政管理总局商标局（以下简称商标局）主管的有关商标事宜；

（二）代理商标注册驳回复审、异议复审、撤销复审及注册商标争议案件等国家工商行政管理总局商标评审委员会（以下简称商评委）主管的有关商标事宜；

（三）代理其他商标国际注册有关事宜；

（四）代理商标侵权证据调查、商标侵权投诉；

（五）代理商标行政复议、诉讼案件；

（六）代理参加商标纠纷调解、仲裁等活动；

（七）担任商标法律顾问，提供商标法律咨询，代写商标法律事务文书；

（八）代理其他商标法律事务。

律师事务所从事前款第一项、第二项商标代理业务，应当向商标局办理备案。

第六条 律师事务所办理备案，应当向商标局提交下列材料：

（一）备案申请书，其中应当载明律师事务所名称、住所、组织形式、负责人、电话、传真、电子邮箱、邮政编码等信息；

（二）加盖本所印章的律师事务所执业许可证复印件。

申请材料齐备的，商标局应当自收到申请之日起15日内完成备案并予以公告；申请材料不齐备的，应当通知申请人补正后予以备案。

第七条 律师事务所名称、住所、负责人、联系方式等备案事项变更的，应当在变更后30日内向商标局办理变更备案。办理变更备案，应当提交下列材料：

（一）变更备案事项申请书；

（二）律师事务所所在地司法行政机关出具的该所变更事项证明文件；

（三）加盖本所印章的律师事务所执业许可证复印件。

变更除名称、住所、负责人以外备案事项的，可以不提交前款第二项规定的材料。

第八条 办理商标代理业务备案的律师事务所终止的，应当向商标局申请结算和注销备案。申请结算，应当提交下列材料（一式两份）：

（一）结算申请书，载明申请事项、开户银行、账号、收款人、经办人及联系方式等；

（二）该所已上报商标局和商评委的商标代理业务清单；

（三）该所出具的授权经办人办理结算手续的证明文件。

商标局应当自收到申请之日起三个月内办结律师事务所结算手续，出具结算证明，注销其从事商标代理业务的备案并予以公告。

第三章 业务规则

第九条 律师承办商标代理业务，应当由律师事务所统一接受委托，与委托人签订书面委托合同，按照国家规定统一收取费用并如实入账。

律师事务所受理商标代理业务，应该依照有关规定进行利益冲突审查，不得违反规定受理与本所承办的法律事务及其委托人有利益冲突的商标代理业务。

第十条 律师承办商标代理业务，应当按照委托合同约定，严格履行代理职责，及时向委托人通报委托事项办理进展情况，无正当理由不得拖延、拒绝代理。

委托事项违法，委托人利用律师提供的服务从事违法活动，委托人故意隐瞒重要事实、隐匿证据或者提供虚假、伪造证据的，律师有权拒绝代理。

第十一条 律师就商标代理出具的法律意见、提供的相关文件，应当符合有关法律、法规、规章的规定，符合商标局、商评委和地方工商行政管理机关的要求，应当真实、准确、完整，并经律师事务所审查无误后盖章出具。

第十二条 向商标局办理备案的律师事务所，应当按规定将商标规费预付款汇至商标局账户。

商标规费预付款余额不足的，由商标局或者商评委按照《商标法实施条例》第十八条第一款的规定，对律师事务所代理的商标申请不予受理。

第十三条 律师事务所及其律师承办商标代理业务，不得委托其他单位或者个人代为办理，不得与非法律服务机构、非商标代理组织合作办理。

第十四条 律师只能在一个律师事务所执业，不得同时在其他商标代理组织从事商标代理业务。

第十五条 律师事务所及其律师承办商标代理业务，应当遵守律师执业保密规定。未经委托人同意，不得将代理事项及相关信息泄露给其他单位或者个人。

第十六条 律师事务所及其律师不得以诋毁其他律师事务所和律师、商标代理组织和商标代理人或者支付介绍费等不正当手段承揽商标代理业务。

第十七条 律师事务所及其律师承办商标代理业务，不得利用提供法律服务的便利牟取当事人争议的权益，不得接受对方当事人的财物或者其他利益，不得与对方当事人或者第三人恶意串通，侵害委托人权益。

第十八条 律师事务所在终止事由发生后，有未办结的商标代理业务的，应当及时与委托人协商终止委托代理关系，或者告知委托人办理变更委托代理手续；委托人为外国人或者外国企业的，应当协助其办理变更委托代理手续。

律师变更执业机构、终止执业或者受到停止执业处罚的，应当在律师事务所安排下，及时办妥其承办但尚未办结的商标代理业务的交接手续。

第十九条 律师事务所应当加强对律师从事商标代理业务的监督，及时纠正律师在商标代理执业活动中的违法违规行为，调处律师在执业中与委托人之间的纠纷。

律师事务所应当组织律师参加商标业务培训，开展经验交流和业务研讨，提高律师商标代理业务水平。

第四章 监督管理

第二十条 律师事务所及其律师从事商标代理业务有违反法律、法规和规章行为，需要给予警告、罚款处罚的，由受理投诉、发现问题的工商行政管理机关、司法行政机关分别依据有关法律、法规和规章的规定实施处罚；需要对律师事务所给予停业整顿或者吊销执业许可证书处罚、对律师给予停止执业或者吊销律师执业证书处罚的，由司法行政机关依法实施处罚；有违反律师行业规范行为的，由律师协会给予相应的行业惩戒。

律师和律师事务所从事商标代理业务的违法行为涉嫌犯罪的，

应当移送司法机关处理。

第二十一条 律师事务所及其律师违反本办法第七条、第八条、第十八条的规定，导致商标局或者商评委发出的文件无法按规定时限送达的，其法律后果由律师事务所及其律师承担。

律师事务所及其律师违反本办法第七条、第八条、第十八条的规定，导致送达文件被退回或者被委托人投诉的，经查实，商标局可以按照规定予以公开通报。

第二十二条 律师事务所依法受到停业整顿处罚的，在其停业整顿期间，商标局或者商评委可以暂停受理该律师事务所新的商标代理业务。

向商标局办理备案的律师事务所受到停业整顿处罚的，应当及时将受到处罚的情况及处罚期限报告商标局和商评委。

第二十三条 工商行政管理机关和司法行政机关在查处律师事务所和律师从事商标代理业务违法行为的工作中，应当相互配合，互通情况，建立协调协商机制。对于依法应当由对方实施处罚的，及时移送对方处理；一方实施处罚后，应当将处罚结果书面告知另一方。

第五章 附 则

第二十四条 本办法由国家工商行政管理总局和司法部负责解释。

第二十五条 本办法自2013年1月1日起施行。

3. 驰名商标

驰名商标认定和保护规定

（2003 年 4 月 17 日国家工商行政管理总局令第 5 号发布　2014 年 7 月 3 日国家工商行政管理总局令第 66 号公布　自公布之日起 30 日后施行）

第一条　为规范驰名商标认定工作，保护驰名商标持有人的合法权益，根据《中华人民共和国商标法》（以下简称商标法）、《中华人民共和国商标法实施条例》（以下简称实施条例），制定本规定。

第二条　驰名商标是在中国为相关公众所熟知的商标。

相关公众包括与使用商标所标示的某类商品或者服务有关的消费者，生产前述商品或者提供服务的其他经营者以及经销渠道中所涉及的销售者和相关人员等。

第三条　商标局、商标评审委员会根据当事人请求和审查、处理案件的需要，负责在商标注册审查、商标争议处理和工商行政管理部门查处商标违法案件过程中认定和保护驰名商标。

第四条　驰名商标认定遵循个案认定、被动保护的原则。

第五条　当事人依照商标法第三十三条规定向商标局提出异议，并依照商标法第十三条规定请求驰名商标保护的，可以向商标局提出驰名商标保护的书面请求并提交其商标构成驰名商标的证据材料。

第六条　当事人在商标不予注册复审案件和请求无效宣告案

件中，依照商标法第十三条规定请求驰名商标保护的，可以向商标评审委员会提出驰名商标保护的书面请求并提交其商标构成驰名商标的证据材料。

第七条 涉及驰名商标保护的商标违法案件由市（地、州）级以上工商行政管理部门管辖。当事人请求工商行政管理部门查处商标违法行为，并依照商标法第十三条规定请求驰名商标保护的，可以向违法行为发生地的市（地、州）级以上工商行政管理部门进行投诉，并提出驰名商标保护的书面请求，提交证明其商标构成驰名商标的证据材料。

第八条 当事人请求驰名商标保护应当遵循诚实信用原则，并对事实及所提交的证据材料的真实性负责。

第九条 以下材料可以作为证明符合商标法第十四条第一款规定的证据材料：

（一）证明相关公众对该商标知晓程度的材料。

（二）证明该商标使用持续时间的材料，如该商标使用、注册的历史和范围的材料。该商标为未注册商标的，应当提供证明其使用持续时间不少于五年的材料。该商标为注册商标的，应当提供证明其注册时间不少于三年或者持续使用时间不少于五年的材料。

（三）证明该商标的任何宣传工作的持续时间、程度和地理范围的材料，如近三年广告宣传和促销活动的方式、地域范围、宣传媒体的种类以及广告投放量等材料。

（四）证明该商标曾在中国或者其他国家和地区作为驰名商标受保护的材料。

（五）证明该商标驰名的其他证据材料，如使用该商标的主要商品在近三年的销售收入、市场占有率、净利润、纳税额、销售区域等材料。

前款所称“三年”、“五年”，是指被提出异议的商标注册申请日期、被提出无效宣告请求的商标注册申请日期之前的三年、五年，以及在查处商标违法案件中提出驰名商标保护请求日期之前的三年、五年。

第十条 当事人依照本规定第五条、第六条规定提出驰名商标保护请求的，商标局、商标评审委员会应当在商标法第三十五条、第三十七条、第四十五条规定的期限内及时作出处理。

第十一条 当事人依照本规定第七条规定请求工商行政管理部门查处商标违法行为的，工商行政管理部门应当对投诉材料予以核查，依照《工商行政管理机关行政处罚程序规定》的有关规定决定是否立案。决定立案的，工商行政管理部门应当对当事人提交的驰名商标保护请求及相关证据材料是否符合商标法第十三条、第十四条、实施条例第三条和本规定第九条规定进行初步核实和审查。经初步核查符合规定的，应当自立案之日起三十日内将驰名商标认定请示、案件材料副本一并报送上级工商行政管理部门。经审查不符合规定的，应当依照《工商行政管理机关行政处罚程序规定》的规定及时作出处理。

第十二条 省（自治区、直辖市）工商行政管理部门应当对本辖区内市（地、州）级工商行政管理部门报送的驰名商标认定相关材料是否符合商标法第十三条、第十四条、实施条例第三条和本规定第九条规定进行核实和审查。经核查符合规定的，应当自收到驰名商标认定相关材料之日起三十日内，将驰名商标认定请示、案件材料副本一并报送商标局。经审查不符合规定的，应当将有关材料退回原立案机关，由其依照《工商行政管理机关行政处罚程序规定》的规定及时作出处理。

第十三条 商标局、商标评审委员会在认定驰名商标时，应当综合考虑商标法第十四条第一款和本规定第九条所列各项因素，但不以满足全部因素为前提。

商标局、商标评审委员会在认定驰名商标时，需要地方工商行政管理部门核实有关情况的，相关地方工商行政管理部门应当予以协助。

第十四条 商标局经对省（自治区、直辖市）工商行政管理部门报送的驰名商标认定相关材料进行审查，认定构成驰名商标的，应当向报送请示的省（自治区、直辖市）工商行政管理部门作出批复。

立案的工商行政管理部门应当自商标局作出认定批复后六十日内依法予以处理，并将行政处罚决定书抄报所在省（自治区、直辖市）工商行政管理部门。省（自治区、直辖市）工商行政管理部门应当自收到抄报的行政处罚决定书之日起三十日内将案件处理情况及行政处罚决定书副本报送商标局。

第十五条 各级工商行政管理部门在商标注册和管理工作中应当加强对驰名商标的保护，维护权利人和消费者合法权益。商标违法行为涉嫌犯罪的，应当将案件及时移送司法机关。

第十六条 商标注册审查、商标争议处理和工商行政管理部门查处商标违法案件过程中，当事人依照商标法第十三条规定请求驰名商标保护时，可以提供该商标曾在我国作为驰名商标受保护的记录。

当事人请求驰名商标保护的范围与已被作为驰名商标予以保护的范围基本相同，且对方当事人对该商标驰名无异议，或者虽有异议，但异议理由和提供的证据明显不足以支持该异议的，商标局、商标评审委员会、商标违法案件立案部门可以根据该保护记录，结合相关证据，给予该商标驰名商标保护。

第十七条 在商标违法案件中，当事人通过弄虚作假或者提供虚假证据材料等不正当手段骗取驰名商标保护的，由商标局撤销对涉案商标已作出的认定，并通知报送驰名商标认定请示的省（自治区、直辖市）工商行政管理部门。

第十八条 地方工商行政管理部门违反本规定第十一条、第十二条规定未履行对驰名商标认定相关材料进行核实和审查职责，或者违反本规定第十三条第二款规定未予以协助或者未履行核实职责，或者违反本规定第十四条第二款规定逾期未对商标违法案件作出处理或者逾期未报送处理情况的，由上一级工商行政管理部门予以通报，并责令其整改。

第十九条 各级工商行政管理部门应当建立健全驰名商标认定工作监督检查制度。

第二十条 参与驰名商标认定与保护相关工作的人员，玩忽职守、滥用职权、徇私舞弊，违法办理驰名商标认定有关事项，收受当事人财物，牟取不正当利益的，依照有关规定予以处理。

第二十一条 本规定自公布之日起30日后施行。2003年4月17日国家工商行政管理总局公布的《驰名商标认定和保护规定》同时废止。

最高人民法院关于审理涉及驰名商标保护的民事纠纷案件应用法律若干问题的解释

（2009年4月22日最高人民法院审判委员会第1467会议通过 2009年4月23日最高人民法院公告公布 自2009年5月1日起施行 法释〔2009〕3号）

为在审理侵犯商标权等民事纠纷案件中依法保护驰名商标，根据《中华人民共和国商标法》、《中华人民共和国反不正当竞争法》、《中华人民共和国民事诉讼法》等有关法律规定，结合审判实际，制定本解释。

第一条 本解释所称驰名商标，是指在中国境内为相关公众广为知晓的商标。

第二条 在下列民事纠纷案件中，当事人以商标驰名作为事实根据，人民法院根据案件具体情况，认为确有必要的，对所涉商标是否驰名作出认定：

（一）以违反商标法第十三条的规定为由，提起的侵犯商标权诉讼；

（二）以企业名称与其驰名商标相同或者近似为由，提起的侵犯商标权或者不正当竞争诉讼；

（三）符合本解释第六条规定的抗辩或者反诉的诉讼。

第三条 在下列民事纠纷案件中，人民法院对于所涉商标是否驰名不予审查：

（一）被诉侵犯商标权或者不正当竞争行为的成立不以商标驰名为事实根据的；

（二）被诉侵犯商标权或者不正当竞争行为因不具备法律规定的其他要件而不成立的。

原告以被告注册、使用的域名与其注册商标相同或者近似，并通过该域名进行相关商品交易的电子商务，足以造成相关公众误认为由，提起的侵权诉讼，按照前款第（一）项的规定处理。

第四条 人民法院认定商标是否驰名，应当以证明其驰名的事实为依据，综合考虑商标法第十四条规定的各项因素，但是根据案件具体情况无需考虑该条规定的全部因素即足以认定商标驰名的情形除外。

第五条 当事人主张商标驰名的，应当根据案件具体情况，提供下列证据，证明被诉侵犯商标权或者不正当竞争行为发生时，其商标已属驰名：

（一）使用该商标的商品的市场份额、销售区域、利税等；

（二）该商标的持续使用时间；

（三）该商标的宣传或者促销活动的方式、持续时间、程度、资金投入和地域范围；

（四）该商标曾被作为驰名商标受保护的记录；

（五）该商标享有的市场声誉；

（六）证明该商标已属驰名的其他事实。

前款所涉及的商标使用的时间、范围、方式等，包括其核准注册前持续使用的情形。

对于商标使用时间长短、行业排名、市场调查报告、市场价值评估报告、是否曾被认定为著名商标等证据，人民法院应当结合认定商标驰名的其他证据，客观、全面地进行审查。

第六条 原告以被诉商标的使用侵犯其注册商标专用权为由提起民事诉讼，被告以原告的注册商标复制、摹仿或者翻译其在先未注册驰名商标为由提出抗辩或者提起反诉的，应当对其在先未注册商标驰名的事实负举证责任。

第七条 被诉侵犯商标权或者不正当竞争行为发生前，曾被人民法院或者国务院工商行政管理部门认定驰名的商标，被告对该商标驰名的事实不持异议的，人民法院应当予以认定。被告提出异议的，原告仍应当对该商标驰名的事实负举证责任。

除本解释另有规定外，人民法院对于商标驰名的事实，不适用民事诉讼证据的自认规则。

第八条 对于在中国境内为社会公众广为知晓的商标，原告已提供其商标驰名的基本证据，或者被告不持异议的，人民法院对该商标驰名的事实予以认定。

第九条 足以使相关公众对使用驰名商标和被诉商标的商品来源产生误认，或者足以使相关公众认为使用驰名商标和被诉商标的经营者之间具有许可使用、关联企业关系等特定联系的，属于商标法第十三条第一款规定的“容易导致混淆”。

足以使相关公众认为被诉商标与驰名商标具有相当程度的联系，而减弱驰名商标的显著性、贬损驰名商标的市场声誉，或者不正当利用驰名商标的市场声誉的，属于商标法第十三条第二款规定的“误导公众，致使该驰名商标注册人的利益可能受到损害”。

第十条 原告请求禁止被告在不相类似商品上使用与原告驰名的注册商标相同或者近似的商标或者企业名称的，人民法院应当根据案件具体情况，综合考虑以下因素后作出裁判：

(一) 该驰名商标的显著程度；

(二) 该驰名商标在使用被诉商标或者企业名称的商品的相关公众中的知晓程度；

(三) 使用驰名商标的商品与使用被诉商标或者企业名称的商品之间的关联程度；

(四) 其他相关因素。

第十一条 被告使用的注册商标违反商标法第十三条的规定，复制、摹仿或者翻译原告驰名商标，构成侵犯商标权的，人民法院应当根据原告的请求，依法判决禁止被告使用该商标，但被告的注册商标有下列情形之一的，人民法院对原告的请求不予支持：

(一) 已经超过商标法第四十一条第二款规定的请求撤销期限的；

(二) 被告提出注册申请时，原告的商标并不驰名的。

第十二条 当事人请求保护的未注册驰名商标，属于商标法第十条、第十一条、第十二条规定不得作为商标使用或者注册情形的，人民法院不予支持。

第十三条 在涉及驰名商标保护的民事纠纷案件中，人民法院对于商标驰名的认定，仅作为案件事实和判决理由，不写入判决主文；以调解方式审结的，在调解书中对商标驰名的事实不予认定。

第十四条 本院以前有关司法解释与本解释不一致的，以本解释为准。

4. 商标与相关标识

奥林匹克标志保护条例

（2002 年 2 月 4 日中华人民共和国国务院令第 345 号公布　2018 年 6 月 28 日中华人民共和国国务院令第 699 号修订　自 2018 年 7 月 31 日起施行）

第一条　为了加强对奥林匹克标志的保护，保障奥林匹克标志权利人的合法权益，促进奥林匹克运动发展，制定本条例。

第二条　本条例所称奥林匹克标志，是指：

（一）国际奥林匹克委员会的奥林匹克五环图案标志、奥林匹克旗、奥林匹克格言、奥林匹克徽记、奥林匹克会歌；

（二）奥林匹克、奥林匹亚、奥林匹克运动会及其简称等专有名称；

（三）中国奥林匹克委员会的名称、徽记、标志；

（四）中国境内申请承办奥林匹克运动会的机构的名称、徽记、标志；

（五）在中国境内举办的奥林匹克运动会的名称及其简称、吉祥物、会歌、火炬造型、口号、“主办城市名称 + 举办年份”等标志，以及其组织机构的名称、徽记；

（六）《奥林匹克宪章》和相关奥林匹克运动会主办城市合同中规定的其他与在中国境内举办的奥林匹克运动会有关的标志。

第三条　本条例所称奥林匹克标志权利人，是指国际奥林匹克委员会、中国奥林匹克委员会和中国境内申请承办奥林匹克运动会动会的机构、在中国境内举办的奥林匹克运动会的组织机构。

国际奥林匹克委员会、中国奥林匹克委员会和中国境内申请承办奥林匹克运动会的机构、在中国境内举办的奥林匹克运动会的组织机构之间的权利划分，依照《奥林匹克宪章》和相关奥林匹克运动会主办城市合同确定。

第四条 奥林匹克标志权利人依照本条例对奥林匹克标志享有专有权。

未经奥林匹克标志权利人许可，任何人不得为商业目的使用奥林匹克标志。

第五条 本条例所称为商业目的使用，是指以营利为目的，以下列方式利用奥林匹克标志：

（一）将奥林匹克标志用于商品、商品包装或者容器以及商品交易文书上；

（二）将奥林匹克标志用于服务项目中；

（三）将奥林匹克标志用于广告宣传、商业展览、营业性演出以及其他商业活动中；

（四）销售、进口、出口含有奥林匹克标志的商品；

（五）制造或者销售奥林匹克标志；

（六）其他以营利为目的利用奥林匹克标志的行为。

第六条 除本条例第五条规定外，利用与奥林匹克运动有关的元素开展活动，足以引人误认为与奥林匹克标志权利人之间有赞助或者其他支持关系，构成不正当竞争行为的，依照《中华人民共和国反不正当竞争法》处理。

第七条 国务院市场监督管理部门、知识产权主管部门依据本条例的规定，负责全国的奥林匹克标志保护工作。

县级以上地方市场监督管理部门依据本条例的规定，负责本行政区域内的奥林匹克标志保护工作。

第八条 奥林匹克标志权利人应当将奥林匹克标志提交国务

院知识产权主管部门，由国务院知识产权主管部门公告。

第九条 奥林匹克标志有效期为10年，自公告之日起计算。

奥林匹克标志权利人可以在有效期满前12个月内办理续展手续，每次续展的有效期为10年，自该奥林匹克标志上一届有效期满次日起计算。国务院知识产权主管部门应当对续展的奥林匹克标志予以公告。

第十条 取得奥林匹克标志权利人许可，为商业目的使用奥林匹克标志的，应当同奥林匹克标志权利人订立使用许可合同。奥林匹克标志权利人应当将其许可使用奥林匹克标志的种类、被许可人、许可使用的商品或者服务项目、时限、地域范围等信息及时披露。

被许可人应当在使用许可合同约定的奥林匹克标志种类、许可使用的商品或者服务项目、时限、地域范围内使用奥林匹克标志。

第十一条 本条例施行前已经依法使用奥林匹克标志的，可以在原有范围内继续使用。

第十二条 未经奥林匹克标志权利人许可，为商业目的擅自使用奥林匹克标志，或者使用足以引人误认的近似标志，即侵犯奥林匹克标志专有权，引起纠纷的，由当事人协商解决；不愿协商或者协商不成的，奥林匹克标志权利人或者利害关系人可以向人民法院提起诉讼，也可以请求市场监督管理部门处理。市场监督管理部门处理时，认定侵权行为成立的，责令立即停止侵权行为，没收、销毁侵权商品和主要用于制造侵权商品或者为商业目的擅自制造奥林匹克标志的工具。违法经营额5万元以上的，可以并处违法经营额5倍以下的罚款，没有违法经营额或者违法经营额不足5万元的，可以并处25万元以下的罚款。当事人对处理决定不服的，可以依照《中华人民共和国行政复议法》申请行政复议，也可以直接依照《中华人民共和国行政诉讼法》向人民法院提起诉讼。进行处理的市场监督管理部门应当事人的请求，可以就侵犯奥林匹克标志专有权的赔偿数额进行调解；调解不成的，当事人可以依照《中华人民共和国民事诉讼法》向人民法院提起诉讼。

利用奥林匹克标志进行诈骗等活动，构成犯罪的，依法追究刑事责任。

第十三条 对侵犯奥林匹克标志专有权的行为，市场监督管理部门有权依法查处。

市场监督管理部门根据已经取得的违法嫌疑证据或者举报，对涉嫌侵犯奥林匹克标志专有权的行为进行查处时，可以行使下列职权：

（一）询问有关当事人，调查与侵犯奥林匹克标志专有权有关的情况；

（二）查阅、复制与侵权活动有关的合同、发票、账簿以及其他有关资料；

（三）对当事人涉嫌侵犯奥林匹克标志专有权活动的场所实施现场检查；

（四）检查与侵权活动有关的物品；对有证据证明是侵犯奥林匹克标志专有权的物品，予以查封或者扣押。

市场监督管理部门依法行使前款规定的职权时，当事人应当予以协助、配合，不得拒绝、阻挠。

第十四条 进出口货物涉嫌侵犯奥林匹克标志专有权的，由海关参照《中华人民共和国海关法》和《中华人民共和国知识产权海关保护条例》规定的权限和程序查处。

第十五条 侵犯奥林匹克标志专有权的赔偿数额，按照权利人因被侵权所受到的损失或者侵权人因侵权所获得的利益确定，包括为制止侵权行为所支付的合理开支；被侵权人的损失或者侵权人获得的利益难以确定的，参照该奥林匹克标志许可使用费合理确定。

销售不知道是侵犯奥林匹克标志专有权的商品，能证明该商品是自己合法取得并说明提供者的，不承担赔偿责任。

第十六条 奥林匹克标志除依照本条例受到保护外，还可以依照《中华人民共和国著作权法》、《中华人民共和国商标法》、《中华人民共和国专利法》、《特殊标志管理条例》等法律、行政法规的规定获得保护。

第十七条 对残奥会有关标志的保护，参照本条例执行。

第十八条 本条例自2018年7月31日起施行。

地理标志产品保护规定

（2005年6月7日国家质量监督检验检疫总局令第78号公布 自2005年7月15日起施行）

第一章 总 则

第一条 为了有效保护我国的地理标志产品，规范地理标志产品名称和专用标志的使用，保证地理标志产品的质量和特色，根据《中华人民共和国产品质量法》、《中华人民共和国标准化法》、《中华人民共和国进出口商品检验法》等有关规定，制定本规定。

第二条 本规定所称地理标志产品，是指产自特定地域，所具有的质量、声誉或其他特性本质上取决于该产地的自然因素和人文因素，经审核批准以地理名称进行命名的产品。地理标志产品包括：

（一）来自本地区的种植、养殖产品。

（二）原材料全部来自本地区或部分来自其他地区，并在本地区按照特定工艺生产和加工的产品。

第三条 本规定适用于对地理标志产品的申请受理、审核批准、地理标志专用标志注册登记和监督管理工作。

第四条 国家质量监督检验检疫总局（以下简称“国家质检总局”）统一管理全国的地理标志产品保护工作。各地出入境检验检疫局和质量技术监督局（以下简称各地质检机构）依照职能开展地理标志产品保护工作。

第五条 申请地理标志产品保护，应依照本规定经审核批准。使用地理标志产品专用标志，必须依照本规定经注册登记，并接受监督管理。

第六条 地理标志产品保护遵循申请自愿，受理及批准公开的原则。

第七条 申请地理标志保护的产品应当符合安全、卫生、环保的要求，对环境、生态、资源可能产生危害的产品，不予受理和保护。

第二章 申请及受理

第八条 地理标志产品保护申请，由当地县级以上人民政府指定的地理标志产品保护申请机构或人民政府认定的协会和企业（以下简称申请人）提出，并征求相关部门意见。

第九条 申请保护的产品在县域范围内的，由县级人民政府提出产地范围的建议；跨县域范围的，由地市级人民政府提出产地范围的建议；跨地市范围的，由省级人民政府提出产地范围的建议。

第十条 申请人应提交以下资料：

（一）有关地方政府关于划定地理标志产品产地范围的建议。

（二）有关地方政府成立申请机构或认定协会、企业作为申请人的文件。

（三）地理标志产品的证明材料，包括：

1. 地理标志产品保护申请书；

2. 产品名称、类别、产地范围及地理特征的说明；

3. 产品的理化、感官等质量特色及其与产地的自然因素和人文因素之间关系的说明；

4. 产品生产技术规范（包括产品加工工艺、安全卫生要求、加工设备的技术要求等）；

5. 产品的知名度，产品生产、销售情况及历史渊源的说明；

（四）拟申请的地理标志产品的技术标准。

第十一条 出口企业的地理标志产品的保护申请向本辖区内出入境检验检疫部门提出；按地域提出的地理标志产品的保护申请和其他地理标志产品的保护申请向当地（县级或县级以上）质量技术监督部门提出。

第十二条 省级质量技术监督局和直属出入境检验检疫局，按照分工，分别负责对拟申报的地理标志产品的保护申请提出初审意见，并将相关文件、资料上报国家质检总局。

第三章 审核及批准

第十三条 国家质检总局对收到的申请进行形式审查。审查合格的，由国家质检总局在国家质检总局公报、政府网站等媒体上向社会发布受理公告；审查不合格的，应书面告知申请人。

第十四条 有关单位和个人对申请有异议的，可在公告后的2个月内向国家质检总局提出。

第十五条 国家质检总局按照地理标志产品的特点设立相应的专家审查委员会，负责地理标志产品保护申请的技术审查工作。

第十六条 国家质检总局组织专家审查委员会对没有异议或者有异议但被驳回的申请进行技术审查，审查合格的，由国家质检总局发布批准该产品获得地理标志产品保护的公告。

第四章 标准制订及专用标志使用

第十七条 拟保护的地理标志产品，应根据产品的类别、范围、知名度、产品的生产销售等方面的因素，分别制订相应的国家标准、地方标准或管理规范。

第十八条 国家标准化行政主管部门组织草拟并发布地理标志保护产品的国家标准；省级地方人民政府标准化行政主管部门组织草拟并发布地理标志保护产品的地方标准。

第十九条 地理标志保护产品的质量检验由省级质量技术监督部门、直属出入境检验检疫部门指定的检验机构承担。必要时，国家质检总局将组织予以复检。

第二十条 地理标志产品产地范围内的生产者使用地理标志产品专用标志，应向当地质量技术监督局或出入境检验检疫局提出申请，并提交以下资料：

（一）地理标志产品专用标志使用申请书。

（二）由当地政府主管部门出具的产品产自特定地域的证明。

（三）有关产品质量检验机构出具的检验报告。

上述申请经省级质量技术监督局或直属出入境检验检疫局审核，并经国家质检总局审查合格注册登记后，发布公告，生产者即可在其产品上使用地理标志产品专用标志，获得地理标志产品保护。

第五章 保护和监督

第二十一条 各地质检机构依法对地理标志保护产品实施保护。对于擅自使用或伪造地理标志名称及专用标志的；不符合地理标志产品标准和管理规范要求而使用该地理标志产品的名称的；

或者使用与专用标志相近、易产生误解的名称或标识及可能误导消费者的文字或图案标志，使消费者将该产品误认为地理标志保护产品的行为，质量技术监督部门和出入境检验检疫部门将依法进行查处。社会团体、企业和个人可监督、举报。

第二十二条 各地质检机构对地理标志产品的产地范围，产品名称，原材料，生产技术工艺，质量特色，质量等级、数量、包装、标识，产品专用标志的印刷、发放、数量、使用情况，产品生产环境、生产设备，产品的标准符合性等方面进行日常监督管理。

第二十三条 获准使用地理标志产品专用标志资格的生产者，未按相应标准和管理规范组织生产的，或者在2年内未在受保护的地理标志产品上使用专用标志的，国家质检总局将注销其地理标志产品专用标志使用注册登记，停止其使用地理标志产品专用标志并对外公告。

第二十四条 违反本规定的，由质量技术监督行政部门和出入境检验检疫部门依据《中华人民共和国产品质量法》、《中华人民共和国标准化法》、《中华人民共和国进出口商品检验法》等有关法律予以行政处罚。

第二十五条 从事地理标志产品保护工作的人员应忠于职守，秉公办事，不得滥用职权、以权谋私，不得泄露技术秘密。违反以上规定的，予以行政纪律处分；构成犯罪的依法追究刑事责任。

第六章 附 则

第二十六条 国家质检总局接受国外地理标志产品在中华人民共和国的注册并实施保护。具体办法另外规定。

第二十七条 本规定由国家质检总局负责解释。

第二十八条 本规定自2005年7月15日起施行。原国家质量技术监督局公布的《原产地域产品保护规定》同时废止。原国家出入境检验检疫局公布的《原产地标记管理规定》、《原产地标记管理规定实施办法》中关于地理标志的内容与本规定不一致的，以本规定为准。

国外地理标志产品保护办法

（2016年3月28日）

第一章 总 则

第一条 为了有效保护在中国销售的国外地理标志产品，规范国外地理标志产品名称和专用标志在华使用，依据《地理标志产品保护规定》第二十六条，制定本办法。

第二条 本办法所称国外地理标志产品，是指在中国以外生产、已受原产国或地区注册保护、符合《地理标志产品保护规定》第二条规定的产品。

第三条 在中国保护（简称“在华保护”）的国外地理标志产品的申请、受理、审查、批准、专用标志使用、监督管理和变更撤销等适用本办法。

第四条 国外地理标志产品在华保护名称包括中文名称和原文名称。

（一）中文名称，由具有地理指示功能的名称和反映产品真实属性的通用名称构成；也可是“约定俗成”的名称。

（二）原文名称，是指在原产国或地区获得地理标志注册保护的名称。

（三）上述名称在中国不属于通用名称，且未与中国的地理标志产品名称相冲突。

第五条 国家质量监督检验检疫总局（以下简称“国家质检总局”）统一管理国外地理标志产品在华保护工作。各级出入境检验检疫、质量技术监督主管部门（以下简称“质检部门”）依据职能对国外地理标志产品实施保护。

第六条 根据对等原则，开放注册保护。依照本办法，申请在华保护的国外地理标志产品，其所在国家或地区应当与我国建立相适应的地理标志交流合作关系。

第二章 申请与受理

第七条 国外地理标志产品在华保护，由该产品所在原产国或地区地理标志保护的原申请人申请，经原产国或地区地理标志主管部门推荐，向国家质检总局提出。

第八条 国外地理标志产品在华保护申请人可以指定其在华机构作为在华保护工作的联系人，也可商请原产国或地区驻华使馆工作人员作为在华保护工作的联系人。

第九条 国外地理标志产品在华保护申请需提供以下中文书面材料：

（一）国外地理标志产品在华保护申请书。

（二）申请人名称和地址、联系电话，在华联系人、地址和联系电话。

（三）在原产国或地区获准地理标志保护的官方证明文件原件及其经过公证的中文译本。

（四）原产国或地区地理标志主管机构出具的推荐文件，推荐该产品在华注册保护的官方文件原件及其经过公证的中文译本。

（五）原产国或地区地理标志主管机构出具的产地范围及其经过公证的中文译本。

（六）该产品的质量技术要求。

（七）检测报告：原产国或地区出具的，证明申请产品感官特色、理化指标的检测报告及其经过公证的中文译本。

（八）其他辅助证明资料等。

第十条 在华保护的国外地理标志产品质量技术要求包括：

（一）产品的中文名称和原文名称。

（二）保护的产地范围。

（三）产品属性及其生产工艺过程。

（四）质量特色，包括产品的感官特色、理化指标等。

（五）知名度，产品在原产国（地区）、中国以及世界其他国家和地区的知名度与贸易销售情况。

（六）关联性，产品质量特色与产地自然或人文因素之间关联性的描述等。

第十一条 国家质检总局收到申请材料后，在30个工作日内组织对申请材料形式审查。形式审查的结论分为予以受理、需要补正和不予受理三种。

（一）予以受理的，国家质检总局发布公报，并在其官方网站向社会公示。

（二）需要补正的，国家质检总局向申请人书面反馈补正意见。申请人向国家质检总局提交补正材料后，国家质检总局重新组织形式审查。

（三）不予受理的，国家质检总局向申请人发出不予受理的书面通知书。

第十二条 受理公告异议期为60日，自国家质检总局公告受理之日起计算。异议期内，国内外任何组织或个人均可以书面形式向国家质检总局提出异议。

第十三条 异议内容包括：异议人姓名、单位名称、联系方式，异议的原因及证据材料等。异议应当以中文书写，签字或签章有效。

第十四条 国家质检总局收到异议后，及时将异议内容反馈申请人。异议由异议双方协商解决；或由国家质检总局组织异议双方协商解决；协商不定时，由国家质检总局组织地理标志专家委员会审议后裁定。

第十五条 异议申请有下列情形的，国家质检总局不予受理，并书面通知申请人并说明理由：

（一）未在法定期限内提出的；

（二）无明确的异议理由、事实和法律依据的。

第十六条 对驳回的异议申请，国家质检总局应书面通知申请人。申请人不服的，可以自收到通知之日起30日内向国家质检总局申请复审。国家质检总局自收到申请之日起60日内做出决定，并书面通知申请人，复审决定为终审决定。

第三章 技术审查与批准

第十七条 受理公告期满且无异议、或异议协商一致、或异议经裁定无效的，国家质检总局组织专家进行技术审查。

第十八条 技术审查包括会议审查和必要的产地核查，申请人应予配合。技术审查专家组由5人或7人组成。

第十九条 技术审查时，申请人应当邀请熟悉该产品的专业技术人员和翻译人员参加，技术审查的时间和地点由双方商定。

第二十条 技术审查结论分为通过、需要整改和不予通过三种。

（一）审查通过的，国家质检总局发布国外地理标志产品在华保护批准公告，依法予以保护。

（二）需要整改的，国家质检总局向申请人书面反馈整改意见。申请人向国家质检总局提交整改材料后，国家质检总局再次组织技术审查或技术确认。

（三）不予通过的，国家质检总局向申请人发出技术审查不予通过的书面通知。

第四章　专用标志和监督管理

第二十一条　获得在华保护的国外地理标志产品，其标注的产品名称、产地等信息应与国家质检总局批准公告的信息相符。

第二十二条　获得在华保护的国外地理标志产品产地范围内的生产者、协会等社团，可向国家质检总局申请使用中国地理标志产品专用标志。

第二十三条　专用标志使用实行自我声明制度，一经使用在华保护的产品名称和中国地理标志产品专用标志，则视其自我声明该产品符合国家质检总局国外地理标志产品批准公告的要求。

第二十四条　专用标志图样按照国家质检总局2006年第109号公告《关于发布地理标志保护产品专用标志比例图的公告》的要求执行。

第二十五条　在华保护的国外地理标志产品申请人应当以中文向社会公布其产品所执行的地理标志法律法规、技术标准。

第二十六条　在华保护的国外地理标志产品申请人须履行相应的管理责任，制定管理措施，对其名称、质量特色、专用标志使用等进行管理。

第二十七条　在华保护的国外地理标志产品施行年度报告制度。每年三月底前，申请人须向国家质检总局报告当年的管理措施和上一年度实施情况报告。

第二十八条　已经在华保护的国外地理标志产品，在华发生重大负面影响时，国家质检总局认为确有必要的，国家质检总局可组织对其质量特色和产地条件等进行进一步实地核查，申请人应予配合。

第二十九条 国家质检总局通过官方网站公布国外地理标志产品的在华保护信息，接受社会监督。

第五章 保护、变更及撤销

第三十条 在华保护的国外地理标志产品与中国地理标志产品享受同等保护。

第三十一条 国家质检总局、省级质检部门受理侵犯在华保护的国外地理标志产品合法权益的举报投诉，各级质检部门依法对违法行为进行查处；在华保护的国外地理标志产品申请人也可向人民法院提起诉讼。

第三十二条 在华保护的国外地理标志产品的产地范围、质量技术要求、产地范围内的生产者、协会或社团名称、地址等重大信息发生变更的，国外地理标志产品申请人应在90日内向国家质检总局提出变更申请。经技术审查合格，由国家质检总局发布公告予以变更。

第三十三条 在华保护的国外地理标志保护产品存在下列情况之一的，国家质检总局发布公告予以撤销：

（一）在原产国或地区被撤销保护；

（二）中国国内司法机关裁定撤销保护；

（三）严重违反中国国内相关法律法规规定等。

第六章 附 则

第三十四条 本办法自发布之日起施行。

第三十五条 在华保护的国外地理标志保护产品还应当遵守中国出入境检验检疫的相关规定。

第三十六条 本办法由国家质检总局负责解释。

最高人民法院关于审理注册商标、企业名称与在先权利冲突的民事纠纷案件若干问题的规定

(2008年2月18日最高人民法院审判委员会第1444次会议通过 2008年2月18日最高人民法院公告公布 自2008年3月1日起施行 法释〔2008〕3号)

为正确审理注册商标、企业名称与在先权利冲突的民事纠纷案件，根据《中华人民共和国民事诉讼法》、《中华人民共和国民法通则》、《中华人民共和国商标法》和《中华人民共和国反不正当竞争法》等法律的规定，结合审判实践，制定本规定。

第一条 原告以他人注册商标使用的文字、图形等侵犯其著作权、外观设计专利权、企业名称权等在先权利为由提起诉讼，符合民事诉讼法第一百零八条规定的，人民法院应当受理。

原告以他人使用在核定商品上的注册商标与其在先的注册商标相同或者近似为由提起诉讼的，人民法院应当根据民事诉讼法第一百一十一条第（三）项的规定，告知原告向有关行政主管机关申请解决。但原告以他人超出核定商品的范围或者以改变显著特征、拆分、组合等方式使用的注册商标，与其注册商标相同或者近似为由提起诉讼的，人民法院应当受理。

第二条 原告以他人企业名称与其在先的企业名称相同或者近似，足以使相关公众对其商品的来源产生混淆，违反反不正当竞争法第五条第（三）项的规定为由提起诉讼，符合民事诉讼法第一百零八条规定的，人民法院应当受理。

第三条 人民法院应当根据原告的诉讼请求和争议民事法律

关系的性质，按照《民事案件案由规定（试行）》，确定注册商标或者企业名称与在先权利冲突的民事纠纷案件的案由，并适用相应的法律。

第四条 被诉企业名称侵犯注册商标专用权或者构成不正当竞争的，人民法院可以根据原告的诉讼请求和案件具体情况，确定被告承担停止使用、规范使用等民事责任。

5. 商标侵权纠纷

最高人民法院关于审理商标民事纠纷案件适用法律若干问题的解释

（2002年10月12日最高人民法院审判委员会第1246次会议通过 2002年10月12日最高人民法院公告公布 2002年10月16日起施行 法释〔2002〕32号）

为了正确审理商标纠纷案件，根据《中华人民共和国民法通则》、《中华人民共和国合同法》、《中华人民共和国商标法》、《中华人民共和国民事诉讼法》等法律的规定，就适用法律若干问题解释如下：

第一条 下列行为属于商标法第五十二条第（五）项规定的给他人注册商标专用权造成其他损害的行为：

（一）将与他人注册商标相同或者相近似的文字作为企业的字号在相同或者类似商品上突出使用，容易使相关公众产生误认的；

（二）复制、摹仿、翻译他人注册的驰名商标或其主要部分在不相同或者不相类似商品上作为商标使用，误导公众，致使该驰名商标注册人的利益可能受到损害的；

（三）将与他人注册商标相同或者相近似的文字注册为域名，并且通过该域名进行相关商品交易的电子商务，容易使相关公众产生误认的。

第二条 依据商标法第十三条第一款的规定，复制、摹仿、翻译他人未在中国注册的驰名商标或其主要部分，在相同或者类似商品上作为商标使用，容易导致混淆的，应当承担停止侵害的民事法律责任。

第三条 商标法第四十条规定的商标使用许可包括以下三类：

（一）独占使用许可，是指商标注册人在约定的期间、地域和以约定的方式，将该注册商标仅许可一个被许可人使用，商标注册人依约定不得使用该注册商标；

（二）排他使用许可，是指商标注册人在约定的期间、地域和以约定的方式，将该注册商标仅许可一个被许可人使用，商标注册人依约定可以使用该注册商标但不得另行许可他人使用该注册商标；

（三）普通使用许可，是指商标注册人在约定的期间、地域和以约定的方式，许可他人使用其注册商标，并可自行使用该注册商标和许可他人使用其注册商标。

第四条 商标法第五十三条规定的利害关系人，包括注册商标使用许可合同的被许可人、注册商标财产权利的合法继承人等。

在发生注册商标专用权被侵害时，独占使用许可合同的被许可人可以向人民法院提起诉讼；排他使用许可合同的被许可人可以和商标注册人共同起诉，也可以在商标注册人不起诉的情况下，自行提起诉讼；普通使用许可合同的被许可人经商标注册人明确授权，可以提起诉讼。

第五条 商标注册人或者利害关系人在注册商标续展宽展期内提出续展申请，未获核准前，以他人侵犯其注册商标专用权提起诉讼的，人民法院应当受理。

第六条 因侵犯注册商标专用权行为提起的民事诉讼，由商标法第十三条、第五十二条所规定侵权行为的实施地、侵权商品的储藏地或者查封扣押地、被告住所地人民法院管辖。

前款规定的侵权商品的储藏地，是指大量或者经常性储存、隐匿侵权商品所在地；查封扣押地，是指海关、工商等行政机关依法查封、扣押侵权商品所在地。

第七条 对涉及不同侵权行为实施地的多个被告提起的共同诉讼，原告可以选择其中一个被告的侵权行为实施地人民法院管辖；仅对其中某一被告提起的诉讼，该被告侵权行为实施地的人民法院有管辖权。

第八条 商标法所称相关公众，是指与商标所标识的某类商品或者服务有关的消费者和与前述商品或者服务的营销有密切关系的其他经营者。

第九条 商标法第五十二条第（一）项规定的商标相同，是指被控侵权的商标与原告的注册商标相比较，二者在视觉上基本无差别。

商标法第五十二条第（一）项规定的商标近似，是指被控侵权的商标与原告的注册商标相比较，其文字的字形、读音、含义或者图形的构图及颜色，或者其各要素组合后的整体结构相似，或者其立体形状、颜色组合近似，易使相关公众对商品的来源产生误认或者认为其来源与原告注册商标的商品有特定的联系。

第十条 人民法院依据商标法第五十二条第（一）项的规定，认定商标相同或者近似按照以下原则进行：

（一）以相关公众的一般注意力为标准；

（二）既要进行对商标的整体比对，又要进行对商标主要部分的比对，比对应当在比对对象隔离的状态下分别进行；

（三）判断商标是否近似，应当考虑请求保护注册商标的显著性和知名度。

第十一条 商标法第五十二条第（一）项规定的类似商品，是指在功能、用途、生产部门、销售渠道、消费对象等方面相同，或者相关公众一般认为其存在特定联系、容易造成混淆的商品。

类似服务，是指在服务的目的、内容、方式、对象等方面相同，或者相关公众一般认为存在特定联系、容易造成混淆的服务。

商品与服务类似，是指商品和服务之间存在特定联系，容易使相关公众混淆。

第十二条 人民法院依据商标法第五十二条第（一）项的规定，认定商品或者服务是否类似，应当以相关公众对商品或者服务的一般认识综合判断；《商标注册用商品和服务国际分类表》、《类似商品和服务区分表》可以作为判断类似商品或者服务的参考。

第十三条 人民法院依据商标法第五十六条第一款的规定确定侵权人的赔偿责任时，可以根据权利人选择的计算方法计算赔偿数额。

第十四条 商标法第五十六条第一款规定的侵权所获得的利益，可以根据侵权商品销售量与该商品单位利润乘积计算；该商品单位利润无法查明的，按照注册商标商品的单位利润计算。

第十五条 商标法第五十六条第一款规定的因被侵权所受到的损失，可以根据权利人因侵权所造成商品销售减少量或者侵权商品销售量与该注册商标商品的单位利润乘积计算。

第十六条 侵权人因侵权所获得的利益或者被侵权人因被侵权所受到的损失均难以确定的，人民法院可以根据当事人的请求或者依职权适用商标法第五十六条第二款的规定确定赔偿数额。

人民法院在确定赔偿数额时，应当考虑侵权行为的性质、期间、后果，商标的声誉，商标使用许可费的数额，商标使用许可的种类、时间、范围及制止侵权行为的合理开支等因素综合确定。

当事人按照本条第一款的规定就赔偿数额达成协议的，应当准许。

第十七条 商标法第五十六条第一款规定的制止侵权行为所支付的合理开支，包括权利人或者委托代理人对侵权行为进行调查、取证的合理费用。

人民法院根据当事人的诉讼请求和案件具体情况，可以将符合国家有关部门规定的律师费用计算在赔偿范围内。

第十八条 侵犯注册商标专用权的诉讼时效为二年，自商标注册人或者利害权利人知道或者应当知道侵权行为之日起计算。商标注册人或者利害关系人超过二年起诉的，如果侵权行为在起诉时仍在持续，在该注册商标专用权有效期限内，人民法院应当判决被告停止侵权行为，侵权损害赔偿数额应当自权利人向人民法院起诉之日起向前推算二年计算。

第十九条 商标使用许可合同未经备案的，不影响该许可合同的效力，但当事人另有约定的除外。

商标使用许可合同未在商标局备案的，不得对抗善意第三人。

第二十条 注册商标的转让不影响转让前已经生效的商标使用许可合同的效力，但商标使用许可合同另有约定的除外。

第二十一条 人民法院在审理侵犯注册商标专用权纠纷案件中，依据民法通则第一百三十四条、商标法第五十三条的规定和案件具体情况，可以判决侵权人承担停止侵害、排除妨碍、消除危险、赔偿损失、消除影响等民事责任，还可以作出罚款，收缴侵权商品、伪造的商标标识和专门用于生产侵权商品的材料、工具、设备等财物的民事制裁决定。罚款数额可以参照《中华人民共和国商标法实施条例》的有关规定确定。

工商行政管理部门对同一侵犯注册商标专用权行为已经给予行政处罚的，人民法院不再予以民事制裁。

第二十二条 人民法院在审理商标纠纷案件中，根据当事人的请求和案件的具体情况，可以对涉及的注册商标是否驰名依法作出认定。

认定驰名商标，应当依照商标法第十四条的规定进行。

当事人对曾经被行政主管机关或者人民法院认定的驰名商标请求保护的，对方当事人对涉及的商标驰名不持异议，人民法院不再审查。提出异议的，人民法院依照商标法第十四条的规定审查。

第二十三条 本解释有关商品商标的规定，适用于服务商标。

第二十四条 以前的有关规定与本解释不一致的，以本解释为准。

最高人民法院关于审理商标案件有关管辖和法律适用范围问题的解释

（2001年12月25日最高人民法院审判委员会第1203次会议通过 2002年1月9日最高人民法院公告公布自2002年1月21日起施行 法释〔2002〕1号）

《全国人民代表大会常务委员会关于修改〈中华人民共和国商标法〉的决定》（以下简称商标法修改决定）已由第九届全国人民代表大会常务委员会第二十四次会议通过，自2001年12月1日起施行。为了正确审理商标案件，根据《中华人民共和国商标法》（以下简称商标法）、《中华人民共和国民事诉讼法》和《中华人民共和国行政诉讼法》（以下简称行政诉讼法）的规定，现就人民法院审理商标案件有关管辖和法律适用范围等问题，作如下解释：

第一条 人民法院受理以下商标案件：

1. 不服国务院工商行政管理部门商标评审委员会（以下简称

商标评审委员会）作出的复审决定或者裁定的案件；

2. 不服工商行政管理部门作出的有关商标的具体行政行为的案件；

3. 商标专用权权属纠纷案件；

4. 侵犯商标专用权纠纷案件；

5. 商标专用权转让合同纠纷案件；

6. 商标许可使用合同纠纷案件；

7. 申请诉前停止侵犯商标专用权案件；

8. 申请诉前财产保全案件；

9. 申请诉前证据保全案件；

10. 其他商标案件。

第二条 本解释第一条所列第1项第一审案件，由北京市高级人民法院根据最高人民法院的授权确定其辖区内有关中级人民法院管辖。

本解释第一条所列第2项第一审案件，根据行政诉讼法的有关规定确定管辖。

商标民事纠纷第一审案件，由中级以上人民法院管辖。

各高级人民法院根据本辖区的实际情况，经最高人民法院批准，可以在较大城市确定1—2个基层人民法院受理第一审商标民事纠纷案件。

第三条 商标注册人或者利害关系人向工商行政管理部门就侵犯商标专用权行为请求处理，又向人民法院提起侵犯商标专用权诉讼请求损害赔偿的，人民法院应当受理。

第四条 商标评审委员会在商标法修改决定施行前受理的案件，于该决定施行后作出复审决定或裁定，当事人对复审决定或裁定不服向人民法院起诉的，人民法院应当受理。

第五条 除本解释另行规定外，对商标法修改决定施行前发生，属于修改后商标法第四条、第五条、第八条、第九条第一款、

第十条第一款第（二）、（三）、（四）项、第十条第二款、第十一条、第十二条、第十三条、第十五条、第十六条、第二十四条、第二十五条、第三十一条所列举的情形，商标评审委员会于商标法修改决定施行后作出复审决定或者裁定，当事人不服向人民法院起诉的行政案件，适用修改后商标法的相应规定进行审查；属于其他情形的，适用修改前商标法的相应规定进行审查。

第六条 当事人就商标法修改决定施行时已满1年的注册商标发生争议，不服商标评审委员会作出的裁定向人民法院起诉的，适用修改前商标法第二十七条第二款规定的提出申请的期限处理；商标法修改决定施行时商标注册不满1年的，适用修改后商标法第四十一条第二款、第三款规定的提出申请的期限处理。

第七条 对商标法修改决定施行前发生的侵犯商标专用权行为，商标注册人或者利害关系人于该决定施行后在起诉前向人民法院提出申请采取责令停止侵权行为或者保全证据措施的，适用修改后商标法第五十七条、第五十八条的规定。

第八条 对商标法修改决定施行前发生的侵犯商标专用权行为起诉的案件，人民法院于该决定施行时尚未作出生效判决的，参照修改后商标法第五十六条的规定处理。

第九条 除本解释另行规定外，商标法修改决定施行后人民法院受理的商标民事纠纷案件，涉及该决定施行前发生的民事行为的，适用修改前商标法的规定；涉及该决定施行后发生的民事行为的，适用修改后商标法的规定；涉及该决定施行前发生，持续到该决定施行后的民事行为的，分别适用修改前、后商标法的规定。

第十条 人民法院受理的侵犯商标专用权纠纷案件，已经过工商行政管理部门处理的，人民法院仍应当就当事人民事争议的事实进行审查。

最高人民法院关于诉前停止侵犯注册商标专用权行为和保全证据适用法律问题的解释

（2001年12月25日最高人民法院审判委员会第1203次会议通过 2002年1月9日最高人民法院公告公布 自2002年1月22日起施行 法释〔2002〕2号）

为切实保护商标注册人和利害关系人的合法权益，根据《中华人民共和国民法通则》、《中华人民共和国商标法》（以下简称商标法）、《中华人民共和国民事诉讼法》（以下简称民事诉讼法）的有关规定，现就有关诉前停止侵犯注册商标专用权行为和保全证据适用法律问题解释如下：

第一条 根据商标法第五十七条、第五十八条①的规定，商标注册人或者利害关系人可以向人民法院提出诉前责令停止侵犯注册商标专用权行为或者保全证据的申请。

提出申请的利害关系人，包括商标使用许可合同的被许可人、注册商标财产权利的合法继承人。注册商标使用许可合同被许可人中，独占使用许可合同的被许可人可以单独向人民法院提出申请；排他使用许可合同的被许可人在商标注册人不申请的情况下，可以提出申请。

第二条 诉前责令停止侵犯注册商标专用权行为或者保全证据的申请，应当向侵权行为地或者被申请人住所地对商标案件有管辖权的人民法院提出。

---

① 2013年8月30日《商标法》修正后，这两条调整为第六十五条、第六十六条。

第三条 商标注册人或者利害关系人向人民法院提出诉前停止侵犯注册商标专用权行为的申请，应当递交书面申请状。申请状应当载明：（一）当事人及其基本情况；（二）申请的具体内容、范围；（三）申请的理由，包括有关行为如不及时制止，将会使商标注册人或者利害关系人的合法权益受到难以弥补的损害的具体说明。

商标注册人或者利害关系人向人民法院提出诉前保全证据的申请，应当递交书面申请状。申请状应当载明：（一）当事人及其基本情况；（二）申请保全证据的具体内容、范围、所在地点；（三）请求保全的证据能够证明的对象；（四）申请的理由，包括证据可能灭失或者以后难以取得，且当事人及其诉讼代理人因客观原因不能自行收集的具体说明。

第四条 申请人提出诉前停止侵犯注册商标专用权行为的申请时，应当提交下列证据：

（一）商标注册人应当提交商标注册证，利害关系人应当提交商标使用许可合同、在商标局备案的材料及商标注册证复印件；排他使用许可合同的被许可人单独提出申请的，应当提交商标注册人放弃申请的证据材料；注册商标财产权利的继承人应当提交已经继承或者正在继承的证据材料。

（二）证明被申请人正在实施或者即将实施侵犯注册商标专用权的行为的证据，包括被控侵权商品。

第五条 人民法院作出诉前停止侵犯注册商标专用权行为或者保全证据的裁定事项，应当限于商标注册人或者利害关系人申请的范围。

第六条 申请人提出诉前停止侵犯注册商标专用权行为的申请时应当提供担保。

申请人申请诉前保全证据可能涉及被申请人财产损失的，人民法院可以责令申请人提供相应的担保。

申请人提供保证、抵押等形式的担保合理、有效的，人民法院应当准许。

申请人不提供担保的，驳回申请。

人民法院确定担保的范围时，应当考虑责令停止有关行为所涉及的商品销售收益，以及合理的仓储、保管等费用，停止有关行为可能造成的合理损失等。

第七条 在执行停止有关行为裁定过程中，被申请人可能因采取该项措施造成更大损失的，人民法院可以责令申请人追加相应的担保。申请人不追加担保的，可以解除有关停止措施。

第八条 停止侵犯注册商标专用权行为裁定所采取的措施，不因被申请人提供担保而解除，但申请人同意的除外。

第九条 人民法院接受商标注册人或者利害关系人提出责令停止侵犯注册商标专用权行为的申请后，经审查符合本规定第四条的，应当在48小时内作出书面裁定；裁定责令被申请人停止侵犯注册商标专用权行为的，应当立即开始执行。

人民法院作出诉前责令停止有关行为的裁定，应当及时通知被申请人，至迟不得超过5日。

第十条 当事人对诉前责令停止侵犯注册商标专用权行为裁定不服的，可以在收到裁定之日起10日内申请复议一次。复议期间不停止裁定的执行。

第十一条 人民法院对当事人提出的复议申请应当从以下方面进行审查：

（一）被申请人正在实施或者即将实施的行为是否侵犯注册商标专用权；

（二）不采取有关措施，是否会给申请人合法权益造成难以弥补的损害；

（三）申请人提供担保的情况；

（四）责令被申请人停止有关行为是否损害社会公共利益。

第十二条 商标注册人或者利害关系人在人民法院采取停止有关行为或者保全证据的措施后15日内不起诉的，人民法院应当解除裁定采取的措施。

第十三条 申请人不起诉或者申请错误造成被申请人损失的，被申请人可以向有管辖权的人民法院起诉请求申请人赔偿，也可以在商标注册人或者利害关系人提起的侵犯注册商标专用权的诉讼中提出损害赔偿请求，人民法院可以一并处理。

第十四条 停止侵犯注册商标专用权行为裁定的效力，一般应维持到终审法律文书生效时止。

人民法院也可以根据案情，确定停止有关行为的具体期限；期限届满时，根据当事人的请求及追加担保的情况，可以作出继续停止有关行为的裁定。

第十五条 被申请人违反人民法院责令停止侵犯注册商标专用权行为或者保全证据裁定的，依照民事诉讼法第一百零二条规定处理。

第十六条 商标注册人或者利害关系人向人民法院提起商标侵权诉讼时或者诉讼中，提出先行停止侵犯注册商标专用权请求的，人民法院可以先行作出裁定。前款规定涉及的有关申请、证据提交、担保的确定、裁定的执行和复议等事项，参照本司法解释有关规定办理。

第十七条 诉前停止侵犯注册商标专用权行为和保全证据的案件，申请人应当按照《人民法院诉讼收费办法》及其补充规定缴纳费用。

最高人民法院关于审理商标授权确权行政案件若干问题的规定

（2016年12月12日最高人民法院审判委员会第1703次会议通过　2017年1月10日最高人民法院公告公布　自2017年3月1日起施行　法释〔2017〕2号）

为正确审理商标授权确权行政案件，根据《中华人民共和国商标法》《中华人民共和国行政诉讼法》等法律规定，结合审判实践，制定本规定。

第一条　本规定所称商标授权确权行政案件，是指相对人或者利害关系人因不服国务院工商行政管理部门商标评审委员会（以下简称商标评审委员会）作出的商标驳回复审、商标不予注册复审、商标撤销复审、商标无效宣告及无效宣告复审等行政行为，向人民法院提起诉讼的案件。

第二条　人民法院对商标授权确权行政行为进行审查的范围，一般应根据原告的诉讼请求及理由确定。原告在诉讼中未提出主张，但商标评审委员会相关认定存在明显不当的，人民法院在各方当事人陈述意见后，可以对相关事由进行审查并作出裁判。

第三条　商标法第十条第一款第（一）项规定的同中华人民共和国的国家名称等“相同或者近似”，是指商标标志整体上与国家名称等相同或者近似。

对于含有中华人民共和国的国家名称等，但整体上并不相同或者不相近似的标志，如果该标志作为商标注册可能导致损害国家尊严的，人民法院可以认定属于商标法第十条第一款第（八）项规定的情形。

第四条 商标标志或者其构成要素带有欺骗性，容易使公众对商品的质量等特点或者产地产生误认，商标评审委员会认定其属于2001年修正的商标法第十条第一款第（七）项规定情形的，人民法院予以支持。

第五条 商标标志或者其构成要素可能对我国社会公共利益和公共秩序产生消极、负面影响的，人民法院可以认定其属于商标法第十条第一款第（八）项规定的“其他不良影响”。

将政治、经济、文化、宗教、民族等领域公众人物姓名等申请注册为商标，属于前款所指的“其他不良影响”。

第六条 商标标志由县级以上行政区划的地名或者公众知晓的外国地名和其他要素组成，如果整体上具有区别于地名的含义，人民法院应当认定其不属于商标法第十条第二款所指情形。

第七条 人民法院审查诉争商标是否具有显著特征，应当根据商标所指定使用商品的相关公众的通常认识，判断该商标整体上是否具有显著特征。商标标志中含有描述性要素，但不影响其整体具有显著特征的；或者描述性标志以独特方式加以表现，相关公众能够以其识别商品来源的，应当认定其具有显著特征。

第八条 诉争商标为外文标志时，人民法院应当根据中国境内相关公众的通常认识，对该外文商标是否具有显著特征进行审查判断。标志中外文的固有含义可能影响其在指定使用商品上的显著特征，但相关公众对该固有含义的认知程度较低，能够以该标志识别商品来源的，可以认定其具有显著特征。

第九条 仅以商品自身形状或者自身形状的一部分作为三维标志申请注册商标，相关公众一般情况下不易将其识别为指示商品来源标志的，该三维标志不具有作为商标的显著特征。

该形状系申请人所独创或者最早使用并不能当然导致其具有作为商标的显著特征。

第一款所称标志经过长期或者广泛使用，相关公众能够通过该标志识别商品来源的，可以认定该标志具有显著特征。

第十条 诉争商标属于法定的商品名称或者约定俗成的商品名称的，人民法院应当认定其属于商标法第十一条第一款第（一）项所指的通用名称。依据法律规定或者国家标准、行业标准属于商品通用名称的，应当认定为通用名称。相关公众普遍认为某一名称能够指代一类商品的，应当认定为约定俗成的通用名称。被专业工具书、辞典等列为商品名称的，可以作为认定约定俗成的通用名称的参考。

约定俗成的通用名称一般以全国范围内相关公众的通常认识为判断标准。对于由于历史传统、风土人情、地理环境等原因形成的相关市场固定的商品，在该相关市场内通用的称谓，人民法院可以认定为通用名称。

诉争商标申请人明知或者应知其申请注册的商标为部分区域内约定俗成的商品名称的，人民法院可以视其申请注册的商标为通用名称。

人民法院审查判断诉争商标是否属于通用名称，一般以商标申请日时的事实状态为准。核准注册时事实状态发生变化的，以核准注册时的事实状态判断其是否属于通用名称。

第十一条 商标标志只是或者主要是描述、说明所使用商品的质量、主要原料、功能、用途、重量、数量、产地等的，人民法院应当认定其属于商标法第十一条第一款第（二）项规定的情形。商标标志或者其构成要素暗示商品的特点，但不影响其识别商品来源功能的，不属于该项所规定的情形。

第十二条 当事人依据商标法第十三条第二款主张诉争商标构成对其未注册的驰名商标的复制、摹仿或者翻译而不应予以注册或者应予无效的，人民法院应当综合考量如下因素以及因素之间的相互影响，认定是否容易导致混淆：

（一）商标标志的近似程度；

（二）商品的类似程度；

（三）请求保护商标的显著性和知名程度；

（四）相关公众的注意程度；

（五）其他相关因素。

商标申请人的主观意图以及实际混淆的证据可以作为判断混淆可能性的参考因素。

第十三条 当事人依据商标法第十三条第三款主张诉争商标构成对其已注册的驰名商标的复制、摹仿或者翻译而不应予以注册或者应予无效的，人民法院应当综合考虑如下因素，以认定诉争商标的使用是否足以使相关公众认为其与驰名商标具有相当程度的联系，从而误导公众，致使驰名商标注册人的利益可能受到损害：

（一）引证商标的显著性和知名程度；

（二）商标标志是否足够近似；

（三）指定使用的商品情况；

（四）相关公众的重合程度及注意程度；

（五）与引证商标近似的标志被其他市场主体合法使用的情况或者其他相关因素。

第十四条 当事人主张诉争商标构成对其已注册的驰名商标的复制、摹仿或者翻译而不应予以注册或者应予无效，商标评审委员会依据商标法第三十条规定裁决支持其主张的，如果诉争商标注册未满五年，人民法院在当事人陈述意见之后，可以按照商标法第三十条规定进行审理；如果诉争商标注册已满五年，应当适用商标法第十三条第三款进行审理。

第十五条 商标代理人、代表人或者经销、代理等销售代理关系意义上的代理人、代表人未经授权，以自己的名义将与被代理人或者被代表人的商标相同或者近似的商标在相同或者类似商品上申请注册的，人民法院适用商标法第十五条第一款的规定进行审理。

在为建立代理或者代表关系的磋商阶段，前款规定的代理人或者代表人将被代理人或者被代表人的商标申请注册的，人民法院适用商标法第十五条第一款的规定进行审理。

商标申请人与代理人或者代表人之间存在亲属关系等特定身份关系的，可以推定其商标注册行为系与该代理人或者代表人恶意串通，人民法院适用商标法第十五条第一款的规定进行审理。

第十六条 以下情形可以认定为商标法第十五条第二款中规定的“其他关系”：

（一）商标申请人与在先使用人之间具有亲属关系；

（二）商标申请人与在先使用人之间具有劳动关系；

（三）商标申请人与在先使用人营业地址邻近；

（四）商标申请人与在先使用人曾就达成代理、代表关系进行过磋商，但未形成代理、代表关系；

（五）商标申请人与在先使用人曾就达成合同、业务往来关系进行过磋商，但未达成合同、业务往来关系。

第十七条 地理标志利害关系人依据商标法第十六条主张他人商标不应予以注册或者应予无效，如果诉争商标指定使用的商品与地理标志产品并非相同商品，而地理标志利害关系人能够证明诉争商标使用在该产品上仍然容易导致相关公众误认为该产品来源于该地区并因此具有特定的质量、信誉或者其他特征的，人民法院予以支持。

如果该地理标志已经注册为集体商标或者证明商标，集体商标或者证明商标的权利人或者利害关系人可选择依据该条或者另行依据商标法第十三条、第三十条等主张权利。

第十八条 商标法第三十二条规定的在先权利，包括当事人在诉争商标申请日之前享有的民事权利或者其他应予保护的合法权益。诉争商标核准注册时在先权利已不存在的，不影响诉争商标的注册。

第十九条 当事人主张诉争商标损害其在先著作权的，人民法院应当依照著作权法等相关规定，对所主张的客体是否构成作品、当事人是否为著作权人或者其他有权主张著作权的利害关系人以及诉争商标是否构成对著作权的侵害等进行审查。

商标标志构成受著作权法保护的作品的，当事人提供的涉及商标标志的设计底稿、原件、取得权利的合同、诉争商标申请日之前的著作权登记证书等，均可以作为证明著作权归属的初步证据。

商标公告、商标注册证等可以作为确定商标申请人为有权主张商标标志著作权的利害关系人的初步证据。

第二十条 当事人主张诉争商标损害其姓名权，如果相关公众认为该商标标志指代了该自然人，容易认为标记有该商标的商品系经过该自然人许可或者与该自然人存在特定联系的，人民法院应当认定该商标损害了该自然人的姓名权。

当事人以其笔名、艺名、译名等特定名称主张姓名权，该特定名称具有一定的知名度，与该自然人建立了稳定的对应关系，相关公众以其指代该自然人的，人民法院予以支持。

第二十一条 当事人主张的字号具有一定的市场知名度，他人未经许可申请注册与该字号相同或者近似的商标，容易导致相关公众对商品来源产生混淆，当事人以此主张构成在先权益的，人民法院予以支持。

当事人以具有一定市场知名度并已与企业建立稳定对应关系的企业名称的简称为依据提出主张的，适用前款规定。

第二十二条 当事人主张诉争商标损害角色形象著作权的，人民法院按照本规定第十九条进行审查。

对于著作权保护期限内的作品，如果作品名称、作品中的角色名称等具有较高知名度，将其作为商标使用在相关商品上容易导致相关公众误认为其经过权利人的许可或者与权利人存在特定联系，当事人以此主张构成在先权益的，人民法院予以支持。

第二十三条 在先使用人主张商标申请人以不正当手段抢先注册其在先使用并有一定影响的商标的，如果在先使用商标已经有一定影响，而商标申请人明知或者应知该商标，即可推定其构成“以不正当手段抢先注册”。但商标申请人举证证明其没有利用在先使用商标商誉的恶意的除外。

在先使用人举证证明其在先商标有一定的持续使用时间、区域、销售量或者广告宣传的，人民法院可以认定为有一定影响。

在先使用人主张商标申请人在与其不相类似的商品上申请注册其在先使用并有一定影响的商标，违反商标法第三十二条规定的，人民法院不予支持。

第二十四条 以欺骗手段以外的其他方式扰乱商标注册秩序、损害公共利益、不正当占用公共资源或者谋取不正当利益的，人民法院可以认定其属于商标法第四十四条第一款规定的“其他不正当手段”。

第二十五条 人民法院判断诉争商标申请人是否“恶意注册”他人驰名商标，应综合考虑引证商标的知名度、诉争商标申请人申请诉争商标的理由以及使用诉争商标的具体情形来判断其主观意图。引证商标知名度高、诉争商标申请人没有正当理由的，人民法院可以推定其注册构成商标法第四十五条第一款所指的“恶意注册”。

第二十六条 商标权人自行使用、他人经许可使用以及其他不违背商标权人意志的使用，均可认定为商标法第四十九条第二款所称的使用。

实际使用的商标标志与核准注册的商标标志有细微差别，但未改变其显著特征的，可以视为注册商标的使用。

没有实际使用注册商标，仅有转让或者许可行为；或者仅是公布商标注册信息、声明享有注册商标专用权的，不认定为商标使用。

商标权人有真实使用商标的意图，并且有实际使用的必要准备，但因其他客观原因尚未实际使用注册商标的，人民法院可以认定其有正当理由。

第二十七条 当事人主张商标评审委员会下列情形属于行政诉讼法第七十条第（三）项规定的"违反法定程序"的，人民法院予以支持：

（一）遗漏当事人提出的评审理由，对当事人权利产生实际影响的；

（二）评审程序中未告知合议组成员，经审查确有应当回避事由而未回避的；

（三）未通知适格当事人参加评审，该方当事人明确提出异议的；

（四）其他违反法定程序的情形。

第二十八条 人民法院审理商标授权确权行政案件的过程中，商标评审委员会对诉争商标予以驳回、不予核准注册或者予以无效宣告的事由不复存在的，人民法院可以依据新的事实撤销商标评审委员会相关裁决，并判令其根据变更后的事实重新作出裁决。

第二十九条 当事人依据在原行政行为之后新发现的证据，或者在原行政程序中因客观原因无法取得或在规定的期限内不能提供的证据，或者新的法律依据提出的评审申请，不属于以"相同的事实和理由"再次提出评审申请。

在商标驳回复审程序中，商标评审委员会以申请商标与引证商标不构成使用在同一种或者类似商品上的相同或者近似商标为由准予申请商标初步审定公告后，以下情形不视为"以相同的事实和理由"再次提出评审申请：

（一）引证商标所有人或者利害关系人依据该引证商标提出异议，国务院工商行政管理部门商标局予以支持，被异议商标申请人申请复审的；

（二）引证商标所有人或者利害关系人在申请商标获准注册后依据该引证商标申请宣告其无效的。

第三十条 人民法院生效裁判对于相关事实和法律适用已作出明确认定，相对人或者利害关系人对于商标评审委员会依据该生效裁判重新作出的裁决提起诉讼的，人民法院依法裁定不予受理；已经受理的，裁定驳回起诉。

第三十一条 本规定自 2017 年 3 月 1 日起施行。人民法院依据 2001 年修正的商标法审理的商标授权确权行政案件可参照适用本规定。

最高人民法院关于人民法院对注册商标权进行财产保全的解释

（2000 年 11 月 22 日最高人民法院审判委员会第 1144 次会议通过 2001 年 1 月 2 日最高人民法院公告公布 自 2001 年 1 月 21 日起施行 法释〔2001〕1 号）

为了正确实施对注册商标权的财产保全措施，避免重复保全，现就人民法院对注册商标权进行财产保全有关问题解释如下：

第一条 人民法院根据民事诉讼法有关规定采取财产保全措施时，需要对注册商标权进行保全的，应当向国家工商行政管理局商标局（以下简称商标局）发出协助执行通知书，载明要求商标局协助保全的注册商标的名称、注册人、注册证号码、保全期限以及协助执行保全的内容，包括禁止转让、注销注册商标、变更注册事项和办理商标权质押登记等事项。

第二条 对注册商标权保全的期限一次不得超过 6 个月，自商标局收到协助执行通知书之日起计算。如果仍然需要对该注册商标权继续采取保全措施的，人民法院应当在保全期限届满前向商标局重新发出协助执行通知书，要求继续保全。否则，视为自动解除对该注册商标权的财产保全。

第三条 人民法院对已经进行保全的注册商标权，不得重复进行保全。

四、其 他

中华人民共和国刑法（节录）*

（1979年7月1日第五届全国人民代表大会第二次会议通过 1997年3月14日第八届全国人民代表大会第五次会议修订 1997年3月14日中华人民共和国主席令第83号公布 自1997年10月1日起施行）

……

* 根据1998年12月29日第九届全国人民代表大会常务委员会第六次会议通过的《全国人民代表大会常务委员会关于惩治骗购外汇、逃汇和非法买卖外汇犯罪的决定》、1999年12月25日第九届全国人民代表大会常务委员会第十三次会议通过的《中华人民共和国刑法修正案》、2001年8月31日第九届全国人民代表大会常务委员会第二十三次会议通过的《中华人民共和国刑法修正案（二）》、2001年12月29日第九届全国人民代表大会常务委员会第二十五次会议通过的《中华人民共和国刑法修正案（三）》、2002年12月28日第九届全国人民代表大会常务委员会第三十一次会议通过的《中华人民共和国刑法修正案（四）》、2005年2月28日第十届全国人民代表大会常务委员会第十四次会议通过的《中华人民共和国刑法修正案（五）》、2006年6月29日第十届全国人民代表大会常务委员会第二十二次会议通过的《中华人民共和国刑法修正案（六）》、2009年2月28日第十一届全国人民代表大会常务委员会第七次会议通过的《中华人民共和国刑法修正案（七）》、2009年8月27日第十一届全国人民代表大会常务委员会第十次会议通过的《关于修改部分法律的决定》、2011年2月25日第十一届全国人民代表大会常务委员会第十九次会议通过的《中华人民共和国刑法修正案（八）》、2015年8月29日第十二届全国人民代表大会常务委员会第十六次会议通过的《中华人民共和国刑法修正案（九）》、2017年11月4日第十二届全国人民代表大会常务委员会第三十次会议通过的《中华人民共和国刑法修正案（十）》修订。

第七节 侵犯知识产权罪

第二百一十三条 【假冒注册商标罪】未经注册商标所有人许可，在同一种商品上使用与其注册商标相同的商标，情节严重的，处三年以下有期徒刑或者拘役，并处或者单处罚金；情节特别严重的，处三年以上七年以下有期徒刑，并处罚金。

第二百一十四条 【销售假冒注册商标的商品罪】销售明知是假冒注册商标的商品，销售金额数额较大的，处三年以下有期徒刑或者拘役，并处或者单处罚金；销售金额数额巨大的，处三年以上七年以下有期徒刑，并处罚金。

第二百一十五条 【非法制造、销售非法制造的注册商标标识罪】伪造、擅自制造他人注册商标标识或者销售伪造、擅自制造的注册商标标识，情节严重的，处三年以下有期徒刑、拘役或者管制，并处或者单处罚金；情节特别严重的，处三年以上七年以下有期徒刑，并处罚金。

第二百一十六条 【假冒专利罪】假冒他人专利，情节严重的，处三年以下有期徒刑或者拘役，并处或者单处罚金。

第二百一十七条 【侵犯著作权罪】以营利为目的，有下列侵犯著作权情形之一，违法所得数额较大或者有其他严重情节的，处三年以下有期徒刑或者拘役，并处或者单处罚金；违法所得数额巨大或者有其他特别严重情节的，处三年以上七年以下有期徒刑，并处罚金：

（一）未经著作权人许可，复制发行其文字作品、音乐、电影、电视、录像作品、计算机软件及其他作品的；

（二）出版他人享有专有出版权的图书的；

（三）未经录音录像制作者许可，复制发行其制作的录音录像的；

（四）制作、出售假冒他人署名的美术作品的。

第二百一十八条　【销售侵权复制品罪】以营利为目的，销售明知是本法第二百一十七条规定的侵权复制品，违法所得数额巨大的，处三年以下有期徒刑或者拘役，并处或者单处罚金。

第二百一十九条　【侵犯商业秘密罪】有下列侵犯商业秘密行为之一，给商业秘密的权利人造成重大损失的，处三年以下有期徒刑或者拘役，并处或者单处罚金；造成特别严重后果的，处三年以上七年以下有期徒刑，并处罚金：

（一）以盗窃、利诱、胁迫或者其他不正当手段获取权利人的商业秘密的；

（二）披露、使用或者允许他人使用以前项手段获取的权利人的商业秘密的；

（三）违反约定或者违反权利人有关保守商业秘密的要求，披露、使用或者允许他人使用其所掌握的商业秘密的。

明知或者应知前款所列行为，获取、使用或者披露他人的商业秘密的，以侵犯商业秘密论。

本条所称商业秘密，是指不为公众所知悉，能为权利人带来经济利益，具有实用性并经权利人采取保密措施的技术信息和经营信息。

本条所称权利人，是指商业秘密的所有人和经商业秘密所有人许可的商业秘密使用人。

第二百二十条　【单位犯侵犯知识产权罪的处罚规定】单位犯本节第二百一十三条至第二百一十九条规定之罪的，对单位判处罚金，并对其直接负责的主管人员和其他直接责任人员，依照本节各该条的规定处罚。

……

中华人民共和国民法总则（节录）

（2017年3月15日第十二届全国人民代表大会第五次会议通过　2017年3月15日中华人民共和国主席令第66号公布　自2017年10月1日起施行）

……

第一百二十三条　【知识产权】民事主体依法享有知识产权。

知识产权是权利人依法就下列客体享有的专有的权利：

（一）作品；

（二）发明、实用新型、外观设计；

（三）商标；

（四）地理标志；

（五）商业秘密；

（六）集成电路布图设计；

（七）植物新品种；

（八）法律规定的其他客体。

……

第九章　诉讼时效

第一百八十八条　【普通诉讼时效期间及起算规则】向人民法院请求保护民事权利的诉讼时效期间为三年。法律另有规定的，依照其规定。

诉讼时效期间自权利人知道或者应当知道权利受到损害以及义务人之日起计算。法律另有规定的，依照其规定。但是自权利受到损害之日起超过二十年的，人民法院不予保护；有特殊情况的，人民法院可以根据权利人的申请决定延长。

第一百八十九条　【分期履行债务诉讼时效起算规则】当事人约定同一债务分期履行的，诉讼时效期间自最后一期履行期限届满之日起计算。

第一百九十条　【对法定代理人请求权诉讼时效起算规则】无民事行为能力人或者限制民事行为能力人对其法定代理人的请求权的诉讼时效期间，自该法定代理终止之日起计算。

第一百九十一条　【未成年人遭性侵致损请求权诉讼时效起算规则】未成年人遭受性侵害的损害赔偿请求权的诉讼时效期间，自受害人年满十八周岁之日起计算。

第一百九十二条　【时效届满法律效果】诉讼时效期间届满的，义务人可以提出不履行义务的抗辩。

诉讼时效期间届满后，义务人同意履行的，不得以诉讼时效期间届满为由抗辩；义务人已自愿履行的，不得请求返还。

第一百九十三条　【法院不得主动适用诉讼时效】人民法院不得主动适用诉讼时效的规定。

第一百九十四条　【诉讼时效中止】在诉讼时效期间的最后六个月内，因下列障碍，不能行使请求权的，诉讼时效中止：

（一）不可抗力；

（二）无民事行为能力人或者限制民事行为能力人没有法定代理人，或者法定代理人死亡、丧失民事行为能力、丧失代理权；

（三）继承开始后未确定继承人或者遗产管理人；

（四）权利人被义务人或者其他人控制；

（五）其他导致权利人不能行使请求权的障碍。

自中止时效的原因消除之日起满六个月，诉讼时效期间届满。

第一百九十五条　【诉讼时效中断】有下列情形之一的，诉讼时效中断，从中断、有关程序终结时起，诉讼时效期间重新计算：

（一）权利人向义务人提出履行请求；

（二）义务人同意履行义务；

（三）权利人提起诉讼或者申请仲裁；

（四）与提起诉讼或者申请仲裁具有同等效力的其他情形。

第一百九十六条　【不适用诉讼时效的情形】下列请求权不适用诉讼时效的规定：

（一）请求停止侵害、排除妨碍、消除危险；

（二）不动产物权和登记的动产物权的权利人请求返还财产；

（三）请求支付抚养费、赡养费或者扶养费；

（四）依法不适用诉讼时效的其他请求权。

第一百九十七条　【诉讼时效法定及时效利益预先放弃无效】诉讼时效的期间、计算方法以及中止、中断的事由由法律规定，当事人约定无效。

当事人对诉讼时效利益的预先放弃无效。

第一百九十八条　【仲裁时效】法律对仲裁时效有规定的，依照其规定；没有规定的，适用诉讼时效的规定。

第一百九十九条　【除斥期间】法律规定或者当事人约定的撤销权、解除权等权利的存续期间，除法律另有规定外，自权利人知道或者应当知道权利产生之日起计算，不适用有关诉讼时效中止、中断和延长的规定。存续期间届满，撤销权、解除权等权利消灭。

……

中华人民共和国
侵权责任法（节录）

（2009年12月26日第十一届全国人民代表大会常务委员会第十二次会议通过　2009年12月26日中华人民共和国主席令第21号公布　自2010年7月1日起施行）

……

第三十六条　【网络侵权责任】网络用户、网络服务提供者利用网络侵害他人民事权益的，应当承担侵权责任。

网络用户利用网络服务实施侵权行为的，被侵权人有权通知网络服务提供者采取删除、屏蔽、断开链接等必要措施。网络服务提供者接到通知后未及时采取必要措施的，对损害的扩大部分与该网络用户承担连带责任。

网络服务提供者知道网络用户利用其网络服务侵害他人民事权益，未采取必要措施的，与该网络用户承担连带责任。

……

中华人民共和国反不正当竞争法

（1993年9月2日第八届全国人民代表大会常务委员会第三次会议通过　2017年11月4日第十二届全国人民代表大会常务委员会第三十次会议修订　根据2019年4月23日第十三届全国人民代表大会常务委员会第十次会议《关于修改〈中华人民共和国建筑法〉等八部法律的决定》修正）

目　录

第一章　总　　则

第一条　为了促进社会主义市场经济健康发展，鼓励和保护公平竞争，制止不正当竞争行为，保护经营者和消费者的合法权益，制定本法。

第二条　经营者在生产经营活动中，应当遵循自愿、平等、公平、诚信的原则，遵守法律和商业道德。

本法所称的不正当竞争行为，是指经营者在生产经营活动中，违反本法规定，扰乱市场竞争秩序，损害其他经营者或者消费者的合法权益的行为。

本法所称的经营者，是指从事商品生产、经营或者提供服务（以下所称商品包括服务）的自然人、法人和非法人组织。

第三条 各级人民政府应当采取措施，制止不正当竞争行为，为公平竞争创造良好的环境和条件。

国务院建立反不正当竞争工作协调机制，研究决定反不正当竞争重大政策，协调处理维护市场竞争秩序的重大问题。

第四条 县级以上人民政府履行工商行政管理职责的部门对不正当竞争行为进行查处；法律、行政法规规定由其他部门查处的，依照其规定。

第五条 国家鼓励、支持和保护一切组织和个人对不正当竞争行为进行社会监督。

国家机关及其工作人员不得支持、包庇不正当竞争行为。

行业组织应当加强行业自律，引导、规范会员依法竞争，维护市场竞争秩序。

第二章 不正当竞争行为

第六条 经营者不得实施下列混淆行为，引人误认为是他人商品或者与他人存在特定联系：

（一）擅自使用与他人有一定影响的商品名称、包装、装潢等相同或者近似的标识；

（二）擅自使用他人有一定影响的企业名称（包括简称、字号等）、社会组织名称（包括简称等）、姓名（包括笔名、艺名、译名等）；

（三）擅自使用他人有一定影响的域名主体部分、网站名称、网页等；

（四）其他足以引人误认为是他人商品或者与他人存在特定联

系的混淆行为。

第七条 经营者不得采用财物或者其他手段贿赂下列单位或者个人，以谋取交易机会或者竞争优势：

（一）交易相对方的工作人员；

（二）受交易相对方委托办理相关事务的单位或者个人；

（三）利用职权或者影响力影响交易的单位或者个人。

经营者在交易活动中，可以以明示方式向交易相对方支付折扣，或者向中间人支付佣金。经营者向交易相对方支付折扣、向中间人支付佣金的，应当如实入账。接受折扣、佣金的经营者也应当如实入账。

经营者的工作人员进行贿赂的，应当认定为经营者的行为；但是，经营者有证据证明该工作人员的行为与为经营者谋取交易机会或者竞争优势无关的除外。

第八条 经营者不得对其商品的性能、功能、质量、销售状况、用户评价、曾获荣誉等作虚假或者引人误解的商业宣传，欺骗、误导消费者。

经营者不得通过组织虚假交易等方式，帮助其他经营者进行虚假或者引人误解的商业宣传。

第九条 经营者不得实施下列侵犯商业秘密的行为：

（一）以盗窃、贿赂、欺诈、胁迫、电子侵入或者其他不正当手段获取权利人的商业秘密；

（二）披露、使用或者允许他人使用以前项手段获取的权利人的商业秘密；

（三）违反保密义务或者违反权利人有关保守商业秘密的要求，披露、使用或者允许他人使用其所掌握的商业秘密；

（四）教唆、引诱、帮助他人违反保密义务或者违反权利人有关保守商业秘密的要求，获取、披露、使用或者允许他人使用权利人的商业秘密。

经营者以外的其他自然人、法人和非法人组织实施前款所列违法行为的，视为侵犯商业秘密。

第三人明知或者应知商业秘密权利人的员工、前员工或者其他单位、个人实施本条第一款所列违法行为，仍获取、披露、使用或者允许他人使用该商业秘密的，视为侵犯商业秘密。

本法所称的商业秘密，是指不为公众所知悉、具有商业价值并经权利人采取相应保密措施的技术信息、经营信息等商业信息。

第十条 经营者进行有奖销售不得存在下列情形：

（一）所设奖的种类、兑奖条件、奖金金额或者奖品等有奖销售信息不明确，影响兑奖；

（二）采用谎称有奖或者故意让内定人员中奖的欺骗方式进行有奖销售；

（三）抽奖式的有奖销售，最高奖的金额超过五万元。

第十一条 经营者不得编造、传播虚假信息或者误导性信息，损害竞争对手的商业信誉、商品声誉。

第十二条 经营者利用网络从事生产经营活动，应当遵守本法的各项规定。

经营者不得利用技术手段，通过影响用户选择或者其他方式，实施下列妨碍、破坏其他经营者合法提供的网络产品或者服务正常运行的行为：

（一）未经其他经营者同意，在其合法提供的网络产品或者服务中，插入链接、强制进行目标跳转；

（二）误导、欺骗、强迫用户修改、关闭、卸载其他经营者合法提供的网络产品或者服务；

（三）恶意对其他经营者合法提供的网络产品或者服务实施不兼容；

（四）其他妨碍、破坏其他经营者合法提供的网络产品或者服务正常运行的行为。

第三章　对涉嫌不正当竞争行为的调查

第十三条　监督检查部门调查涉嫌不正当竞争行为，可以采取下列措施：

（一）进入涉嫌不正当竞争行为的经营场所进行检查；

（二）询问被调查的经营者、利害关系人及其他有关单位、个人，要求其说明有关情况或者提供与被调查行为有关的其他资料；

（三）查询、复制与涉嫌不正当竞争行为有关的协议、账簿、单据、文件、记录、业务函电和其他资料；

（四）查封、扣押与涉嫌不正当竞争行为有关的财物；

（五）查询涉嫌不正当竞争行为的经营者的银行账户。

采取前款规定的措施，应当向监督检查部门主要负责人书面报告，并经批准。采取前款第四项、第五项规定的措施，应当向设区的市级以上人民政府监督检查部门主要负责人书面报告，并经批准。

监督检查部门调查涉嫌不正当竞争行为，应当遵守《中华人民共和国行政强制法》和其他有关法律、行政法规的规定，并应当将查处结果及时向社会公开。

第十四条　监督检查部门调查涉嫌不正当竞争行为，被调查的经营者、利害关系人及其他有关单位、个人应当如实提供有关资料或者情况。

第十五条　监督检查部门及其工作人员对调查过程中知悉的商业秘密负有保密义务。

第十六条　对涉嫌不正当竞争行为，任何单位和个人有权向监督检查部门举报，监督检查部门接到举报后应当依法及时处理。

监督检查部门应当向社会公开受理举报的电话、信箱或者电子邮件地址，并为举报人保密。对实名举报并提供相关事实和证据的，监督检查部门应当将处理结果告知举报人。

第四章 法律责任

第十七条 经营者违反本法规定，给他人造成损害的，应当依法承担民事责任。

经营者的合法权益受到不正当竞争行为损害的，可以向人民法院提起诉讼。

因不正当竞争行为受到损害的经营者的赔偿数额，按照其因被侵权所受到的实际损失确定；实际损失难以计算的，按照侵权人因侵权所获得的利益确定。经营者恶意实施侵犯商业秘密行为，情节严重的，可以在按照上述方法确定数额的一倍以上五倍以下确定赔偿数额。赔偿数额还应当包括经营者为制止侵权行为所支付的合理开支。

经营者违反本法第六条、第九条规定，权利人因被侵权所受到的实际损失、侵权人因侵权所获得的利益难以确定的，由人民法院根据侵权行为的情节判决给予权利人五百万元以下的赔偿。

第十八条 经营者违反本法第六条规定实施混淆行为的，由监督检查部门责令停止违法行为，没收违法商品。违法经营额五万元以上的，可以并处违法经营额五倍以下的罚款；没有违法经营额或者违法经营额不足五万元的，可以并处二十五万元以下的罚款。情节严重的，吊销营业执照。

经营者登记的企业名称违反本法第六条规定的，应当及时办理名称变更登记；名称变更前，由原企业登记机关以统一社会信用代码代替其名称。

第十九条 经营者违反本法第七条规定贿赂他人的，由监督检查部门没收违法所得，处十万元以上三百万元以下的罚款。情节严重的，吊销营业执照。

第二十条 经营者违反本法第八条规定对其商品作虚假或者引人误解的商业宣传，或者通过组织虚假交易等方式帮助其他经营者进行虚假或者引人误解的商业宣传的，由监督检查部门责令停止违法行为，处二十万元以上一百万元以下的罚款；情节严重的，处一百万元以上二百万元以下的罚款，可以吊销营业执照。

经营者违反本法第八条规定，属于发布虚假广告的，依照《中华人民共和国广告法》的规定处罚。

第二十一条 经营者以及其他自然人、法人和非法人组织违反本法第九条规定侵犯商业秘密的，由监督检查部门责令停止违法行为，没收违法所得，处十万元以上一百万元以下的罚款；情节严重的，处五十万元以上五百万元以下的罚款。

第二十二条 经营者违反本法第十条规定进行有奖销售的，由监督检查部门责令停止违法行为，处五万元以上五十万元以下的罚款。

第二十三条 经营者违反本法第十一条规定损害竞争对手商业信誉、商品声誉的，由监督检查部门责令停止违法行为、消除影响，处十万元以上五十万元以下的罚款；情节严重的，处五十万元以上三百万元以下的罚款。

第二十四条 经营者违反本法第十二条规定妨碍、破坏其他经营者合法提供的网络产品或者服务正常运行的，由监督检查部门责令停止违法行为，处十万元以上五十万元以下的罚款；情节严重的，处五十万元以上三百万元以下的罚款。

第二十五条 经营者违反本法规定从事不正当竞争，有主动消除或者减轻违法行为危害后果等法定情形的，依法从轻或者减轻行政处罚；违法行为轻微并及时纠正，没有造成危害后果的，不予行政处罚。

第二十六条 经营者违反本法规定从事不正当竞争，受到行政处罚的，由监督检查部门记入信用记录，并依照有关法律、行政法规的规定予以公示。

第二十七条 经营者违反本法规定，应当承担民事责任、行政责任和刑事责任，其财产不足以支付的，优先用于承担民事责任。

第二十八条 妨害监督检查部门依照本法履行职责，拒绝、阻碍调查的，由监督检查部门责令改正，对个人可以处五千元以下的罚款，对单位可以处五万元以下的罚款，并可以由公安机关依法给予治安管理处罚。

第二十九条 当事人对监督检查部门作出的决定不服的，可以依法申请行政复议或者提起行政诉讼。

第三十条 监督检查部门的工作人员滥用职权、玩忽职守、徇私舞弊或者泄露调查过程中知悉的商业秘密的，依法给予处分。

第三十一条 违反本法规定，构成犯罪的，依法追究刑事责任。

第三十二条 在侵犯商业秘密的民事审判程序中，商业秘密权利人提供初步证据，证明其已经对所主张的商业秘密采取保密措施，且合理表明商业秘密被侵犯，涉嫌侵权人应当证明权利人所主张的商业秘密不属于本法规定的商业秘密。

商业秘密权利人提供初步证据合理表明商业秘密被侵犯，且提供以下证据之一的，涉嫌侵权人应当证明其不存在侵犯商业秘密的行为：

（一）有证据表明涉嫌侵权人有渠道或者机会获取商业秘密，且其使用的信息与该商业秘密实质上相同；

（二）有证据表明商业秘密已经被涉嫌侵权人披露、使用或者有被披露、使用的风险；

（三）有其他证据表明商业秘密被涉嫌侵权人侵犯。

第五章　附　　则

第三十三条　本法自2018年1月1日起施行。

中华人民共和国促进科技成果转化法

（1996年5月15日第八届全国人民代表大会常务委员会第十九次会议通过　根据2015年8月29日第十二届全国人民代表大会常务委员会第十六次会议《关于修改〈中华人民共和国促进科技成果转化法〉的决定》修正）

目　　录

第一章　总　　则

第一条　为了促进科技成果转化为现实生产力，规范科技成果转化活动，加速科学技术进步，推动经济建设和社会发展，制定本法。

第二条　本法所称科技成果，是指通过科学研究与技术开发所产生的具有实用价值的成果。职务科技成果，是指执行研究开发机构、高等院校和企业等单位的工作任务，或者主要是利用上述单位的物质技术条件所完成的科技成果。

本法所称科技成果转化，是指为提高生产力水平而对科技成果所进行的后续试验、开发、应用、推广直至形成新技术、新工艺、新材料、新产品，发展新产业等活动。

第三条 科技成果转化活动应当有利于加快实施创新驱动发展战略，促进科技与经济的结合，有利于提高经济效益、社会效益和保护环境、合理利用资源，有利于促进经济建设、社会发展和维护国家安全。

科技成果转化活动应当尊重市场规律，发挥企业的主体作用，遵循自愿、互利、公平、诚实信用的原则，依照法律法规规定和合同约定，享有权益，承担风险。科技成果转化活动中的知识产权受法律保护。

科技成果转化活动应当遵守法律法规，维护国家利益，不得损害社会公共利益和他人合法权益。

第四条 国家对科技成果转化合理安排财政资金投入，引导社会资金投入，推动科技成果转化资金投入的多元化。

第五条 国务院和地方各级人民政府应当加强科技、财政、投资、税收、人才、产业、金融、政府采购、军民融合等政策协同，为科技成果转化创造良好环境。

地方各级人民政府根据本法规定的原则，结合本地实际，可以采取更加有利于促进科技成果转化的措施。

第六条 国家鼓励科技成果首先在中国境内实施。中国单位或者个人向境外的组织、个人转让或者许可其实施科技成果的，应当遵守相关法律、行政法规以及国家有关规定。

第七条 国家为了国家安全、国家利益和重大社会公共利益的需要，可以依法组织实施或者许可他人实施相关科技成果。

第八条 国务院科学技术行政部门、经济综合管理部门和其他有关行政部门依照国务院规定的职责，管理、指导和协调科技成果转化工作。

地方各级人民政府负责管理、指导和协调本行政区域内的科技成果转化工作。

第二章 组织实施

第九条 国务院和地方各级人民政府应当将科技成果的转化纳入国民经济和社会发展计划，并组织协调实施有关科技成果的转化。

第十条 利用财政资金设立应用类科技项目和其他相关科技项目，有关行政部门、管理机构应当改进和完善科研组织管理方式，在制定相关科技规划、计划和编制项目指南时应当听取相关行业、企业的意见；在组织实施应用类科技项目时，应当明确项目承担者的科技成果转化义务，加强知识产权管理，并将科技成果转化和知识产权创造、运用作为立项和验收的重要内容和依据。

第十一条 国家建立、完善科技报告制度和科技成果信息系统，向社会公布科技项目实施情况以及科技成果和相关知识产权信息，提供科技成果信息查询、筛选等公益服务。公布有关信息不得泄露国家秘密和商业秘密。对不予公布的信息，有关部门应当及时告知相关科技项目承担者。

利用财政资金设立的科技项目的承担者应当按照规定及时提交相关科技报告，并将科技成果和相关知识产权信息汇交到科技成果信息系统。

国家鼓励利用非财政资金设立的科技项目的承担者提交相关科技报告，将科技成果和相关知识产权信息汇交到科技成果信息系统，县级以上人民政府负责相关工作的部门应当为其提供方便。

第十二条 对下列科技成果转化项目，国家通过政府采购、研究开发资助、发布产业技术指导目录、示范推广等方式予以支持：

（一）能够显著提高产业技术水平、经济效益或者能够形成促进社会经济健康发展的新产业的；

（二）能够显著提高国家安全能力和公共安全水平的；

（三）能够合理开发和利用资源、节约能源、降低消耗以及防治环境污染、保护生态、提高应对气候变化和防灾减灾能力的；

（四）能够改善民生和提高公共健康水平的；

（五）能够促进现代农业或者农村经济发展的；

（六）能够加快民族地区、边远地区、贫困地区社会经济发展的。

第十三条 国家通过制定政策措施，提倡和鼓励采用先进技术、工艺和装备，不断改进、限制使用或者淘汰落后技术、工艺和装备。

第十四条 国家加强标准制定工作，对新技术、新工艺、新材料、新产品依法及时制定国家标准、行业标准，积极参与国际标准的制定，推动先进适用技术推广和应用。

国家建立有效的军民科技成果相互转化体系，完善国防科技协同创新体制机制。军品科研生产应当依法优先采用先进适用的民用标准，推动军用、民用技术相互转移、转化。

第十五条 各级人民政府组织实施的重点科技成果转化项目，可以由有关部门组织采用公开招标的方式实施转化。有关部门应当对中标单位提供招标时确定的资助或者其他条件。

第十六条 科技成果持有者可以采用下列方式进行科技成果转化：

（一）自行投资实施转化；

（二）向他人转让该科技成果；

（三）许可他人使用该科技成果；

（四）以该科技成果作为合作条件，与他人共同实施转化；

（五）以该科技成果作价投资，折算股份或者出资比例；

（六）其他协商确定的方式。

第十七条 国家鼓励研究开发机构、高等院校采取转让、许可或者作价投资等方式，向企业或者其他组织转移科技成果。

国家设立的研究开发机构、高等院校应当加强对科技成果转化的管理、组织和协调，促进科技成果转化队伍建设，优化科技成果转化流程，通过本单位负责技术转移工作的机构或者委托独立的科技成果转化服务机构开展技术转移。

第十八条 国家设立的研究开发机构、高等院校对其持有的科技成果，可以自主决定转让、许可或者作价投资，但应当通过协议定价、在技术交易市场挂牌交易、拍卖等方式确定价格。通过协议定价的，应当在本单位公示科技成果名称和拟交易价格。

第十九条 国家设立的研究开发机构、高等院校所取得的职务科技成果，完成人和参加人在不变更职务科技成果权属的前提下，可以根据与本单位的协议进行该项科技成果的转化，并享有协议规定的权益。该单位对上述科技成果转化活动应当予以支持。

科技成果完成人或者课题负责人，不得阻碍职务科技成果的转化，不得将职务科技成果及其技术资料和数据占为己有，侵犯单位的合法权益。

第二十条 研究开发机构、高等院校的主管部门以及财政、科学技术等相关行政部门应当建立有利于促进科技成果转化的绩效考核评价体系，将科技成果转化情况作为对相关单位及人员评价、科研资金支持的重要内容和依据之一，并对科技成果转化绩效突出的相关单位及人员加大科研资金支持。

国家设立的研究开发机构、高等院校应当建立符合科技成果转化工作特点的职称评定、岗位管理和考核评价制度，完善收入分配激励约束机制。

第二十一条 国家设立的研究开发机构、高等院校应当向其主管部门提交科技成果转化情况年度报告，说明本单位依法取得的科技成果数量、实施转化情况以及相关收入分配情况，该主管部门应当按照规定将科技成果转化情况年度报告报送财政、科学技术等相关行政部门。

第二十二条 企业为采用新技术、新工艺、新材料和生产新产品，可以自行发布信息或者委托科技中介服务机构征集其所需的科技成果，或者征寻科技成果转化的合作者。

县级以上地方各级人民政府科学技术行政部门和其他有关部门应当根据职责分工，为企业获取所需的科技成果提供帮助和支持。

第二十三条 企业依法有权独立或者与境内外企业、事业单位和其他合作者联合实施科技成果转化。

企业可以通过公平竞争，独立或者与其他单位联合承担政府组织实施的科技研究开发和科技成果转化项目。

第二十四条 对利用财政资金设立的具有市场应用前景、产业目标明确的科技项目，政府有关部门、管理机构应当发挥企业在研究开发方向选择、项目实施和成果应用中的主导作用，鼓励企业、研究开发机构、高等院校及其他组织共同实施。

第二十五条 国家鼓励研究开发机构、高等院校与企业相结合，联合实施科技成果转化。

研究开发机构、高等院校可以参与政府有关部门或者企业实施科技成果转化的招标投标活动。

第二十六条 国家鼓励企业与研究开发机构、高等院校及其他组织采取联合建立研究开发平台、技术转移机构或者技术创新联盟等产学研合作方式，共同开展研究开发、成果应用与推广、标准研究与制定等活动。

合作各方应当签订协议，依法约定合作的组织形式、任务分工、资金投入、知识产权归属、权益分配、风险分担和违约责任等事项。

第二十七条 国家鼓励研究开发机构、高等院校与企业及其他组织开展科技人员交流，根据专业特点、行业领域技术发展需要，聘请企业及其他组织的科技人员兼职从事教学和科研工作，支持本单位的科技人员到企业及其他组织从事科技成果转化活动。

第二十八条 国家支持企业与研究开发机构、高等院校、职业院校及培训机构联合建立学生实习实践培训基地和研究生科研实践工作机构，共同培养专业技术人才和高技能人才。

第二十九条 国家鼓励农业科研机构、农业试验示范单位独立或者与其他单位合作实施农业科技成果转化。

第三十条 国家培育和发展技术市场，鼓励创办科技中介服务机构，为技术交易提供交易场所、信息平台以及信息检索、加工与分析、评估、经纪等服务。

科技中介服务机构提供服务，应当遵循公正、客观的原则，不得提供虚假的信息和证明，对其在服务过程中知悉的国家秘密和当事人的商业秘密负有保密义务。

第三十一条 国家支持根据产业和区域发展需要建设公共研究开发平台，为科技成果转化提供技术集成、共性技术研究开发、中间试验和工业性试验、科技成果系统化和工程化开发、技术推广与示范等服务。

第三十二条 国家支持科技企业孵化器、大学科技园等科技企业孵化机构发展，为初创期科技型中小企业提供孵化场地、创业辅导、研究开发与管理咨询等服务。

第三章 保障措施

第三十三条 科技成果转化财政经费，主要用于科技成果转化的引导资金、贷款贴息、补助资金和风险投资以及其他促进科技成果转化的资金用途。

第三十四条 国家依照有关税收法律、行政法规规定对科技成果转化活动实行税收优惠。

第三十五条 国家鼓励银行业金融机构在组织形式、管理机制、金融产品和服务等方面进行创新，鼓励开展知识产权质押贷款、股权质押贷款等贷款业务，为科技成果转化提供金融支持。

国家鼓励政策性金融机构采取措施，加大对科技成果转化的金融支持。

第三十六条 国家鼓励保险机构开发符合科技成果转化特点的保险品种，为科技成果转化提供保险服务。

第三十七条 国家完善多层次资本市场，支持企业通过股权交易、依法发行股票和债券等直接融资方式为科技成果转化项目进行融资。

第三十八条 国家鼓励创业投资机构投资科技成果转化项目。

国家设立的创业投资引导基金，应当引导和支持创业投资机构投资初创期科技型中小企业。

第三十九条 国家鼓励设立科技成果转化基金或者风险基金，其资金来源由国家、地方、企业、事业单位以及其他组织或者个人提供，用于支持高投入、高风险、高产出的科技成果的转化，加速重大科技成果的产业化。

科技成果转化基金和风险基金的设立及其资金使用，依照国家有关规定执行。

第四章 技术权益

第四十条 科技成果完成单位与其他单位合作进行科技成果转化的，应当依法由合同约定该科技成果有关权益的归属。合同未作约定的，按照下列原则办理：

（一）在合作转化中无新的发明创造的，该科技成果的权益，归该科技成果完成单位；

（二）在合作转化中产生新的发明创造的，该新发明创造的权益归合作各方共有；

（三）对合作转化中产生的科技成果，各方都有实施该项科技成果的权利，转让该科技成果应经合作各方同意。

第四十一条 科技成果完成单位与其他单位合作进行科技成果转化的，合作各方应当就保守技术秘密达成协议；当事人不得违反协议或者违反权利人有关保守技术秘密的要求，披露、允许他人使用该技术。

第四十二条 企业、事业单位应当建立健全技术秘密保护制度，保护本单位的技术秘密。职工应当遵守本单位的技术秘密保护制度。

企业、事业单位可以与参加科技成果转化的有关人员签订在职期间或者离职、离休、退休后一定期限内保守本单位技术秘密的协议；有关人员不得违反协议约定，泄露本单位的技术秘密和从事与原单位相同的科技成果转化活动。

职工不得将职务科技成果擅自转让或者变相转让。

第四十三条 国家设立的研究开发机构、高等院校转化科技成果所获得的收入全部留归本单位，在对完成、转化职务科技成果做出重要贡献的人员给予奖励和报酬后，主要用于科学技术研究开发与成果转化等相关工作。

第四十四条 职务科技成果转化后，由科技成果完成单位对完成、转化该项科技成果做出重要贡献的人员给予奖励和报酬。

科技成果完成单位可以规定或者与科技人员约定奖励和报酬的方式、数额和时限。单位制定相关规定，应当充分听取本单位科技人员的意见，并在本单位公开相关规定。

第四十五条 科技成果完成单位未规定、也未与科技人员约定奖励和报酬的方式和数额的，按照下列标准对完成、转化职务科技成果做出重要贡献的人员给予奖励和报酬：

（一）将该项职务科技成果转让、许可给他人实施的，从该项科技成果转让净收入或者许可净收入中提取不低于百分之五十的比例；

（二）利用该项职务科技成果作价投资的，从该项科技成果形成的股份或者出资比例中提取不低于百分之五十的比例；

（三）将该项职务科技成果自行实施或者与他人合作实施的，应当在实施转化成功投产后连续三至五年，每年从实施该项科技成果的营业利润中提取不低于百分之五的比例。

国家设立的研究开发机构、高等院校规定或者与科技人员约定奖励和报酬的方式和数额应当符合前款第一项至第三项规定的标准。

国有企业、事业单位依照本法规定对完成、转化职务科技成果做出重要贡献的人员给予奖励和报酬的支出计入当年本单位工资总额，但不受当年本单位工资总额限制、不纳入本单位工资总额基数。

第五章 法律责任

第四十六条 利用财政资金设立的科技项目的承担者未依照本法规定提交科技报告、汇交科技成果和相关知识产权信息的，由组织实施项目的政府有关部门、管理机构责令改正；情节严重的，予以通报批评，禁止其在一定期限内承担利用财政资金设立的科技项目。

国家设立的研究开发机构、高等院校未依照本法规定提交科技成果转化情况年度报告的，由其主管部门责令改正；情节严重的，予以通报批评。

第四十七条 违反本法规定，在科技成果转化活动中弄虚作假，采取欺骗手段，骗取奖励和荣誉称号、诈骗钱财、非法牟利的，由政府有关部门依照管理职责责令改正，取消该奖励和荣誉称号，没收违法所得，并处以罚款。给他人造成经济损失的，依法承担民事赔偿责任。构成犯罪的，依法追究刑事责任。

第四十八条 科技服务机构及其从业人员违反本法规定，故意提供虚假的信息、实验结果或者评估意见等欺骗当事人，或者与当事人一方串通欺骗另一方当事人的，由政府有关部门依照管理职责责令改正，没收违法所得，并处以罚款；情节严重的，由工商行政管理部门依法吊销营业执照。给他人造成经济损失的，依法承担民事赔偿责任；构成犯罪的，依法追究刑事责任。

科技中介服务机构及其从业人员违反本法规定泄露国家秘密或者当事人的商业秘密的，依照有关法律、行政法规的规定承担相应的法律责任。

第四十九条 科学技术行政部门和其他有关部门及其工作人员在科技成果转化中滥用职权、玩忽职守、徇私舞弊的，由任免机关或者监察机关对直接负责的主管人员和其他直接责任人员依法给予处分；构成犯罪的，依法追究刑事责任。

第五十条 违反本法规定，以唆使窃取、利诱胁迫等手段侵占他人的科技成果，侵犯他人合法权益的，依法承担民事赔偿责任，可以处以罚款；构成犯罪的，依法追究刑事责任。

第五十一条 违反本法规定，职工未经单位允许，泄露本单位的技术秘密，或者擅自转让、变相转让职务科技成果的，参加科技成果转化的有关人员违反与本单位的协议，在离职、离休、退休后约定的期限内从事与原单位相同的科技成果转化活动，给本单位造成经济损失的，依法承担民事赔偿责任；构成犯罪的，依法追究刑事责任。

第六章　附　则

第五十二条　本法自1996年10月1日起施行。

中华人民共和国知识产权海关保护条例

（2003年12月2日中华人民共和国国务院令第395号公布　根据2010年3月24日《国务院关于修改〈中华人民共和国知识产权海关保护条例〉的决定》第一次修订　根据2018年3月19日《国务院关于修改和废止部分行政法规的决定》第二次修订）

第一章　总　则

第一条　为了实施知识产权海关保护，促进对外经济贸易和科技文化交往，维护公共利益，根据《中华人民共和国海关法》，制定本条例。

第二条　本条例所称知识产权海关保护，是指海关对与进出口货物有关并受中华人民共和国法律、行政法规保护的商标专用权、著作权和与著作权有关的权利、专利权（以下统称知识产权）实施的保护。

第三条　国家禁止侵犯知识产权的货物进出口。

海关依照有关法律和本条例的规定实施知识产权保护，行使《中华人民共和国海关法》规定的有关权力。

第四条　知识产权权利人请求海关实施知识产权保护的，应当向海关提出采取保护措施的申请。

第五条 进口货物的收货人或者其代理人、出口货物的发货人或者其代理人应当按照国家规定，向海关如实申报与进出口货物有关的知识产权状况，并提交有关证明文件。

第六条 海关实施知识产权保护时，应当保守有关当事人的商业秘密。

第二章 知识产权的备案

第七条 知识产权权利人可以依照本条例的规定，将其知识产权向海关总署申请备案；申请备案的，应当提交申请书。申请书应当包括下列内容：

（一）知识产权权利人的名称或者姓名、注册地或者国籍等；

（二）知识产权的名称、内容及其相关信息；

（三）知识产权许可行使状况；

（四）知识产权权利人合法行使知识产权的货物的名称、产地、进出境地海关、进出口商、主要特征、价格等；

（五）已知的侵犯知识产权货物的制造商、进出口商、进出境地海关、主要特征、价格等。

前款规定的申请书内容有证明文件的，知识产权权利人应当附送证明文件。

第八条 海关总署应当自收到全部申请文件之日起30个工作日内作出是否准予备案的决定，并书面通知申请人；不予备案的，应当说明理由。

有下列情形之一的，海关总署不予备案：

（一）申请文件不齐全或者无效的；

（二）申请人不是知识产权权利人的；

（三）知识产权不再受法律、行政法规保护的。

第九条 海关发现知识产权权利人申请知识产权备案未如实

提供有关情况或者文件的，海关总署可以撤销其备案。

第十条 知识产权海关保护备案自海关总署准予备案之日起生效，有效期为10年。

知识产权有效的，知识产权权利人可以在知识产权海关保护备案有效期届满前6个月内，向海关总署申请续展备案。每次续展备案的有效期为10年。

知识产权海关保护备案有效期届满而不申请续展或者知识产权不再受法律、行政法规保护的，知识产权海关保护备案随即失效。

第十一条 知识产权备案情况发生改变的，知识产权权利人应当自发生改变之日起30个工作日内，向海关总署办理备案变更或者注销手续。

知识产权权利人未依照前款规定办理变更或者注销手续，给他人合法进出口或者海关依法履行监管职责造成严重影响的，海关总署可以根据有关利害关系人的申请撤销有关备案，也可以主动撤销有关备案。

第三章 扣留侵权嫌疑货物的申请及其处理

第十二条 知识产权权利人发现侵权嫌疑货物即将进出口的，可以向货物进出境地海关提出扣留侵权嫌疑货物的申请。

第十三条 知识产权权利人请求海关扣留侵权嫌疑货物的，应当提交申请书及相关证明文件，并提供足以证明侵权事实明显存在的证据。

申请书应当包括下列主要内容：

（一）知识产权权利人的名称或者姓名、注册地或者国籍等；

（二）知识产权的名称、内容及其相关信息；

（三）侵权嫌疑货物收货人和发货人的名称；

（四）侵权嫌疑货物名称、规格等；

（五）侵权嫌疑货物可能进出境的口岸、时间、运输工具等。

侵权嫌疑货物涉嫌侵犯备案知识产权的，申请书还应当包括海关备案号。

第十四条 知识产权权利人请求海关扣留侵权嫌疑货物的，应当向海关提供不超过货物等值的担保，用于赔偿可能因申请不当给收货人、发货人造成的损失，以及支付货物由海关扣留后的仓储、保管和处置等费用；知识产权权利人直接向仓储商支付仓储、保管费用的，从担保中扣除。具体办法由海关总署制定。

第十五条 知识产权权利人申请扣留侵权嫌疑货物，符合本条例第十三条的规定，并依照本条例第十四条的规定提供担保的，海关应当扣留侵权嫌疑货物，书面通知知识产权权利人，并将海关扣留凭单送达收货人或者发货人。

知识产权权利人申请扣留侵权嫌疑货物，不符合本条例第十三条的规定，或者未依照本条例第十四条的规定提供担保的，海关应当驳回申请，并书面通知知识产权权利人。

第十六条 海关发现进出口货物有侵犯备案知识产权嫌疑的，应当立即书面通知知识产权权利人。知识产权权利人自通知送达之日起3个工作日内依照本条例第十三条的规定提出申请，并依照本条例第十四条的规定提供担保的，海关应当扣留侵权嫌疑货物，书面通知知识产权权利人，并将海关扣留凭单送达收货人或者发货人。知识产权权利人逾期未提出申请或者未提供担保的，海关不得扣留货物。

第十七条 经海关同意，知识产权权利人和收货人或者发货人可以查看有关货物。

第十八条 收货人或者发货人认为其货物未侵犯知识产权权利人的知识产权的，应当向海关提出书面说明并附送相关证据。

第十九条 涉嫌侵犯专利权货物的收货人或者发货人认为其

进出口货物未侵犯专利权的，可以在向海关提供货物等值的担保金后，请求海关放行其货物。知识产权权利人未能在合理期限内向人民法院起诉的，海关应当退还担保金。

第二十条 海关发现进出口货物有侵犯备案知识产权嫌疑并通知知识产权权利人后，知识产权权利人请求海关扣留侵权嫌疑货物的，海关应当自扣留之日起30个工作日内对被扣留的侵权嫌疑货物是否侵犯知识产权进行调查、认定；不能认定的，应当立即书面通知知识产权权利人。

第二十一条 海关对被扣留的侵权嫌疑货物进行调查，请求知识产权主管部门提供协助的，有关知识产权主管部门应当予以协助。

知识产权主管部门处理涉及进出口货物的侵权案件请求海关提供协助的，海关应当予以协助。

第二十二条 海关对被扣留的侵权嫌疑货物及有关情况进行调查时，知识产权权利人和收货人或者发货人应当予以配合。

第二十三条 知识产权权利人在向海关提出采取保护措施的申请后，可以依照《中华人民共和国商标法》、《中华人民共和国著作权法》、《中华人民共和国专利法》或者其他有关法律的规定，就被扣留的侵权嫌疑货物向人民法院申请采取责令停止侵权行为或者财产保全的措施。

海关收到人民法院有关责令停止侵权行为或者财产保全的协助执行通知的，应当予以协助。

第二十四条 有下列情形之一的，海关应当放行被扣留的侵权嫌疑货物：

（一）海关依照本条例第十五条的规定扣留侵权嫌疑货物，自扣留之日起20个工作日内未收到人民法院协助执行通知的；

（二）海关依照本条例第十六条的规定扣留侵权嫌疑货物，自扣留之日起50个工作日内未收到人民法院协助执行通知，并且经调查不能认定被扣留的侵权嫌疑货物侵犯知识产权的；

（三）涉嫌侵犯专利权货物的收货人或者发货人在向海关提供与货物等值的担保金后，请求海关放行其货物的；

（四）海关认为收货人或者发货人有充分的证据证明其货物未侵犯知识产权权利人的知识产权的；

（五）在海关认定被扣留的侵权嫌疑货物为侵权货物之前，知识产权权利人撤回扣留侵权嫌疑货物的申请的。

第二十五条 海关依照本条例的规定扣留侵权嫌疑货物，知识产权权利人应当支付有关仓储、保管和处置等费用。知识产权权利人未支付有关费用的，海关可以从其向海关提供的担保金中予以扣除，或者要求担保人履行有关担保责任。

侵权嫌疑货物被认定为侵犯知识产权的，知识产权权利人可以将其支付的有关仓储、保管和处置等费用计入其为制止侵权行为所支付的合理开支。

第二十六条 海关实施知识产权保护发现涉嫌犯罪案件的，应当将案件依法移送公安机关处理。

第四章 法律责任

第二十七条 被扣留的侵权嫌疑货物，经海关调查后认定侵犯知识产权的，由海关予以没收。

海关没收侵犯知识产权货物后，应当将侵犯知识产权货物的有关情况书面通知知识产权权利人。

被没收的侵犯知识产权货物可以用于社会公益事业的，海关应当转交给有关公益机构用于社会公益事业；知识产权权利人有收购意愿的，海关可以有偿转让给知识产权权利人。被没收的侵犯知识产权货物无法用于社会公益事业且知识产权权利人无收购意愿的，海关可以在消除侵权特征后依法拍卖，但对进口假冒商标货物，除特殊情况外，不能仅清除货物上的商标标识即允许其进入商业渠道；侵权特征无法消除的，海关应当予以销毁。

第二十八条 海关接受知识产权保护备案和采取知识产权保护措施的申请后，因知识产权权利人未提供确切情况而未能发现侵权货物、未能及时采取保护措施或者采取保护措施不力的，由知识产权权利人自行承担责任。

知识产权权利人请求海关扣留侵权嫌疑货物后，海关不能认定被扣留的侵权嫌疑货物侵犯知识产权权利人的知识产权，或者人民法院判定不侵犯知识产权权利人的知识产权的，知识产权权利人应当依法承担赔偿责任。

第二十九条 进口或者出口侵犯知识产权货物，构成犯罪的，依法追究刑事责任。

第三十条 海关工作人员在实施知识产权保护时，玩忽职守、滥用职权、徇私舞弊，构成犯罪的，依法追究刑事责任；尚不构成犯罪的，依法给予行政处分。

第五章 附 则

第三十一条 个人携带或者邮寄进出境的物品，超出自用、合理数量，并侵犯本条例第二条规定的知识产权的，按照侵权货物处理。

第三十二条 本条例自2004年3月1日起施行。1995年7月5日国务院发布的《中华人民共和国知识产权海关保护条例》同时废止。

国务院办公厅关于印发《知识产权对外转让有关工作办法（试行）》的通知

（2018年3月18日　国办发〔2018〕19号）

《知识产权对外转让有关工作办法（试行）》已经国务院同意，现印发给你们，请认真贯彻执行。

知识产权对外转让有关工作办法（试行）

为贯彻落实总体国家安全观，完善国家安全制度体系，维护国家安全和重大公共利益，规范知识产权对外转让秩序，依据国家安全、对外贸易、知识产权等相关法律法规，制定本办法。

一、审查范围

（一）技术出口、外国投资者并购境内企业等活动中涉及本办法规定的专利权、集成电路布图设计专有权、计算机软件著作权、植物新品种权等知识产权对外转让的，需要按照本办法进行审查。所述知识产权包括其申请权。

（二）本办法所述知识产权对外转让，是指中国单位或者个人将其境内知识产权转让给外国企业、个人或者其他组织，包括权利人的变更、知识产权实际控制人的变更和知识产权的独占实施许可。

二、审查内容

（一）知识产权对外转让对我国国家安全的影响。

（二）知识产权对外转让对我国重要领域核心关键技术创新发展能力的影响。

三、审查机制

（一）技术出口中涉及的知识产权对外转让审查。

1. 在技术出口活动中，出口技术为我国政府明确的禁止出口限制出口技术目录中限制出口的技术时，涉及专利权、集成电路布图设计专有权、计算机软件著作权等知识产权的，应当进行审查。

2. 地方贸易主管部门收到技术出口经营者提交的中国限制出口技术申请书后，涉及专利权、集成电路布图设计专有权等知识产权对外转让的，应将相关材料转至地方知识产权管理部门。地方知识产权管理部门收到相关材料后，应对拟转让的知识产权进行审查并出具书面意见书，反馈至地方贸易主管部门，同时报国务院知识产权主管部门备案。

3. 地方贸易主管部门应当依据地方知识产权管理部门出具的书面意见书，并按照《中华人民共和国技术进出口管理条例》等有关规定作出审查决定。

4. 涉及计算机软件著作权对外转让的，由地方贸易主管部门和科技主管部门按照《中华人民共和国技术进出口管理条例》、《计算机软件保护条例》等有关规定进行审查。对外转让的计算机软件著作权已经在计算机软件登记机构登记的，地方贸易主管部门应当将审查结果及时通知计算机软件登记机构。经审查不得转让的，计算机软件登记机构在接到通知后，不得办理权属变更登记手续。

5. 涉及植物新品种权对外转让的，由农业主管部门和林业主管部门根据《中华人民共和国植物新品种保护条例》等有关规定，按照职责进行审查，重点审查内容为拟转让的植物新品种权对我国农业安全特别是粮食安全和种业安全的影响。

（二）外国投资者并购境内企业安全审查中涉及的知识产权对外转让审查。

1. 外国投资安全审查机构在对外国投资者并购境内企业进行安全审查时，对属于并购安全审查范围并且涉及知识产权对外转让的，应当根据拟转让知识产权的类别，将有关材料转至相关主管部门征求意见。涉及专利权、集成电路布图设计专有权的，由国务院知识产权主管部门负责；涉及计算机软件著作权的，由国家版权主管部门负责；涉及植物新品种权的，由国务院农业主管部门和林业主管部门按职责分别负责。

2. 相关主管部门应及时进行审查并出具书面意见书，反馈至外国投资安全审查机构。外国投资安全审查机构应当参考相关主管部门出具的书面意见书，按照有关规定作出审查决定。

四、其他事项

（一）相关主管部门应当制定审查细则，明确审查材料、审查流程、审查时限、工作责任等。

（二）在知识产权对外转让审查最终决定作出后，涉及知识产权权属变更的，转让双方应当按照相关法律法规办理变更手续。

（三）相关主管部门工作人员应当保守知识产权对外转让双方的商业秘密。

（四）知识产权对外转让涉及国防安全的，按照国家有关规定办理，不适用本办法。

（五）本办法自印发之日起试行。

最高人民法院关于审查知识产权纠纷行为保全案件适用法律若干问题的规定

（2018 年 11 月 26 日最高人民法院审判委员会第 1755 次会议通过　2018 年 12 月 12 日最高人民法院公告公布　自 2019 年 1 月 1 日起施行　法释〔2018〕21 号）

为正确审查知识产权纠纷行为保全案件，及时有效保护当事人的合法权益，根据《中华人民共和国民事诉讼法》《中华人民共和国专利法》《中华人民共和国商标法》《中华人民共和国著作权法》等有关法律规定，结合审判、执行工作实际，制定本规定。

第一条　本规定中的知识产权纠纷是指《民事案件案由规定》中的知识产权与竞争纠纷。

第二条　知识产权纠纷的当事人在判决、裁定或者仲裁裁决生效前，依据民事诉讼法第一百条、第一百零一条规定申请行为保全的，人民法院应当受理。

知识产权许可合同的被许可人申请诉前责令停止侵害知识产权行为的，独占许可合同的被许可人可以单独向人民法院提出申请；排他许可合同的被许可人在权利人不申请的情况下，可以单独提出申请；普通许可合同的被许可人经权利人明确授权以自己的名义起诉的，可以单独提出申请。

第三条　申请诉前行为保全，应当向被申请人住所地具有相应知识产权纠纷管辖权的人民法院或者对案件具有管辖权的人民法院提出。

当事人约定仲裁的，应当向前款规定的人民法院申请行为保全。

第四条 向人民法院申请行为保全，应当递交申请书和相应证据。申请书应当载明下列事项：

（一）申请人与被申请人的身份、送达地址、联系方式；

（二）申请采取行为保全措施的内容和期限；

（三）申请所依据的事实、理由，包括被申请人的行为将会使申请人的合法权益受到难以弥补的损害或者造成案件裁决难以执行等损害的具体说明；

（四）为行为保全提供担保的财产信息或资信证明，或者不需要提供担保的理由；

（五）其他需要载明的事项。

第五条 人民法院裁定采取行为保全措施前，应当询问申请人和被申请人，但因情况紧急或者询问可能影响保全措施执行等情形除外。

人民法院裁定采取行为保全措施或者裁定驳回申请的，应当向申请人、被申请人送达裁定书。向被申请人送达裁定书可能影响采取保全措施的，人民法院可以在采取保全措施后及时向被申请人送达裁定书，至迟不得超过五日。

当事人在仲裁过程中申请行为保全的，应当通过仲裁机构向人民法院提交申请书、仲裁案件受理通知书等相关材料。人民法院裁定采取行为保全措施或者裁定驳回申请的，应当将裁定书送达当事人，并通知仲裁机构。

第六条 有下列情况之一，不立即采取行为保全措施即足以损害申请人利益的，应当认定属于民事诉讼法第一百条、第一百零一条规定的“情况紧急”：

（一）申请人的商业秘密即将被非法披露；

（二）申请人的发表权、隐私权等人身权利即将受到侵害；

（三）诉争的知识产权即将被非法处分；

（四）申请人的知识产权在展销会等时效性较强的场合正在或者即将受到侵害；

（五）时效性较强的热播节目正在或者即将受到侵害；

（六）其他需要立即采取行为保全措施的情况。

第七条 人民法院审查行为保全申请，应当综合考量下列因素：

（一）申请人的请求是否具有事实基础和法律依据，包括请求保护的知识产权效力是否稳定；

（二）不采取行为保全措施是否会使申请人的合法权益受到难以弥补的损害或者造成案件裁决难以执行等损害；

（三）不采取行为保全措施对申请人造成的损害是否超过采取行为保全措施对被申请人造成的损害；

（四）采取行为保全措施是否损害社会公共利益；

（五）其他应当考量的因素。

第八条 人民法院审查判断申请人请求保护的知识产权效力是否稳定，应当综合考量下列因素：

（一）所涉权利的类型或者属性；

（二）所涉权利是否经过实质审查；

（三）所涉权利是否处于宣告无效或者撤销程序中以及被宣告无效或者撤销的可能性；

（四）所涉权利是否存在权属争议；

（五）其他可能导致所涉权利效力不稳定的因素。

第九条 申请人以实用新型或者外观设计专利权为依据申请行为保全的，应当提交由国务院专利行政部门作出的检索报告、专利权评价报告或者专利复审委员会维持该专利权有效的决定。申请人无正当理由拒不提交的，人民法院应当裁定驳回其申请。

第十条 在知识产权与不正当竞争纠纷行为保全案件中，有下列情形之一的，应当认定属于民事诉讼法第一百零一条规定的“难以弥补的损害”：

（一）被申请人的行为将会侵害申请人享有的商誉或者发表权、隐私权等人身性质的权利且造成无法挽回的损害；

（二）被申请人的行为将会导致侵权行为难以控制且显著增加申请人损害；

（三）被申请人的侵害行为将会导致申请人的相关市场份额明显减少；

（四）对申请人造成其他难以弥补的损害。

第十一条 申请人申请行为保全的，应当依法提供担保。

申请人提供的担保数额，应当相当于被申请人可能因执行行为保全措施所遭受的损失，包括责令停止侵权行为所涉产品的销售收益、保管费用等合理损失。

在执行行为保全措施过程中，被申请人可能因此遭受的损失超过申请人担保数额的，人民法院可以责令申请人追加相应的担保。申请人拒不追加的，可以裁定解除或者部分解除保全措施。

第十二条 人民法院采取的行为保全措施，一般不因被申请人提供担保而解除，但是申请人同意的除外。

第十三条 人民法院裁定采取行为保全措施的，应当根据申请人的请求或者案件具体情况等因素合理确定保全措施的期限。

裁定停止侵害知识产权行为的效力，一般应当维持至案件裁判生效时止。

人民法院根据申请人的请求、追加担保等情况，可以裁定继续采取保全措施。申请人请求续行保全措施的，应当在期限届满前七日内提出。

第十四条 当事人不服行为保全裁定申请复议的，人民法院应当在收到复议申请后十日内审查并作出裁定。

第十五条 人民法院采取行为保全的方法和措施，依照执行程序相关规定处理。

第十六条 有下列情形之一的，应当认定属于民事诉讼法第一百零五条规定的“申请有错误”：

（一）申请人在采取行为保全措施后三十日内不依法提起诉讼或者申请仲裁；

（二）行为保全措施因请求保护的知识产权被宣告无效等原因自始不当；

（三）申请责令被申请人停止侵害知识产权或者不正当竞争，但生效裁判认定不构成侵权或者不正当竞争；

（四）其他属于申请有错误的情形。

第十七条 当事人申请解除行为保全措施，人民法院收到申请后经审查符合《最高人民法院关于适用〈中华人民共和国民事诉讼法〉的解释》第一百六十六条规定的情形的，应当在五日内裁定解除。

申请人撤回行为保全申请或者申请解除行为保全措施的，不因此免除民事诉讼法第一百零五条规定的赔偿责任。

第十八条 被申请人依据民事诉讼法第一百零五条规定提起赔偿诉讼，申请人申请诉前行为保全后没有起诉或者当事人约定仲裁的，由采取保全措施的人民法院管辖；申请人已经起诉的，由受理起诉的人民法院管辖。

第十九条 申请人同时申请行为保全、财产保全或者证据保全的，人民法院应当依法分别审查不同类型保全申请是否符合条件，并作出裁定。

为避免被申请人实施转移财产、毁灭证据等行为致使保全目的无法实现，人民法院可以根据案件具体情况决定不同类型保全措施的执行顺序。

第二十条 申请人申请行为保全，应当依照《诉讼费用交纳办法》关于申请采取行为保全措施的规定交纳申请费。

第二十一条 本规定自2019年1月1日起施行。最高人民法院以前发布的相关司法解释与本规定不一致的，以本规定为准。

指导案例

指导案例55号：柏万清诉成都难寻物品营销服务中心等侵害实用新型专利权纠纷案

审理法院

最高人民法院

审结日期

2012年12月28日

发布日期

2015年11月19日

关键词

民事/侵害实用新型专利权/保护范围/技术术语/侵权对比

裁判要点

专利权的保护范围应当清楚，如果实用新型专利权的权利要求书的表述存在明显瑕疵，结合涉案专利说明书、附图、本领域的公知常识及相关现有技术等，不能确定权利要求中技术术语的具体含义而导致专利权的保护范围明显不清，则因无法将其与被诉侵权技术方案进行有实质意义的侵权对比，从而不能认定被诉侵权技术方案构成侵权。

相关法条

《中华人民共和国专利法》第26条第4款、第59条第1款

基本案情

原告柏万清系专利号200420091540.7、名称为“防电磁污染服”实用新型专利（以下简称涉案专利）的专利权人。涉案专利权利要求1的技术特征为：A. 一种防电磁污染服，包括上装和下装；B. 服装的面料里设有起屏蔽作用的金属网或膜；C. 起屏蔽作用的金属网或膜由导磁率高而无剩磁的金属细丝或者金属粉末构成。该专利说明书载明，该专利的目的是提供一种成本低、保护范围宽和效果好的防电磁污染服。其特征在于所述服装在面料里设有由导磁率高而无剩磁的金属细丝或者金属粉末构成的起屏蔽保护作用的金属网或膜。所述金属细丝可用市售5到8丝的铜丝等，所述金属粉末可用如软铁粉末等。附图1、2表明，防护服是在不改变已有服装样式和面料功能的基础上，通过在面料里织进导电金属细丝或者以喷、涂、扩散、浸泡和印染等任一方式的加工方法将导电金属粉末与面料复合，构成带网眼的网状结构即可。

2010年5月28日，成都难寻物品营销服务中心销售了由上海添香实业有限公司生产的添香牌防辐射服上装，该产品售价490元，其技术特征是：a. 一种防电磁污染服上装；b. 服装的面料里设有起屏蔽作用的金属防护网；c. 起屏蔽作用的金属防护网由不锈钢金属纤维构成。7月19日，柏万清以成都难寻物品营销服务中心销售、上海添香实业有限公司生产的添香牌防辐射服上装（以下简称被诉侵权产品）侵犯涉案专利权为由，向四川省成都市中级人民法院提起民事诉讼，请求判令成都难寻物品营销服务中心立即停止销售被控侵权产品；上海添香实业有限公司停止生产、销售被控侵权产品，并赔偿经济损失100万元。

裁判结果

四川省成都市中级人民法院于2011年2月18日作出（2010）成民初字第597号民事判决，驳回柏万清的诉讼请求。宣判后，柏万清提起上诉。四川省高级人民法院于2011年10月24日作出（2011）川民终字第391号民事判决驳回柏万清上诉，维持原判。柏万清不服，向最高人民法院申请再审，最高人民法院于2012年12月28日裁定驳回其再审申请。

裁判理由

法院生效裁判认为：本案争议焦点是上海添香实业有限公司生产、成都难寻物品营销服务中心销售的被控侵权产品是否侵犯柏万清的“防电磁污染服”实用新型专利权。《中华人民共和国专利法》第二十六条第四款规定：“权利要求书应当以说明书为依据，清楚、简要地限定要求专利保护的范围。”第五十九条第一款规定：“发明或者实用新型专利权的保护范围以其权利要求的内容为准，说明书及附图可以用于解释权利要求的内容。”可见，准确界定专利权的保护范围，是认定被诉侵权技术方案是否构成侵权的前提条件。如果权利要求书的撰写存在明显瑕疵，结合涉案专利说明书、附图、本领域的公知常识以及相关现有技术等，仍然不能确定权利要求中技术术语的具体含义，无法准确确定专利权的保护范围的，则无法将被诉侵权技术方案与之进行有意义的侵权对比。因此，对于保护范围明显不清楚的专利权，不能认定被诉侵权技术方案构成侵权。

本案中，涉案专利权利要求1的技术特征C中的“导磁率高”的具体范围难以确定。首先，根据柏万清提供的证据，虽然磁导率有时也被称为导磁率，但磁导率有绝对磁导率与相对磁导率之分，根据具体条件的不同还涉及起始磁导率μi、最大磁导率μm等概念。不同概念的含义不同，计算方式也不尽相同。磁导率并非常数，磁场强度H发生变化时，即可观察到磁导率的变化。但是在涉案专利说明书中，既没有记载导磁率在涉案专利技术方案中是指相对磁导率还是绝对磁导率或者其他概念，又没有记载导磁率高的具体范围，也没有记载包括磁场强度H等在内的计算导磁率的客观条件。本领域技术人员根据涉案专利说明书，难以确定涉案专利中所称的导磁率高的具体含义。其次，从柏万清提交的相关证据来看，虽能证明有些现有技术中确实采用了高磁导率、高导磁率等表述，但根据技术领域以及磁场强度的不同，所谓高导磁率的含义十分宽泛，从80 Gs/Oe至83.5 × 104 Gs/Oe均被柏万清称为高导磁率。柏万清提供的证据并不能证明在涉案专利所属技术领域中，本领域技术人员对于高导磁率的含义或者范围有着相对统一的认识。最后，柏万清主张根据具体使用环境的不同，本领域技术人员可以确定具体的安全下限，从而确定所需的导磁率。该主张实际上是将能够实现防辐射目的的所有情形均纳入涉案专利权的保护范围，保护范围过于宽泛，亦缺乏事实和法律依据。

综上所述，根据涉案专利说明书以及柏万清提供的有关证据，本领域技术人员难以确定权利要求1技术特征C中“导磁率高”的具体范围或者具体含义，不能准确确定权利要求1的保护范围，无法将被诉侵权产品与之进行有实质意义的侵权对比。因此，二审判决认定柏万清未能举证证明被诉侵权产品落入涉案专利权的保护范围，并无不当。

（生效裁判审判人员：周翔、罗霞、杜微科）

指导案例58号：成都同德福合川桃片有限公司诉重庆市合川区同德福桃片有限公司、余晓华侵害商标权及不正当竞争纠纷案

案件字号

（2013）渝高法民终字00292号

审结日期

2013年12月17日

发布日期

2016年5月20日

关键词

民事/侵害商标权/不正当竞争/老字号/虚假宣传

裁判要点

1. 与“老字号”无历史渊源的个人或企业将“老字号”或与其近似的字号注册为商标后，以“老字号”的历史进行宣传的，应认定为虚假宣传，构成不正当竞争。

2. 与“老字号”具有历史渊源的个人或企业在未违反诚实信用原则的前提下，将“老字号”注册为个体工商户字号或企业名称，未引人误认且未突出使用该字号的，不构成不正当竞争或侵犯注册商标专用权。

相关法条

《中华人民共和国商标法》第57条第7项

《中华人民共和国反不正当竞争法》第2条、第9条

基本案情

原告(反诉被告)成都同德福合川桃片食品有限公司(以下简称成都同德福公司)诉称,成都同德福公司为"同德福TONGDEFU及图"商标权人,余晓华先后成立的个体工商户和重庆市合川区同德福桃片有限公司(以下简称重庆同德福公司),在其字号及生产的桃片外包装上突出使用了"同德福",侵害了原告享有的"同德福TONGDEFU及图"注册商标专用权并构成不正当竞争。请求法院判令重庆同德福公司、余晓华停止使用并注销含有"同德福"字号的企业名称;停止侵犯原告商标专用权的行为,登报赔礼道歉、消除影响,赔偿原告经济、商誉损失50万元及合理开支5066.4元。

被告(反诉原告)重庆同德福公司、余晓华共同答辩并反诉称,重庆同德福公司的前身为始创于1898年的同德福斋铺,虽然同德福斋铺因公私合营而停止生产,但未中断独特技艺的代代相传。"同德福"第四代传人余晓华继承祖业先后注册了个体工商户和公司,规范使用其企业名称及字号,重庆同德福公司、余晓华的注册行为是善意的,不构成侵权。成都同德福公司与老字号"同德福"并没有直接的历史渊源,但其将"同德福"商标与老字号"同德福"进行关联的宣传,属于虚假宣传。而且,成都同德福公司擅自使用"同德福"知名商品名称,构成不正当竞争。请求法院判令成都同德福公司停止虚假宣传,在全国性报纸上登报消除影响;停止对"同德福"知名商品特有名称的侵权行为。

法院经审理查明:开业于1898年的同德福斋铺,在1916年至1956年期间,先后由余鸿春、余复光、余永祚三代人经营。在20

世纪20年代至50年代期间，“同德福”商号享有较高知名度。1956年，由于公私合营，同德福斋铺停止经营。1998年，合川市桃片厂温江分厂获准注册了第1215206号“同德福TONGDEFU及图”商标，核定使用范围为第30类，即糕点、桃片（糕点）、可可产品、人造咖啡。2000年11月7日，前述商标的注册人名义经核准变更为成都同德福公司。成都同德福公司的多种产品外包装使用了“老字号”“百年老牌”字样、“‘同德福牌’桃片简介：‘同德福牌’桃片创制于清乾隆年间（或1840年），有着悠久的历史文化”等字样。成都同德福公司网站中“公司简介”页面将《合川文史资料选辑（第二辑）》中关于同德福斋铺的历史用于其“同德福”牌合川桃片的宣传。

2002年1月4日，余永祚之子余晓华注册个体工商户，字号名称为合川市老字号同德福桃片厂，经营范围为桃片、小食品自产自销。2007年，其字号名称变更为重庆市合川区同德福桃片厂，后注销。2011年5月6日，重庆同德福公司成立，法定代表人为余晓华，经营范围为糕点（烘烤类糕点、熟粉类糕点）生产，该公司是第6626473号“余复光1898”图文商标、第7587928号“余晓华”图文商标的注册商标专用权人。重庆同德福公司的多种产品外包装使用了“老字号【同德福】商号，始创于清光绪23年（1898年）历史悠久”等介绍同德福斋铺历史及获奖情况的内容，部分产品在该段文字后注明“以上文字内容摘自《合川县志》”；“【同德福】颂：同德福，在合川，驰名远，开百年，做桃片，四代传，品质高，价亦廉，讲诚信，无欺言，买卖公，热情谈”；“合川桃片”“重庆市合川区同德福桃片有限公司”等字样。

裁判结果

重庆市第一中级人民法院于2013年7月3日作出（2013）渝一中法民初字第00273号民事判决：一、成都同德福公司立即停止涉案的虚假宣传行为。二、成都同德福公司就其虚假宣传行为于本判决生效之日起连续五日在其网站刊登声明消除影响。三、驳回成都同德福公司的全部诉讼请求。四、驳回重庆同德福公司、余晓华的其他反诉请求。一审宣判后，成都同德福公司不服，提起上诉。重庆市高级人民法院于2013年12月17日作出（2013）渝高法民终字00292号民事判决：驳回上诉，维持原判。

裁判理由

法院生效裁判认为：个体工商户余晓华及重庆同德福公司与成都同德福公司经营范围相似，存在竞争关系；其字号中包含“同德福”三个字与成都同德福公司的“同德福TONGDEFU及图”注册商标的文字部分相同，与该商标构成近似。其登记字号的行为是否构成不正当竞争关键在于该行为是否违反诚实信用原则。成都同德福公司的证据不足以证明“同德福TONGDEFU及图”商标已经具有相当知名度，即便他人将“同德福”登记为字号并规范使用，不会引起相关公众误认，因而不能说明余晓华将个体工商户字号注册为“同德福”具有“搭便车”的恶意。而且，在二十世纪二十年代至五十年代期间，“同德福”商号享有较高商誉。同德福斋铺先后由余鸿春、余复光、余永祚三代人经营，尤其是在余复光经营期间，同德福斋铺生产的桃片获得了较多荣誉。余晓华系余复光之孙、余永祚之子，基于同德福斋铺的商号曾经获得的知名度及其与同德福斋铺经营者之间的直系亲属关系，将个体工商户字号登记为“同德福”具有合理性。余晓华登记个体工商户字号的行为是善意的，并未违反诚实信用原则，不构成不正当竞争。基于经营的延续性，其变更个体工商户字号的行为以及重庆同德福公司登记公司名称的行为亦不构成不正当竞争。

从重庆同德福公司产品的外包装来看，重庆同德福公司使用的是企业全称，标注于外包装正面底部，“同德福”三字位于企业全称之中，与整体保持一致，没有以简称等形式单独突出使用，也没有为突出显示而采取任何变化，且整体文字大小、字形、颜色与其他部分相比不突出。因此，重庆同德福公司在产品外包装上标注企业名称的行为系规范使用，不构成突出使用字号，也不构成侵犯商标权。就重庆同德福公司标注“同德福颂”的行为而言，“同德福颂”四字相对于其具体内容（三十六字打油诗）字体略大，但视觉上形成一个整体。其具体内容系根据史料记载的同德福斋铺曾经在商品外包装上使用过的一段类似文字改编，意在表明“同德福”商号的历史和经营理念，并非为突出“同德福”三个字。且重庆同德福公司的产品外包装使用了多项商业标识，其中“合川桃片”集体商标特别突出，其自有商标也比较明显，并同时标注了“合川桃片”地理标志及重庆市非物质文化遗产，相对于这些标识来看，“同德福颂”及其具体内容仅属于普通描述性文字，明显不具有商业标识的形式，也不够突出醒目，客观上不容易使消费者对商品来源产生误认，亦不具备替代商标的功能。因此，重庆同德福公司标注“同德福颂”的行为不属于侵犯商标权意义上的“突出使用”，不构成侵犯商标权。

成都同德福公司的网站上登载的部分“同德福牌”桃片的历史及荣誉，与史料记载的同德福斋铺的历史及荣誉一致，且在其网站上标注了史料来源，但并未举证证明其与同德福斋铺存在何种联系。此外，成都同德福公司还在其产品外包装标明其为“百年老牌”“老字号”“始创于清朝乾隆年间”等字样，而其“同德福 TONGDEFU 及图”商标核准注册的时间是1998年，就其采取前述标注行为的依据，成都同德福公司亦未举证证明。成都同德福公司的前述行为与事实不符，容易使消费者对于其品牌的起源、历史及其与同德福斋铺的关系产生误解，进而取得竞争上的优势，构成虚假宣传，应承担相应的停止侵权、消除影响的民事责任。

指导案例81号：张晓燕诉雷献和、赵琪、山东爱书人音像图书有限公司著作权侵权纠纷案

案件字号

（2013）民申字第1049号

审结日期

2014年11月28日

发布日期

2017年3月6日

关键词

民事/著作权侵权/影视作品/历史题材/实质相似

裁判要点

1. 根据同一历史题材创作的作品中的题材主线、整体线索脉络，是社会共同财富，属于思想范畴，不能为个别人垄断，任何人都有权对此类题材加以利用并创作作品。

2. 判断作品是否构成侵权，应当从被诉侵权作品作者是否接触过权利人作品、被诉侵权作品与权利人作品之间是否构成实质相似等方面进行。在判断是否构成实质相似时，应比较作者在作品表达中的取舍、选择、安排、设计等是否相同或相似，不应从思想、情感、创意、对象等方面进行比较。

3. 按照著作权法保护作品的规定，人民法院应保护作者具有独创性的表达，即思想或情感的表现形式。对创意、素材、公有

领域信息、创作形式、必要场景，以及具有唯一性或有限性的表达形式，则不予保护。

相关法条

《中华人民共和国著作权法》第二条

《中华人民共和国著作权法实施条例》第二条

基本案情

原告张晓燕诉称：其于1999年12月开始改编创作《高原骑兵连》剧本，2000年8月根据该剧本筹拍20集电视连续剧《高原骑兵连》（以下将该剧本及其电视剧简称“张剧”），2000年12月该剧摄制完成，张晓燕系该剧著作权人。被告雷献和作为《高原骑兵连》的名誉制片人参与了该剧的摄制。被告雷献和作为第一编剧和制片人、被告赵琪作为第二编剧拍摄了电视剧《最后的骑兵》（以下将该电视剧及其剧本简称“雷剧”）。2009年7月1日，张晓燕从被告山东爱书人音像图书有限公司购得《最后的骑兵》DVD光盘，发现与“张剧”有很多雷同之处，主要人物关系、故事情节及其他方面相同或近似，“雷剧”对“张剧”剧本及电视剧构成侵权。故请求法院判令：三被告停止侵权，雷献和在《齐鲁晚报》上公开发表致歉声明并赔偿张晓燕剧本稿酬损失、剧本出版发行及改编费损失共计80万元。

被告雷献和辩称：“张剧”剧本根据张冠林的长篇小说《雪域河源》改编而成，“雷剧”最初由雷献和根据师永刚的长篇小说《天苍茫》改编，后由赵琪参照其小说《骑马挎枪走天涯》重写剧本定稿。2000年上半年，张晓燕找到雷献和，提出合拍反映骑兵生活的电视剧。雷献和向张晓燕介绍了改编《天苍茫》的情况，建议合拍，张晓燕未同意。2000年8月，雷献和与张晓燕签订了合作协议，约定拍摄制作由张晓燕负责，雷献和负责军事保障，不参与艺术创作，雷献和没有看到张晓燕的剧本。“雷剧”和“张剧”创作播出的时间不同，“雷剧”不可能影响“张剧”的发行播出。

法院经审理查明：“张剧”“雷剧”、《骑马挎枪走天涯》《天苍茫》，均系以二十世纪八十年代中期精简整编中骑兵部队撤(缩)编为主线展开的军旅、历史题材作品。短篇小说《骑马挎枪走天涯》发表于《解放军文艺》1996年第12期总第512期；长篇小说《天苍茫》于2001年4月由解放军文艺出版社出版发行；“张剧”于2004年5月17日至5月21日由中央电视台第八套节目在上午时段以每天四集的速度播出；“雷剧”于2004年5月19日至29日由中央电视台第一套节目在晚上黄金时段以每天两集的速度播出。

《骑马挎枪走天涯》通过对骑兵连被撤销前后连长、指导员和一匹神骏的战马的描写，叙述了骑兵在历史上的辉煌、骑兵连被撤销、骑兵连官兵特别是骑兵连长对骑兵、战马的痴迷。《骑马挎枪走天涯》存在如下描述：神马（15号军马）出身来历中透着的神秘、连长与军马的水乳交融、指导员孔越华的人物形象、连长作诗、父亲当过骑兵团长、骑兵在未来战争中发挥的重要作用、连长为保留骑兵连所做的努力、骑兵连最后被撤销、结尾处连长与神马的悲壮。“雷剧”中天马的来历也透着神秘，除了连长常问天的父亲曾为骑兵师长外，上述情节内容与《骑马挎枪走天涯》基本相似。

《天苍茫》是讲述中国军队最后一支骑兵连充满传奇与神秘历史的书，书中展示草原与骑兵的生活，如马与人的情感、最后一匹野马的基因价值，以及研究马语的老人，神秘的预言者，最后的野马在香港赛马场胜出的传奇故事。《天苍茫》中连长成天的父亲是原骑兵师的师长，司令员是山南骑兵连的第一任连长、成天父亲的老部下，成天从小暗恋司令员女儿兰静，指导员王青衣与兰静相爱，并促进成天与基因学者刘可可的爱情。最后连长为救被困沼泽的研究人员牺牲。“雷剧”中高波将前指导员跑得又快又稳性子好的“大喇嘛”牵来交给常问天作为临时坐骑。结尾连长为完成抓捕任务而牺牲。“雷剧”中有关指导员孔越华与连长常问天之间关系的描述与《天苍茫》中指导员王青衣与连长成天关系的情节内容有相似之处。

法院依法委托中国版权保护中心版权鉴定委员会对“张剧”与“雷剧”进行鉴定，结论如下：1. 主要人物设置及关系部分相似；2. 主要线索脉络即骑兵部队缩编（撤销）存在相似之处；3. 存在部分相同或者近似的情节，但除一处语言表达基本相同之外，这些情节的具体表达基本不同。语言表达基本相同的情节是指双方作品中男主人公表达“愿做牧马人”的话语的情节。“张剧”电视剧第四集秦冬季说：“草原为家，以马为伴，做个牧马人”；“雷剧”第十八集常问天说：“以草原为家，以马为伴，你看过电影《牧马人》吗？做个自由的牧马人”。

裁判结果

山东省济南市中级人民法院于2011年7月13日作出（2010）济民三初字第84号民事判决：驳回张晓燕的全部诉讼请求。张晓燕不服，提起上诉。山东省高级人民法院于2012年6月14日作出（2011）鲁民三终字第194号民事判决：驳回上诉，维持原判。张晓燕不服，向最高人民法院申请再审。最高人民法院经审查，于2014年11月28日作出（2013）民申字第1049号民事裁定：驳回张晓燕的再审申请。

裁判理由

法院生效裁判认为：本案的争议焦点是“雷剧”的剧本及电视剧是否侵害“张剧”的剧本及电视剧的著作权。

判断作品是否构成侵权，应当从被诉侵权作品的作者是否“接触”过要求保护的权利人作品、被诉侵权作品与权利人的作品之间是否构成“实质相似”两个方面进行判断。本案各方当事人对雷献和接触“张剧”剧本及电视剧并无争议，本案的核心问题在于两部作品是否构成实质相似。

我国著作权法所保护的是作品中作者具有独创性的表达，即思想或情感的表现形式，不包括作品中所反映的思想或情感本身。这里指的思想，包括对物质存在、客观事实、人类情感、思维方法的认识，是被描述、被表现的对象，属于主观范畴。思想者借助物质媒介，将构思诉诸形式表现出来，将意象转化为形象、将抽象转化为具体、将主观转化为客观、将无形转化为有形，为他人感知的过程即为创作，创作形成的有独创性的表达属于受著作权法保护的作品。著作权法保护的表达不仅指文字、色彩、线条等符号的最终形式，当作品的内容被用于体现作者的思想、情感时，内容也属于受著作权法保护的表达，但创意、素材或公有领域的信息、创作形式、必要场景或表达唯一或有限则被排除在著作权法的保护范围之外。必要场景，指选择某一类主题进行创作时，不可避免而必须采取某些事件、角色、布局、场景，这种表现特定主题不可或缺的表达方式不受著作权法保护；表达唯一或有限，指一种思想只有唯一一种或有限的表达形式，这些表达视为思想，也不给予著作权保护。在判断“雷剧”与“张剧”是否构成实质相似时，应比较两部作品中对于思想和情感的表达，将两部作品表达中作者的取舍、选择、安排、设计是否相同或相似，而不是离开表达看思想、情感、创意、对象等其他方面。结合张晓燕的主张，从以下几个方面进行分析判断：

关于张晓燕提出“雷剧”与“张剧”题材主线相同的主张，因“雷剧”与《骑马挎枪走天涯》都通过紧扣“英雄末路、骑兵绝唱”这一主题和情境描述了“最后的骑兵”在撤编前后发生的故事，可以认定“雷剧”题材主线及整体线索脉络来自《骑马挎枪走天涯》。“张剧”“雷剧”以及《骑马挎枪走天涯》《天苍茫》4部作品均系以二十世纪八十年代中期精简整编中骑兵部队撤

（缩）编为主线展开的军旅历史题材作品，是社会的共同财富，不能为个别人所垄断，故4部作品的作者都有权以自己的方式对此类题材加以利用并创作作品。因此，即便“雷剧”与“张剧”题材主线存在一定的相似性，因题材主线不受著作权法保护，且“雷剧”的题材主线系来自最早发表的《骑马挎枪走天涯》，不能认定“雷剧”抄袭自“张剧”。

关于张晓燕提出“雷剧”与“张剧”人物设置与人物关系相同、相似的主张，鉴于前述4部作品均系以特定历史时期骑兵部队撤（缩）编为主线展开的军旅题材作品，除了《骑马挎枪走天涯》受短篇小说篇幅的限制，没有三角恋爱关系或军民关系外，其他3部作品中都包含三角恋爱关系、官兵上下关系、军民关系等人物设置和人物关系，这样的表现方式属于军旅题材作品不可避免地采取的必要场景，因表达方式有限，不受著作权法保护。

关于张晓燕提出“雷剧”与“张剧”语言表达及故事情节相同、相似的主张，从语言表达看，如“雷剧”中“做个自由的‘牧马人’”与“张剧”中“做个牧马人”语言表达基本相同，但该语言表达属于特定语境下的惯常用语，非独创性表达。从故事情节看，用于体现作者的思想与情感的故事情节属于表达的范畴，具有独创性的故事情节应受著作权法保护，但是，故事情节中仅部分元素相同、相似并不能当然得出故事情节相同、相似的结论。前述4部作品相同、相似的部分多属于公有领域素材或缺乏独创性的素材，有的仅为故事情节中的部分元素相同，但情节所展开的具体内容和表达的意义并不相同。二审法院认定“雷剧”与“张剧”6处相同、相似的故事情节，其中老部下关系、临时指定马匹等在《天苍茫》中也有相似的情节内容，其他部分虽在情节设计方面存在相同、相似之处，但有的仅为情节表达中部分元素的相同、相似，情节内容相同、相似的部分少且微不足道。

整体而言，“雷剧”与“张剧”具体情节展开不同、描写的侧重点不同、主人公性格不同、结尾不同，二者相同、相似的故事情节在“雷剧”中所占比例极低，且在整个故事情节中处于次要位置，不构成“雷剧”中的主要部分，不会导致读者和观众对两部作品产生相同、相似的欣赏体验，不能得出两部作品实质相似的结论。根据《最高人民法院关于审理著作权民事纠纷案件适用法律若干问题的解释》第十五条“由不同作者就同一题材创作的作品，作品的表达系独立完成并且有创作性的，应当认定作者各自享有独立著作权”的规定，“雷剧”与“张剧”属于由不同作者就同一题材创作的作品，两剧都有独创性，各自享有独立著作权。

指导案例85号：高仪股份公司诉浙江健龙卫浴有限公司侵害外观设计专利权纠纷案

案件字号

(2015) 民提字第23号

审结日期

2015年8月11日

发布日期

2017年3月6日

关键词

民事/侵害外观设计专利/设计特征/功能性特征/整体视觉效果

裁判要点

1. 授权外观设计的设计特征体现了其不同于现有设计的创新

内容，也体现了设计人对现有设计的创造性贡献。如果被诉侵权设计未包含授权外观设计区别于现有设计的全部设计特征，一般可以推定被诉侵权设计与授权外观设计不近似。

2. 对设计特征的认定，应当由专利权人对其所主张的设计特征进行举证。人民法院在听取各方当事人质证意见基础上，对证据进行充分审查，依法确定授权外观设计的设计特征。

3. 对功能性设计特征的认定，取决于外观设计产品的一般消费者看来该设计是否仅仅由特定功能所决定，而不需要考虑该设计是否具有美感。功能性设计特征对于外观设计的整体视觉效果不具有显著影响。功能性与装饰性兼具的设计特征对整体视觉效果的影响需要考虑其装饰性的强弱，装饰性越强，对整体视觉效果的影响越大，反之则越小。

相关法条

《中华人民共和国专利法》第五十九条第二款

基本案情

高仪股份公司（以下简称高仪公司）为“手持淋浴喷头（No. A4284410X2）”外观设计专利的权利人，该外观设计专利现合法有效。2012年11月，高仪公司以浙江健龙卫浴有限公司（以下简称健龙公司）生产、销售和许诺销售的丽雅系列等卫浴产品侵害其“手持淋浴喷头”外观设计专利权为由提起诉讼，请求法院判令健龙公司立即停止被诉侵权行为，销毁库存的侵权产品及专用于生产侵权产品的模具，并赔偿高仪公司经济损失20万元。经一审庭审比对，健龙公司被诉侵权产品与高仪公司涉案外观设计专利的相同之处为：二者属于同类产品，从整体上看，二者均是由喷头头部和手柄两个部分组成，被诉侵权产品头部出水面的形状与涉案专利相同，均表现为出水孔呈放射状分布在两端圆、中间长方形的区域内，边缘呈圆弧状。两者的不同之处为：1. 被诉侵权产品的喷头头部四周为斜面，从背面向出水口倾斜，而涉案专利主视图及左视图中显示其喷头头部四周为圆弧面；2. 被诉侵权产品头部的出水面与面板间仅由一根线条分隔，涉案专利头部的出水面与面板间由两条线条构成的带状分隔；3. 被诉侵权产品头部出水面的出水孔分布方式与涉案专利略有不同；4. 涉案专利的手柄上有长椭圆形的开关设计，被诉侵权产品没有；5. 涉案专利中头部与手柄的连接虽然有一定的斜角，但角度很小，几乎为直线形连接，被诉侵权产品头部与手柄的连接产生的斜角角度较大；6. 从涉案专利的仰视图看，手柄底部为圆形，被诉侵权产品仰视的底部为曲面扇形，涉案专利手柄下端为圆柱体，向与头部连接处方向逐步收缩压扁呈扁椭圆体，被诉侵权产品的手柄下端为扇面柱体，且向与喷头连接处过渡均为扇面柱体，过渡中的手柄中段有弧度的突起；7. 被诉侵权产品的手柄底端有一条弧形的装饰线，将手柄底端与产品的背面连成一体，涉案专利的手柄底端没有这样的设计；8. 涉案专利头部和手柄的长度比例与被诉侵权产品有所差别，两者的头部与手柄的连接处弧面亦有差别。

裁判结果

浙江省台州市中级人民法院于2013年3月5日作出（2012）浙台知民初字第573号民事判决，驳回高仪公司诉讼请求。高仪公司不服，提起上诉。浙江省高级人民法院于2013年9月27日作出（2013）浙知终字第255号民事判决：1. 撤销浙江省台州市中级人民法院（2012）浙台知民初字第573号民事判决；2. 健龙公司立即停止制造、许诺销售、销售侵害高仪公司“手持淋浴喷头”外观设计专利权的产品的行为，销毁库存的侵权产品；3. 健龙公司赔偿高仪公司经济损失（含高仪公司为制止侵权行为所支出的合理费用）人民币10万元；4. 驳回高仪公司的其他诉讼请求。健龙公司不服，提起再审申请。最高人民法院于2015年8月11日作出

(2015) 民提字第23号民事判决：1. 撤销二审判决；2. 维持一审判决。

裁判理由

法院生效裁判认为，本案的争议焦点在于被诉侵权产品外观设计是否落入涉案外观设计专利权的保护范围。

专利法第五十九条第二款规定："外观设计专利权的保护范围以表示在图片或者照片中的该产品的外观设计为准，简要说明可以用于解释图片或者照片所表示的该产品的外观设计。"《最高人民法院关于审理侵犯专利权纠纷案件应用法律若干问题的解释》（以下简称《侵犯专利权纠纷案件解释》）第八条规定："在与外观设计专利产品相同或者相近种类产品上，采用与授权外观设计相同或者近似的外观设计的，人民法院应当认定被诉侵权设计落入专利法第五十九条第二款规定的外观设计专利权的保护范围"；第十条规定："人民法院应当以外观设计专利产品的一般消费者的知识水平和认知能力，判断外观设计是否相同或者近似。"本案中，被诉侵权产品与涉案外观设计专利产品相同，均为淋浴喷头类产品，因此，本案的关键问题是对于一般消费者而言，被诉侵权产品外观设计与涉案授权外观设计是否相同或者近似，具体涉及以下四个问题：

一、关于涉案授权外观设计的设计特征

外观设计专利制度的立法目的在于保护具有美感的创新性工业设计方案，一项外观设计应当具有区别于现有设计的可识别性创新设计才能获得专利授权，该创新设计即是授权外观设计的设计特征。通常情况下，外观设计的设计人都是以现有设计为基础进行创新。对于已有产品，获得专利权的外观设计一般会具有现有设计的部分内容，同时具有与现有设计不相同也不近似的设计内容，正是这部分设计内容使得该授权外观设计具有创新性，从而满足专利法第二十三条所规定的实质性授权条件：不属于现有设计也不存在抵触申请，并且与现有设计或者现有设计特征的组合相比具有明显区别。对于该部分设计内容的描述即构成授权外观设计的设计特征，其体现了授权外观设计不同于现有设计的创新内容，也体现了设计人对现有设计的创造性贡献。由于设计特征的存在，一般消费者容易将授权外观设计区别于现有设计，因此，其对外观设计产品的整体视觉效果具有显著影响，如果被诉侵权设计未包含授权外观设计区别于现有设计的全部设计特征，一般可以推定被诉侵权设计与授权外观设计不近似。

对于设计特征的认定，一般来说，专利权人可能将设计特征记载在简要说明中，也可能会在专利授权确权或者侵权程序中对设计特征作出相应陈述。根据“谁主张、谁举证”的证据规则，专利权人应当对其所主张的设计特征进行举证。另外，授权确权程序的目的在于对外观设计是否具有专利性进行审查，因此，该过程中有关审查文档的相关记载对确定设计特征有着重要的参考意义。理想状态下，对外观设计专利的授权确权，应当是在对整个现有设计检索后的基础上确定对比设计来评判其专利性，但是，由于检索数据库的限制、无效宣告请求人检索能力的局限等原因，授权确权程序中有关审查文档所确定的设计特征可能不是在穷尽整个现有设计的检索基础上得出的，因此，无论是专利权人举证证明的设计特征，还是通过授权确权有关审查文档记载确定的设计特征，如果第三人提出异议，都应当允许其提供反证予以推翻。人民法院在听取各方当事人质证意见的基础上，对证据进行充分审查，依法确定授权外观设计的设计特征。

本案中，专利权人高仪公司主张跑道状的出水面为涉案授权外观设计的设计特征，健龙公司对此不予认可。对此，法院生效裁判认为，首先，涉案授权外观设计没有简要说明记载其设计特征，高仪公司在二审诉讼中提交了12份淋浴喷头产品的外观设计专利文件，其中7份记载的公告日早于涉案专利的申请日，其所附图片表示的外观设计均未采用跑道状的出水面。在针对涉案授权外观设计的无效宣告请求审查程序中，专利复审委员会作出第17086号决定，认定涉案授权外观设计与最接近的对比设计证据1相比："从整体形状上看，与在先公开的设计相比，本专利喷头及其各面过渡的形状、喷头正面出水区域的设计以及喷头宽度与手柄直径的比例具有较大差别，上述差别均是一般消费者容易关注的设计内容"，即该决定认定喷头出水面形状的设计为涉案授权外观设计的设计特征之一。其次，健龙公司虽然不认可跑道状的出水面为涉案授权外观设计的设计特征，但是在本案一、二审诉讼中其均未提交相应证据证明跑道状的出水面为现有设计。本案再审审查阶段，健龙公司提交200630113512.5号淋浴喷头外观设计专利视图拟证明跑道状的出水面已被现有设计所公开，经审查，该外观设计专利公告日早于涉案授权外观设计申请日，可以作为涉案授权外观设计的现有设计，但是其主视图和使用状态参考图所显示的出水面两端呈矩形而非呈圆弧形，其出水面并非跑道状。因此，对于健龙公司关于跑道状出水面不是涉案授权外观设计的设计特征的再审申请理由，本院不予支持。

二、关于涉案授权外观设计产品正常使用时容易被直接观察到的部位

认定授权外观设计产品正常使用时容易被直接观察到的部位，应当以一般消费者的视角，根据产品用途，综合考虑产品的各种使用状态得出。本案中，首先，涉案授权外观设计是淋浴喷头产品外观设计，淋浴喷头产品由喷头、手柄构成，二者在整个产品结构中所占空间比例相差不大。淋浴喷头产品可以手持，也可以挂于墙上使用，在其正常使用状态下，对于一般消费者而言，喷头、手柄及其连接处均是容易被直接观察到的部位。其次，第17086号决定认定在先申请的设计证据2与涉案授权外观设计采用

了同样的跑道状出水面，但是基于涉案授权外观设计的“喷头与手柄成一体，喷头及其与手柄连接的各面均为弧面且喷头前倾，此与在先申请的设计相比具有较大的差别，上述差别均是一般消费者容易关注的设计内容”，认定二者属于不相同且不相近似的外观设计。可见，淋浴喷头产品容易被直接观察到的部位并不仅限于其喷头头部出水面，在对淋浴喷头产品外观设计的整体视觉效果进行综合判断时，其喷头、手柄及其连接处均应作为容易被直接观察到的部位予以考虑。

三、关于涉案授权外观设计手柄上的推钮是否为功能性设计特征

外观设计的功能性设计特征是指那些在外观设计产品的一般消费者看来，由产品所要实现的特定功能唯一决定而不考虑美学因素的特征。通常情况下，设计人在进行产品外观设计时，会同时考虑功能因素和美学因素。在实现产品功能的前提下，遵循人文规律和法则对产品外观进行改进，即产品必须首先实现其功能，其次还要在视觉上具有美感。具体到一项外观设计的某一特征，大多数情况下均兼具功能性和装饰性，设计者会在能够实现特定功能的多种设计中选择一种其认为最具美感的设计，而仅由特定功能唯一决定的设计只有在少数特殊情况下存在。因此，外观设计的功能性设计特征包括两种：一是实现特定功能的唯一设计；二是实现特定功能的多种设计之一，但是该设计仅由所要实现的特定功能决定而与美学因素的考虑无关。对功能性设计特征的认定，不在于该设计是否因功能或技术条件的限制而不具有可选择性，而在于外观设计产品的一般消费者看来该设计是否仅仅由特定功能所决定，而不需要考虑该设计是否具有美感。一般而言，功能性设计特征对于外观设计的整体视觉效果不具有显著影响；而功能性与装饰性兼具的设计特征对整体视觉效果的影响需要考虑其装饰性的强弱，装饰性越强，对整体视觉效果的影响相对较

大，反之则相对较小。

本案中，涉案授权外观设计与被诉侵权产品外观设计的区别之一在于后者缺乏前者在手柄位置上具有的一类跑道状推钮设计。推钮的功能是控制水流开关，是否设置推钮这一部件是由是否需要在淋浴喷头产品上实现控制水流开关的功能所决定的，但是，只要在淋浴喷头手柄位置设置推钮，该推钮的形状就可以有多种设计。当一般消费者看到淋浴喷头手柄上的推钮时，自然会关注其装饰性，考虑该推钮设计是否美观，而不是仅仅考虑该推钮是否能实现控制水流开关的功能。涉案授权外观设计的设计者选择将手柄位置的推钮设计为类跑道状，其目的也在于与其跑道状的出水面相协调，增加产品整体上的美感。因此，二审判决认定涉案授权外观设计中的推钮为功能性设计特征，适用法律错误，本院予以纠正。

四、关于被诉侵权产品外观设计与涉案授权外观设计是否构成相同或者近似

《侵犯专利权纠纷案件解释》第十一条规定，认定外观设计是否相同或者近似时，应当根据授权外观设计、被诉侵权设计的设计特征，以外观设计的整体视觉效果进行综合判断；对于主要由技术功能决定的设计特征，应当不予考虑。产品正常使用时容易被直接观察到的部位相对于其他部位、授权外观设计区别于现有设计的设计特征相对于授权外观设计的其他设计特征，通常对外观设计的整体视觉效果更具有影响。

本案中，被诉侵权产品外观设计与涉案授权外观设计相比，其出水孔分布在喷头正面跑道状的区域内，虽然出水孔的数量及其在出水面两端的分布与涉案授权外观设计存在些许差别，但是总体上，被诉侵权产品采用了与涉案授权外观设计高度近似的跑道状出水面设计。关于两者的区别设计特征，一审法院归纳了八个方面，对此双方当事人均无异议。对于这些区别设计特征，首

先，如前所述，第17086号决定认定涉案外观设计专利的设计特征有三点：一是喷头及其各面过渡的形状，二是喷头出水面形状，三是喷头宽度与手柄直径的比例。除喷头出水面形状这一设计特征之外，喷头及其各面过渡的形状、喷头宽度与手柄直径的比例等设计特征也对产品整体视觉效果产生显著影响。虽然被诉侵权产品外观设计采用了与涉案授权外观设计高度近似的跑道状出水面，但是，在喷头及其各面过渡的形状这一设计特征上，涉案授权外观设计的喷头、手柄及其连接各面均呈圆弧过渡，而被诉侵权产品外观设计的喷头、手柄及其连接各面均为斜面过渡，从而使得二者在整体设计风格上呈现明显差异。另外，对于非设计特征之外的被诉侵权产品外观设计与涉案授权外观设计相比的区别设计特征，只要其足以使两者在整体视觉效果上产生明显差异，也应予以考虑。其次，淋浴喷头产品的喷头、手柄及其连接处均为其正常使用时容易被直接观察到的部位，在对整体视觉效果进行综合判断时，在上述部位上的设计均应予以重点考查。具体而言，涉案授权外观设计的手柄上设置有一类跑道状推钮，而被诉侵权产品无此设计，因该推钮并非功能性设计特征，推钮的有无这一区别设计特征会对产品的整体视觉效果产生影响；涉案授权外观设计的喷头与手柄连接产生的斜角角度较小，而被诉侵权产品的喷头与手柄连接产生的斜角角度较大，从而使得两者在左视图上呈现明显差异。正是由于被诉侵权产品外观设计未包含涉案授权外观设计的全部设计特征，以及被诉侵权产品外观设计与涉案授权外观设计在手柄、喷头与手柄连接处的设计等区别设计特征，使得两者在整体视觉效果上呈现明显差异，两者既不相同也不近似，被诉侵权产品外观设计未落入涉案外观设计专利权的保护范围。二审判决仅重点考虑了涉案授权外观设计跑道状出水面的设计特征，而对于涉案授权外观设计的其他设计特征，以及淋浴喷头产品正常使用时其他容易被直接观察到的部位上被诉侵权产品外观设计与涉案授权外观设计专利的区别设计特征未予考虑，认定两者构成近似，适用法律错误，本院予以纠正。

综上，健龙公司生产、许诺销售、销售的被诉侵权产品外观设计与高仪公司所有的涉案授权外观设计既不相同也不近似，未落入涉案外观设计专利权保护范围，健龙公司生产、许诺销售、销售被诉侵权产品的行为不构成对高仪公司涉案专利权的侵害。二审判决适用法律错误，本院依法应予纠正。

（生效裁判审判人员：周翔、吴蓉、宋淑华）

图书在版编目（CIP）数据

知识产权法及司法解释新编：含请示答复及指导案例：2019年最新版／中国法制出版社编．—北京：中国法制出版社，2019.6

（法及司法解释新编）

ISBN 978-7-5216-0175-6

Ⅰ.①知… Ⅱ.①中… Ⅲ.①知识产权法-法律解释-中国 Ⅳ.①D923.405

中国版本图书馆CIP数据核字（2019）第077337号

策划编辑 刘晓霞　　责任编辑 卜范杰　　封面设计 李 宁

知识产权法及司法解释新编：含请示答复及指导案例：2019年最新版

ZHISHI CHANQUANFA JI SIFA JIESHI XINBIAN：HAN QINGSHI DAFU JI ZHIDAO ANLI：2019 NIAN ZUIXINBAN

经销/新华书店

印刷/北京海纳百川印刷有限公司

开本/850毫米×1168毫米 32开　　印张/19 字数/383千

版次/2019年6月第1版　　2019年6月第1次印刷

中国法制出版社出版

书号 ISBN 978-7-5216-0175-6　　定价：48.00元

北京西单横二条2号

邮政编码 100031　　传真：010-66031119

网址：http：//www.zgfzs.com　　**编辑部电话：010-66066621**

市场营销部电话：010-66033393　　**邮购部电话：010-66033288**

（如有印装质量问题，请与本社印务部联系调换。电话：010-66032926）